Kieler Historische Studien

Herausgegeben von
Horst Braunert, Karl Dietrich Erdmann, Karl Jordan, Hartmut Lehmann,
Hans Eberhard Mayer, Georg von Rauch, Alexander Scharff

Band 17
Klaus Voigt
Italienische Berichte aus dem
spätmittelalterlichen Deutschland

Ernst Klett Verlag Stuttgart

Italienische Berichte aus dem spätmittelalterlichen Deutschland

Von Francesco Petrarca zu Andrea de' Franceschi (1333–1492)

Von Klaus Voigt

Ernst Klett Verlag Stuttgart

Satz und Druck: Ernst Klett, Stuttgart, Rotebühlstraße 77
ISBN 3-12-908430-4

Inhalt

Einleitung 2

I. Ausblick
Die Sicht der italienischen Berichte 12
Die literarischen Gattungen der Berichterstattung 16

II. Francesco Petrarca
Briefe von der Reise an den Rhein 1333 24
Spätere Urteile über Deutschland 33

III. Nicolò de Becari
Aufenthalt am Hof Karls IV. in Prag und Tangermünde bis 1379 39

IV. Uberto Decembrio
Zwei Briefe aus Prag von 1394 42

V. Leonardo Bruni
Brief von 1415 mit einer Beschreibung der Reise nach Konstanz 48

VI. Benedictus de Pileo
Brief aus Konstanz von 1415 mit einer Beschreibung der Stadt 52

VII. Poggio Bracciolini
Brief über die Bäder von Baden bei Zürich 1416 55

VIII. Gasparus und Johannes Danielis
Reisetagebuch von einer Gesandtschaft nach Innsbruck 1428 64

IX. Andrea Gatari
Tagebuch vom Basler Konzil 1433 bis 1435 66

X. Ambrogio Traversari
Briefe von der Gesandtschaft zum Basler Konzil und zu Kaiser Sigismund 1435/36 70

XI. Aeneas Silvius Piccolomini
Der Diplomat, Politiker und Literat 77
Reisen in Deutschland 84

Begegnung mit der fremden Kultur 91
Die zwei Beschreibungen Basels 100
Die zwei Fassungen der Beschreibung Wiens 110
Berichte in den Briefen, den „Commentarii" und der „Historia Austrialis" 122
Die „Germania" 127
Die „Europa" 149

XII. Petrus Antonius Finariensis
Lobrede auf die Stadt und die Universität Heidelberg 154

XIII. Augustinus Patricius
„De legatione Germanica", Tagebuch der Legation des Kardinals Francesco Todeschini-Piccolomini zum Reichstag von Regensburg 1471 160

XIV. Johannes Antonius Campanus
Briefe und Gedichte vom Reichstag zu Regensburg von 1471 171

XV. Ambrosio Contarini
Bericht über die zweimalige Durchreise durch Deutschland im Reisetagebuch der Gesandtschaft zum Schah von Persien Usun Hassan 1474 bis 1477 180

XVI. Benedetto Dei
Aufzeichnungen über die Reise nach Frankreich, Flandern, den Niederlanden, Deutschland und der Schweiz von 1476 bis 1477 182

XVII. Marinus de Fregeno
„Descriptio provinciarum Alamanorum" von 1479 186

XVIII. Paulus Sanctoninus
Reisetagebücher über Kärnten, Steiermark und Krain von 1485 bis 1487 196

XIX. Petrus Ranzanus
Exkurse über den Donaulauf, Wien und Wiener Neustadt in der „Epitome rerum Hungaricarum" 203

XX. Antonius Bonfinis
Beschreibungen Österreichs, Wiens, Wiener Neustadts und anderer österreichischer Städte 207

XXI. Andrea de' Franceschi
Tagebuch der venezianischen Gesandtschaft von 1492 217

XXII. Verstreute und kursorische Aufzeichnungen. Nachrichten aus zweiter Hand 228

XXIII. Rückblick
Die Sicht der italienischen Berichte 233

Literaturverzeichnis 237

Anhang

I. Aeneas Silvius Piccolomini
Zweite Fassung der Beschreibung Wiens 246

II. Benedetto Dei
Aufzeichnungen über die Reise nach Frankreich, Flandern, den Niederlanden, Deutschland und der Schweiz von 1476 bis 1477 253

Register 255

Die Arbeit wurde 1969 am Friedrich-Meinecke-Institut der Freien Universität Berlin als Dissertation abgeschlossen. Der Verfasser möchte Herrn Prof. Dr. Wilhelm Berges, der sie angeregt und betreut hat, den Herausgebern der „Kieler Historischen Studien“ sowie Freunden, Kollegen, Archivaren und Bibliothekaren in Italien und Deutschland sehr für ihre Unterstützung danken.

Einleitung

Zu den italienischen Berichten aus dem spätmittelalterlichen Deutschland zählen alle schriftlichen Zeugnisse, die Italiener aus ihrer persönlichen Kenntnis des Landes hinterlassen haben. Es können sowohl Reiseberichte im engeren Sinne als auch andere Formen der Berichterstattung sein, die auf Grund eines kürzeren oder längeren Aufenthalts entstanden sind. Wichtig ist in jedem Fall, daß der Verfasser die von ihm dargestellten Dinge aus eigener Anschauung und Erfahrung kannte, daß er Augenzeuge war. Außer Betracht bleiben daher die Mitteilungen der italienischen Chronistik und Literatur [1], sofern sie sich nicht ausdrücklich auf Gewährsmänner berufen und damit als Augenzeugenberichte aus zweiter Hand anzusehen sind. Der Themenbereich der Berichte umfaßt die wichtigsten geographischen, kulturellen, sozialen und politischen Zustände im späten Mittelalter. Nur in einer Hinsicht nimmt unsere Darstellung eine Einschränkung vor: sie legt den Schwerpunkt auf Mitteilungen über allgemeine, zeitlich nicht begrenzte Zustände. Die Depeschen der Gesandten, die ausschließlich einmalige, zeitlich begrenzte politische Ereignisse oder Vorgänge berühren, werden deshalb beiseite gelassen. Die Einschränkung gilt allerdings nicht für die Darstellung des Verlaufs einer Reise und der Entstehung eines Berichts.

Der Zeitraum der Darstellung wird begrenzt durch das Einsetzen der italienischen Berichte mit den Briefen Petrarcas über seine Reise an den Rhein von 1333 und dem Einschnitt zwischen der Epoche Friedrichs III. und Maximilians I. Die letztere Begrenzung findet eine gewisse Berechtigung in dem unterschiedlichen Charakter der beiden Epochen, wenngleich der Begriff „spätes Mittelalter", streng genommen, den Zeitraum bis zum Beginn der Reformation bezeichnet [2].

[1] Zum italienischen Deutschenbild im allgemeinen vgl. die kenntnisreiche Untersuchung von *Peter Amelung,* Das Bild des Deutschen in der Literatur der italienischen Renaissance (1400–1559) (= Münchner Romanistische Arbeiten 20), München 1964.

[2] Es waren ausschließlich praktische Gründe, die diese Begrenzung notwendig machten. Ursprünglich sollte die Darstellung bis zum Beginn der Reformation geführt werden. Die Hauptberichterstatter der Epoche Maximilians I. sind: *Pandolfo Collenuccio* 1500: Descriptio seu potius summa rerum Germanicarum regionum populorumque ac urbium, oppidorum et amnium seu fluviorum vocabula, necnon situs et confines eorum vere ac summatim complectens. Res equidem non minus notatu dignae, quam lectu audituque periucundae, a Pandulpho Collenuccio Pisaurien. olim in unum collectae: nunc vero in lucem editae. Impressum Romae per Antonium Bladum Asulanum, mense septembris MDXLVI; Vincenzo Quirini 1507: *Eugenio Albèri,* Relazioni degli ambasciatori veneti al Senato durante il secolo XVI, Firenze 1839–63, Ser. I, vol. VI, S. 5–58; Francesco Vettori 1507/8: *Francesco Vettori,* Viaggio in Alemagna, Paris 1837; Niccolò Machiavelli 1508: „Rapporto delle cose della Magna", in *Niccolò Machiavelli,* Opere II, ed. Sergio Bertelli, Milano 1964, S. 1049–53; Antonio de' Costabili und Cesare Mauro 1508: *Klaus Voigt,* Die Briefe Antonio de' Costabilis und Cesare Mauros von der Gesandtschaft Ferraras zu König Maximilian I. 1507/8, Römische Historische Mitteilungen 13, 1971,

Die Festlegung der räumlichen Ausdehnung des „spätmittelalterlichen Deutschland“ geht von einer ethnisch, sprachlich und kulturell definierten Gebietseinheit aus, die einzelne Regionen wie Burgund, Böhmen und die Schweiz, entsprechend dem jeweiligen Stand ihrer selbständigen Entwicklung, ausklammert und die Grenzen des Römischen Reiches unberücksichtigt läßt. Die Darstellung hält sich aber an den vom Verfasser abgesteckten Rahmen der Berichterstattung, wenn die Umstände einer Reise oder die Struktur der Sicht eines Berichts in den Blick kommen.
Für die Darstellung der italienischen Berichte wären grundsätzlich zwei Ansätze möglich. Der erste hätte von den Zuständen des deutschen Spätmittelalters auszugehen, wie sie sich in den italienischen Berichten spiegeln. Die Mitteilungen müßten gesammelt und, nach Themenbereichen geordnet, zusammengestellt werden [3]. Dies hätte wissenschaftlich überhaupt nur dann einen Sinn, wenn die Mitteilungen mit den durch andere Quellen gesicherten Tatsachen verglichen und so auf ihren Aussagewert hin überprüft würden. Der Nachteil dieses im neunzehnten Jahrhundert geläufigen Ansatzes wäre aber, daß jede Mitteilung aus der Sicht, aus dem Urteilshorizont des Verfassers herausgelöst würde [4]. Für unsere Arbeit wurde deshalb der zweite Ansatz gewählt. Er geht von der Sicht der Berichte aus, denen in chronologischer Anordnung je ein Kapitel gewidmet ist. Die Hauptaufgabe der Darstellung ist die Herausarbeitung der Struktur der Sicht,

S. 81–136; Riccardo Bartholini 1515: Hodoeporicon sive itinerarium Reverendissimi D. Matthaei Cardinalis Gurcensis ... quaeque in conventu Maximiliani Caes. Aug. et Serenissimor. Regum Vladislai, Sigismundi et Ludovici memoratu digna gesta sunt ..., *Freher-Struve*, Rerum Germanicarum scriptores varii II, Argentorati 1717, S. 613–672; Antonio de Beatis 1517: Die Reise des Kardinals Luigi d'Aragona durch Deutschland, die Niederlande, Frankreich und Oberitalien 1517–1518, beschrieben von *Antonio de Beatis*. Als Beitrag zur Kulturgeschichte des ausgehenden Mittelalters veröffentlicht und erläutert von *Ludwig Pastor* in: Erläuterungen und Ergänzungen zu Janssens Geschichte des deutschen Volkes, IV, 4 Freiburg im Breisgau 1905. Für die Reformationszeit (1517–1555) besteht die zusammenfassende Darstellung von *Hans Liebmann*, Deutschland, Land und Volk nach italienischen Berichterstattern der Reformationszeit (= Historische Studien, ed. Emil Ebering, 81), Berlin 1910. Zu den Liebmann bekannten Berichten ist jüngst ein neuer hinzugekommen. Er wurde veröffentlicht von *Detlef Heikamp*, Die Schweiz und Deutschland 1545, Italienische Reisebeschreibung, in: Munuscula discipulorum, Kunsthistorische Studien, Hans Kauffmann zum 70. Geburtstag 1966, ed. Tilmann Buddensieg und Mathias Winner, Berlin 1968, S. 95–115.

[3] So geht die Darstellung von *Liebmann* vor, wie bereits aus dem Titel „Deutschland, Land und Volk nach italienischen Berichterstattern der Reformationszeit“ zu ersehen ist. Eine Zusammenstellung der wichtigsten Mitteilungen der italienischen Berichte von 1333–1517 wird in den Anmerkungen zu den Briefen Antonio de' Costabilis und Cesare Mauros von 1508 (vgl. oben Anm. 2) gegeben.

[4] Dies kann zu methodischen Fehlern führen, wie in der Dissertation von *Rufold Sillib*, Machiavellis Stellung zu Deutschland, Heidelberg 1892, der zum Beispiel die Luxusverordnungen deutscher Städte Machiavellis Idealisierung der Einfachheit des Lebens entgegenhält, ohne darauf zu achten, daß sich Machiavellis Kenntnis auf einige wenige Städte Schwabens und Tirols (Konstanz, Innsbruck, Bozen) beschränkte.

wie sie in den Beobachtungen und Urteilen erscheint, und ihrer verschiedenartigen Voraussetzungen. Die Mitteilungen werden so in enger Beziehung zur Individualität des Verfassers gesehen und als Ergebnis der Sicht gewertet. Bei diesem Ansatz ist es von geringerem Interesse, ob eine Mitteilung durch eine andere Quelle belegt ist. Ihr Aussagewert wird hauptsächlich aus der Beobachtungs- und Urteilsstruktur des Berichts abgeleitet. Die Auswertung der Mitteilungen für bestimmte Tatbestände bleibt künftigen Untersuchungen zu den einzelnen, von den italienischen Berichten berührten Themen oder Themenbereichen überlassen.

Mit dem Ansatz der Darstellung haben wir uns eher für einen Beitrag zur Ideengeschichte der italienischen Renaissance als zur deutschen Kultur- und Sozialgeschichte entschieden. Aber beide Aspekte bleiben stets angesprochen, lösen sich gegenseitig ab und ergänzen einander. Die Auswahl der Mitteilungen erfolgt einerseits im Hinblick auf die Entstehung der Berichte und die Struktur ihrer Sicht, für die typische Stellen sprechen sollen. Andererseits wird ein möglichst vollständiges, alle Themen und Themenbereiche umfassendes Bild der Zustände im spätmittelalterlichen Deutschland angestrebt, wie es quer durch die Berichte in den treffendsten und originellsten Beobachtungen und Urteilen zum Ausdruck kommt. In diesem Fall spielt für die Auswahl auch der darstellerische Gesichtspunkt des Abwechslungsreichtums und der Lesbarkeit eine Rolle.

I. Ausblick

Die Sicht der italienischen Berichte

Die Renaissance brachte eine veränderte Einstellung des Menschen zu den Dingen der äußeren Welt mit sich [1]. Er lernte sie qualitativ sehen, indem er nicht mehr nur beobachtete und auswählte, sondern auch urteilte, wertete, verglich und Stellung nahm [2]. Die Grundlage lieferte ihm hierfür das wachsende Vertrauen auf die eigene Anschauung und Erfahrung. Er entfaltete einen bisher unbekannten Sinn für das Typische und Schöne am Anblick von Städten und Landschaften. Am Menschen nahm er in stärkerem Maße die individuellen Züge des Aussehens, des Charakters und des sozialen Verhaltens wahr. Die sich wandelnde Einstellung zur äußeren Welt ging Hand in Hand mit einem besseren Verständnis der Klassiker und der Antike. Die Klassiker ließen das neue Lebensgefühl des Menschen zum Bewußtsein kommen und boten die literarischen Gattungen und Formen, in denen es sich ausdrücken konnte. Zumal die Begegnung mit neuartigen Eindrücken in einem fremden Land weckte das Bedürfnis, das Gesehene aufzuzeichnen und an andere weiterzugeben. Die Berichte der Italiener aus Deutschland im späten Mittelalter gehören zu den bemerkenswertesten Zeugnissen dieser Wißbegierde und Mitteilungsfreude.
Die Sicht der italienischen Berichte ist an zahlreiche Voraussetzungen geknüpft, ohne deren Kenntnis ihre Struktur unverständlich bliebe. Aus der Biographie des jeweiligen Verfassers ergibt sich eine Reihe von Tatsachen, die in die Untersu-

[1] Von der umfangreichen Literatur hierzu seien nur erwähnt: *Jacob Burckhardt,* Die Kultur der Renaissance in Italien, Kapitel „Die Entdeckung der Welt und des Menschen"; *Walter Goetz,* Die Entwicklung des Wirklichkeitssinns vom 12. zum 14. Jahrhundert, in *Walter Goetz,* Italien im Mittelalter II, Leipzig 1942, S. 3–61; *Johan Huizinga,* Das Problem der Renaissance – Renaissance und Realismus, 2. Aufl. Darmstadt 1967.

[2] Begrifflich sind die Beobachtung und die Beurteilung zu unterscheiden. Die erste bezieht sich ausschließlich auf optische Merkmale von Gegenständen, während die zweite als eine Synthese von optischen, mündlichen und schriftlichen Informationen angesehen wird, die eine Stellungnahme, eine Bewertung oder einen Vergleich enthalten kann. Die Beobachtung beruht auf der Anschauung, die Beurteilung auf der Erfahrung. Die für den Wert eines Berichts als historischer Quelle ausschlaggebende Struktur der Sicht ist bestimmt durch die Auswahl der Gegenstände oder Informationen einerseits und deren Einordnung in den geistigen Zusammenhang der Sicht (Urteilshorizont) andererseits. Die Sprache liefert hierfür die vielfältigsten Bezeichnungen: eine Beobachtung kann „genau", „vollständig", „differenziert", „reichhaltig" oder „ungenau", „oberflächlich", „widersprüchlich" sein. Eine Beurteilung wird „objektiv", „vorurteilslos", „unbefangen", „gerecht" oder „subjektiv", „einseitig", „tendenziös", „ungerecht" genannt. Stimmt die Synthese einer Beurteilung nicht, so spricht man von „Verallgemeinerungen", enthält sie eine Stellungnahme, von „Kritik", liegt eine Bewertung vor, von „Übertreibung", „Abwertung" und so fort.

chung der Sicht aufzunehmen ist. Die biographische Betrachtung führt bis zum Zeitpunkt der Abfassung und schließt die Motive, die Ausdehnung, die Dauer und die äußeren Umstände der Reise oder des Aufenthalts in Deutschland ein. Es ist wichtig zu wissen, ob jemand „aus Freude am Schauen" reiste, wie der junge Petrarca, oder in geschäftlichem Auftrag, ob er weite Teile des Landes kannte oder nur wenige Punkte, ob er aus jahrelanger Anschauung und Erfahrung beobachtet und urteilt oder nur aus vorübergehendem Kontakt. Unglückliche Umstände einer Reise können einen Widerwillen erzeugen, der sich in der Tendenz der Darstellung niederschlägt. Alsdann ist die literarische Bildung des Verfassers aufzuzeigen, die sich meistens schon darin äußert, ob er in Volgare oder in Latein schreibt [3]. Welche antiken und zeitgenössischen Autoren, die in einer Beziehung zu seinem Bericht stehen könnten, hat er studiert? Wer waren seine Lehrer? Wer zählt zu seinem literarischen Freundeskreis? Auch nach der regionalen Herkunft und nach der Standeszugehörigkeit des Verfassers soll gefragt werden, obwohl sie sich, wie bereits vorweggenommen werden darf, in unserem Zeitraum im Gegensatz zur Epoche Maximilians I. noch nicht in der Sicht bemerkbar machen [4]. Dagegen wird nachzuweisen sein, daß sich die soziale Stellung des Verfassers, die sich bei den Humanisten weniger von ihrer Standeszugehörigkeit als von ihrer Tätigkeit herleitet, entscheidend auf die Sicht auswirkt, etwa wenn ein Bericht im Hinblick auf die Förderung durch einen Gönner abgefaßt ist. Aus der Tätigkeit ergibt sich die Kompetenz zu bestimmten Aussagen. Dem Urteil eines Ordensgenerals über die Frömmigkeit in deutschen Klöstern wird zum Beispiel besonderes Gewicht zukommen.

Die Sicht kann durch mündliche Informationen vorbestimmt sein, die der Verfasser entweder zur Abfassung einholt oder die er noch vor seinem Aufbruch nach Deutschland in Italien erhalten hat. Wer zum Beispiel eine Beschreibung Deutschlands verfaßt und nur Teile von ihm kennt, muß sich bei anderen über die ihm unbekannten Teile erkundigen. Die Informanten sind dann meist Deutsche, so daß die entsprechenden Abschnitte nicht mehr als Ausdruck der italienischen Sicht zu werten sind. Die mündlichen Informationen in Italien sind vom Verkehr mit den Menschen des eigenen Umkreises geprägt und geben deren Meinung wieder, die meistens nicht durch persönliche Anschauung oder Erfahrung entstanden ist, sondern auf Grund von Hörensagen. Im Italien der Renaissance waren feste Vorurteile oder Stereotype über den Charakter und die Lebensfor-

[3] Dies gilt nicht für diplomatische Berichte. Die venezianischen Relationen wurden zum Beispiel prinzipiell in Volgare gehalten. Der Orator Venedigs bei Maximilian I., Vincenzo Quirini, besaß eine umfassende Bildung. Vgl. *Heinrich Lutz*, Vincenzo Quirini in Augsburg 1507, Historisches Jahrbuch, ed. Görresgesellschaft 74, 1955, S. 200–212.

[4] Man vergleiche die Sicht *Niccolò Machiavellis* im „Rapporto delle cose della Magna" und *Francesco Vettoris* im „Viaggio in Alemagna" mit der des Ferrareser Orators Antonio de' Costabili am Hof Maximilians I. Vgl. auch Kap. XXIII, S. 236, und *Klaus Voigt*, Die Briefe Antonio de' Costabilis und Cesare Mauros von der Gesandtschaft Ferraras zu König Maximilian I. 1507/8, Römische Historische Mitteilungen 13, 1971, S. 81–136.

men der Deutschen und über ihr Land im Umlauf. Man sprach ihnen Eigenschaften zu wie „trunksüchtig", „plump", „grob", „tölpelhaft", „lasziv" und so weiter, die sich zu dem Schlagwort „barbari" verdichteten [5]. Mit dem Land verbanden sich Vorstellungen wie „kalt", „neblig", „finster", „unermeßliche Wälder" [6]. Dem negativen Klischee der Eigenschaften lag die Erfahrung mit den deutschen Landsknechten zugrunde, die in Italien gewütet hatten, während das Bild des Landes hauptsächlich auf Erzählungen von Reisenden zurückging. In beiden Fällen handelt es sich um Verallgemeinerungen und Vergröberungen, die nur zu einem Teil der Wirklichkeit gerecht werden und auf konkrete Einzelheiten häufig nicht anwendbar sind. Bei der Beschreibung einer Stadt zum Beispiel ist der Berichterstatter ganz auf seine Beobachtungsgabe und sein Urteilsvermögen angewiesen. Jedem Italiener, der nach dem Norden reiste, waren diese Stereotype geläufig. Bei der Untersuchung der Sicht jedes Berichts liegt uns daran zu zeigen, ob es dem Verfasser glückt, sich von ihnen zu lösen, oder ob er ihnen verhaftet bleibt.

Die vielleicht wichtigste Voraussetzung für die Sicht bilden schriftliche Informationen, die zu einem geringeren Teil dem geschäftlichen Verkehr, etwa der Kanzleien und Kontore, in der Hauptsache aber der Literatur entstammen. Für unseren Zeitraum ist dies vor allem die Literatur der lateinischen Klassiker, entsprechend dem Stand ihrer Wiederentdeckung, und der Humanisten. Die Literatur wirkt einerseits durch die „topoi" auf einzelne Beobachtungen und Urteile ein. Ein wahrgenommener Gegenstand, der beschrieben werden soll, weckt die Assoziation zu einer Textstelle, die der Beschreibung desselben oder eines ähnlichen Gegenstandes dient. Eine Assoziation braucht sich nicht unbedingt ihrer Herkunft aus einem bestimmten Werk bewußt zu sein. Umgekehrt kann ein Verfasser im äußersten Fall ganze Passagen aus einer Vorlage abschreiben und als eigene Beobachtungen ausgeben. Topos und Stereotyp sind an sich nicht identisch. Stereotype des mündlichen Verkehrs können aber zu Topoi werden, wenn sie in die Literatur eingehen und als literarische Assoziationen weiterleben. Andererseits bietet die Literatur die Prinzipien für die Abfassung eines Berichts: Beschaffenheit, Anzahl und Anordnung der Themen bzw. Themenbereich und Gliederung. Die Antike hatte bereits feste literarische Gattungen der „laudatio" und „descriptio" hervorgebracht, die vom Humanismus übernommen und weiterentwickelt wurden, aber auch in der Volgare-Literatur Spuren hinterlassen haben. Die Sicht ist in nicht geringem Maße an die literarische Gattung gebunden, denn der Verfasser legt sich durch sie fest, welche Gegenstände und Themen er behandeln und durch welche rhetorische Form er die Sicht eingrenzen will. Die Gattung der geographischen Beschreibung ist in der Form der „descriptio" abgefaßt und verlangt als wissenschaftliche Darstellung Objektivität, wäh-

[5] Hierzu *Peter Amelung*, Das Bild des Deutschen in der Literatur der italienischen Renaissance (1400—1559) (= Münchner Romanistische Arbeiten 20), München 1964.
[6] Vgl. im einzelnen Kap. II, Petrarca.

rend eine Lobrede in der Form der „laudatio“ das Lob um seiner selbst willen fordert und damit die Objektivität bewußt hintanstellt.
Die Sicht richtet sich aber auch nach dem Zweck und den Motiven der Abfassung. Bei geschäftlichen Berichten, wie den Depeschen der Gesandten, sind der Themenbereich und die Urteilsstruktur, entsprechend dem Zweck der Information über diplomatische und politische Vorgänge, weitgehend vorbestimmt. Persönliche Berichte – nur sie kommen für uns in Betracht – können hingegen aus den verschiedensten Motiven entstehen und ganz unterschiedliche, auch außerhalb der Berichterstattung liegende Ziele verfolgen. Ihre Sicht ergibt sich aus der Beziehung des Verfassers zu seinen Lesern und aus der ebenfalls von dieser bedingten Entscheidung für eine literarische Gattung. Prinzipiell wenden sich die Berichte an mehr als an einen Leser. Ein humanistischer Brief ist zwar an einen bestimmten Empfänger gerichtet, geht aber zugleich von der Weitergabe an mehrere Leser aus, da er als ein Stück Literatur betrachtet wurde. Umgekehrt kann eine von der literarischen Gattung her für einen größeren Leserkreis bestimmte Schrift, zum Beispiel eine Stadtbeschreibung, einer bestimmten Person zugeeignet sein. Nur in den seltensten Fällen ist die Beziehung zwischen dem Verfasser und zumindest einem seiner Leser uneigennützig. Das Interesse an der Sache, die Freude am Mitteilen, die literarische Ruhmesliebe gehen fast immer mit Motiven der Abfassung einher, die auf die soziale Stellung des Verfassers verweisen. Mit einem Brief oder der Zueignung einer Schrift war häufig der Wunsch auf persönliche Förderung verbunden. Die Humanisten standen in Diensten von Kardinälen, Fürsten oder Gesandten und hatten meist keine andere Möglichkeit, als durch ihre Schriften die Gunst der Einflußreichen und Mächtigen zu erwerben. Dies veranlaßte sie häufig nicht nur zur Wahl einer für die Zueignung passenden literarischen Gattung, sondern auch zu einer bestimmten Ausrichtung des Inhalts, von der sie sich die beste Wirkung auf den Empfänger versprachen. Selbst ein Briefwechsel zweier miteinander befreundeter Humanisten, die sich gegenseitig nichts zu verbergen hatten und keine Vorteile voneinander erhofften, behielt in der Regel die Reaktion der weiteren Leser im Auge. Aeneas Silvius unterließ zum Beispiel in seinen an italienische Freunde gerichteten Briefen negative Bemerkungen über den König, die Fürsten und bestimmte Zustände am Hof, da die Briefe zugleich von seinen deutschen Kanzleikollegen gesammelt wurden, von denen seine Stellung oder sein Aufstieg abhängen konnten.
Außer den angeführten Voraussetzungen bleibt das intellektuelle Niveau für die Sicht bestimmend: Beobachtungsgabe, Urteilsvermögen und Gestaltungskraft. Die literarische Gattung mag noch so perfekt beherrscht sein, die Tendenz der Sicht sich dem Wunsch des Gönners anpassen, so gibt es doch gute und schlechte Beobachter, mäßige und scharfsinnige Beurteiler, monotone, einfallslose Darstellungen und solche von künstlerischem Rang. Den objektiven, für alle Berichterstatter maßgebenden Hintergrund der Sicht bildet das Kulturgefälle zwischen dem Italien der Renaissance und dem spätmittelalterlichen Deutschland. Italien mit seiner Städtekultur, seinen verfeinerten Lebensformen, seinen

Künsten und seiner Literatur des Humanismus war in mancher Hinsicht Deutschland in der Entwicklung voraus und ihm überlegen. Jeder Berichterstatter maß bewußt oder unbewußt die deutschen Zustände an den italienischen. Ist dieses Messen und Vergleichen frei von Stereotypen oder literarischen Assoziationen, so gehört es zum Reizvollsten und Originellsten in den italienischen Berichten. Erst am Gegensatz zu Italien werden bestimmte Zustände sichtbar, die ein deutscher Betrachter überhaupt nicht wahrgenommen hätte, weil sie ihm selbstverständlich erschienen. Hierin liegt der besondere Wert der italienischen Berichte für den Historiker.

Die literarischen Gattungen der Berichterstattung

Die literarischen Gattungen bestimmen sowohl die Form als auch den Inhalt der Berichte, indem sie Beschaffenheit, Anzahl und Anordnung der Themen festlegen, in denen sich die Beobachtung und Beurteilung entwickeln. Die Berichte aus dem spätmittelalterlichen Deutschland umfassen die Gattung des Reisetagebuchs, der Lobrede auf eine Stadt, der Stadtbeschreibung, der geographischen Beschreibung, des Briefs und des Gedichts. Diplomatische Berichte, die Mitteilungen über allgemeine geographische, kulturelle und gesellschaftliche Zustände enthalten, setzen erst 1507/08 mit Machiavellis „Rapporto delle cose della Magna" und der Relation des Venezianers Vincenzo Quirini ein [7].
Ein Viertel der italienischen Berichte sind Reisetagebücher. Kennzeichnend für das Reisetagebuch ist die Beschreibung in der Form des Itinerars, die immer dann vorliegt, wenn eine Reise mehr oder minder vollständig und ausführlich entsprechend ihrem Verlauf von Ort zu Ort geschildert wird. Die Beschreibung in der Form des Itinerars beschränkt sich nicht auf das Reisetagebuch, sondern ist ebensogut in Briefen, Geschichtswerken und Gedichten anzutreffen [8]. Will man von einem Reisetagebuch sprechen, so bedarf es noch einer zusätzlichen Bedingung: der Ablauf der Reise muß chronologisch von Tag zu Tag festgehalten sein. Dies war nur möglich, wenn unterwegs regelmäßig Notizen über die täglichen Ereignisse und Eindrücke aufgenommen wurden. Die Überarbeitung zur endgültigen Form konnte entweder auf längeren Zwischenaufenthalten oder erst nach der Rückkehr erfolgen. Die chronologische Abfassung beeinflußt nicht unwesentlich die Sicht eines Reisetagebuchs. Der Verfasser konnte nicht wie bei anderen literarischen Gattungen von einem abschließenden Gesamtbild ausgehen und in dieses die Einzelbeobachtungen und -urteile einordnen, sondern mußte für die neuen Eindrücke spontan empfänglich sein. Dies war aber auch ein Nachteil, der

[7] Vgl. Anm. 2 der Einleitung.
[8] Zur Form des Itinerars in Gedichten vgl. *Georgius Schneider*, De itinerariis poematis Romanorum (= Lódzkie towarzystwo naukowe – Societas scientiarum Lodziensis I, 14), Lódz 1953.

in manchen Reisetagebüchern dadurch ausgeglichen wird, daß hin und wieder ein zusammenfassender Rückblick auf ein durchreistes Gebiet eingeschoben ist, der eine bessere Auswahl des Wesentlichen zuläßt. Die Thematik des Reisetagebuches kann beliebig ausgedehnt werden. Neben dürftigen Ausgabenverzeichnissen stehen vielseitige, ungemein lebendige und wirklichkeitsnahe Darstellungen, die nicht nur die üblichen Ereignisse der Reise wie Empfänge, Zeremonien, Einzüge und politische Beratungen, sondern auch Städte- und Landschaftsbilder, Beschreibungen von Gebäuden und Kunstwerken, Mitteilungen über das Aussehen und die Sitten der Bewohner umfassen. Diese Vielfalt von Themen macht das Reisetagebuch in der Regel zu einer wertvollen Quelle für kulturgeschichtliche Einzelheiten.

Die Gattung des Reisetagebuchs erfreute sich in der Spätantike und im Mittelalter großer Beliebtheit bei den Reiseberichten der Pilger [9]. Im vierzehnten und fünfzehnten Jahrhundert blieb sie eine Domäne der Volgare-Literatur. Es sei nur auf die stattliche Zahl der venezianischen Reisetagebücher im Volgare hingewiesen, deren Vorbild auch zwei Berichte aus dem spätmittelalterlichen Deutschland folgen [10]. Die Humanisten machten sich die Gattung zu eigen. Sie zogen allerdings häufig die Form des Itinerars im Brief vor, wo sie auf das chronologische Schema des Tagebuchs verzichten und im zusammenfassenden Überblick zu einer konzentrierteren Darstellung gelangen konnten. Ein interessanter Versuch an der Schwelle vom Mittelalter zur Renaissance ist das „Itinerarium Syriacum" Petrarcas [11]. Einem Freunde, der sich auf eine Pilgerreise zum Heiligen Grab begeben wollte, schilderte er hierin die antiken Örtlichkeiten und Kunststätten, denen jener unterwegs Aufmerksamkeit schenken sollte. Die Schrift ist eine in der Form des Itinerars abgefaßte Kunsttopographie, die der Wiederentdeckung der Periegesen des Herodot und Pausanias ein gutes halbes Jahrhundert vorangeht. Als diese beiden Hauptwerke der antiken Reiseliteratur um 1415 in Italien verbreitet wurden, wirkten sie auf die Reisedarstellungen der italienischen Humanisten ein [12].

[9] Vgl. *Titus Tobler*, Bibliographia geographica Palaestinae, Kritische Übersicht gedruckter und ungedruckter Beschreibungen der Reisen ins Heilige Land, Nachdruck Amsterdam 1964; *Titus Tobler*, *A. Molinier*, Itinera Hierosolymitana et descriptiones Terrae Sanctae lingua Latina saec. IV–XI exarata (= Société de l' Orient latin, Série géographique I/II), 2 vol., Genf 1880; *Paul Geyer*, Itinera Hierosolymitana saeculi IV–VIII (= Corpus scriptorum ecclesiasticorum latinorum 39), Nachdruck New York 1964; *Jeanne Vielliard*, Le guide du pélerin de Saint-Jacques de Compostella, Macon 1963; Itineraria et alia geographica (= Corpus Christianorum Series Latina 175), Brepols 1965.

[10] Zu den venezianischen Reiseberichten vgl. *Pietro Donazzolo*, I viaggiatori veneti minori. Studio bio-bibliografico, Memorie della R. Società Geografica Italiana XVI, Roma s. a. (1927).

[11] In Francisci Petrarchae ... opera, quae extant, omnia ..., Basilea (Henrichus Petri) 1554, I, S. 618–626.

[12] Vgl. *Remigio Sabbadini*, Le scoperte dei codici latini e greci ne' secoli XIV e XV, (= Biblioteca storica del Rinascimento, Nuova Serie IV), Neuaufl. Firenze 1967, S. 63.

Die Lobrede auf eine Stadt und die Stadtbeschreibung wurde von Italienern gewählt, wenn sie sich längere Zeit in einer bestimmten Stadt aufhielten und mit ihr weitgehend vertraut waren. So verfaßte zum Beispiel Aeneas Silvius während seiner langjährigen Tätigkeit am Basler Konzil zwei Beschreibungen Basels und später, als er in Diensten Friedrichs III. stand, eine Beschreibung Wiens, die er nach seiner Rückkehr nach Italien zu einer zweiten Fassung umarbeitete [13]. Die früheste aus der Antike bekannte Beschreibung einer Stadt ist die Skizze Babylons im Werk Herodots [14]. Die Darstellung von Städten war in der Antike vor allem der panegyrischen Rede vorbehalten [15]. Zu einem Fest gehörte der Lobpreis der Stadt, die das Fest veranstaltete. In einem Lehrbuch der Rhetorik des Pseudodionysios von Halikarnassos hieß es, daß der Redner hierbei die Lage, die geschichtliche Entstehung, die Taten, die Größe, die Schönheit, die Macht und die Ausstattung mit Heiligtümern, öffentlichen und privaten Gebäuden und Weihgeschenken rühmen sollte [16]. Bekannte Lobreden auf Städte stammen von dem Rhetor Aelius Aristides aus dem 2. Jh. n. Chr., und zwar eine Weihrede auf den großen Tempel von Kyzikos und weit ausladende Reden auf Rom, Smyrna und Athen [17]. Die Rede auf Athen trägt den Titel „Panathenaica oratio“ [18]. Rhetoriklehrer wie Pseudodionysios und Menander nahmen die Lobrede auf Städte in ihre Theorien auf und legten die Anzahl, Beschaffenheit und Anordnung der Themen fest [19]. Wichtig für uns ist nur die Grundregel: die Darstellung von Sachen und Personen ist getrennt, oder genauer: die Themen der Merkmale der Stadt gehen den Themen der Eigenschaften der Bewohner voraus. Die antike Lobrede auf eine Stadt lebte auch im Mittelalter in Abwandlung ihrer ursprünglichen Form fort. Es handelte sich meist um Beschreibungen, die durch die Topoi der „laudatio“ eine Reminiszenz an ihre Herkunft vom Panegyrikus bewahrten [20]. Vielleicht die wichtigste dieser mittelalterlichen „Laudes“ ist die

[13] Vgl. die entsprechenden Abschnitte im Kap. Aeneas Silvius.
[14] *Paul Friedländer*, Johannes von Gaza und Paulus Silentarius, Kunstbeschreibungen justinianischer Zeit, Berlin 1912, S. 37.
[15] *Friedländer*, S. 95 ff.
[16] Ebd., S. 96.
[17] Ebd., S. 96 ff.
[18] Aelii Aristidis Adrianensis opera omnia graece et latine, ed. *S. Jebb*, Oxford 1722, I, S. 91–197; vgl. *Hans Baron*, From Petrarch to Leonardo Bruni, Studies in Humanistic and Political Literature, Chicago 1968, S. 155 ff. sowie passim in den unter Anm. 20 und 23 zitierten Studien Barons.
[19] *Τέχνη περὶ τῶν πανηγυρικῶν*, Dionysii Halicarnasei quae extant vol VI opusculorum volumen secundum, ed. *Hermann Usener*, *Ludwig Radermacher*, Nachdruck Stuttgart 1965, S. 255 ff.; Menander Rhetor, *Περὶ ἐπιδεικτικῶν*, Rhetores Graeci III, ed. *Leonard Spengel*, Leipzig 1856, S. 331–446 (besonders S. 344–345 und 346 ff.).
[20] Eine Übersicht über die mittelalterlichen Städtedarstellungen in der Einleitung *Francesco Novatis* zu „De magnalibus urbis Mediolani“ des Bonvicinus de Rippa (Bonvisino della Riva) (zit. unter der folgenden Anm.), S. 8 ff.; vgl. ferner *J. K. Hyde*, Medieval Descriptions of Cities, Bulletin of the John Rylands Library 48, n. 2, 1966, S. 309–340; *Joseph R. Berrigan*, Benzo d'Alessandria and the cities of Northern Italy. Studies in

1288 entstandene Schrift „De magnalibus urbis Mediolani“ des Bonvisino della Riva[21]. Sie führt katalogartig, ohne erkennbare Schwerpunkte bei der Auswahl und Anordnung der Mitteilungen zu setzen, eine Fülle von mehr oder minder bedeutsamen Tatsachen an. Zu einer organischen, wesentliche Aspekte betonenden Darstellung der Stadt gelangt sie nicht[22].

Den Auftakt zur humanistischen Lobrede auf eine Stadt und Stadtbeschreibung bildete die „Laudatio Florentinae urbis“ Leonardo Brunis von 1403 oder 1404[23]. Bruni, der als einer der ersten Humanisten Griechischstudien betrieb, knüpfte an die „Panathenaica oratio“ des Aelius Aristides an[24]. Er übernahm von ihr die rhetorische Form des Panegyrikus, die „laudatio“, und den formalen Aufbau. An erster Stelle beschrieb er die Kennzeichen der Stadt, an zweiter ihre geschichtliche Herkunft, an dritter ihre Kriegstaten und an vierter und letzter die Institutionen ihrer Regierung. Aber inhaltlich war seine Schrift mehr als eine bloße Nachahmung und übertraf in mancher Hinsicht sogar sein Vorbild. Bei der Darstellung der Lage begnügte er sich nicht wie die „Panathenaica oratio“ damit, die Vorzüge der günstigen Mittellage zwischen den Extremen Meeresküste und Gebirge zu umreißen, sondern er entwarf ein getreues Bild des Panoramas des Arnotals mit Florenz im Zentrum[25]. Die Institutionen der Stadtregierung schilderte er als planvolles Zusammenspiel von Kräften, die sich gegenseitig die Waage hielten, so daß sich keine Institution zur absoluten Macht aufschwingen und die Freiheit der Bürger bedrohen konnte[26]. Die „Laudatio Florentinae urbis“ strahlte ihrerseits auf spätere humanistische Lobreden und Stadtbeschreibungen aus[27], in denen ihre Themen und die Prinzipien ihrer Anordnung wiederkeh-

Medieval and Renaissance History IV, 1967, S. 125–192; *Hans Baron*, The Crisis of the Early Italian Renaissance, Civic Humanism and Republican Liberty in an Age of Classicism and Tyranny, 2. Aufl. Princeton 1966, S. 196 ff.; *Baron*, From Petrarch to Leonardo Bruni, S. 159.

[21] *Bonvicinus de Rippa*, De magnalibus urbis Mediolani, ed. *Francesco Novati*, Bollettino dell' Istituto Storico Italiano 20, Roma 1898, S. 5–188.

[22] *Baron*, The Crisis, S. 196 ff.

[23] Jetzt vollständig veröffentlicht bei *Baron*, From Petrarch to Leonardo Bruni, S. 232–263; zur Entstehungszeit ebd., S. 102 ff., und *Baron*, Humanistic and Political Literature in Florence and Venice at the Beginnung of the Quattrocento, Cambridge 1955, S. 69 ff.

[24] Leonardi Bruni Arretini epistolarum libri VIII ..., ed. *Laurentius Mehus*, Florentiae 1741, lib. VIII, ep. 4, S. 111: „Non enim temere neque leviter id opus (die „Laudatio Florentinae urbis“) aggressi sumus, neque vagi, aut incerti per semitas nobis incognitas peregrinationem more nostro ipsi arbitratu processimus, sed ducem itineris, totiusque laudandi progressus certum indubitatumque habuimus Aristidem celebrem apud Graecos oratorem eloquentissimum hominem, cuius extat oratio pulcherrima de Laudibus Athenarum. Illius sermo tanquam magister mihi fuit: conatus vero imitandi tanquam ludus, exercitatioque adolescentiae“. Fortsetzung des Zitats unter Anm. 32.

[25] *Baron*, The Crisis, S. 199 ff.; ders., From Petrarch to Leonardo Bruni, S. 156 ff.

[26] Ders., The Crisis, S. 205 ff.; ders., From Petrarch to Leonardo Bruni, S. 168 ff.

[27] Beispiele dafür bei *Baron*, The Crisis, S. 209 ff.

ren [28]. Einmal sind sogar ganze Passagen, kaum oder gar nicht verändert, auf eine andere Stadt übertragen worden [29]. Viele Humanisten bevorzugten für die Stadtbeschreibung die zur rhetorischen Form der Historiographie gehörige „descriptio", die eine sachliche, auf Distanz bedachte Darstellung und kurze, schmucklose Perioden verlangte. Dies galt vor allem, wenn die Stadtbeschreibung den Teil eines historischen oder geographischen Werkes bildete [30]. Die Trennung der rhetorischen Formen wurde aber nicht immer strikt eingehalten. Es gab auch Stadtbeschreibungen in der Form der „descriptio", selbst in historischen und geographischen Werken, die sich, ähnlich wie die mittelalterlichen „Laudes", rhetorischen Glanz durch die Topoi der „laudatio" zulegten [31].

Ein weiterer Unterschied zwischen der Lobrede auf eine Stadt und einer Stadtbeschreibung bestand im Hinblick auf den Wahrheitsgehalt der Aussage. Als einmal ein junger Humanist den berühmten Bruni mit dem Vorwurf zu attackieren wagte, er habe es in seiner „Laudatio" auf Florenz mit der Wahrheit nicht allzu ernst genommen, schalt ihn dieser einen „asinus", da er den Unterschied zwischen der Geschichtsschreibung und dem Panegyrikus nicht kenne. Der Panegyrikus brauche sich nicht peinlich genau an die Wahrheit zu halten, da er den Zuhörer oder den Leser vor allem erbauen wolle [32]. Wer aber eine Stadtbeschreibung verfaßte, unterzog sich wissentlich der Aufgabe einer wahrheitsgetreuen, und das hieß, objektiven Wiedergabe seiner Wahrnehmungen. Neben der humanistischen Stadtbeschreibung lebte deren mittelalterliche Form in der Volgare-Literatur weiter. Sie kannte in der Regel nicht die von Bruni angewandten Glie-

[28] Die Gliederung erscheint meist in der Dreiteilung: Stadtbild, Institutionen der Stadtverwaltung, Sitten.

[29] In der zweiten Beschreibung Basels des Aeneas Silvius, vgl. Kap. XI, S. 108.

[30] Z. B. die zwei Fassungen der Beschreibung Wiens des *Aeneas Silvius* in der „Historia Australis" und die Stadtbeschreibungen des *Antonius Bonfinis* in den „Rerum Ungaricarum Decades". Vgl. die entsprechenden Kapitel.

[31] Z. B. die Beschreibung Wiens des *Antonius Bonfinis* und die zweite Beschreibung Basels des *Aeneas Silvius*. Vgl. die entsprechenden Kapitel.

[32] Leonardi Bruni epistulae, ed. *Mehus*, lib. VIII, ep. 4, S. 111/2: „Genus autem dicendi, nam id etiam considerare iudicem oportet, in huiuscemodi laudationibus plausibile quoddam et gloriosum esse debet. Id Graeci panegyricum vocant, nec ad subtilitatem disserendi, sed ad plausum multitudinis accomodari, omnisque laudandi occasio arripienda est in eo genere ac verbis extollenda." Nachdem einige Beispiele dafür aus der „Panathenaica oratio" des Aelius Aristides angeführt worden sind, heißt es weiter: „Haec et huiusmodi permulta in ea laudatione (des Aelius Aristides) scripta quis non videt non ad veritatem, sed ad plausum et leticiam multitudinis audientium pertinere? In laudationibus enim civitatum ad eos ipsos habetur sermo, quos laudare velis, coronamque flagitat id genus dicendi, et multitudinem populi non ad iudicia vel ad decernendum aliquid de Republica coactam, sed ad plausum et leticiam ex propriis laudibus percipiendam. Genus igitur dicendi in huiuscemodi laudationibus tale quoddam est, quod si intellexisset reprehensor meus, parcius reprehendisset. Alius est enim historia, aliud laudatio. Historia quidem veritatem sequi debet, laudatio vero multa supra veritatem extollit, ut in laudibus Athenarum factum ab Aristide supra ostendimus."

derungsprinzipien und erging sich in langatmigen, wenngleich häufig detailreichen und informativen Aufzählungen [33].
Die Geographie der Humanisten läßt sich auch als beschreibende Länder- und Völkerkunde bezeichnen. Eine geographische Beschreibung konnte auf der Grundlage topographischer Lagebestimmungen, bei denen ein Gebiet durch die Angabe der Himmelsrichtungen der Nachbargebiete lokalisiert wurde, alle nur erdenklichen Aspekte eines Landes von den Gewässern, Wäldern und Gebirgszügen, über den Anblick der Städte und Landschaften, die kulturellen Zustände, die ethnographischen und sprachtopographischen Verhältnisse und die Sitten der Bewohner, bis hin zur geschichtlichen Entwicklung und den gegenwärtigen Herrschaftsverhältnissen umfassen. Geographische Darstellungen waren auch dem Mittelalter nicht fremd, aber sie beschränkten sich weitgehend auf Exkurse in Geschichtswerken [34]. Als Vorlage boten sich zum Beispiel die geographischen und ethnographischen Partien der „Etymologiae" des Isidor von Sevilla an [35]. Die früheste geographische Beschreibung eines Humanisten befindet sich in der „Historia Iulii Caesaris" Petrarcas, der auf der Grundlage von Caesars „De bello Gallico" und eigener Kenntnisse von zwei Reisen einen Überblick über das transalpine Gallien gibt [36]. Die Wiederentdeckung der Werke des Strabo und Ptolemäus und ihre Übertragung ins Lateinische bis zur Mitte des fünfzehnten Jahrhunderts regten die geographischen Studien der Humanisten an [37]. Sie verglichen an Hand der eigenen Anschauung und mündlicher Informationen die gegenwärtigen Zustände mit den Ergebnissen der antiken Lehrmeister und brachten so die Geographie entscheidend weiter. Vor allem Aeneas Silvius beherrschte die auf

[33] Beispiele für Stadtbeschreibungen der Renaissance in Latein und in Volgare bei *Novati*, Einleitung zu Bonvicinus de Rippa, S. 13 ff. Von den hier nicht genannten sei auf die für die mittelalterliche Tradition charakteristische Beschreibung von Florenz des Benedetto Dei hingewiesen, veröffentlicht bei *Maria Pisani*, Un avventuriero del Quattrocento. La vita e le opere di Benedetto Dei (= Biblioteca della „Rassegna" V), Genua 1923, S. 85–91 (vgl. auch Kap. Dei, S. 183), ferner auf die ausgereifte, von humanistischen Vorbildern beeinflußte „Laus urbis Venetae" des *Marino Sanuto*, in: Cronachetta di Marino Sanuto, ed. Rinaldo Fulin, Venetia 1880, S. 28–66.

[34] Vgl. *Hans Joachim Witzel*, Der geographische Exkurs in den lateinischen Geschichtsquellen des Mittelalters, Diss. Frankfurt a. M. 1952.

[35] *Isidor von Sevilla*, Etymologiarum sive originum libri XX, ed. *W. M. Lindsay*, Oxford 1957 (= Scriptorum classicorum bibliotheca Oxoniensis). Geographie: lib. XIV; Ethnographie: lib. IX.

[36] Francisci Petrarchae historia Iulii Caesaris, ed. *C. E. Chr. Schneider*, Lipsiae 1827. Die Beschreibung des transalpinen Gallien nimmt das 3. Buch ein.

[37] Die Geographie des Ptolemäus in der Übersetzung von Jacopo d'Angiolo ist Alexander V. (1409/10) gewidmet. (Vgl. Géographie de Ptolémée, traduction de Iacopo d'Angiolo de Florence, reproduction réduite des cartes et plans du manoscrit latin 4802 de la Bibliothèque Nationale, Paris 1926, S. 1.) Die Übersetzung Guarinos der Ethnographie des Strabo wurde erst 1453 beendet (vgl. *Georg Voigt*, Die Wiederbelebung des classischen Alterthums oder das erste Jahrhundert des Humanismus, 2 vol., 4. Aufl. Berlin 1960, I, S. 188 ff.).

einem solchen Messen begründete geographische Kritik [38]. Die geographische Beschreibung bediente sich der rhetorischen Form der Historiographie, speziell der „descriptio", und setzte als wissenschaftliche Darstellung Genauigkeit und Objektivität voraus. Als Hauptwerk der humanistischen Geographie, das zahlreiche Autoren beeinflußte, gilt die „Italia illustrata" des Flavio Biondo aus der Mitte des fünfzehnten Jahrhunderts [39]. Biondo beschreibt in ihr die achtzehn Provinzen Italiens unter einer Vielzahl von Aspekten der Geographie, Kultur, Geschichte und Zeitgeschichte, wobei er vor allem den Städten Aufmerksamkeit schenkt. Die Einteilung erfolgt nach Provinzen, die nacheinander dargestellt werden. Die Städte- und Landschaftsbilder bieten im übrigen ein Beispiel für die Anwendung von Topoi der „laudatio" in einer geographischen Beschreibung.

Die häufigste Form der Berichterstattung war der persönliche Brief [40]. Die privaten Reisebriefe der Humanisten waren Erlebnisberichte in einer lockeren Form der Darstellung. Die Wahl des Themas und die Einteilung der Darstellung standen im Belieben des Verfassers. Anders als die Beschreibung, die sich ausschließlich den objektiven Zuständen zuwendet, gibt der Brief die Ereignisse, Vorgänge und Zustände im Spiegel des Erlebens wieder. Der Verfasser sieht sich nachträglich in einer wechselseitigen Beziehung zwischen sich und seiner Umwelt. Dazu bedarf es zunächst deren mehr oder weniger genauen Kennzeichnung, wozu Elemente des Itinerars, der geographischen oder der Stadtbeschreibung in den Brief aufgenommen werden können. Erst auf dem Hintergrund der dem Empfänger anschaulich gemachten Umwelt hat der Verfasser die Möglichkeit, subjektive Empfindungen im Moment des Erlebnisses auszudrücken, sich kommentierenden Betrachtungen hinzugeben, meist in der Form von Vergleichen des Gesehenen mit heimatlichen oder antiken Zuständen, literarische Assoziationen zu den Klassikern einzuflechten oder verschiedenartigen, oft weit vom Thema abschweifenden Gedanken nachzugehen. Als belebendes Moment kommt die Zwiesprache mit dem Empfänger hinzu. Vorbild für die ungebundene Form des privaten Briefs waren Ciceros Briefe an Atticus, deren Maxime: „Schreib, was Dir in den Mund kommt", von den Humanisten viel zitiert wurde. Mit Recht sind die Briefe an Atticus als ein „halbiertes Gespräch" bezeichnet worden [41]. Spontaneität und Natürlichkeit des Ausdrucks wurden an ihnen besonders geschätzt.

Die Tatsache, daß der humanistische Brief fast immer auch für die Literatur und damit für einen größeren Leserkreis bestimmt war, hinderte die Briefpartner nicht an einer persönlich gestimmten Kommunikation. Die Briefe vermieden den Anschein, für die Literatur mitverfaßt zu sein. Man kann ja vor der Erfindung

[38] *Georg Voigt*, Enea Silvio de' Piccolomini als Papst Pius der Zweite und sein Zeitalter, 3. vol., Berlin 1856–1863, II, S. 302 ff.

[39] Es lag folgende Ausgabe vor: Biondi Flavii Forliviensis de Italia illustrata opus, Venetiis 1510 (vollständig zitiert in Anm. 235 zum Kap. Aeneas Silvius).

[40] Zur Epistolographie der Humanisten vgl. *Voigt*, Die Wiederbelebung des classischen Alterthums, II, S. 417 ff.

[41] *Hermann Peter*, Der Brief in der römischen Litteratur, Leipzig 1901, S. 39/40.

des Buchdrucks nicht von einer Veröffentlichung im modernen Sinne sprechen. Die Verfasser ließen es zu, rechneten damit oder förderten es, daß ihre Briefe im Freundeskreis weitergereicht wurden und von dort aus auch an ferner stehende Personen gelangten. Aber allein dies mag für manchen Briefschreiber ein Grund gewesen sein, sich mit Äußerungen, die seine Stellung hätten gefährden können, zurückzuhalten. Der Humanismus kannte im übrigen wie die Antike auch reine Kunstbriefe, denen es auf eine persönliche Kommunikation nicht mehr ankam [42]. Dies gilt aber für keinen unserer Reisebriefe.

Ähnlich wie die Lobrede gibt der Brief nur ein unsicheres Bild von der wahren Einstellung des Verfassers zu den Dingen wieder. In der Kommunikation mit einem bestimmten Empfänger spielten psychische Bindungen und persönliche Erwartungen mit, die sich an dessen soziale Stellung knüpften. Die Humanisten waren meist auf Gönner angewiesen, die in irgendeiner Weise für ihren Lebensunterhalt sorgten. Einflußreichen und Höhergestellten redeten sie daher oft zum Munde, wovon auch die Beurteilung eines Landes nicht ausgeschlossen war. Um nur die beiden extremsten Möglichkeiten zu nennen: war der Empfänger ein Deutscher, von dem sich der Verfasser eine Förderung erhoffte, so hätte dieser nicht mit schmeichelhaften Äußerungen über die Zustände in Deutschland gespart. War der Empfänger aber ein Italiener, der dem Verfasser nach der Rückkehr nützlich sein konnte, so verfuhr dieser gut, wenn er sein Klischee von Deutschland bestätigte. Bei jedem Brief sind deshalb das Verhältnis des Verfassers zum Empfänger: ihre soziale Stellung und Abhängigkeit voneinander, ihr Einfluß, ihre frühere Beziehung — die auch nur eine uneigennützige Literatenfreundschaft sein konnte — und die Nationalität des Empfängers genau zu beachten, damit die Tendenz der Sicht von ihren Voraussetzungen her verstanden und gegebenenfalls an der sonstigen Einstellung des Verfassers gemessen werden kann.

Das Gedicht vermag, soweit es Milieuschilderungen enthält, sozial- und kulturgeschichtliche Kenntnisse zu ergänzen. Objektivität sollte man freilich bei den Poeten nicht suchen, und so wird man ihre Zeugnisse nur zur Abrundung des in den italienischen Berichten zutage tretenden Bildes des spätmittelalterlichen Deutschland willkommen heißen.

[42] Vgl. *Voigt,* Die Wiederbelebung des classischen Alterthums, II, S. 417; *Peter*, Der Brief in der römischen Litteratur, S. 10 ff.

II. Francesco Petrarca

Briefe von der Reise an den Rhein 1333

Reisen gehörte zum Leben Petrarcas von Kindheit an. Im Alter von acht Jahren siedelte er mit seinen Eltern von Pisa nach Avignon über, wobei sich ihm die ligurische Küste und die Seefahrt von Genua nach Marseille einprägten. Als Student zog er erst nach Montpellier, später nach Bologna. 1330 folgte er der Einladung seines Freundes Giacomo Colonna in dessen Bistum Lombez am Fuß der Pyrenäen. Mit acht- oder neunundzwanzig unternahm er im Frühjahr 1333 seine bisher längste Reise über Paris an den Rhein. Er verband mit ihr keinen bestimmten Auftrag, sondern wollte „nur aus Lust am Schauen und einer gewissen jugendlichen Begeisterung“ [1] die Gegenden durchstreifen und unterwegs nach alten Kodices forschen [2]. Zehn Jahre später gestand er einen vielleicht noch wichtigeren Grund, den er jetzt seinen Freunden verschwieg. Er nannte ihn den Wunsch nach „Freiheit“ [3], doch meinte er damit die Befreiung von der Liebe zu Laura. Eine Entfernung von Avignon bot den sichersten Schutz gegen ihren Anblick, den er insgeheim suchte und der den quälenden Widerstreit zwischen seinen Wünschen und inneren Anfechtungen aufs neue wecken mußte. Er täuschte sich jedoch, wenn er hoffte, die Flucht in die Ablenkung der Reise könnte ihn von der Liebe zu Laura heilen.

Seine Entscheidung zugunsten einer Reiseroute fiel nicht wahllos [4]. Er wollte mit eigenen Augen prüfen, was er im Gespräch mit seinen Freunden an der Kurie in Avignon über Paris gehört hatte, dessen Universität sein sich entwickelndes humanistisches Selbstbewußtsein herausforderte. Aachen dürfte ihn als Krönungsort der Kaiser angezogen haben, über die er später die Auffassung vertrat,

[1] Im ersten Reisebrief, Familiares I, 4, 1 (*Piur*, S. 161, *Rossi* I, S. 24). Der Ausspruch wird zum Topos und kehrt als solcher wieder in Epistula ad posteros (Prose, ed. *Martellotti – Ricci*, S. 10), in Familiares XIII, 6, 23 (*Rossi* III, S. 76), in Epistulae seniles X, 1 (Opera omnia, S. 962) und in Historia Iulii Caesaris, lib. 3 (ed. *Schneider*, S. 11–12, ed. *Dorez*, fol. 3 r).

[2] Vgl. Anm. 12.

[3] Secretum, lib. 3 (Prose, ed. *Martellotti – Ricci*, S. 164): „Quotiens enim ... fugam retentavi! et licet varias simulaverim causas, unus tamen hic semper peregrinationem rusticationemque mearum omnium finis erat libertas, etc.“.

[4] Die Route führte von Avignon über Paris, Gent, Lüttich und Aachen nach Köln. Andere auf der Reise berührte Städte werden nicht genannt. Die Vermutung, Petrarca habe evtl. in Begleitung seines Freundes Sokrates einen Abstecher nach Norden unternommen (*Tatham*, S. 307), ist nicht ganz unbegründet, heißt es doch schon im ersten Reisebrief aus Aachen, Familiares I, 4, 1 (*Piur*, S. 161; *Rossi* I, S. 24): „Germaniam tandem Rhenique ripas attigi“. Familiares XIX, 13, 2 (*Rossi* III, S. 338; *Piur*, S. 206) gilt nicht ohne weiteres für den Rhein bei Köln: „Siquidem olim annis meis adhuc crescentibus circa divortia amnis illius, ubi decrescere et bicornis esse incipit, fui etc.“ Vgl. auch Familiares IX, 2, 7 (*Rossi* II, S. 214–215). Zum zweiten Teil der Route vgl. Anm. 16.

sie maßten sich die Herrschaft des „Sacrum Imperium“ an. Der Rhein muß für ihn einen guten Klang aus den antiken Schriftstellern gehabt haben und der Ruf Kölns als der blühendsten Stadt Deutschlands ihm bekannt gewesen sein [5]. Köln war der geeignete Ort, an dem sich sein Bild von dem „barbarischen“ Volk im Norden bestätigen, widerlegen oder vervollkommnen konnte, das er neben dem Hörensagen aus Zeugnissen antiker und mittelalterlicher Autoren gewonnen hatte [6]. Gewiß war ihm Isidor von Sevillas einprägsame Charakteristik der Germanen nicht entgangen, in der von ihrem riesenhaften Wuchs, ihrer Wildheit, ihrer Abhärtung durch grimmige Kälte, ihren durch das schlechte Klima bedingten rauhen Lebensgewohnheiten, ihrem Unterhalt durch Raub und Jagd und ihrer barbarischen Sprache die Rede ist [7]. Er kannte die „Pharsalia“ des Lukan, dessen Worte in eine Kreuzzugskanzone eingehen, die kurz nach der Rückkehr aus Deutschland entstand: „Ein Teil der Welt liegt fast immer unter Eis und gefrorenem Schnee, gänzlich dem Lauf der Sonne fern; dort, unter den wolkenverhangenen und kurzen Tagen wohnt ein Volk, dem das Sterben nichts gilt.“ Gürtete sich dieses Volk, einmal gottesfürchtiger als sonst, mit dem Schwert des „tedesco furore“, dann hätten Türken, Araber und Kaldäer nichts mehr zu hoffen [8]. Lukans „furor teutonicus“, den die Variante „rabies teutonica“ begleitete, ist eine von mehreren aus der Antike überkommenen Formeln, die infolge des Wütens der deutschen Söldnerscharen in Italien weiterlebten. Wildheit, Streitlust, Grausamkeit, Unmäßigkeit im Essen und Trinken, Plumpheit und Tölpelhaftigkeit, die an den „lanzechenecchi“ tagtäglich zu beobachten waren, prägten den Typ des Deutschen im Bewußtsein des Volkes und in der Literatur [9]. Petrarca hatte als Student in Bologna und im Umgang mit seinen Landsleuten in Avignon sicherlich solche Urteile in sich aufgenommen. In der Person seines Freundes Sokrates aus Beeringen in Holland bot sich ihm jedoch ein Beispiel des

[5] „Locus et situ et flumine clarus et populo“ sagt Petrarca über Köln im zweiten Reisebrief, Familiares I, 5, 1 (*Piur*, S. 168; *Rossi*, S. 28).

[6] Es wird wohl nie endgültig zu klären sein, welche Autoren Petrarca 1333 bereits kannte. Seine Beschäftigung mit Deutschland dürfte bis dahin kaum intensiv gewesen sein. Für die Voraussetzungen seines Urteils im allgemeinen: *Amelung*, S. 29–34; *Antonio de Stefano*, I tedeschi nell'opinione pubblica medioevale, Bilychnis 7, Roma 1916, S. 109–115; *Angelo Monteverdi*, La „tedesca rabbia“, Giornale storico della letteratura italiana 86, 1925, S. 196–199; *Ernst Dümmler*, Über den „furor teutonicus“, Sitzungsberichte der preußischen Akademie der Wissenschaften Berlin, Phil.-hist. Kl., 1897, I, S. 112–126; *Vittorio Cian*, Ricordi e commenti antitedeschi, Rassegna italiana politica, letteraria e artistica Ser. I, 1, Roma 1918, S. 428–440.

[7] *Isidor von Sevilla*, Etymologiarum sive originum libri XX, ed. *W. M. Lindsay*, Oxford 1957 (= Scriptorum classicorum bibliotheca Oxoniensis), Lib. IX, II, 95–101 (ethnographisch), lib. XIV, IV, 4 (geographisch) und lib. XIX, XXIII, 1.

[8] Rime XXVIII (ed. *Neri – Martellotti*, S. 39); *Lukan*, De bello civili (Pharsalia) IV, 106 ff.: „Sic mundi pars ima iacet, quam zona nivalis perpetuaeque premunt hiemes: non sidera caelo ulla videt, sterili non quidquam frigore gignit, ...“ Zum „furor teutonicus“ ebd. I, 255, *Vergil*, Aeneis VII, 741 und andere.

[9] *Amelung*, S. 29 ff.

Gegenteils. So sehr er gewiß dem düsteren, abwertenden Bild zuneigte, ein geheimer Zweifel daran muß ihn bewegt haben, so daß er aus eigener Anschauung über das Gelesene und Gehörte befinden wollte.
Den ersten der beiden Reisebriefe, die an seinen Freund und Gönner, den Kardinal Giovanni Colonna in Avignon gerichtet sind, schrieb er am 22. Juni in Aachen [10]. Über den bisherigen Verlauf der Reise eilt seine Erinnerung mit wenigen Sätzen hinweg. In Paris war er unermüdlich umhergewandert, manchmal sogar bis in die Nacht hinein, „begierig zu sehen und zu erforschen, ob wahr oder erfunden war, was ich über diese Stadt gehört hatte". Trotzdem teilt er keinerlei Einzelheiten mit, die er lieber für ein Gespräch nach der Rückkehr aufheben möchte. Er gibt damit zu erkennen, daß er ein differenziertes Urteil hatte und das Verhältnis von „Wahrheit und Legende" gewissenhaft abzuwägen suchte. Unsere Annahme bestätigt eine rückblickende Äußerung im Alter: „Obwohl Paris allemal hinter seinem Ruf zurücksteht und viel seinen Vorspiegelungen verdankt, war es doch zweifellos eine bedeutende Angelegenheit mit seinen Scharen von Studenten, seinem Studieneifer, dem Reichtum seiner Bürger und seinen Abwechslungen für alle." [11] Zu den Städten Flanderns und Brabants sagt er nur, die Bewohner seien „Spinner und Weber". Gent nennt er farblos „groß und reich", sonst interessiert ihn allein die angebliche Gründung durch Julius Caesar. Bei der Erwähnung Lüttichs setzt er knapp, aber prägnant hinzu: „eine bemerkenswerte Stätte des Klerus". Gerade von hier hätte er über den Fund zweier Ciceroreden berichten können, die ihm erst sehr viel später einer Mitteilung wert erschienen [12].
In Aachen besichtigte Petrarca die Kirche Karls des Großen. Die Priester erzählten ihm dabei eine Legende aus dem Leben des Königs, die ihm so wichtig erschien, daß er sie in den Mittelpunkt seines Briefes stellt. Der Legende nach liebte Karl heillos ein „gewisses Weibsstück", das ihn mit seinen Reizen bestrickte, so daß er die Staatspflichten vernachlässigte und nur noch an seine Umarmungen dachte. Doch bald starb die Buhlerin. Die heimliche Freude am Hof wich bald um so größerer Bestürzung, da sich die Liebestollheit des Königs auf den „widerlichen und bleichen" Leichnam übertragen hatte, den er Tag und Nacht liebkoste. Hier setzt nun eine Zwischenbetrachtung Petrarcas ein, in der er über die Unvereinbarkeit der Rolle des Königs mit der des Liebhabers reflektiert: „Denn was heißt König sein, wenn nicht gerechte und ruhmvolle Herrschaft? hingegen, was ist Liebe, wenn nicht verächtliche und unrechte Knechtschaft?" Nachdem er dann die Leidenschaft des Königs in vielen Nuancen ausgemalt hat, leitet er zu dem wundersamen Fortgang der Dinge über. Am Hofe wirkte als Ratgeber des Königs der Erzbischof von Köln, der Gott inständig bat, er möge dem Übel ein Ende bereiten, bis er während einer Messe am Altar eine

[10] Familiares I, 4 (*Rossi* I, S. 24–27; *Piur*, S. 161–167).
[11] Seniles X, 2 (Opera omnia, S. 963).
[12] Seniles XV, 1 (Opera omnia, S. 1048); Familiares XIII, 6, 23 (*Rossi* III, S. 76).

Stimme vernahm: „Unter der Zunge der Toten ist die Ursache für die Tollheit des Königs verborgen!" Er eilte unverzüglich in die Privatgemächer des Königs, durchsuchte den Mund der Toten und fand unter der Zunge einen in einen winzigen Ring eingefaßten Edelstein, den er eiligst entfernte und mitnahm. Als sich Karl, wie gewohnt, wieder neben die Tote legen wollte, schauderte er vor ihrer Berührung zurück und befahl, den Leichnam auf der Stelle zu begraben. Von jetzt an wich er nicht mehr von der Seite des Erzbischofs, umwarb ihn, liebkoste ihn und tat schließlich nichts mehr ohne seinen Rat. Als der Erzbischof das merkwürdige Verhalten des Königs bemerkte, versenkte er den Ring an einer tiefen Stelle in den Sümpfen bei Aachen, wo sich der König gerade mit seinem Hof aufhielt. Seither zog Karl Aachen allen anderen Städten vor und liebte hier vor allem die Sümpfe, badete in ihrem Wasser und erfreute sich an ihrem Geruch. Schließlich verlegte er seine Residenz hierher und erbaute inmitten der Sümpfe seine Pfalz und seine Kirche. Hier wurde er auch begraben, nachdem er zuvor angeordnet hatte, daß seine Nachfolger in Aachen zu krönen seien. „Was heute noch gilt und solange gelten wird, als die Zügel des ‚Romanum Imperium' in der Hand der Deutschen liegen", beschließt Petrarca seine Erzählung nicht ohne den Beiklang einer Mißbilligung.
Diese in mehreren Versionen überlieferte Legende, denen stets der Liebeszauber Karls des Großen durch ein Kleinod zugrunde liegt, hat in der Darstellung Petrarcas ihre literarische Ausgestaltung erfahren [13]. Man fragt sich, was ihn an der Legende so sehr fesselte, daß er ihr den größten Teil seines ersten Reisebriefs widmet und es darüber versäumt, eingehender über Paris und die doch gewiß vielfältigen Eindrücke seiner nicht alltäglichen Reise zu berichten. Ein geheimes Motiv seiner Reise war – es wurde schon angedeutet – die Liebe zu Laura. In der Legende begegnete ihm die eigene Situation der Überwältigung durch die Liebe. Er sucht nun seine innere Bewegtheit über den Umweg der Legende und der heimlichen Identifikation mit dem König seinem väterlichen Freund Giovanni Colonna anzuvertrauen. Die Ausmalung der Leidenschaft des Königs und das gleichzeitige Verdikt darüber deuten darauf hin, wie sehr er von dieser Leidenschaft fasziniert war, wie sehr er sich aber gleichzeitig gegen sie wehrte. Wenn für ihn Liebe eine „verächtliche und unrechte Knechtschaft" war, der es sich, wie er bei anderer Gelegenheit sagt, aus „Freiheitsliebe" zu entziehen galt [14], so vermittelt dies einen Begriff von den inneren Spannungen des jungen Petrarca, die man als Grund für seine Unruhe, für seine Lust oder vielmehr seinen Zwang zum Reisen ansehen möchte. Petrarca behauptet, die Priester hätten ihm die Legende auch in einer schriftlichen Fassung gezeigt, die er später sogar noch aus-

[13] Vgl. *Robert Folz,* Le Souvenir et la Légende de Charlemagne dans l'Empire germanique médiéval, Paris 1950, S. 326–328; *August Pauls,* Der Ring der Fastrada, Zeitschrift des Aachener Geschichtsvereins 17, 1895, S. 1–73; *Piur,* S. XXII und S. 166, Anm. 41.
[14] Eine besonders eindringliche Darstellung hat dieser Zwiespalt in einem metrischen Brief an Giacomo Colonna von 1337 gefunden, Epistulae metricae I, 6 (Rime, Trionfi e poesie latine, ed. *Neri – Martellotti,* S. 727–741; *Rossetti* III, S. 203–223).

führlicher bei „neueren Schriftstellern“ vorgefunden habe. Das erste mag angehen – doch wann hatte er in Aachen Zeit und Gelegenheit, eigens „neuere Schriftsteller“ zu studieren? Wenn Petrarca mehrere Autoren nennt, so wollte er damit das persönliche Interesse an der Legende doch wieder verhüllen, indem er ihr ein sachliches literarisches Gewicht verlieh.
Den zweiten Reisebrief schrieb Petrarca am 9. August in Lyon, nachdem eben erst ein beschwerlicher und gefahrvoller Ritt hinter ihm lag [15]. Seine Erinnerung kehrt zum Aufenthalt in Köln zurück und knüpft an den ersten Reisebrief an. Man könnte meinen, er habe seinen Bericht noch in Köln verfaßt, so frisch und unverfälscht gibt er seine Wahrnehmungen und Empfindungen wieder. Vielleicht war ein Teil bereits an Ort und Stelle konzipiert worden. Bevor Petrarca Aachen verließ, hatte er noch ein Bad in den warmen Quellen genommen. Nach zweitägigem Ritt gelangte er am 24. Juni nach Köln. Obwohl ihm Kölns Ruf keineswegs entgangen war, bot der erste Eindruck für ihn doch eine Überraschung. „Erstaunlich für eine Stadt der Barbaren, welche Kultiviertheit, welch städtisches Gepräge, welcher Ernst der Männer, welch gepflegtes Äußere der Frauen“, stellte er fest. Seine Ankunft fiel zufällig auf den Johannistag. „Die Sonne neigte sich schon zum Untergang. Ich war gerade abgestiegen, als mich die Aufforderung meiner Freunde – denn auch hier hatte mir mein Ruf eher Freunde verschafft, als ich es verdient hatte – von der Herberge zum Fluß hinzog, um ein einzigartiges Schauspiel zu sehen. Und ich wurde nicht getäuscht! denn das ganze Ufer bedeckte ein herrlicher und überaus großer Zug von Frauen. Ich wurde ganz still: Gute Götter, welch eine Schönheit der Gestalt, welch eine Vollkommenheit der Haltung! Liebe hätte verspüren können, wer, im Innern nicht schon gebunden, den Blick dorthin wandte. Ich stellte mich an etwas höherer Stelle auf, um wahrnehmen zu können, was sich abspielte. Es war eine unglaubliche Ansammlung ohne jegliches Gedränge. Sie hatten die Ärmel über die Ellenbogen emporgeschlagen – die eine oder andere war mit wohlriechenden Kräutern bekränzt – und benetzten froh gelaunt abwechselnd ihre weißen Hände und Arme in der Strömung, wobei sie sich mit fremdartigem Gemurmel, ich weiß nicht, über was Verlockendes unterhielten.“ Petrarca fühlte sich ausgeschlossen, da er ihre Sprache nicht verstand, und entsann sich des Cicerowortes, daß zwischen fremden Sprachen nahezu alles taub und stumm sei. Doch zu seinem Trost standen ihm in seinen Freunden gute Dolmetscher zur Seite. Mit Verwunderung stellte er an ihrem Beispiel fest, daß es in diesen Breiten Sinn für die Musen gebe. Er flicht deshalb in seine Erzählung rasch ein Verschen ein, das er nach dem Vorbild Iuvenals gebildet hatte: „Das gelehrte Deutschland brachte geistvolle Dichter hervor.“ Zugleich schränkt er scherzhaft ein, hier gebe es zwar keinen Vergil, aber viele „Ovide“. Angesichts dessen kommt ihm ein Ausspruch Ovids über die Ausbreitung der Geltung der Römer wie eine Prophezeiung vor. Nach der kurzen Abschweifung über die Bildung seiner Freunde nimmt ihn erneut das

[15] Familiares I, 5 (*Rossi* I, S. 28–31; *Piur*, S. 168–174).

Schauspiel am Fluß gefangen. Mit einem Vers Vergils wandte er sich an einen von ihnen: „Was bedeutet die Ansammlung am Fluß? Was begehren die Seelen?" und erfuhr, daß es ein uralter Brauch sei, an den die einfachen Leute, besonders aber die Frauen glaubten: Die Waschung am Fluß an diesem Tage reinige für das kommende Jahr von allem Unheil und man gehe geläutert aus ihr hervor. „O ihr überglücklichen Anwohner des Rheins", will er da ausgerufen haben, „die der Fluß von ihrem Elend reinigt! Von unserem Elend vermochte uns weder der Po, noch der Tiber je zu reinigen! Ihr schickt euere Leiden mit dem Rhein zu den Briten hinüber, wir würden die unsrigen gern den Afrikanern und Illyrern senden, aber unsere Flüsse sind offensichtlich träger!" Bei guter Stimmung verließen sie spät abends den Aussichtsplatz.

Es folgen einige ganz knappe Bemerkungen über Köln, das er in den nächsten Tagen, vom Morgen bis zum Abend, wie er behauptet, mit denselben Begleitern durchstreifte. „Keine unerfreuliche Betätigung", hebt er hervor, „nicht so sehr um dessentwillen, was es zu sehen gab, sondern für die Erinnerung an unsere Vorfahren, die so fern von der Heimat derart bedeutende Denkmäler römischer Tüchtigkeit hinterlassen haben." Natürlich widmet er einige Worte Marcus Agrippa, dem Gründer der Stadt. Von seinen Rundgängen berichtet er nur über die unzähligen Schädel der elftausend Jungfrauen auf dem Friedhof von St. Ursula, den noch unvollendeten Dom in der Mitte der Stadt und den Schrein mit den Körpern der Heiligen Drei Könige. Die vermutliche Stelle des einstigen Kapitols weckt in ihm das Bild des Kapitols im antiken Rom: „Dort wird über Krieg und Frieden beraten, hier (— in der Kirche St. Maria im Kapitol —) loben schöne Jünglinge und Mädchen in nächtlichen Chören und Gebeten Gott in ewiger Eintracht. Dort herrschen Geklirr von Rädern und Waffen, hier (— auf dem Platz vor der Kirche —) sind Ruhe, Freude und scherzende Stimmen. Kurzum, dort zieht der Triumphator des Krieges, hier der des Friedens ein."

Nach fünftägigem Aufenthalt verließ Petrarca Köln am 30. Juli. Er ritt zunächst ein Stück südwärts am Rhein entlang, wobei ihm Hitze und Staub sehr zusetzten, so daß er vergeblich nach Vergils „Schnee der Alpen und Kälte der Rheingegend" fragte. Dann schlug er — wir wissen nicht genau, an welcher Stelle — den Weg in südwestlicher Richtung ein und durchquerte in einem Tag die „Ardennen", an deren düsteren Anblick er in seinem Brief nur mit Grausen zurückdenkt. Nachträglich kam es ihm selbst ein bißchen leichtsinnig vor, da es bei Kriegszeiten geschah und er allein oder höchstens in Begleitung eines Dieners unterwegs war. „Aber den Unvorsichtigen, so sagt man, steht Gott bei", bemerkt er dazu und scheint damit die durchgestandenen Ängste unbekümmert wegwischen zu wollen. Schließlich erreichte er Lyon [16]. Er beschloß, hier den Rest des

[16] Hauptquelle für die Reise von Köln aus sind die Angaben im zweiten Reisebrief aus Lyon, Familiares I, 5, 15 ff. Zur Durchquerung der Ardennen vgl. auch Historia Iulii Caesaris, cap. 15 (ed. *Schneider*, S. 128, ed. *Dorez*, fol. 30 r): „... Ardennam silvam maximam omnium Galliarum, quae inter Treveros Nerviosque et Remos quingentis et eo

Sommers zu verbringen, bis er sich von den Strapazen erholt hatte und die Hitze abgeklungen war.

Es gab für ihn aber noch einen anderen Grund, nicht sofort nach Avignon zu eilen, den er seinem Freund verschwieg. Zwei Sonette, die in Lyon entstanden sein dürften, rühren noch einmal an das Motiv seiner Reise und drücken die ganze Gegensätzlichkeit seines Gefühls aus [17]. Anders als in der Realität, für die der Brief zeugt, schrecken ihn im poetischen Bild die ungastlichen und wilden Wälder der Ardennen, durch die selbst Bewaffnete unter großer Gefahr ziehen, nicht. Hier empfindet er die Einsamkeit in dem „Meer von Holz", das ihm voller schwerer und mürrischer Gedanken zu sein scheint, sogar als beglückend. Ihn ängstigen im Gegenteil die in das Schattenreich eindringenden Sonnenstrahlen, durch die er an seine Liebe zu Laura erinnert wird. Er versucht sich gegen in ihm aufsteigende beunruhigende Gedanken zu wehren, doch sein Widerstand ist vergebens. Er muß sich eingestehen, daß selbst die Reise das Bild Lauras nicht verbannen konnte. Plötzlich steht es vor seinen Augen. Sie ist, wie vielleicht bei ihrem ersten Anblick in Avignon, von Frauen und Dienerinnen umgeben. Doch das Bild verlischt bald und die Gestalten verwandeln sich in Buchen und Tannen. Ihre Stimme, eben noch nahe, geht in dem Rauschen der Zweige und Blätter im Wind und im Murmeln der Bäche auf. Als er am Abend nach einer Tagereise aus den Wäldern heraustritt, fühlt er vor allzu großer Sehnsucht wiederum Angst in sich. Aber die schöne Landschaft des Rhône- oder Saônetals besänftigt mit ihrem heiteren Empfang sein „Herz", das schon unrettbar Laura zugewendet ist.

Petrarca berichtet in seinen beiden Briefen sehr viel weniger von den Eindrücken und Erlebnissen seiner Reise, als es nach seinem Ausspruch „ich reiste nur aus Lust am Schauen und einer gewissen jugendlichen Begeisterung" zu erwarten gewesen wäre. Ja, er scheint einer Schilderung seiner Reiseeindrücke geradezu auszuweichen, wenn man nur an die breite Darstellung der Karlslegende, die weit über die Hälfte des ersten Briefes füllt, sowie an die zahlreichen Exkurse und die häufigen, teils belebenden und ausschmückenden, teils willkürlich herbeigeholten Klassikerzitate denkt. So mündet zum Beispiel das Bekenntnis der Überlegenheit Italiens gegenüber den besuchten Ländern am Anfang des ersten Briefes in eine längere Betrachtung über den Primat der Römer gegenüber den Griechen ein, die ganz aus dem Rahmen fällt. Die Betonung der „Lust am Schauen", die Bewußtheit der sich ankündigenden Wendung von innen nach außen steht in einem zum Nachdenken anregenden Gegensatz zu der Befangenheit Petrarcas, das Wahrgenommene auch in seinen beiden Briefen mitzuteilen.

amplius passuum milibus in longum, ita enim proditum a scriptoribus rerum est, in latum vero unius aut circa aestivae lucis itinere, quod ego ipse sum emensus, extenditur", und Rime CLXXVII (ed. *Neri – Martellotti*, S. 243): „la giornata oscura". *Tatham*, S. 311 nimmt einen Verlauf der Reise über Trier, das Herzogtum Lothringen und die westliche Franche-Comté an.

[17] Rime CLXXVII „Per mezz' i boschi inospiti e selvaggi" und CLXXVII „Mille piagge in un giorno e mille rivi", ed. *Neri – Martellotti*, S. 242–243.

In einer eigenartigen Rechtfertigung am Ende des ersten Briefes hebt Petrarca hervor, die Abwechslung der Reise und das Fehlen seiner Bücher hätten ihn „eher an vielerlei als an Tiefsinniges“ denken lassen, weshalb er nicht in der Lage gewesen sei, einen Brief mit etwas „Ernsthaftem“ zu füllen, und er deshalb das Nächstliegende aufgegriffen habe. Er empfindet hier die Reise geradezu als Ablenkung von dem Eigentlichen, womit er doch nur nach innen gekehrte moralphilosophische, religiöse oder ästhetische Betrachtungen meinen konnte, wie er sie sein Leben lang in vielen Briefen gepflegt hat. Reiseeindrücke erschienen ihm folglich als der Gegensatz zu etwas „Ernsthaftem“, als Nebensächlichkeiten, die man nur aus Mangel an etwas Wesentlichem mitteilt. Man wird eine solche Einstellung nur so deuten können, daß Petrarca die Darstellung des Gesehenen, der aus der konkreten Anschauung stammenden Eindrücke gegenüber der nach innen gekehrten Erörterung eines von den literarischen Autoritäten der heidnischen und christlichen Antike vorgegebenen Themas als unterlegen ansah. Die so betonte „Lust am Schauen“ war noch nicht stark genug, um sich gegen die der Tradition verpflichteten Wertnormen des Intellekts durchsetzen zu können. Seine Begeisterung am Sehen und Eindrückesammeln war echt, doch sobald er die Realität auch literarisch gestalten wollte, scheute er davor zurück, als wäre sie im Bereich der Literatur etwas zu Dürftiges.

Diese Deutung der Befangenheit Petrarcas, über das Gesehene und Erlebte zu berichten, führt zu einer mit ihr eng verbundenen literaturgeschichtlichen Erklärung hinüber. Petrarca standen, anders als den Humanisten des fünfzehnten Jahrhunderts, die maßgebenden literarischen Vorbilder der Antike zu einer eingehenden Beschreibung des Gesehenen und Erlebten noch nicht zu Gebote, denn die Epoche der Wiederentdeckung der verschollenen Werke antiker Autoren wurde von ihm selbst erst eingeleitet [18]. Seine Reisebriefe bezeugen zwar, daß er einen Begriff von der Eigenart des antiken persönlichen Briefes hatte, für den das geistvolle Gespräch mit dem Empfänger in einer lockeren Form der Darstellung, spielerische Abschweifungen, literarische Assoziationen, Klassikerzitate und verschiedenartige Vergleiche kennzeichnend sind. Ciceros Briefe an Atticus, die berühmtesten Muster der Gattung, kannte er jedoch nur indirekt, denn er entdeckte sie erst 1345 in einer Handschrift in Verona [19]. Unzugänglich waren ihm

[18] Vgl. Kap. I. Eine gewisse Anregung zur Reiseschilderung scheint allerdings von *Apuleius,* Metamorphosen, ausgegangen zu sein, wie die Bemerkung im ersten Reisebrief (Familiares 4, 1, 4): „Pariseorum civitatem ... introi non aliter animo affectus quam olim Thesalie civitatem Ypatham, dum lustrat, Apuleius“, erkennen läßt. Dies ergänzt Familiares IX, 13, 27 (*Rossi* II, S. 252): „... at nobilis inque altum nitentis animi est, multas terras et multorum mores hominum vidisse atque observasse memoriter; verissimum est, quod apud Apuleium legisti: ‚non immerito‘ enim, inquit, ‚prisce poetice divinus auctor apud Graios, summe prudentie virum monstrare cupiens multarum civitatum obitu et variorum populorum cognitu summas adeptum virtutes cecinit‘“ (vgl. *Apuleius*, Metam., IX, 13). An diese Stelle schließt sich eine längere Darstellung in der Form des Itinerars an.

[19] *De Nolhac*, Pétrarque et l’humanisme I, S. 47.

auch die antiken Stadtbeschreibungen, Lobreden auf Städte und Reisetagebücher, die ihn in seinem Vorsatz, das Gesehene zu beschreiben, hätten ermutigen können. Es fehlten ihm damit die Schemata und Themen für eine Beschreibung innerhalb eines Briefes. Bei den kleineren beschreibenden Partien der beiden Briefe mußte er sich an die Beschreibung als Episode in antiken Prosawerken, die poetische Beschreibung und das poetische Itinerar halten [20]. In der Tat geht keiner der beiden Briefe auch nur einen Schritt über diese Vorbilder hinaus.

Wenden wir uns einen Augenblick dem Erlebnis Petrarcas am Johannistag zu, um dessentwillen der zweite Brief überhaupt nur geschrieben zu sein scheint. Der sich anschließende Bericht über Köln und die Rückreise wirkt demgegenüber betont zurückhaltend und wie ein Zusatz. Petrarca war der einzige, der jemals über den offenbar aus heidnischer Zeit stammenden Brauch berichtet hat. Kein einheimischer Chronist hielt ihn einer Erwähnung für wert [21]. Erst einen fremden Poeten konnte das ungewohnte Schauspiel am Rhein zu einer Darstellung ermuntern. Petrarca faßt den Zug der Frauen wie aus der Ferne auf, in der sich die Einzelheiten auflösen und nur das Wesentliche des Gesehenen erkennbar bleibt. Im Grunde schreibt er ein Prosagedicht. Einem schärferen Beobachter wäre vielleicht aufgefallen, was andere Italiener an den Frauen des spätmittelalterlichen Deutschland wahrgenommen haben: Wie viele häßliche, zahnlose und so fort mag es in dem Zug wohl gegeben haben? – Petrarca greift allein den poetischen Gehalt des Schauspiels heraus und geht den realistischen Details aus dem Wege. Die leichte Verklärung des Gesehenen erstreckt sich dann auch auf seine Begleiter. Ihre Beherrschung der lateinischen Sprache, ihre Aufgeschlossenheit für Poesie überraschten ihn dort, wo er nur barbarische Dumpfheit erwartet hatte, so daß er sich zu einem Lob hinreißen läßt, das seine sonstigen Ansprüche doch wohl verleugnet.

Petrarca spornte nicht nur die Freude am Sehen und die Neugier auf bestimmte Länder und Völker Europas zum Reisen an, sondern ebensosehr der Wunsch, andere Länder aus eigener Erfahrung mit der italienischen Heimat zu vergleichen. Die „Legende“ reichte ihm nicht aus, um die Überlegenheit Italiens und seine Heimatliebe vor sich selbst zu rechtfertigen. Es ist ihm hoch anzurechnen, mit welcher Ehrlichkeit er sich um die gerechte Einschätzung der kulturellen Leistungen der anderen Völker bemühte. „Ich betrachtete gespannt die Sitten der

[20] Das beste Beispiel für eine poetische Beschreibung bietet Vergils Bucolica. Beim Topos des Itinerars in der lateinischen Poesie ist an die Satiren des Horaz, die Metamorphosen, Tristien und Epistulae ex Ponto des Ovid und an Lukans Pharsalia als Vorbilder zu denken. Ob Petrarca 1333 *Rutilius Namatinus,* De redito suo, und *Ausonius,* Mosella, kannte, ist ungewiß. In Betracht kommt vielleicht die Kenntnis von *Enodius*, Itinerarium Brigantionis castelli (5. Jh.) und *Venantius Fortunatus,* De navigio suo (6. Jh.). Vgl. *Georgius Schneider,* De itinerariis poematis Romanorum (= Lódzkie towarzystwo naukowe – Societas scientiarum Lodziensis I, 14), Lódz 1953.

[21] Hierzu und zur Deutung des Johannisbrauchs vgl. *Piur,* S. 171, Anm. 1. Zu ähnlichen antiken Riten: *Dieter Wachsmuth, Πόμπιμος ὁ Δαίμων,* Diss., Berlin 1967, S. 220–223 (Kap. Reinheit und kathartische Kraft des Meeres).

Menschen", schreibt er am Anfang des ersten Briefes, „und erfreute mich am Anblick der unbekannten Gegend, indem ich jedes einzelne mit dem unsrigen verglich. Und obwohl ich überall viel Großartiges sah, reut es mich doch nicht meiner italienischen Herkunft, ja, wenn ich die Wahrheit gestehe, je weiter ich reise, desto größer wird die Bewunderung für die Heimat." Er macht das unterwegs Gesehene nicht schlecht, sondern erkennt es in seinem Wert an. Bei aller Kritik am Ruf von Paris gibt er später im Rückblick zu, als er Italien wesentlich besser kannte, daß die Stadt seinerzeit „eine bedeutende Angelegenheit" war. Und Köln? Jener überraschte Ausruf, der seinen ersten Eindruck widerspiegelt, zeugt von seiner Aufrichtigkeit und seiner Fähigkeit, sich beeindrucken zu lassen und Vorurteile abzulegen. Mit besonderem Eifer suchte er unterwegs nach Zeugnissen der Antike. Es bedeutet keine Abwertung der gegenwärtigen Kultur der bereisten Länder, wenn ihn seine Begeisterung für die Taten der „Vorfahren", wie zum Beispiel in Köln, den anderen Sehenswürdigkeiten gegenüber etwas gleichgültiger sein ließ. Insgesamt geben die beiden Briefe zu erkennen, daß Petrarca trotz seiner über alles gestellten Heimatliebe dem kulturellen Niveau Frankreichs und Deutschlands gerecht zu werden versuchte und Klischeevorstellungen in die Schranken verwies.

Der Wert der beiden Briefe als Quelle für die Kulturgeschichte des spätmittelalterlichen Deutschland liegt in der Version der Karlslegende und in der Schilderung des sonst nicht überlieferten Johannisbrauchs. Die übrigen Mitteilungen sind in Anbetracht der kaum entwickelten Fähigkeit zu beschreiben, für die Kenntnis kultureller Zustände belanglos. Die beiden Briefe sind vor allem Zeugnisse für den Werdegang Petrarcas und für die Entfaltung einer neuen, die Renaissance ankündigenden Lebensauffassung. Im Spiegel des in Deutschland gesehenen, Gehörten und Erlebten treten eine Anzahl der bestimmenden Charakterzüge Petrarcas und seiner gegensätzlichen geistig-seelischen Anlagen hervor.

Spätere Urteile über Deutschland

Im heimatlichen Milieu und in der Gewißheit der Zustimmung seiner Freunde kam Petrarca zu einem anderen Urteil über Deutschland und die Deutschen als auf seiner Jugendreise nach Köln[22]. Jetzt bediente er sich auch der Stereotype und Topoi, denen er einst mißtraut hatte. Als er mit ansehen mußte, wie deutsche Söldnerscharen in Diensten der italienischen Stadtstaaten seine Heimat verwüsteten, rief er in der Kanzone „Italia mia" [23] die Signoren auf, die grausamen

[22] Zum Thema „Petrarcas spätere Urteile über Deutschland" hat *Amelung*, S. 35–43, das Wichtigste zusammengestellt und gegenüber älteren Auffassungen neu gewertet, so daß ich mich auf eine Auswahl derjenigen Beispiele beschränken möchte, die den Gegensatz zu den aus unmittelbarer Anschauung gefällten Urteilen am deutlichsten hervortreten lassen.

[23] Rime CXXVIII, ed. *Neri – Martellotti*, S. 183–188.

Kriegszüge einzustellen, sich der Söldner zu entledigen und vereint gegen den Hauptfeind auf italienischem Boden, die „Barbaren", anzugehen. Für den Gegensatz zwischen den fremden Eindringlingen und dem bedrängten eigenen Volk findet er einprägsame Schlagworte, die das Selbstbewußtsein seiner Landsleute stärken sollen. Die Friedensstörer erscheinen ihm als „wilde Raubtiere", die es mit einer „sanftmütigen Herde" zu tun haben, oder, ein andermal, als „ein Volk, das kein Maß kennt". Die Natur habe gut vorgesorgt, als sie die Alpen zum Schutz gegen die „tedesca rabbia" errichtete [24]. Das „latin sangue gentile" dürfe sich nicht länger vom Ruf der Unbezwingbarkeit der Feinde einschüchtern lassen. Es liege nur an den Italienern selbst, wenn ihnen der „furor de lassù" des starrsinnigen Menschenschlags an List und Gewandtheit überlegen sei. Die Signoren sollten nicht zaudern, zu den Waffen zu greifen: „vertù contra furore" werde die Schlacht entscheiden und beweisen, daß die antike Kraft noch nicht untergegangen sei. Das waren mitreißende Mahnrufe, eindrucksvolle Antithesen, die der damaligen Situation wohl auch gerecht wurden.

Ähnliche Auffassungen sind von Petrarca mehrmals, wenngleich weniger eindringlich und mit mehr Distanz, vorgetragen worden. Eine Äußerung befindet sich in der Schrift „De vita solitaria": „Deutschland hat nichts anderes im Sinn, als Raubsöldner zum Untergang der Städte zu rüsten, und aus seinen Wolken ergießt sich ein eiserner Regen auf unser Land – mit Recht, wie ich nicht bestreite, da man dem entgegenkommt. Italien richtet sich freiwillig zu Grunde und, wenn es einmal aufatmet, hält die Sucht nach Geld, die größer als die Liebe zu Christus ist, die Gemüter gefangen und entführt sie über alle Länder und Meere." [25]

Im Laufe seines Lebens ist Petrarca noch einige Male auf seine Jugendreise zurückgekommen. Dabei hat er einiges aus der Erinnerung zu dem hinzugefügt, was er in seinen Reisebriefen dargestellt hat. Während seine rückblickenden Äußerungen in den späteren Briefen wertfrei sind und keinem seiner früheren, spontan gefällten Urteile widersprechen, haben einige Aussprüche in den „Epistulae metricae" einen anderen Klang. Man hält einen Moment inne, wenn man

[24] Ein Topos (*Plinius*, Naturalis Historia III, 19 [23]: „Alpes ... Germaniam ab Italia summovent ... veluti naturae providentia"), den Petrarca auch in Familiares XI, 8, 31 (*Rossi* II, S. 347) und XVIII, 16, 19 (*Rossi* III, S. 306) heranzieht.

[25] De vita solitaria, lib. II, sect. IV, 3 (Prose, ed. *Martellotti – Ricci*, S. 488). Bezeichnend für die Mentalität mancher Gelehrten früherer Generationen ist folgende Übersetzung der zitierten Stelle von *Ezio Chiorboli*, Le Rime sparse, Milano 1924, S. 316 im Kommentar zur Kanzone „Italia mia": „... e se l'Italia qualche volta pur respira, gli è perché l'amore di Christo piú possente che non l'amore dell'oro occupa gli animi e distrae via per tutte le terre e per i mari." *Ludwig Geiger*, Petrarca und Deutschland, S. 210, erliegt allerdings keinem Streich des Unbewußten mehr, wenn er die Stelle im ersten Reisebrief „Vidi Aquensem Caroli sedem et templo marmoreo verendum barbaris gentibus illius principis sepulcrum" wie folgt übersetzt: „Danach sah ich ... Aachen, mit dem Sitze Karls des Großen und dessen für fromme (!) Völker ehrwürdigem Grabdenkmal in dem Marmortempel."

darin über Köln liest: „Was protzt das läppische Köln mit so vielen Ehrentiteln, dem die Gunst der gelben Münze, die Päppelung des Bauches, das Befeuchten der Kehle, der Schlaf, die Rast mehr gelten, als die Pflege der heiligen Poesie?“ [26] Mit anderen Worten, in Köln, das zu Unrecht berühmt ist, herrschen nur die primitiven Bedürfnisse wie Geldgier, Völlerei, Trunksucht und Faulheit. Und dies soll aus dem Munde desselben Mannes stammen, der einst voller Überschwang war? Hatte Petrarca ganz und gar seinen jugendlichen Vorsatz vergessen, Gehörtes aus eigener Anschauung zu überprüfen? – Damals hatte er wohl einen Teil seiner Beobachtungen unterdrückt. Jetzt macht sich ein Ärger über sich selbst Luft, seinerzeit übertrieben zu haben, als er bei seinen Begleitern ein wenig Aufgeschlossenheit für Dichtung vorfand, so daß er nunmehr ins andere Extrem fällt. Die Schwärmerei weicht dem Groll, sich bei einer Selbsttäuschung ertappt zu haben. Dabei scheut er sich nicht, das Niveau der selbstkritischen Einstellung seiner Jugend zu verlassen und zu den plattesten Stereotypen zu greifen: – „Ventris amor, studium gulae, somnus quiesque.“

Andere in Betracht kommende Stellen in den „Epistulae metricae“ nehmen zum Teil antike Topoi auf, zum Teil Erinnerungen an eigene Eindrücke. Im ganzen entsteht nie ein günstiges Bild, weil es Petrarca auch darauf ankam, die eigene Heimat am düsteren Gegensatz der nördlichen Zonen zu verherrlichen. „Deutschlands Schnee und die schaurigen Fröste der öden Donaugegend“ ist ein Bild, das an seine frühe Kreuzzugskanzone erinnert [27]. Aussprüche wie „das waffenstarrende Deutschland“ und „Verächter des Todes“ sollen die Kriegslust und die einseitige Ausrichtung auf das Waffenhandwerk tadeln [28]. Mehrmals gebraucht er den Topos: „Dieses Land gönnt Bacchus nicht das Seine, nichts der Minerva und wenig der Ceres“ [29], womit er sagen will, in diesem Land gibt es keinen erlesenen Wein und festlichen Weingenuß, keinen Sinn für die Künste und wegen der geringen Fruchtbarkeit des Bodens nur selten etwas Wohlschmeckendes zu essen. Zieht man das Verdammungsurteil gegenüber Köln mit heran, so zeigt sich zum ersten Mal eine uns später noch häufig begegnende Grundauffassung der Italiener, die nicht den feineren Genüssen wie erlesenen Speisen und Weinen abgeneigt waren, sondern nur der spezifisch groben Form des Genusses, wie man sie im Norden antraf. In demselben Brief, der den zuletzt zitierten Ausspruch enthielt, schöpft Petrarca auch einmal unmittelbar aus der Erinnerung: „Trinkt Flandern, wenn es dürstet, nicht nur Bier aus Humpen oder mit großer Mühe von anderswo herbeigeschafften Wein? Verbrennt nicht jene

[26] Epistulae metricae, Sez. X, 1, ed. *Rossetti* II, S. 220.

[27] Epistulae metricae, Sez. III, 2, ed. *Rossetti* II, S. 72.

[28] Epistulae metricae, Sez. III, 1, ed. *Rossetti* III, S. 78: „Convocat innumeras Germania dura catervas“; Sez. IV, 1, *Rossetti* III, S. 116: „durus in armis Germanus“; Sez. IV, 2, *Rossetti* III, S. 144: „Germanos populos, omnemque sub arcto mortis amatorem“.

[29] Epistulae metricae, Sez. III, 2, ed. *Rossetti* II, S. 72. Der Topos tritt z. B. auch auf in Familiares IX, 2, 7 (*Rossi* II, S. 214) und Epistulae metricae, Sez. VI, 2, ed. *Rossetti* III, S. 208.

Gegend in der Sonne getrocknete Erdklumpen, die der fleißige Sommer dem trägen Winter übergibt?" [30] Gemeint sind der eingeführte Rheinwein und der zum Heizen benutzte Torf, den Petrarca auf seiner Jugendreise mit Staunen kennengelernt haben muß.

1356 reiste Petrarca zum zweiten Mal nach Deutschland [31]. Galeazzo Visconti, an dessen Hof er damals eine Zufluchtsstätte gefunden hatte, hoffte durch ihn Kaiser Karl IV. davon abzuhalten, in der Auseinandersetzung Mailands mit der lombardischen Liga die Partei der Gegner zu ergreifen. Petrarca wollte den Kaiser vermutlich in Metz antreffen, wohin ein Hoftag anberaumt war. Doch schon unterwegs in Basel erfuhr er, daß der Hoftag verschoben worden war. Er harrte einen ganzen Monat in Basel aus, um Nachrichten über den Aufenthaltsort des Kaisers abzuwarten, dann machte er sich nach Prag auf, um ihn in seiner Residenz aufzusuchen. Leider hat Petrarca nicht sein einem Freund angekündigtes Vorhaben ausgeführt, einen Bericht über seine Reise zu verfassen, da ihn nach der Heimkehr sofort die politischen Geschäfte in Anspruch nahmen. Aus dem Brief an den Freund wissen wir nur, daß er sich nicht anders als vor dreiundzwanzig Jahren am Gegensatz der Fremde der Schönheit Italiens besonders eindringlich bewußt wurde [32]. Gern hätte man das Augenzeugenurteil des gereiften Petrarca mit dem seiner unruhevollen Jugendreise verglichen. Die Ängstlichkeit des Alters trat jetzt an die Stelle der jugendlichen Unbesonnenheit beim Ritt durch die Ardennen. Nur mit Unbehagen erinnert er sich später in einem Brief an seinen Reisegefährten, Sagremor de Pommiers, des Zugs durch die deutschen Wälder unter dem Geleitschutz bewaffneter Reisiger, die mit gespannter Armbrust und gezückten Schwertern nebenherritten (ein wenig scheint Petrarca um des Bildes willen zu übertreiben) und doch keinen ausreichenden Schutz vor lauernden Räubern zu bieten schienen [33]. Reise und Aufenthalt in Prag dauerten zusammen rund drei Monate. Am kaiserlichen Hof umwarben ihn einflußreiche Persönlichkeiten, deren Interesse an den Klassikern er förderte: der Kanzler Johann von Neumarkt, Erzbischof Ernst von Prag und andere. Auch die Aufmerksamkeit des Kaisers wird ihm während dieser Wochen zuteil geworden

[30] Epistulae metricae, Sez. III, 2, ed. *Rossetti* II, S. 72. Eine knappe Rückerinnerung an seine Jugendreise in Sez. VI, 2 (*Rossetti* III, S. 208; Rime, Trionfi e poesie latine, ed. *Neri – Martellotti*, S. 730): „Hinc, Arctom Boreamque petens et dissona lingue murmura, solus eo dubias qua turbida terras estibus ambiguis pelagi terit unda Britanni, quaque solum glaciale iacens non sentit amici vomeris obsequium Bromiumque a collibus arcet et Cererem, sterili vix hospita myrice."

[31] Den Ausführungen *Piurs,* S. XXIV ff., zur zweiten Deutschlandreise ist inhaltlich nichts hinzuzufügen, so daß dieser Absatz nicht mehr als eine Zusammenfassung seiner Darstellung sein kann. Zu einer für früher vorgesehenen, aber nicht durchgeführten Mission nach Deutschland vgl. Epistulae metricae, Sez. I, 5, ed. *Rossetti* II, S. 30 und *Penco*, S. 148.

[32] Familiares XIX, 14, 2 und XIX, 15 1–2 (*Rossi* III, S. 339–340; *Piur,* S. 216–217).

[33] Seniles X, 1 (Opera omnia, S. 953; *Piur*, S. 212).

sein, dem er zwei Jahre zuvor auf dem Krönungszug durch Italien zum ersten Mal begegnet war und von dem er hoffte, er würde die Einheit Italiens zur eigenen Sache machen. Den Signoren hatte er einst vorgeworfen, sich der Barbaren für ihre Zwecke zu bedienen. Jetzt erlag er selbst dieser Versuchung, wenngleich mit dem ehrwürdigeren Motiv seiner Heimatliebe im Hintergrund. Die mehrere Jahre anhaltende Beziehung zwischen Petrarca und Karl IV., die in einem umfangreichen Briefwechsel ihren Niederschlag gefunden hat, bildet ein eigenes Kapitel, das zu sehr den jeweiligen Ereignissen unterworfen ist, als daß wir es hier behandeln wollten [34].

1361 forderte der Kaiser Petrarca zu einem längeren Aufenthalt in Prag auf, doch dieser lehnte die noch mehrmals wiederholte Einladung ab. Er scheute die Beschwernisse der Reise und befürchtete, daß seine Bücher Räubern in die Hände fallen oder beim Transport über die Alpen Schaden nehmen könnten [35]. Ein Jahr darauf teilte er selbst dem Kaiser den Wunsch eines Besuches mit, aber diesmal verhinderten die Kriegswirren in Oberitalien den Aufbruch, so daß der Plan nicht ausgeführt werden konnte [36].

Kurz vor seinem Tode vollendete Petrarca ein größeres historiographisches Werk, die „Historia Iulii Caesaris", deren drittes Buch eine Beschreibung des cis- und transalpinen Gallien enthält, die als das früheste Beispiel einer humanistischen geographischen Beschreibung angesehen werden darf [37]. Petrarca konnte sich hierin mit Ausnahme von „De bello Gallico" nicht auf antike Vorlagen stützen, da die Werke des Ptolemäus und Strabo noch nicht wiederentdeckt waren [38]. Er mußte deshalb weitgehend auf eigene Kenntnisse zurückgreifen, wobei es ihm besonders schwer fiel, die zeitgenössischen topographischen Bezeichnungen mit den antiken in Einklang zu bringen [39]. An der Ostgrenze Galliens gibt er die Lage von Straßburg, Basel und Konstanz an, über die er von seiner Reise nach Prag her Bescheid wußte [40]. Die persönliche Erfahrung ergänzt auch Caesars Definition der Ausdehnung Galliens, wenn er bemerkt, in Flandern, Brabant und Hennegau wüßten die Bewohner heute nicht mehr, daß sie eigentlich zu Gallien gehörten, und seien erbost, wenn man ihnen dies sage [41]. Schließlich wird auch Köln nicht vergessen, das zum Abschluß ein versöhnliches Urteil erhält: „Dort liegt die Zier der angrenzenden Gebiete, das stattliche Köln, das von Marco

[34] Mit den entsprechenden Verweisen auf die weitere Literatur dargestellt bei *Piur*, S. XXX ff.
[35] Familiares XXIII, 8, 8 (*Rossi – Bosco* IV, S. 177; *Piur*, S. 131) und *Piur*, S. XLIII ff.
[36] *Piur*, S. XLIX f.
[37] Historia Iulii Caesaris ed. *Schneider* und ed. *Dorez*. Vgl. *Kirner*, S. 22 f. und 33 ff.; *Dorez*, S. 1 ff. (Einleitung).
[38] Vgl. Kap. I, S. 21. Zu den Quellen der Historia Iulii Caesaris vgl. *Kirner*, S. 33 ff. und *Dorez*, S. 18 ff.
[39] Historia Iulii Caesaris, ed. *Schneider*, S. 11–12; ed. *Dorez*, fol. 3 r.
[40] *Schneider*, S. 14; *Dorez*, fol. 4 r.
[41] *Schneider*, S. 13; *Dorez*, fol. 3 v.

Agrippa gegründet wurde und auch jetzt noch den Namen seines Gründers bewahrt." [42]

Petrarcas spätere Urteile über Deutschland sind in bezug auf den Gegenstand der Aussage wenig differenziert. Aufschlußreich sind sie wiederum für seine Geisteshaltung und für seinen Charakter im allgemeinen. Wenn er in die knappen, einprägsamen Schlagworte der Kanzone „Italia mia" die geläufigen Topoi und Stereotype eingehen läßt, weiß er genau, worauf seine Landsleute ansprechbar sind. Es zeigt sich hierbei allerdings kein unreflektiertes, dumpfes Verhältnis zum Topos mehr, den man einfach von einem Vorbild übernimmt, sondern eine distanzierte, auf Wirkung berechnete Verwendung als Mittel der Propaganda in einer Zeit wenig entwickelter Schriftlichkeit. Die überkommenen Topoi und Stereotype wie „furor de lassú" und „tedesca rabbia" ergänzt er mit eigenen Wendungen, wie „latin sangue gentile", geprägt in der Absicht, ebenfalls als Parolen oder geflügelte Worte von Mund zu Mund zu gehen. Bewußtheit und Distanz schließen aber Kritikfähigkeit mit ein, so daß man ihm das stille Wissen von der situationsbedingten Einseitigkeit wohl zutrauen darf. Man sollte auch bedenken, daß er fast immer die Verdammung der Söldner mit dem Eingeständnis der eigenen Schuld Italiens verknüpft. Er bleibt für lange Zeit der einzige, der sich über die Relativität des Barbarenverdikts und der eigenen Heimatliebe Gedanken macht, was durch einen Brief bezeugt ist, in welchem er über die Heimatliebe eines „barbarischen Gemüts" reflektiert [43]. Wie wir gesehen haben, hat sich Petrarca nach seiner Jugendreise nicht mehr sonderlich für Deutschland interessiert. Abgesehen von der schwankenden Beurteilung Kölns geben seine vereinzelten späteren Urteile deutlich seine Abneigung zu erkennen. Wir müssen es als Vermutung stehen lassen, daß er sich auf seiner zweiten Reise wiederum Rechenschaft über das tatsächliche Kulturgefälle zwischen Italien und Deutschland ablegte und die „Legende", das Vorurteil, die Redensart an dem Gesehenen prüfte, um dadurch zu einem differenzierteren Bild gelangen zu können, als es aus der Ferne möglich war.

[42] *Schneider*, S. 13; *Dorez*, fol. 3 v. Petrarcas kritische Einstellung gegenüber klassischen Vorlagen erstreckte sich auch auf die Ethnographie. Seine Schilderung der Schwaben (*Schneider*, S. 73; *Dorez*, fol. 17 v) zeigt, wie er seine persönlichen Erfahrungen von der Reise nach Prag der antiken Überlieferung gegenüberstellt: „Quorum de moribus multa quidem a scriptoribus rerum memorata praetereo, quoniam apud eos et apud omnes fere homines mutati sunt mores, quaeque iacturarum pessima est, prope semper in deterius. Horum, ut sileam reliquos, illum saltem morem video mutatum: nempe vinum aetate Iulii Caesaris abhorrebant, quod, mi fallor, hodie non abhorrent. Hi vicinitatis atque adeo humanitatis impatientes, omnes finitimos populos aut tributarios sibi effecerant aut prorsus expulerant. Itaque ad unam partem finium Suevorum fuisse traditur ingens atque incredibilis solitudo, idque sibi tunc magnae gloriae ascribebant. Nunc etiam per eorum fines et suspectae multis in locis solitudines (expertus loquor) et ambiguum iter est".

[43] Familiares XVII, 7, 4 (*Rossi* III, S. 253; *Piur*, S. 179). Zum Barbarenverdikt Petrarcas: *Amelung*, S. 36 f.

III. Nicolò de Becari

Aufenthalt am Hof Karls IV. in Prag und Tangermünde bis 1379

1382 schrieb ein Bologneser Kapellan im Kloster Santa Iustina in Padua eine Sammlung von fünf Briefen ab, die aus der kaiserlichen Kanzlei überbracht worden war und die den eigenartigen Titel „regulae singulares" trug. Im Explicit merkte er zu den Briefen an: „Wenn Du, kundiger Leser, wissen möchtest, von wem diese schöne Sprache und bewundernswerte Wortgewandtheit stammt, dann sage ich Dir, es war ein Soldat. Darum bedenke die Tatsache mit Schweigen." [1] Der Soldat, dessen Stilkunst den Kapellan zum Abschreiben ermunterte, war Nicolò de Becari, der Sohn eines Schlächters aus Ferrara [2]. Er studierte in Bologna ius civile, doch anscheinend nicht sehr zielstrebig, denn er beklagt später, daß er sich in seiner Jugend allerlei Ausschweifungen hingegeben habe und erst in reiferen Jahren zu einer ausdauernden Beschäftigung mit den Büchern gekommen sei. Offenbar verbrachte er die Zeit in Bologna hauptsächlich im Literatenmilieu und kümmerte sich hier mehr um die Klassiker als um die Pflichten seines Fachstudiums. Nach einem groben Studentenstreich wurde er sogar vorübergehend aus Bologna verbannt. Wenn er auch nicht eine Juristenlaufbahn einschlug, was genug über seinen Studiengang aussagt, so kam er doch nicht auf die Bahn seines unglücklichen Bruders Antonio, der Hab und Gut verspielte und als vagabundierender Sänger durch die Lande zog. Er trat in die Dienste des Malatesta Unghero, eines namhaften adligen Söldnerführers, der im Auftrag des Kaisers und der Städte Feldzüge in der Lombardei durchführte. Später wurde er zum Erzieher des Francesco Novello nach Padua berufen, wo er im Kreis der Literaten um Petrarca Aufnahme fand und auch dessen Wohlwollen gewann. 1373 nahm er am Krieg Paduas gegen Venedig teil und geriet in venezianische Gefangenschaft, aus der er allerdings nach acht Tagen entlassen wurde. Nach der Niederlage der Paduaner verließ er den Hof der Carrara. Wir wissen nicht genau, ob er sich sogleich oder erst zwei, drei Jahre später zu dem für uns wichtigen Aufenthalt am Hof Karls IV. nach Prag begab. Es steht fest, daß er sich einige Zeit in der Umgebung des Kaisers in Prag aufhielt und ihn im Frühjahr 1377 mit dem Hof nach Tangermünde begleitete [3]. Er wurde mit allen Rechten

[1] Biblioteca Marciana, Mss. Latini Cl. XIV. 127 (4332), p. 126 u. p. 105; *Levi*, S. 148–149. Vgl. Anm. 5 unten.

[2] Der Name Becaris ist nur einmal in der Form „Nicolò de Becari" in Volgare erhalten. In lateinischen Dokumenten tritt er in drei Varianten auf: Nicolaus de Beccariis, Nicolaus de Becariis, Nicolaus de Becharis. Die Formen Niccolò de Beccari und Niccolò dei Beccari stammen von *Levi* bzw. von *Folz*.

[3] Die Argumente Levis für die Auffassung, Becari habe sich sofort im Anschluß an den paduanisch-venezianischen Krieg von 1373 an den Hof Karls IV. begeben, sind nicht überzeugend. Levi erwähnt selbst einen Aufenthalt Becaris in Siena 1375 und stellt dazu fest,

in das Gefolge des Kaisers aufgenommen, erhielt den Titel eines „armiger" – war also Ritter – und durfte an der kaiserlichen Tafel Platz nehmen. Nikolaus von Riesenburg, der Notar und Protonotar der Reichskanzlei und spätere Bischof von Olmütz, führte den für seine Zeit guten Stilisten in die Kanzlei ein und brachte ihm besonderes Vertrauen entgegen. Nach dem Tod Karls im November 1378 verließ Becari bald den Hof und kehrte nach Italien zurück [4].

Von Becaris Aufenthalt in Prag besitzen wir keine persönlichen Nachrichten. Aus der Tangermünder Zeit hingegen stammt die Sammlung der „regulae singulares", die vier Briefe von ihm, und zwar zwei an den Kaiser und je einen an Nikolaus von Riesenburg und an Gaspare de' Broaspini in Verona, und eine Antwort Broaspinis auf diesen Brief enthält [5]. Gelehrige Nacheiferer in der kaiserlichen Kanzlei, vielleicht Nikolaus von Riesenburg selbst, haben die Briefe als erste gesammelt und abgeschrieben [6]. In dem Brief an Nikolaus von Riesenburg hebt Becari hervor, wieviel er ihm an stilistischen Kenntnissen verdanke [7]. Verbarg sich hinter dieser Äußerung nur der Topos der „affektierten Bescheidenheit", den er einem einflußreichen Gönner schuldete, oder bedeutete sie die echte Anerkennung eines Schülers gegenüber seinem Lehrer? – Die Frage kann mit letzter Gewißheit nicht beantwortet werden [8]. Wir dürfen annehmen, daß eine wechselseitige geistige Beziehung bestand, von der beide profitierten. Grundsätzlich bleibt jedoch festzuhalten, daß hier ein italienischer Humanist überhaupt das einzige Mal bis zu den Zeiten Reuchlins und Mutians hin einem Deutschen gegenüber ausspricht, von ihm etwas auf seinem Gebiet gelernt zu haben [9].

Die „regulae singulares" lassen vermissen, was wir gern aus ihnen erhalten hätten: ein Bild des höfischen Lebens unter Karl IV., eine Beschreibung von Städten und Landschaften, Aufzeichnungen über Lebensgewohnheiten des Volkes. Wenn wir uns entsinnen, wie schwer Petrarca die ersten tastenden Versuche hierzu fielen, dann können wir von Becari dies allerdings kaum erwarten. Seinen originellen Beitrag zur Geschichte der Reichs- und Kaiseridee in dem einen Brief an Karl IV. möchten wir nur am Rande erwähnen [10]. Für die Betrachtung bleibt somit

er sei vorübergehend nach Italien zurückgekehrt. Wahrscheinlicher ist, daß sich Becari überhaupt erst danach nach Prag begab.

[4] Der biographische Abriß beruht ausschließlich auf der Darstellung *Levis*.

[5] Vgl. die Bemerkungen zu den Quellen im Literaturverzeichnis und die Beschreibung des venezianischen Kodex bei *Levi*, S. 156–157, außerdem *Levi*, S. 127–128.

[6] Bibl. Marc., Mss. Lat. Cl. XIV, 127 (4332), p. 105; *Levi*, S. 148: „Regulas singulares nobilis cuiusdam et excellentis viri Nicolai de Becariis, ex Caesaris cancellis delatas et scriptas per me Kanrolum de Bononia capelanum tunc temporis in monasterio Sanctae Iustinae de Padua . . ."

[7] Bibl. Marc., Mss. Lat. Cl. XIV, 127 (4332), p. 105; *Levi*, S. 158.

[8] *Levi*, S. 158, beantwortet die Frage im letzteren Sinne.

[9] Zu Nikolaus von Riesenburg vgl. *Burdach*, Euphorion, S. 507 und *Burdach*, Aus Petrarcas ältestem deutschen Schülerkreise (= Vom Mittelalter zur Reformation IV), Berlin 1929, S. 38–39.

[10] Vgl. die ausführliche Interpretation bei *Folz*.

allein der Brief an seinen Veroneser Freund Gaspare de' Broaspini übrig, in welchem er sein Leid über eine in Tangermünde entstandene Augenkrankheit klagt [11]. Er beschreibt die Krankheit mit der Genauigkeit eines Arztes. Weiße, klebrige Pusteln, die sich später verhärteten, hatten sich unmittelbar vor die Pupillen gesetzt, so daß er die Gestalt der Gegenstände von nah oder fern nur noch wie jemand wahrnehmen konnte, der „in Dunst und Nebel oder zur Stunde der Morgen- oder Abenddämmerung einhergeht". Auf jeden anderen Schicksalsschlag sei er gefaßt gewesen, nur auf diesen nicht. Verbannung, Ächtung, Gefangenschaft, äußerste Armut, die Verunstaltung des Gesichts oder die Verstümmelung der Gliedmaßen, nicht einmal der Gedanke an den baldigen Tod hätten ihn härter strafen können. Den Grund für das Leiden schreibt er der „Unerbittlichkeit des Klimas" zu, dem er im Hinblick auf seine Gesundheit zu geringe Beachtung geschenkt habe. Er spricht die Hoffnung aus, daß ihm der Kaiser bald gestatten werde, nach Italien zurückzukehren, wo die milde und trockene Luft und die Heilkunst der Ärzte seinem Leiden Linderung verschaffen würden. Es verwundert nicht, daß Becari auf das Können der italienischen Ärzte baute, die den deutschen damals als überlegen galten. Karl IV. hatte deshalb eine Anzahl italienischer Ärzte an seinen Hof gezogen, doch während Becaris Aufenthalt in Tangermünde scheint gerade keiner zugegen gewesen zu sein [12]. Er schreibt weiter, hinter seinem Rücken munkele man, die Ursache für seine Krankheit sei in seinen früheren Ausschweifungen zu suchen. Aber dies ist für ihn eine Verleumdung: ja, in seiner Jugend habe er sich gehen lassen, aber in letzter Zeit sei es ihm geglückt, seine rebellischen Triebe mit der Vernunft in Zaum zu halten. Tag und Nacht habe er nur über den Büchern zugebracht. Sein Freund möge nicht mutmaßen, daß ihn sein Mißgeschick aus Maßlosigkeit im Essen und Trinken oder wegen irgendeiner anderen Ausschweifung widerfahren sei, obwohl daraus hauptsächlich ein solches Leiden entstehe, „ganz besonders in dieser Gegend, wo auf Plätzen und Tribünen nichts außer Gefräßigkeit und Bädern als lobenswert verkündet wird" [13]. In seiner Not gibt Becari den Vorwurf an seine Umwelt zurück.

[11] Bibl. Marc., Mss. Lat. Cl. XIV, 127 (4332), p. 120–124 und *Levi*, S. 151–156 (vgl. Literaturverzeichnis).

[12] Als italienische Ärzte am Hof Karls IV. sind Niccolò di maestro Grazia aus Modena und sein Sohn Angelo, sowie ein Magister Veneticus aus Modena bezeugt. Der berühmteste war jedoch Pietro della Rocca, Doktor der Universität Bologna, der für seine Dienste von König Johann von Böhmen zwei Lehen erhielt. Nach seinem Tod (1362) wirkte ebenfalls als Arzt sein Sohn Venceslao am Hof. Nicht unerwähnt bleiben sollen auch die beiden Hofapotheker Ugguccione da Firenze und Angelo, ebenfalls aus Florenz. Vgl. das Kapitel bei *Levi*, Gli italiani alla corte di Carlo IV, S. 128–142 (zu den Ärzten insbesondere S. 131–132). Für die Italiener am Hof Karls IV. sind ferner heranzuziehen: *Konrad Burdach*, Böhmens Kanzlei unter den Luxemburgern und die deutsche Kultur, Zentralblatt für Bibliothekswesen, VIII, 1891, S. 145–176, 324–344 und 433–488; *Giovanni Novák*, Gli italiani a Praga e in Boemia nel medio evo, Rivista d'Italia, Anno XIV, Fasc. X, Roma 1911, S. 525–548.

[13] Bibl. Marc., Mss. Lat. Cl. XIV, 127 (4332), p. 122; *Levi*, S. 155.

Als dem geistig aufgeschlossenen Humanisten mußte sich ihm die enge Welt des kleinstädtischen Tangermünde als die dauernde Wiederholung ein und derselben trivialen Betätigung darstellen: Essen und Zeitvertreib in den Badehäusern! Hinter seinem Ausspruch steht kein Topos und keine Übertragung eines Vorurteils, sondern, wenngleich in Bedrängnis ausgesprochen, das Ergebnis der einjährigen Erfahrung in Tangermünde.
Im Juni 1379, nach der Rückkehr aus Deutschland, führte Becari in Padua einen geheimen Prozeß wegen Verleumdung und übler Nachrede gegen einen gewissen Niccolò da Polafrisana, der vorher mit ihm in Prag und Tangermünde gewesen war [14]. Als Grund der Anklage gab er an, Polafrisana habe ihn mit dem Kaiser entzweien wollen, indem er in die Geschäfte, Läden und Häuser vieler in Prag ansässiger Italiener und einiger Einheimischer ging und dort über ihn verbreitete, „er habe sich an die Seite des Kaisers begeben, um ihn nach Italien zu holen und an die Signoren auszuliefern". Später, in Italien, habe Polafrisana ihn vor mehreren Personen bezichtigt, sich für die Entfernung Niccolò d'Estes aus Ferrara eingesetzt zu haben. Um seine Ehre wiederherzustellen, forderte Becari von den Richtern die Verurteilung seines Widersachers, andernfalls wolle er ein Duell herbeiführen. Polafrisana bestritt vor Gericht im wesentlichen die Anschuldigungen. Ob es zu einer Verurteilung kam, wissen wir nicht. Wahrscheinlich ließ der Signore den nichtigen Ehrenstreit auf sich beruhen, nachdem ihm deutlich geworden war, daß sich dahinter kein gefährlicher Parteienzwist verbarg. Becaris Forderung nach einem Duell zeigt uns, daß er sich bester Gesundheit erfreute und daß ihn seinerzeit die Furcht vor der Erblindung vielleicht zu einer etwas übertriebenen Darstellung seiner Lebensumstände verleitet hat.

[14] *Levi*, Appendix, S. 364–369.

IV. Uberto Decembrio

Zwei Briefe aus Prag von 1394

Anfang 1394 entsandte Giangaleazzo Visconti seinen Vertrauten Petrus Filargus de Candia zu König Wenzel nach Prag, um die Verhandlungen über die Investitur als Herzog von Mailand zum Abschluß zu bringen. An der Gesandtschaft, die mit dem aufsehenerregenden Erfolg des Visconti endete, nahm auch der Humanist Uberto Decembrio als Sekretär teil. Kurz nach der Ankunft in Prag im Februar oder März schrieb er an einen Freund in der herzoglichen Kanzlei in Mailand zwei Briefe, in denen er eine konzentrierte, mit wesentlichen Beob-

achtungen angefüllte Darstellung der Lebensgewohnheiten des Volkes und eine aufmerksame Beschreibung Prags liefert [1].
Uberto Decembrio war einer der Wegbereiter des Humanismus in der Lombardei. Er wurde wahrscheinlich um die Jahrhundertmitte in Vigevano geboren und empfing seine Ausbildung in dem nahen Pavia. Vielleicht traf er in seiner Jugend mit Petrarca zusammen und erhielt von ihm entscheidende Anregungen für seine geistige Entwicklung [2]. Erst nach 1390 nimmt sein Lebensweg für den Biographen feste Umrisse an. Decembrio war jetzt Sekretär und Notar des Petrus Filar-

[1] *Hortis* hatte sowohl den Zeitpunkt der Gesandtschaft, ihren Verlauf und die Datierung der Briefe (1399) als auch den Adressaten (Colluccio Salutati) falsch angegeben. Die Untersuchungen von *Novati*, S. 210–214, führten zu dem Ergebnis, daß die in dem Mailänder Kodex aufgeführten Datierungen – für den ersten Brief III. Nonas Martii, für den zweiten pridie Kalendas Martii 1399 – fehlerhaft sein mußten, da der zweite Brief, wie sich aus dem Inhalt ergibt, eindeutig später geschrieben ist als der erste. Novatis Datierungsvorschlag lautete dementsprechend für den ersten Brief XIIII. Kal. Martii, während er die ursprüngliche Datierung des zweiten beibehielt. Damit löste er den Widerspruch zwischen der Angabe, die Gesandtschaft sei am 6. des laufenden Monats in Prag eingetroffen, und der ursprünglichen Datierung III. Nonas Martii. *Corbellini*, XVI, S. 140–141, empfahl III. Kal. Martii für den ersten und pridie Kal. Aprilis für den zweiten Brief. Diese Vorschläge geschahen mehr nach dem Fingerspitzengefühl als nach begründbaren Kriterien. Es läßt sich mit Gewißheit nur so viel sagen, daß die Legation nach winterlicher Reise am 6. eines Monats, wobei Februar oder März am wahrscheinlichsten ist, in Prag anlangte und Decembrio bald danach zur Feder griff, um den ersten Brief zu schreiben. Die Überlegungen Corbellinis sind insofern richtig, als zwischen beiden Briefen ein längerer Zeitraum liegen muß, da der zweite Brief bereits auf einen Brief des Freundes aus Mailand antwortet, der wiederum eine Antwort auf einen vorhergegangenen Brief Decembrios aus Prag war, und zwar der größten Wahrscheinlichkeit nach auf den ersten. Vgl. Decembrios Ausführungen im zweiten Brief: „Has enim litteras, cum porrexisset nuntius, properanter aperui nec semel legisse contentus, bis et ter magno non sine gaudio replicavi. Praemittis in his, aliqua affectione dictante, quae cuperem vera fore, plus enim, quae tunc scripseram, tuum animum oblectasset ..." Für die Hin- und Rückreise eines Eilboten von Prag nach Mailand muß während des Frühjahrs mit mindestens vier Wochen gerechnet werden.
Den Zeitpunkt der Gesandtschaft hat *Corbellini*, XVI, S. 142–144, an Hand der vorangegangenen Erörterungen *Novatis*, S. 210–216, auf Ende 1393 bis Juli–August 1395 endgültig festgelegt. In bezug auf den Empfänger hat *Novati*, S. 194, die Auffassung von Hortis korrigiert und einen Freund in der Kanzlei des Giangaleazzo Visconti angenommen, ohne sich auf eine Diskussion über eine bestimmte Persönlichkeit einzulassen. *Corbellini*, XVI, S. 148 ff., möchte in ihr Antonio Loschi sehen, der in Mailand als Humanist schon 1394 Ansehen genoß und in der herzoglichen Kanzlei wirkte. Aber die verlokkende Annahme Corbellinis bleibt doch nur eine Hypothese, da es sicher mehrere Humanisten in der herzoglichen Kanzlei gab, mit denen Decembrio befreundet sein konnte. *Burdach*, S. 65, ist noch 1929 den Auffassungen von Hortis gefolgt, da er die neueren italienischen Veröffentlichungen nicht kannte.
[2] Zum Datum der Geburt, *Corbellini*, XVI, S. 114. Die Annahme *Corbellinis*, XVI, S. 113, Decembrio sei bei seinen Studien in Pavia noch von Petrarca angeleitet worden, ist ebenfalls recht hypothetisch und stützt sich auf einen einzigen Satz in der Petrarcabiographie eines Zeitgenossen des Pier Candido Decembrio, wo diesem in den Mund gelegt wird: „Dicebat audivisse a patre suo, qui Petrarchae contubernio usus fuerat."

gus de Candia, eines prunkvoll auftretenden Minoriten, der es durch seine theologische Bildung und seine unbedingte Ergebenheit gegenüber den Visconti zu drei Bistümern – Novara, Piacenza, Vicenza – und zum Kardinal brachte und schließlich 1409 von den Pisaner Kardinälen als Alexander V. zum Papst gewählt wurde [3]. In seiner Begleitung begab sich Decembrio auf mehrere Gesandtschaftsreisen. 1392 kam er auf diese Weise nach Florenz, wo er mit Colluccio Salutati, dem Florentiner Kanzler und Schüler Petrarcas, Freundschaft schloß. 1399, auf einer Gesandtschaft nach Siena, die auch nach Florenz führte, wurde die Freundschaft erneuert [4]. Über eine Reise Decembrios nach Rom ist im einzelnen nichts bekannt, doch legt eine Stelle in den Briefen aus Prag die Vermutung nahe, daß er die Tiberstadt bereits kannte [5]. Die wichtigste von seinen Reisen bleibt auf jeden Fall seine Entsendung nach Prag als Sekretär des Petrus Filargus. Die Gesandtschaft währte fast anderthalb Jahre, und zwar bis August 1395, und es ist nicht ausgeschlossen, daß Decembrio nicht sogleich mit seinem Herrn nach Mailand zurückkehrte, sondern noch eine Zeitlang zur Erledigung zweitrangiger Geschäfte in Prag blieb [6]. Nach seiner Rückkehr stand er weiterhin in den Diensten des Petrus Filargus. Als dieser 1405 nach Rom berufen wurde, wechselte er vermutlich bald in die Kanzlei Giammaria Viscontis über [7]. Er starb 1427 als Podestà von Treviglio und hinterließ vier Söhne. Einer von ihnen war Pier Candido Decembrio, dessen Name als Humanist den seines Vaters überragen sollte [8].

Uberto Decembrio gehört zu den ersten Humanisten, die Griechischstudien betrieben haben. Um die Jahrhundertwende machte er sich mit Emanuel Chrysolaros an die Übersetzung von Platons „Staat", wobei er allerdings vorwiegend für die stilistische Überarbeitung des lateinischen Textes sorgte [9]. Seine wichtigsten Schriften entstanden zwischen 1415 und 1420. In seinem Hauptwerk, dem Traktat „De re publica", erklärt er gemäß dem Vorbild der Visconti den Prinzipat für die allen anderen überlegene Staatsform. Zwei kleinere Traktate „De candore" und „De modestia" widmete er seinen Söhnen Pier Candido und Modesto. Neben einigen Gedichten und Reden hinterließ er ein Epistular von 26 Briefen, die

[3] Über Petrus Filargus de Candia vgl. *Corbellini*, XVI, S. 109 ff.

[4] Über das Verhältnis zu Salutati vgl. *Novati*, S. 195–208, und *Corbellini*, XVI, S. 116–124.

[5] Ein Vergleich im ersten Brief aus Prag scheint aus der unmittelbaren Anschauung zu stammen: „Haec aspectum pene Romuleae urbis ostentat. Sic collibus et convallibus distinguitur et Tiberidis loco Multaviae flumen medium civitatis intersecat", *Hortis*, S. 448. Die Kenntnis Roms wird auch durch andere Werke belegt, *Corbellini*, XVII, S. 36. Hiernach kannte er Pisa, Siena, Florenz, Rom und Venedig.

[6] *Corbellini*, XVI, S. 144; *Novati*, S. 215, Zitat eines Briefes Pier Candido Decembrios, wo von einer Abwesenheit von 3 Jahren die Rede ist, was als zu lang erscheint.

[7] *Corbellini*, XVII, S. 36.

[8] *Borsa*, S. 93.

[9] *Corbellini*, XVII, S. 38 ff.

Zeugnis über seine einzelnen Lebensphasen ablegen und ihn als einen vielseitig interessierten und weltoffenen Mann zeigen [10].
Die zwei Briefe Decembrios sind der früheste geschlossene, weitgehend mit selbständigen Beobachtungen angefüllte Bericht eines nach dem Norden reisenden Italieners. Decembrio kannte Petrarcas Jugendbriefe aus Köln und vielleicht auch seinen in einem Brief ausgesprochenen Plan, einen Bericht über seine Reise nach Prag zu verfassen. Er war nicht mehr Wiederentdecker der vergessenen Form eines privaten Reisebriefs und konnte, vom Vorbild Petrarcas angeleitet und unbelastet von dessen selbstkritischen Anfechtungen, die ihm begegnenden Neuigkeiten in den Briefen an den Freund darstellen. Er besann sich auf Petrarcas von Cicero entlehnte Maxime „Schreib, was Dir in den Mund kommt", wenn er mit folgenden Worten seinen Freund bat: „Fordere von mir keine Zierde des Ausdrucks. In der vertrauten Sprache, nicht anders als für gewöhnlich in der Kanzlei unseres gemeinsamen Herrn, möchte ich Dir erzählen, was mir zuerst in den Mund fließt." Und seine Feststellung zu Beginn des ersten Briefes: „Je länger ich von Hause fort bin, desto lebhafter wird mir bewußt, daß die Lebensbedingungen unseres Landes besser sind", steht ganz im Zeichen der Empfindungen Petrarcas auf seinen beiden Deutschlandreisen [11].
Der erste Brief wurde kurz nach der Ankunft in Prag geschrieben. Über die Stadt selbst möchte Decembrio zunächst nicht allzuviel berichten, da er sich noch als Neuling fühle. Doch hatte er bereits die steinerne Karlsbrücke beachtet und die herrliche Lage der Stadt erkannt. Mit ihren Hügeln und Talsenken kommt sie ihm wie Rom vor, nur daß statt des Tibers die Moldau durch ihre Mitte fließt. Es scheint, als habe er auch das Vergleichen und Messen an heimatlichen Verhältnissen von Petrarca gelernt. Den Hauptteil des Briefes nimmt eine Schilderung von Sitten und Gebräuchen ein, die sich keinesfalls nur auf Prag bezieht, sondern einen Gesamteindruck von der Reise durch die Städte Schwabens, Bayerns, Österreichs und Böhmens widerspiegelt. Als einzige Stadt, die er unterwegs berührte, nennt er Wien. In der unvertrauten Umwelt war ihm bald aufgefallen, daß die Häuser nicht aus Stein, sondern aus Holz gebaut waren und die Öfen in den Zimmern den in Italien üblichen Kamin ersetzten. Mit Erstaunen stellte er fest, daß die Einwohner trotz der großen Kälte nur spärlich bekleidet ins Freie traten, während er und seine Begleiter mit dreifachen Pelztüchern umhüllt waren. Ein wenig Entrüstung klingt an, wenn er über die Badehäuser berichtet, wo Männer und Frauen nackt durcheinanderliefen, ohne voreinander Scham zu empfinden. „Barbarisch und schamlos" lautet dazu sein Kommentar. Die Preise erscheinen ihm unverhältnismäßig hoch, weshalb es viele Diebe gebe, die es besonders auf die Fremden abgesehen hätten, weil sie bei ihnen große Reichtümer vermuteten. Einige Bemerkungen über das Essen und die Tischsitten runden den nicht sehr langen Bericht ab.

[10] Eine Übersicht über die Werke bei *Borsa*, S. 97–111 und S. 199–215.
[11] *Hortis*, S. 446.

Der zweite Brief widmet sich ausschließlich Prag und der Lebensweise seiner Einwohner. Er ist mindestens einen Monat später entstanden als der erste, so daß der Verfasser jetzt von sich sagen kann, er habe mittlerweile einen guten Überblick gewonnen. Inzwischen hatte sich auch eine Fürstenversammlung, die zur Aussöhnung des Bruderzwists der Markgrafen von Mähren in Prag zusammengekommen war, und der damit verbundene Zustrom von Menschen und Pferden aufgelöst, der anfänglich das Bild etwas verfälscht hatte. Die Stadt ist voller vornehmer Gebäude und hübscher Plätze, auf denen jeweils ein Gewerbe Markt hält. Auf den unbenützten Plätzen werden Hahnenkämpfe abgehalten, zu denen sich viele Zuschauer einfinden, die zum Teil untereinander Wetten auf den Sieger abschließen. Bisweilen bilden sich auf einem Platz dreißig oder mehr von Schaulustigen umstandene Kreise. Prag hat sehr viele Einwohner, und zwar mehr Frauen als Männer. Die Frauen kümmern sich nicht um den Spinnrocken, sondern üben Männergeschäfte aus und herrschen über die Männer, die mit Ausnahme der verhältnismäßig wenigen Handwerker faul sind und sich hauptsächlich in den Kneipen aufhalten. Um die „heilige Sittsamkeit" ist es daher nicht gut bestellt. Natürlich vergißt Decembrio nicht die Universität, deren Bedeutung er mit Recht in der theologischen und Artistenfakultät erblickt. Er will vernommen haben, daß über 10 000 Studenten an der Universität studieren. Zuletzt führte er die zwei bedeutendsten Kirchen der Stadt auf: vom Veitsdom, der unter Karl IV. begonnen wurde, sind erst die Anfänge zu sehen. Die Marienkirche „erhebt sich in kunstvollen und schönen Marmorblöcken". Hier wird Tag und Nacht von Stunde zu Stunde Messe gehalten, „was ich noch nie woanders sah" – man erinnert sich der ähnlich lautenden Feststellung Petrarcas über die Kirche St. Maria im Kapitol in Köln. In der Marienkirche befinden sich auch das Grab Karls IV. im Chor und das des heiligen Wenzel in einer Kapelle.

Der Brief tritt im Anschluß an die Beschreibung Prags in eine topographische und etymologische Erörterung ein, ausgelöst durch einige Fragen seines Briefpartners in dessen letztem Brief. Decembrio führt nun die Namen einiger Völker Nordeuropas auf, soweit er sie bei mündlichen Erkundigungen in Prag erfahren hatte, und vergleicht sie kritisch mit seinen Kenntnissen aus den antiken Autoren. Es ist dies ein interessantes Beispiel dafür, wie die Mailänder Humanisten noch vor der Entdeckung des Strabo und Ptolemäus über Freunde, die auf Gesandtschaften in fremden Ländern weilten, Nachrichten zu erhalten suchten, um ihre spärlichen geographischen und topographischen Kenntnisse aufzufüllen. Decembrio möchte in Prag seine Forschungen auf diesem Gebiet weiterführen und bittet deshalb den Freund, ihm eine aus Lukans „Pharsalia" herausgeschriebene Liste der nördlichen Völker zu übersenden, denn das Werk sei in Prag „bei dem großen Mangel an Büchern" nicht aufzutreiben [12]. Wir sehen, mit welch unvoll-

[12] *Burdach*, S. 66 und 147, ist der Ansicht, Uberto müsse sich getäuscht haben, und weist auf einen Prager Pharsaliakommentar hin. Der antike Quellenbereich entspricht Petrarcas „Historia Iulii Caesaris", vgl. Kap. Petrarca. Anm. 38.

kommenen Mitteln die Geographie der Humanisten ihre ersten Schritte tun mußte.
Decembrio faßt, ohne Gelehrsamkeit und stilistischen Glanz zur Schau zu stellen, seine Eindrücke in einem schlichten, sachbezogenen Bericht zusammen. Er hat einen bemerkenswerten Sinn für das Typische, das er gefühlsmäßig auswählt, und hält sich nicht bei ausgefallenen Einzelheiten auf. So entsteht in knappen Zügen ein Bild der Stadt Prag und der Lebensgewohnheiten der Stadtbürger, in dem das Wesentliche zur Geltung kommt. Die Schilderung der Hahnenkämpfe ist vielleicht die einzige Rarität seines Berichts. In Decembrios Beurteilung halten sich zurückhaltende Zustimmung und Ablehnung die Waage. Während er von Prag als Stadt sichtlich beeindruckt war, stießen ihn die Sitten der Menschen eher ab. Trotzdem zeigt er keine besondere Voreingenommenheit gegenüber der fremden Umwelt. Wenn er etwa das Treiben in den Badehäusern verurteilt, dann steht eher eine allgemeine sittliche Entrüstung dahinter als ein Vorurteil gegenüber der fremden Lebensform. Erst die sittliche Entrüstung lockt den Ausruf „barbarisch" hervor. Seine abschätzige Bewertung des sozialen Status der Frauen und der angeblich damit zusammenhängenden Unsittlichkeit erfolgt aus denselben Gründen. Den Frauen Mailands hat er an anderer Stelle ähnliche Vorhaltungen gemacht [13]. Die „Herrschaft der Frauen über die Männer" ist ein innerhalb Italiens zum Topos gewordenes Stereotyp, ein Alptraum der Herrschenden, die sich ihrer Rolle nicht ganz sicher sind.
Hatte Decembrio für seine beiden Briefe Vorbilder außer den Briefen Petrarcas? Kannte er die mittelalterliche Tradition der Städte- und Völkerbeschreibung? Kannte er Bonvisino della Rivas Beschreibung Mailands vom Ende des dreizehnten Jahrhunderts? – Mit Sicherheit läßt sich sagen, daß er sich nicht unwesentlich von den ethnographischen und geographischen Partien der „Etymologiae" des Isidor von Sevilla anleiten ließ, die er auch an einer Stelle zitiert. Durchaus nicht zum Nachteil verbindet sich in seinen beiden Briefen die „descriptio" mit der Erwähnung einiger besonderer Umstände und Erfahrungen der Reise. Der Bericht gewinnt dadurch an Lebendigkeit, wenn auch auf Kosten des formalen Aufbaus einer Stadtbeschreibung, den Decembrio wohl nicht kannte. Bedenkt man, daß sich seit dem Tode Petrarcas die Kenntnis antiker Autoren, die als Vorbild für die Beschreibung fremder Länder und Völker hätten dienen können, nicht vermehrt hatte, dann wird man die Entfaltung des Beobachtungs- und Wirklichkeitssinns sowie die schlichte und ehrliche Wiedergabe des Geschauten in den Briefen Decembrios durchaus anerkennen.

[13] *Corbellini*, XVI, S. 142, Anm. 2.

V. Leonardo Bruni

Brief von 1415 mit einer Beschreibung der Reise nach Konstanz

Während der dreieinhalb Jahre des Konstanzer Konzils herrschte neben der kirchenpolitischen Betriebsamkeit ein reges literarisches Leben, das zu einem guten Teil auf die zahlreichen italienischen Humanisten zurückzuführen ist, die sich mit der Kanzlei Johannes' XXIII. oder im Gefolge von Kardinälen in der Konzilsstadt eingefunden hatten. Die bekanntesten von ihnen waren Leonardo Bruni und Poggio Bracciolini. Während der letztere fast das ganze Konzil miterlebte, war Brunis Aufenthalt in Konstanz nur eine Episode. Nachdem ihm Johannes XXIII., wie es scheint, die Stelle eines apostolischen Sekretärs angeboten hatte, war er am 9. Dezember 1414 in Konstanz eingetroffen. Doch schon etwas über zwei Monate reichten ihm aus, um die auf den Papst zukommende Absetzung vorauszusehen. Er zog es daher vor, sich rechtzeitig den befürchteten Verwicklungen zu entziehen und nach Florenz zurückzukehren. Das einzige Zeugnis von seinem Aufenthalt in Konstanz ist ein bald nach der Ankunft verfaßter Brief mit einem reichhaltigen Reisebericht an seinen Freund Niccolò Niccolì in Florenz [1].

Leonardo Bruni stammte wie manch ein angesehener Humanist aus Arezzo. Er war rund zehn Jahre älter als sein Freund Poggio und im Vergleich zu ihm der in sich Gekehrtere, der Stetigere, der mehr Verstandes- als Gefühlsbetonte. Der Schwerpunkt seines Werkes lag auf philosophischen, philologischen und pädagogischen Schriften, die sich allesamt durch ihre konzentrierte und prägnante Darstellung auszeichnen. Aber die größere Geltung erlangten doch seine Übersetzungen der Ethik und Politik des Aristoteles und seine historischen Schriften, unter denen die zwölf Bücher der Florentinischen Geschichte den ersten Platz einnehmen [2]. Zu seinen frühesten Schriften zählt die uns schon bekannte „Laudatio Florentinae urbis", die einen Markstein in der Entwicklung des Städtelobs und der Stadtbeschreibung in der Renaissance darstellt. Im Abwehrkampf von Florenz gegen die Übermacht Giangaleazzo Viscontis, dessen Sieg das Ende der republikanischen Freiheit bedeutet hätte, sollte sie das Selbstbewußtsein der Florentiner für den Rang ihrer Geschichte, den Wert ihrer Institutionen und die Schönheit ihrer Stadt wecken [3].

[1] Über Brunis Aufenthalt in Konstanz ist außer seinem Reisebericht nicht mehr bekannt als der Tag seiner Ankunft und die ungefähre Dauer, *Beck*, S. 21. Der Brief an Niccolì bei Mehus, lib. IV, ep. III. Der Konstanz betreffende Teil ist übersetzt von *Finke*, S. 48–49, und *Otto Feger*, Konstanz im Spiegel der Zeiten, Konstanz 1952, S. 37–39.

[2] Vgl. die Einleitung von Baron zu Leonardo Bruni Aretino, Humanistisch-philosophische Schriften.

[3] *Baron*, The Crisis, S. 216 ff., und in den anderen Beiträgen Barons passim; vgl. Kap. I, S. 19.

Vor seiner Reise zum Konstanzer Konzil hatte sich Bruni abwechselnd in Florenz oder an der Kurie aufgehalten. Als apostolischer Sekretär begleitete er sie auch 1405 auf der Flucht aus Rom vor Ladislaus von Neapel und 1407 bis 1408 auf ihrer Irrfahrt nach Viterbo, Siena und Lucca, wo sich schließlich die Kardinalsopposition von Gregor XII. trennte, bevor sie in Pisa zur Wahl eines Gegenpapstes schritt. Bruni blieb zunächst Gregor XII. treu, nahm jedoch 1410 gern das ihm angebotene Kanzleramt in Florenz an, womit er in die Stellung seines unlängst verstorbenen Förderers Colluccio Salutati trat [4]. Man sollte jedoch nicht meinen, der apostolische Sekretär, Florentiner Kanzler und Verfasser gestochener Traktate wäre ein weltfremder und den Genüssen des Lebens abgewandter Mann gewesen. Er schrieb auch Komödien und eine „Rede Elagabels an die Huren", die ganz nach dem Geschmack Poggios ausgefallen war, dem sie daher auch bei der Schilderung des Badelebens in Baden bei Zürich wieder einfiel [5]. Brunis Empfänglichkeit für landschaftliche Schönheit beweisen die Beschreibung der Umgebung von Florenz in der „Laudatio Florentinae urbis" und die eine oder andere Stelle in seinen Briefen. Neben seinem Reisebericht aus Konstanz sticht eine anmutige Beschreibung eines Ausflugs der Kurie zwischen Pisa und Lucca mit einer Rast an den Ufern des Arno hervor [6].

Brunis Brief vom 30. Dezember an Niccolò Niccolì ist nicht der erste Bericht eines italienischen Reisenden aus dem spätmittelalterlichen Deutschland, der in der Form des Itinerars abgefaßt ist. Bereits sechs Jahre vor ihm hatte der Kardinal von Bari Landulfus Maramoldus für einen lateinischen Rechenschaftsbericht über seine Legation im Namen des Konzils von Pisa die Form des Itinerars gewählt [7]. Um die Zeit der Entstehung von Brunis Reisebrief waren die Hauptwerke der antiken Reiseliteratur, Herodot und Pausanias, nicht mehr unbekannt. Herodot wird 1415 zum ersten Mal in einem humanistischen Werk zitiert, und zwar in „De re uxoria" des Venezianers Francesco Barbaro [8]. Eine Abschrift des Pausanias wurde Barbaro im selben Jahr von dem Kamaldulensermönch Ambrogio Traversari in Florenz zugesandt, der uns in einem der folgenden Kapitel als Gesandter Eugens IV. auf dem Basler Konzil begegnen wird [9]. Sicherlich hatte Bruni in Florenz um die Jahreswende 1414/15 bereits Kenntnis von dem Werk des Pausanias. Traversari dürfte es ihm kaum vorenthalten haben, denn in der Regel machte jedes neu entdeckte Werk unter den Florentiner Humanisten rasch

[4] *Beck*, S. 12–21.
[5] *Bruni*, Humanistisch-philosophische Schriften, ed. *Baron*, S. 162; Poggii Epistolae, ed. *Thomas de Tonellis*, I, Florentiae 1832, S. 3.
[6] Epistolae, ed. *Mehus*, lib. II, ep. 20.
[7] Vgl. Kap. XXII, S. 228 f.
[8] *Remigio Sabbadini*, Le scoperte dei codici latini e greci ne' secoli XIV (= Biblioteca storica del Rinascimento IV), Firenze (Neuaufl.) 1967, S. 63, Anm. 122.
[9] *Sabbadini*, Le scoperte, S. 63; Ambrosii Traversarii ... Epistolae, ed. *Cannetus – Mehus*, ep. 223, col. 292. Vgl. Kap. Traversari, S. 70–76.

die Runde. Die Inspiration zu dem in der Form des Itinerars abgefaßten Reisebrief könnte demnach von Pausanias ausgegangen sein. Bruni nimmt sich die Freiheit, an Orten, die ihn am meisten beeindruckten, mit seiner Darstellung länger zu verweilen. Keine geschäftlichen Rücksichten legen ihm Schranken bei der Berichterstattung auf, die für den Freund in Florenz und natürlich auch für die Literatur bestimmt ist. Mit einem Seitenhieb auf das geschäftliche Einerlei des Konzils kleidet er seinen Vorsatz, ausschließlich über seine Reise zu berichten, in einen den Appetit seines Freundes auf Neuigkeiten anregenden Vergleich: „Wir wollen fürwahr Deinem Geschmack entsprechende Speisen anrichten, und da Du ja die unsrigen (– die des Konzils) verachtest, möchten wir fremde Speisen für Dich aussuchen." Für den Liebhaber literarischer Kost sind die Natur- und Landschaftsbeschreibungen des Briefes in der Tat Leckerbissen vergleichbar.
Bruni setzt mit seinem Reisebericht erst in Verona ein, denn über die in Italien zurückgelegte Strecke glaubte er Niccolì gut unterrichtet. Überwältigend war der Eindruck, den die Enge der Etsch nördlich von Verona auf ihn machte. Den tosenden Fluß umsäumten beiderseits hoch aufragende Felswände, die nur einen schmalen Steig auf der rechten Seite zuließen, auf dem gerade noch ein Pferd mit einem Wagen passieren konnte. Das Rauschen und Gurgeln des Wassers schien ihm die „ungestümen und wilden Sitten der Völker, aus deren Gegend es kommt", anzukündigen. In Trient fiel ihm vor allem die gemischte zweisprachige Bevölkerung auf. Ein Schrecken durchfuhr ihn jedesmal, wenn von einer Burg, der er sich mit seinen Gefährten näherte, Hörnerschall erklang, der ihre Ankunft ankündigte. Es kam ihm dabei vor, als zöge er durch Feindesland. Über den Abschnitt seiner Reise durch das Etschtal enthält sein Bericht gute Beobachtungen zum Weinbau und zur Landschaft bei Tramin sowie einige flüchtige Bemerkungen über Meran. Einen Höhepunkt des Briefes stellt die Schilderung des Übergangs über den Reschen und den Arlberg dar. Über Feldkirch am Ausgang der Alpen gelangte Bruni schließlich an den Rhein, den er an einer Furt überschritt. Bei der Feste Rheineck bestieg er ein Fischerboot, das ihn über den Bodensee nach Konstanz beförderte, während seine Begleiter mit den Pferden am Flußufer entlangziehen mußten. Dem Rhein und dem Bodensee brachte er nicht nur geographisches Interesse entgegen, sondern auch einen offenen Sinn für wichtige Merkmale wie die Farbe des Wassers, die Beschaffenheit des Grundes und der Strömung, den Fischreichtum und die landschaftlichen Reize. Der Brief endet mit einer Zusammenfassung verschiedener Beobachtungen in Konstanz. Der in den Belangen der Stadtverwaltung geschulte Blick des Florentiner Kanzlers richtete sich hierbei vornehmlich auf das kommunale Leben und auf die Stellung der Stände, wobei die Beurteilung unbewußt stets von den andersartigen Zuständen in Florenz ausging. Mit der Beachtung des kommunalen Lebens knüpfte er an seine „Laudatio Florentinae urbis" an [10].

[10] Laudatio Florentinae urbis bei *Baron,* From Petrarch to Leonardo Bruni, S. 232–263 (zu den Institutionen der Stadtregierung, S. 258 ff.).

Das bemerkenswerteste an Brunis Brief sind die überlegt ausgewählten Natur- und Landschaftsbeschreibungen. Beim Anblick des gebrochenen Marmors auf den Halden oberhalb von Tramin, die bis an die Weinberge heranreichten, dachte Bruni an Schnee. Auf der Paßhöhe des Reschens erblickte er die beiden Seen, meinte jedoch fälschlich, aus dem südlichen fließe die Etsch, aus dem nördlichen der Inn hervor. Eindrucksvoll ist der Abstieg vom Paß ins Inntal festgehalten: „Der Abstieg von diesem Joch war bei weitem schwieriger als der Aufstieg. Er verlief auf einem steilen und engen Weg, der, an manchen Stellen ausgehauen, in weitem Bogen durch Felsabstürze wie in einen Abgrund führte. Rechts vom Wege ragt ein riesiger Berg auf, links brechen beim Anblick Schrekken einflößende Steilwände ab. Oben und unten ist eine unglaubliche Menge Tannen, gibt es ferner Kiefern, Zypressen, Eschen, Buchen und jegliche Art von Bauholz.“ Größte Anspannung verlangte der Übergang über den zugeschneiten Arlberg. Die Spur im tiefen Schnee kam Bruni wie eine Gasse vor. Es bedurfte großer Mühe, die Pferde voranzubringen, da sie oft wegglitten oder einsanken. Nachdem auch dieser Paß glücklich überquert war, konnte Bruni später im Rückblick seine Empfindungen beim Anblick des Alpenpanoramas wie folgt zusammenfassen: „So viele Berge, so viele Zacken, so oft wiederkehrende und ununterbrochene Rücken, so viele Gipfel und Spitzen, so große Höhen erheben sich überall, daß man sich voller Verwunderung fragen möchte, was die Mutter und Schöpferin der Welt, die Natur, im Sinne hatte, als sie jene hervorbrachte. Wenn ich die ewig dastehenden und unvergänglichen Felsmassen betrachtete, verspürte ich häufig so etwas wie einen Schauder oder eine fromme Scheu.“ Über den Rhein schrieb er: „Die Farbe des Wassers liegt auf der Mitte zwischen hellblau und grün, der Lauf ist reißend, der Grund sandig und trotzdem fest, so daß sich keine Fußspuren abzeichnen.“ Auch hier glückt es ihm, das Wesentliche in knappen, einprägsamen Zügen herauszuheben.

Die Themenvielfalt des Briefes belegt ein weitgespanntes Interesse und eine beachtliche Aufgeschlossenheit gegenüber neuen Eindrücken. Die mit Bedacht gesetzten Schwerpunkte und die Dichte der Darstellung, die das Schema des Itinerars zurücktreten lassen, sorgen dafür, daß der Bericht nie einförmig oder langweilig wird. Auch wenn Bruni, wie die meisten Humanisten, dem Barbarenverdikt huldigt, so entsprechen doch einseitige Vorurteile, die vorgeben, objektiv zu sein, nicht seiner Mentalität [11]. Im Stil ist der Brief schlicht, ohne rhetorisches Pathos. Geglückt sind die feinsinnig eingeflochtenen Assoziationen und Vergleiche mit Klassikerworten, die sich von den üblichen rhetorischen Redensarten abheben. Wenn sich Bruni zum Beispiel bei dem aus den Burgen erklingenden Hörnerschall an das Kriegszeichen des Königs Turnus im achten Buch der Aeneis erinnert, so trifft die Assoziation mit Vergil sehr gut die Stimmung des Erlebnisses.

[11] Zum Barbarenverdikt Brunis, vgl. *Amelung*, S. 51.

VI. Benedictus de Pileo

Brief aus Konstanz von 1415 mit einer Beschreibung der Stadt

Benedictus aus der Ortschaft Piglio zwischen Subiaco und Anagni in Latien kam im Herbst 1414 im Gefolge des Kardinals Stefaneschi zum Konstanzer Konzil. Er gehört zu den weniger bekannten Humanisten und wäre vielleicht in Vergessenheit geraten, hätte ihn nicht während der Wirren um die Flucht Johannes' XXIII. ein hartes Los getroffen, dem er in einem Büchlein, dem „liber poenarum", ein Denkmal setzte. Zusammen mit dem „liber poenarum" ist auch ein am 14. Februar 1415 in Konstanz verfaßter und an seinen Bruder in Rom gerichteter Brief überliefert, der neben einem Abriß der Vorgänge auf den ersten Konzilssitzungen eine gefällige Beschreibung der Bodenseestadt enthält [1].

Am 5. April wurde Benedictus zusammen mit dem Kardinal Stefaneschi und dessen Gefolge bei Neuchâtel gefangengenommen, nachdem sie auf die Nachricht von der Flucht Johannes' XXIII. hin Konstanz in aller Eile verlassen hatten [2]. Dem Kardinal gelang es jedoch bald, seinen Bewachern zu entweichen. Daraufhin wurden unter seinen zurückgebliebenen Begleitern acht Geiseln ausgesucht, die so lange festgehalten werden sollten, bis der Kardinal ein Lösegeld übersendet hätte. Zu den Unglücklichen gehörte auch Benedictus. Der „liber poenarum" erzählt nun anschaulich und in allen Einzelheiten die Umstände seiner Gefangennahme und seiner Haft. Nach der Flucht des Kardinals wurde er zusammen mit zwei weiteren Italienern in einen Turm gebracht, der im Innern drei Stockwerke aufwies und nahezu dunkel war, da nur durch wenige schmale Maueröffnungen Licht eintreten konnte. Benedictus mußte die meiste Zeit auf dem feuchten, stickigen und lichtlosen Grund zubringen. Nur zur Essenszeit durfte er in den mittleren Stock und nur in Ausnahmefällen in den helleren oberen Stock emporsteigen. Später wurde seine Haft allerdings etwas erleichtert, so daß er sich auch häufiger in den angenehmeren oberen Stockwerken aufhalten durfte. Besonders bedrückend war für ihn, daß der Kerkermeister mit allerhand kleinen Schikanen seinen Fremdenhaß an ihm ausließ. Nachts schlief er auf Stroh. Da man ihm bei der Gefangennahme fast alle Kleider weggenommen hatte, wurde für ihn

[1] Das „liber poenarum" und der Brief aus Konstanz an den Bruder (wahrscheinlich handelt es sich um Bartholomaeus de Pileo) sind in einem Kodex der Österreichischen Nationalbibliothek überliefert (vgl. das Literaturverzeichnis zu de Pileo). Er wurde veröffentlicht von *Wattenbach*, Benedictus de Pileo, S. 128–131, und erscheint in deutscher Übersetzung im Auszug bei *Finke*, Das badische Land und das Konstanzer Konzil, S. 49–51, und bei *Otto Feger*, Konstanz im Spiegel der Zeiten, Konstanz 1952, S. 40–42.

[2] Die Gefangenschaft des Benedictus ist ausführlich von Wattenbach an Hand zahlreicher Auszüge aus dem „liber poenarum" dargestellt worden. Das Folgende ist dementsprechend nur eine Zusammenfassung dessen. Eine andere Zusammenfassung bei *Finke*, Bilder vom Konstanzer Konzil, S. 68–69.

im Herbst die Kälte unerträglich, so daß er den Grafen von Neuchâtel inständig um eine Decke bitten ließ. Nicht ohne Humor schildert er nachträglich seine „Schlacht“ gegen Läuse, Flöhe und anderes Ungeziefer, die ein ganzes Heer gegen ihn ins Feld führten. In seiner Verzweiflung wagte er schließlich einen Fluchtversuch. Nachdem er eine der schmalen Maueröffnungen erweitert und sich durch sie hindurchgezwängt hatte, verriet ihn sein Mitgefangener, indem er der Schar seiner berittenen Verfolger von der Höhe des Turmes den Weg zu seinem Versteck wies. Während der eintönigen Monate vertrieben er und die beiden anderen sich die Zeit, so gut es ging, mit dem Erzählen von Witzen und Geschichten, mit Singen und Körperbewegungen. Ja, er verfaßte sogar Gedichte! Zum Schreiben benutzte er einen Strohhalm und Tinte, die er aus Kohle und Wasser hergestellt hatte. Ovids Tristien nachahmend, ließ er seine Gedanken zu den vertrauten Stätten Italiens und den Freunden zurückkehren. An alle, die sich während seiner Gefangenschaft um ihn bemüht hatten, sandte er metrische Dankbriefe. Bittbriefe, ebenfalls in Metren, ergingen an die Königin Barbara, an den Grafen von Neuchâtel und an einflußreiche Männer in dessen Umgebung. Zweimal erschienen bei Benedictus Beauftragte des Konzils, die sich für ihn einzusetzen versprachen. Am 25. November, nach rund sieben Monaten, erhielt er seine Freiheit wieder.

Während der folgenden Zeit des Konzils war Benedictus vom Glück begünstigt, das ihn für die Strapazen der Gefangenschaft entschädigte. Da er sich nach einem neuen Brotherrn umsehen mußte, wandte er sich zunächst mit einem metrischen Lobbrief an König Sigismund, doch ohne Erfolg [3]. Er trat dann aber, wie es scheint, in die Dienste des Kardinals Odo Colonna und gehörte nach dessen Wahl zum Papst zu den ersten von ihm berufenen apostolischen Sekretären [4]. Seine gesicherte Stellung erlaubte es ihm nunmehr, in Konstanz eine humanistische Lehrtätigkeit zu entfalten, von der eine Vorrede zu einer Vorlesung über Lukan Zeugnis ablegt [5]. Auch die Briefe Senecas und das Geschichtswerk des Valerius Maximus dürften zu seinem Vorlesungsprogramm in Konstanz gehört haben [6]. Bis zu seinem Tode 1423 blieb Benedictus apostolischer Sekretär. Sein Nachfolger wurde Poggio, der bei den Ernennungen in Konstanz leer ausgegangen war [7].

In dem nicht lange nach der Ankunft in Konstanz geschriebenen Brief an seinen Bruder möchte Benedictus einen Überblick über die wichtigsten Eindrücke an seinem neuen Aufenthaltsort vermitteln. Der Brief läßt drei deutlich voneinander

[3] „Egloga Benedicti de Pileo ad honorem invictissimi principis Sigismundi Romanorum et Ungarie Regis“, Melk, Stiftsbibliothek, O. S. B: A 13 d 35, und vormals Preußische Staatsbibliothek Berlin, Cod. lat. fol. 585, veröffentlicht bei *Wattenbach*, S. 124–127.

[4] *Bertalot*, S. 312, Anm. 1.

[5] „Prefatio B(enedicti) de Pilleo super Lucanum“, „Florenz, Biblioteca Ricciardina, cod. (misc.) 784, Nr. 83, veröffentlicht von *Bertalot*, S. 314–316.

[6] *Bertalot*, S. 313.

[7] Ders., S. 312, Anm. 1.

abgehobene Teile erkennen. Der erste enthält im wesentlichen einen Abriß der Vorgänge auf den ersten Konzilssitzungen, der zweite die Beschreibung des Stadtbildes von Konstanz und der dritte eine Schilderung der Lebensbedingungen, die Benedictus in der Stadt angetroffen hat. Die Trennung der beiden letzten Teile entspricht der schulmäßigen Anordnung der Stadtbeschreibung. Benedictus möchte in die objektive Beschreibung des Stadtbildes keine persönlichen Erfahrungen und Empfindungen einfließen lassen. Die Schilderung der Lebensbedingungen in Konstanz teilt er folglich nach einem subjektiven Prinzip ein: er stellt „manche Unannehmlichkeiten" an den Anfang und hat dann freie Bahn, den Brief in einem Lob der „vielen Annehmlichkeiten" ausklingen zu lassen.

Die Beschreibung des Stadtbildes ist eine auf das Wesentliche beschränkte Grundrißskizze, die in manchem an eine geographische Lagebeschreibung erinnert. Angaben über die Ausdehnung der Stadt und des angrenzenden Bodensees sowie die Lokalisierung der Haupttore und die Nennung ihrer jeweiligen Himmelsrichtung stehen im Vordergrund. Gut wiedergegeben ist die Anordnung der drei Seetore mit den dazugehörigen Landungsbrücken und dem die Szene beherrschenden Kaufhaus am Hafen. An eigenwilligen Beobachtungen fehlt es gänzlich. Aber Benedictus macht selbst darauf aufmerksam, er wolle nur „eine oberflächliche Beschreibung" liefern. Es ist im übrigen nicht ausgeschlossen, daß er Leonardo Brunis „Laudatio Florentinae urbis" kannte, denn er erwähnt dessen Namen einmal ehrfurchtsvoll in einem seiner während der Gefangenschaft entstandenen Gedichte [8].

Auch in der Schilderung der Lebensbedingungen in Konstanz treten kaum originelle Mitteilungen hervor. Aber der Grundton ist derart begeistert, daß man darüber verblüfft ist, wenn man sich die Mißfallensäußerungen anderer Humanisten vergegenwärtigt. Und dabei galt es doch nicht über etwas Außergewöhnliches zu berichten, sondern lediglich über den schlichten Alltag in der Fremde! Zu den „Unannehmlichkeiten" zählt Benedictus nur die schwankende Witterung, obwohl er einräumt, daß es insgesamt weniger kalt sei, als man erwartet hatte. Auch Öl- und Feigenbäume vermißt er. Aber sonst sei „alles im Überfluß vorhanden, was man sich zur Lebensweise, zur Pflege, zur Ausstattung und zum täglichen Gebrauch für Menschen und Pferde als notwendig und vorteilhaft nur immer ausdenken kann". Man glaubt nicht richtig gelesen zu haben, wenn man beispielsweise von dem vorzüglichen Weißbrot und von einem Wein hört, der besser als der Falerner sein soll. Seine Stimmung wurde auch durch den Anblick der wohlgestalteten Frauen und Jungfrauen gehoben. Als echter Humanist ruft er schließlich aus: „Man möchte meinen, Ceres, Bacchus, Diana, Merkur, Pan, Copia, Pales, Pomona und alle anderen Gottheiten der Felder und Berge, Neptun und Thetis und die übrigen Götter und Nymphen des Meeres, der Flüsse und Quellen hätten sich diese Stadt geweiht, um in ihr zu verweilen." Welch ein Überschwang äußert sich in diesem Götterreigen! — Wie geht es an, daß sich Be-

[8] *Wattenbach*, S. 107.

nedictus in Konstanz, zumal im Winter, so wohlfühlte? – Er befand sich hier in guter Gesellschaft italienischer Freunde aus der Begleitung von Kardinälen und aus der päpstlichen Kanzlei, und eine Anzahl italienischer Kaufleute sorgte dafür, daß auch erlesene Waren für die Verwöhnten angeboten wurden [9]. Aber dies reicht als Erklärung allein nicht aus. Benedictus hatte während seiner Gefangenschaft nie den Mut sinken lassen, ja er gedachte, wie wir wissen, nachträglich bisweilen sogar humorvoll mancher an sich bitterer Einzelheiten. Man erkennt daran, welch ein Optimismus, welch eine Lebensfreude in ihm wohnten. Er ließ sich nichts durch Unannehmlichkeiten verdrießen, sondern nahm alles von der guten Seite, so auch die Begegnung mit der fremden Umwelt.

[9] Vgl. *Otto Feger*, Das Konstanzer Konzil und die Stadt Konstanz, in: Das Konzil von Konstanz, Beiträge zu seiner Geschichte und Theologie, ed. August Franzen und Wolfgang Müller, Freiburg 1964, S. 310–333. Auf S. 318 werden die italienischen Bäcker erwähnt, die sicher auch für das begehrte Weißbrot sorgten.

VII. Poggio Bracciolini

Brief über die Bäder von Baden bei Zürich 1416

Poggio war vierunddreißig, als er im Herbst 1414 Johannes XXIII. als apostolischer Sekretär nach Konstanz begleitete. Seine während der Zeit am Konzil entstandene köstliche Schilderung der Bäder von Baden bei Zürich und sein bewegender Bericht über die Verteidigung und Hinrichtung des Hieronymus von Prag gelten als Höhepunkte der Briefliteratur [1].

Vor seinem Aufbruch nach Konstanz hatte er elf Jahre, zunächst als Skriptor, später als Sekretär an der Kurie zugebracht. Zuvor hatte er in Florenz die Notariatsschule besucht und nach bestandener Prüfung den Weg in die Florentiner Kanzlei gefunden, wo er Colluccio Salutati unterstellt wurde, der ihn auch in den Kreis der Florentiner Humanisten einführte. Hier schloß er Freundschaft mit dem zehn Jahre älteren Leonardo Bruni, dem maßgeblichen Florentiner Humanisten nach dem Tode Salutatis, und mit Niccolò Niccolì, dem leidenschaftlichen Handschriftensammler. Bis zu seinem Aufenthalt in Konstanz war Poggio, wenn man von einigen Briefen absieht, noch mit keinem einzigen Werk hervorgetreten, obwohl es ihm an einer gewandten Feder und einer breiten Kenntnis der lateinischen und griechischen Klassiker nicht fehlte. Aber entsagungsvoller Ehrgeiz und zähe Selbstüberwindung entsprachen nicht seinem Naturell. Er liebte mehr das geistvolle gehobene Gespräch und die ausgelassene Plauderei, unter anderem auch über schlüpfrige und deftige Sujets. Er hatte Phantasie, Witz und Humor

[1] Vgl. *Walser*, Poggius Florentinus, S. 64 ff.

und war im ganzen eher ein Künstler als ein Gelehrter, obwohl er zeitlebens keinen einzigen Vers schrieb. Seine ausgeprägte Beobachtungsgabe wandte sich mit Vorliebe den individuellen Eigenschaften und sozialen Verhaltensweisen des Menschen zu, wobei er zumal durch das Ausgefallene und Unalltägliche beeindruckbar war. Hatte ihn ein Ereignis angerührt, dann entlud sich seine innere Bewegtheit zumeist in einem Brief, der ihm wie keine zweite Literaturgattung die Freiheit zu ungezwungener persönlicher Mitteilung bot. Neben seinem reichhaltigen Epistular umfaßt sein Werk Dialoge, Traktate, Invektiven und eine Sammlung tolldreister Schnurren, die „Fazetien", die er und seine Kanzleikollegen an der Kurie sich einst in ausgelassener Runde erzählt hatten [2].
Die italienischen Humanisten auf dem Konstanzer Konzil trugen die gezielte Suche nach verborgenen Handschriften mit Werken antiker Autoren nach dem Norden. Der eifrigste und erfolgreichste Sammler blieb jedoch Poggio. Als er infolge der Absetzung Johannes' XXIII. im Mai 1415 seine Stellung als apostolischer Sekretär verloren hatte, verharrte er trotzdem in Konstanz, um, mit Geldmitteln seiner italienischen Freunde ausgestattet, die Nachforschung nach Handschriften fortsetzen zu können. Er unternahm von Konstanz aus vier Bibliotheksreisen, die ihn nicht nur in die Klöster der näheren Umgebung, sondern sogar bis nach Burgund und Köln führten. Seine Entdeckungen, die ihm hierbei glückten, begründeten nicht weniger seinen Ruhm als seine späteren Schriften. Um nur einen Blick auf seine größten Erfolge zu werfen: er fand insgesamt dreizehn bis dahin zumeist unbekannte Ciceroreden, und zwar fünf in der Abtei Cluny, eine in Langres und sieben in der Dombibliothek zu Köln. Aus St. Gallen entführte er die vollständige „Institutio oratoria" des Quintilian und aus einem nicht genannten Kloster in den Alpen den bis dahin gänzlich unbekannten Lukrez [3].
Leider sind Poggios Nachrichten über seine vier Bibliotheksreisen sehr spärlich. Man ist erstaunt, daß er manch eine sensationelle Entdeckung wie gleichgültig nur am Rande erwähnt. Einen guten Teil der Kenntnisse über seine Funde verdanken wir den Briefen seiner Reisebegleiter oder gelegentlichen Mitteilungen italienischer Humanisten untereinander. So erfährt man etwa aus Niccolò Niccolìs Kompendium der Bücherfunde in deutschen Bibliotheken, daß sich Poggio in Köln vergeblich darum bemühte, in beide Dombibliotheken eingelassen zu werden. Da der Kustos der einen zufällig abwesend war, mußte er sich mit dem Gerücht der „Wunderdinge", die in ihr enthalten sein sollten, zufriedengeben und unverrichteter Dinge abziehen [4]. Die vermeintlichen „Wunderdinge" dürften der

[2] Nach Walser und *Vittorio Rossi,* Il Quattrocento, 5. Aufl., Milano 1953, S. 28.
[3] *Sabbadini,* S. 76–82; *Walser,* S. 48–61.
[4] Commentarium Nicolai Nicoli in perigrinatione Germanie, ed. *Rodney P. Robinson,* The Inventory of Niccolò Niccolì, Classical Philology XVI, 1921, S. 251–255 (S. 254: „In ecclesia cathedrali Coloniae sunt due bibliotecae, quarum Poggius noster vidit illam, quae est vulgatior, in qua repperiit quasdam Ciceronis orationes: aliam vero, quae est penitus recondita, videre non potuit propter absentiam custodis illius: De hac ipsa audivit multa miranda"); vgl. *Walser,* S. 58.

Grund für einen zweiten Besuch Kölns auf einem Umweg während seiner Rückreise von England nach Italien im Jahre 1422 gewesen sein, wobei jedoch seine hochgesteckten Erwartungen enttäuscht wurden [5]. In St. Gallen traf er die kostbaren Handschriften nicht in einem „Bibliotheksraum, wie es ihrer Würde entsprochen hätte", sondern verschimmelt und staubig auf dem nachtschwarzen Grund eines Turms an, der ihm wie ein Kerker erschien, den er nicht einmal zum Tode Verurteilten zumuten wollte [6]. Der Abt und die Mönche von St. Gallen waren roh und ungebildet, wie Poggios Begleiter Cencio de' Rustici in einem Brief bemerkt, und überließen den Fremden die Handschriften bedenkenlos gegen Ausstellung einer Quittung. Zwei Wagen voller Bücher sollen so nach Konstanz geschleppt worden sein! [7] Einmal erzählt Poggio gewiß nicht ohne Triumphgefühl, wie er ein Bändchen unter dem Ärmel verschwinden ließ ... [8] Da Poggio schon mit den Nachrichten über seine Funde derart geizt, wagen wir kaum zu fragen, weshalb er nicht manche Erlebnisse und Beobachtungen auf seinen Reisen zum Anlaß eines Berichts genommen hat. Wie mag Köln auf ihn gewirkt haben? Hatte ihn die Landschaft des Rheintals unberührt gelassen? – Poggios unruhiges Gemüt sprachen wohl weniger die Beschaulichkeit einer Landschaft oder die gewöhnlichen Merkmale einer Stadt an. Seine anspruchsvolle Phantasie und Gedankenwelt forderte das Einmalige, um sich eine Äußerung entlocken zu lassen.

Im Mai 1416 wohnte Poggio der Verteidigung und Hinrichtung des Hieronymus von Prag bei [9]. Poggio war tief beeindruckt von der Gefaßtheit seiner Haltung und bewunderte seine geistige Präsenz, obwohl dreihundertvierzig Tage zermürbenden Kerkers ohne Licht hinter ihm lagen, während derer er nichts lesen konnte, geschweige denn die Möglichkeit hatte, sich an Hand von Werken der theologischen Autoritäten auf seine Verteidigung vorzubereiten. Am meisten aber fesselten Poggio die rednerischen Gaben des Angeklagten: „Ich gestehe, niemals jemanden gesehen zu haben, der in einer Verteidigung, zumal gegenüber einer Anklage, auf die der Tod steht, der Beredsamkeit der Alten, die wir so bewundern, nähergekommen wäre. Es war wunderbar mitzuerleben, mit welchen Worten, mit welcher Redegewandtheit, mit welchen Argumenten, mit welcher Miene, mit welchem Ausdruck und mit welchem Selbstvertrauen er seinen Gegnern antwortete." Er ließ sich nicht durch Lärmen oder provozierende Zwischenrufe aus der Fassung bringen, sondern fuhr jederzeit unbeirrt in seiner Verteidigung fort, ja ging sogar selbst zur Anklage über. Poggio konnte es nicht auszusprechen wagen, daß er im geheimen die Gedanken des Außenseiters billigte,

[5] *Walser*, S. 78. Er fand „nur" ein Fragment des Petronius.

[6] Epistolae, ed. *de Tonellis*, I, lib. I, ep. 25, S. 29.

[7] Diatriba praeliminaris in duas partes divisa ad F. Barbari et aliorum ad ipsum epistolas ... (ed. A. M. Quirini), 2 vol., Brixiae 1741–1743, I, S. VIII; *Walser*, S. 52.

[8] *Walser*, S. 60; *Georg Vogt*, Die Wiederbelebung des classischen Alterthums I, 4. Aufl., Berlin 1960, S. 268.

[9] Epistolae, ed. *de Tonellis*, I, lib. I, ep. 2, S. 11–20.

als dieser die Verweltlichung des Klerus – die üppigen Mähler, den Luxus der Gewänder und den repräsentativen Aufwand an Pferden – anprangerte. Es muß ihn durchzuckt haben, als er sah, wie jener einen vorlauten Dominikaner mit den Worten „Schweig, Heuchler!" zurechtwies [10]. „Er gab alles zurück, ließ niemanden ungeschoren und zwang seine Zuhörer zum Erröten oder zum Schweigen." Die von manch einem insgeheim gehegte Hoffnung, der charakterfeste Mann werde seinen Irrlehren doch noch abschwören, erfüllte sich nicht – im Gegenteil: er berief sich auf die Kirchenväter, nahm nichts zurück und bezichtigte seine Ankläger falscher Beschuldigungen. Schließlich bekannte er sich freimütig zu den Lehren des Johannes Hus und forderte damit die Versammlung zu seiner Verurteilung heraus. Vor seiner Hinrichtung auf dem Scheiterhaufen war er nicht minder gefaßt als bei seiner Verteidigung: „Mit erhobener Stirn und heiterer Miene schritt er dem Tod entgegen. ... Kein stoischer Weiser erlitt je so festen Mutes und so standhaft den Tod, wie ihm jener entgegenzutreten schien." Als der Knecht das Feuer hinter seinem Rücken anzünden wollte, soll er ihm zugerufen haben: „Hier, vor meinen Augen, stecke das Feuer an, denn wenn ich es gefürchtet hätte, wäre ich niemals an diesen Ort gekommen, den ich leicht hätte vermeiden können." Während die Flammen schon an seinem Körper emporzüngelten, sang er einen Hymnus, der jedoch bald im Rauch und in den Flammen erstarb.

Man muß den Mut Poggios bewundern, so offen in einem Brief, der abgefangen werden konnte, seine Empfindungen auszusprechen. Auch wenn er eine deutliche Trennung zwischen der Haltung des Hieronymus und seinen Lehren vollzog, deren Beurteilung er lieber den dazu Berufenen überlassen wollte, so hätte er doch durch den Ernst und die Aufrichtigkeit seiner Anteilnahme den Verdacht der Gesinnungsgenossenschaft auf sich lenken können. Er mußte sich deshalb die besorgte Mahnung seines Freundes Bruni gefallen lassen, er solle bei seinen Äußerungen künftig etwas vorsichtiger sein [11]. Poggio zollte im übrigen dem tschechischen Gelehrten die höchste Anerkennung, die ein Humanist über die Lippen bringen konnte, indem er ihn in seiner Rednergabe und der Festigkeit seines Auftretens antiken Vorbildern gleichsetzte. War er sich bewußt, daß seine Bewunderung einem Vertreter der ungebildeten Welt der „Barbaren" galt? – Starre Vorurteile waren ihm fremd. Seine Aufgeschlossenheit für ein menschliches Schicksal, für eine Einzelleistung setzte ihn in die Lage, seine Alltagsmeinung abzustreifen [12].

Wenige Wochen vor der Hinrichtung des Hieronymus von Prag hatte sich Pog-

[10] Geiz (avaritia) und Heuchelei (hypocrisis) waren die von Poggio am leidenschaftlichsten angeprangerten Laster des Klerus. Dies belegt sowohl eine ihm erst jüngst zugeschriebene Rede, die er auf dem Konzil zu Konstanz hielt, als auch sein im Alter entstandener Dialog „Contra hypocritas", vgl. *Fubini.*

[11] Leonardi Bruni Arretini epistolarum libri VIII ... ed. *Laurentius Mehus,* Florentiae 1741, lib. IV, ep. 9, S. 120.

[12] Poggios Alltagsmeinung über die Deutschen entsprach den Stereotypurteilen der italienischen Humanisten, vgl. *Amelung,* S. 45–50.

gio zur Linderung seiner Gicht mit einigen Begleitern in die warmen Schwefelbäder von Baden bei Zürich begeben. Sein mitreißender Brief an Niccolò Niccolì zeigt ihn in der aufgeräumtesten Stimmung [13]. Zunächst berichtet er über den Verlauf der kurzen Reise. Von Konstanz aus ging es auf dem Boot rheinabwärts bis nach Schaffhausen, von wo aus man zu Fuß weiterziehen mußte, weil die Stromschnellen und der Rheinfall die weitere Fahrt auf dem Boot nicht zuließen. Das Dröhnen des Rheinfalls erinnerte Poggio an die Nilfälle in der Beschreibung des Plinius. Nach rund zehn Kilometern kamen die Reisenden zu der oberhalb des Rheins gelegenen Feste Kaiserstuhl, deren latinisierter Name „Caesaris sedes“ und strategisch günstige Lage in Poggio die scharfsinnige, aber im konkreten Fall nicht zutreffende Vermutung weckten, es habe sich hier früher einmal ein Römerlager befunden.

Nach der Ankunft in den Bädern bot sich ihm ein unerwartetes Schauspiel dar, das seine Sinne und seine Phantasie gefangennahm. Sehr geschickt setzt er mit der Kennzeichnung der Lage des Ortes Baden ein, bevor er übersichtlich die Anlage der Bäder beschreibt. Um einen Hofraum mit zwei Becken für das Volk gruppierten sich die Badehäuser für die höheren Stände. In den Badehäusern benutzten Männer und Frauen gemeinsam ein Becken, waren aber innerhalb desselben meist durch einen Holzverschlag voneinander getrennt, in dem sich zahlreiche Fensterchen befanden, die allerlei Koketterien zuließen. In der Höhe verlief ringsherum eine Galerie, auf die man sich zum Betrachten der Badenden und zum Plaudern begab. Jeder durfte in dem Badehaus nach Belieben umhergehen und auch die anderen Badehäuser aufsuchen, ohne hinausgewiesen zu werden: „Keine Wächter beobachteten das Eintreten, keine Türen verhinderten es.“ Poggio hatte gehofft, in den Bädern, wie aus Italien gewohnt, Muße für die Lektüre einiger Bücher zu finden, die er mit auf die Reise genommen hatte. Doch jetzt zog ihn nur noch das unerwartete Schauspiel des Badelebens an, so daß er keine Minute verstreichen ließ, um die Möglichkeit des freien Umhergehens nutzen und alles auf das genaueste beobachten zu können. Vom Anblick der Badenden in den Becken für das Volk, wo es für seine Begriffe recht plump zuging, hatte er bald genug, wenngleich ihn die unbefangen zur Schau gestellte völlige Nacktheit doch irgendwie faszinierte. In den Badehäusern der Vornehmen herrschten Reinlichkeit und klug ersonnener Zeitvertreib. Hier hielt er sich am liebsten auf den Galerien auf, von wo aus er alle Vorgänge übersehen konnte. Die Männer waren beim Baden nur mit einem Schurz bekleidet, die Frauen mit einem lockeren Leinenüberwurf, der Hals, Brustausschnitt und Ober- und Unterarme freiließ. Es konnte vorkommen, daß sie, nach Poggios Begriffen so spärlich bekleidet – bei den Frauen nennt er es „halbnackt“, bei den Männern „nackt“ –, beim Betreten oder Verlassen der Bäder einander begegneten. Täglich drei- oder viermal stieg man in die knie- bis hüfthoch mit warmem Wasser gefüllten Becken, wo man den meisten Teil des Tages mit Singen, mit Reigenspielen und bei Gela-

[13] Epistolae, ed. *de Tonellis*, I, lib. I, ep. 1, S. 1–10.

gen zubrachte. In manchen Becken tummelten sich sogar Männer und Frauen gemeinsam, soweit sie „durch Familienbande oder durch Freundschaft“ verbunden waren. Doch hören wir Poggio selbst, wie er das heitere Treiben mit subtiler erotischer Einfühlung in Worte faßt: „Sie setzten sich im Wasser zum gemeinsamen Singen zur Zither nieder, wobei die schon für die Liebe reifen, mitten im heiratsfähigen Alter stehenden Mädchen mit ihrem glänzenden, edlen Aussehen und ihrer Göttinnen gleichenden Gestalt und Haltung eine wahre Freude beim Zusehen bereiteten. Während sie sangen, ließen sie ein wenig ihre Gewänder hinter sich her auf dem Wasser schwimmen, so daß sie einen wie eine geflügelte Venus anmuteten. Wenn die Männer von den Galerien her zu den Frauen hinabblicken, pflegen diese um des Spaßes willen eine Gabe zu erbitten. Dann werden ihnen kleine Münzen zugeworfen, und zwar vor allem den Schöneren, die sie teils mit den Händen, teils mit ihren ausgebreiteten Leinengewändern auffangen, wobei sie miteinander ins Gedränge kommen. Bei diesem Spiel werden auch manche geheimeren Körperteile entblößt. Manchmal wirft man ihnen auch kleine Kränze aus verschiedenartigen Blumen zu, womit sie beim Baden ihre Köpfe schmücken.“ Bei den Gelagen wurden Tische im Wasser aufgestellt und gedeckt, an denen Männer und Frauen gemeinsam Platz nahmen. Auch die Spielwiese am Rande der Badeanlagen nahm Poggios Aufmerksamkeit in Anspruch. Hier vergnügte man sich abends beim Singen, bei Reigen- und Ballspielen. Besonders lustig muß es zugegangen sein, wenn sich Männer und Frauen gegenseitig einen mit Glöckchen besetzten Ball zuwarfen. Wer ihn auffing, galt als Liebling des Werfers. So gingen damit allerhand Neckereien einher.

Soweit Poggio aus der reinen Anschauung berichtet, gibt es an der Zuverlässigkeit seiner Darstellung nichts auszusetzen. Doch wenn sich Deutungen und Mutmaßungen einmischen, sollte man seinen Aussagen gegenüber zurückhaltender sein. Schalkhaft erklärt er seinem Freund die Virtus der Bäder: „Ich behaupte, daß nirgends in der Welt ein Ort für die Fruchtbarkeit der Frauen günstiger wäre.“ Unzählige gut aussehende Frauen träfen hier allein ein, nur von zwei Mägden, einem Diener oder irgendeiner Verwandten, einer alten Tante etwa, begleitet. Sie seien reich gekleidet und mit Gold, Silber und Edelsteinen bedeckt, so daß „sie eher zu einer feierlichen Hochzeit als zu den Bädern gekommen zu sein scheinen.“ Nicht nur Kranke suchten in den Bädern Heilung, sondern viele fänden sich nur um des Vergnügens willen ein, wobei sie Gebrechen vorspiegelten, um einen Vorwand zur Reise zu haben, „obwohl sie doch nur seelisch litten“. „Alle Liebhaber, alle Freier, alle, die nur die Freuden des Lebens im Sinn haben“, kämen hier zusammen. Ja selbst Äbte, Mönche, Laienbrüder und Priester lebten hier mit noch größerer Freizügigkeit als die anderen, stiegen mit den Frauen zusammen in die Badebecken und schmückten ihnen mit Kränzen das Haar. Sicherlich treffen alle diese Tatsachen in mehr oder weniger häufigen Einzelfällen zu. Doch steht ihre Ausdeutung oder vielmehr ihr Hintergedanke in einer auffälligen Spannung zu einer andersartigen, in mehreren Variationen wiederkehrenden Feststellung: Poggio merkte auf, mit welcher Natürlichkeit und Ungezwungen-

heit Männer und Frauen einander in den Bädern begegneten. Beim Anblick der „Nacktheit“ empfand niemand Scham. Die Ehemänner ließ es kühl, wenn Fremde allein mit ihren Frauen sprachen oder zärtlich zu ihnen waren. Niemand schien einen bösen Verdacht zu hegen oder Eifersucht zu kennen, „die alle unsere Ehemänner quält“. Betroffen gesteht er sich ein, daß diese Unbeschwertheit des Lebens in dem höher entwickelten Italien unbekannt sei. Seine Betroffenheit steigert sich zu einer Anklage gegen die italienische Lebensweise, soweit sie der Gesellschaftsklasse entsprach, in der er verkehrte und aus der seine Erfahrungen herrührten: In Italien hege ein jeder schon bei dem geringsten Anlaß schlechte Hintergedanken oder den Verdacht eines Vergehens. Die rastlose Jagd nach Geld und Reichtümern befreie niemanden von der Angst vor der Zukunft, im Gegenteil: aus Angst, in Elend zu geraten, höre man nie auf, elend zu sein. „Aber jene leben, mit wenigem zufrieden, von einem Tag in den anderen hinein, und jeder Tag ist für sie wie ein Feiertag. Ohne nach nichtsnützigen Reichtümern zu trachten, freuen sie sich dessen was sie haben, und sorgen sie sich nicht um die Zukunft. So sind sie allein nach der Devise reich: ‚er lebte, solange er gut lebte‘.“
Mit diesem Lamento ging Poggio bereits weiter, als es seine Wahrnehmungen in den Bädern gerechtfertigt hätten. Zum Zeitpunkt seines Briefes mußte er den Gegensatz zwischen der Unbeschwertheit des Lebens in den Bädern und dem Streben nach Geld und Reichtum besonders tief empfinden, denn seit der Absetzung Johannes' XXIII. war er ohne Brotgeber und blickte mit Ungewißheit der Wahl des neuen Papstes entgegen, von dem er wieder in das ertragreiche Amt eines apostolischen Sekretärs eingesetzt zu werden hoffte [14]. Wieviel froher wäre er gewesen, hätte er die Sorgen um die Zukunft vergessen und die zusätzlich idealisierte Anspruchslosigkeit des Lebens teilen können. Er setzte sich mit seiner begeisterten Schilderung des Badelebens im übrigen über seine sonstige Einstellung gegenüber den Lebensgewohnheiten der „Barbaren“ hinweg, was erneut für seine spontane Beeindruckbarkeit und Aufrichtigkeit spricht [15].

Der freimütige Brief fand bei seinen Beurteilern keinesfalls nur Zustimmung, er rief vielmehr ebensohäufig Entrüstung hervor. „Lüsternheit, Frivolität, kalte (!), vornehme Unsittlichkeit“, so und ähnlich lauten die Verdikte [16]. Es ist unbestreitbar: manch eine direkte Äußerung und manch ein durchschimmernder Hintergedanke lassen die erotische Phantasie erkennen, mit der Poggio das Schauspiel der Badenden aufnimmt und schildert. Aber keine seiner Anspielungen ist plump oder grob, stets bleibt er geistreich und geschmackvoll. Die Spannung zwischen der Bewunderung für die natürliche Ungezwungenheit der Sitten einer-

[14] Zu den Ämtern Poggios während seines Aufenthalts am Konstanzer Konzil vgl. *Walser*, S. 40 ff.

[15] Vgl. z. B. die Warnung in einem Brief aus Konstanz von Mitte 1417 an Francesco Pizzolpasso: „Sin, quod deus avertat, evenerit quid sinistri, tucior eris domi inter tuos quam in hac barbarie inculta“, bei *Wilmans*, S. 460.

[16] Vgl. eine Zusammenstellung einiger gegensätzlicher Urteile über den Brief bei *Walser*, S. 65, Anm. 1

seits und den erotischen Assoziationen des Beschreibenden andererseits gehört sicher zu dem Reizvollsten des Briefes. Eine kleine Szene am Rande mag zeigen, wie sich diese Spannung auch auf Poggios Verhalten in den Badehäusern erstreckt. Als man ihn zu einem kurzweiligen Mahl einlud, das, wie üblich, von Männern und Frauen gemeinsam an einem gedeckten Tisch im Wasser eingenommen wurde, winkte er ab. Seine Leser möchte er glauben machen, die Einladung nicht aus Scham, die man als Feigheit angesehen hätte, sondern aus Unkenntnis der Sprache ausgeschlagen zu haben. Er überließ das Feld lieber zwei Reisegenossen, die mit Hilfe eines Dolmetschers mit den Frauen plaudern, ihnen mit einem Fächer Wind zuwedeln und sie vielleicht auch einmal zärtlich berühren durften, und zog sich in sichere Entfernung auf die Galerie zurück, wo er beim Anblick der munteren Tafelrunde an Danae und den Goldregen Jupiters dachte ... Kein Zweifel, der Grund für seine Ablehnung der Einladung war nicht die Unkenntnis der Sprache! – Er hat sich ganz einfach die bewunderte Ungezwungenheit der Sitten nicht zugetraut. Wie leicht hätte er im Angesicht der selbstsicheren Frauen die Grenzen des Erlaubten überschreiten oder einen Faux-pas begehen können!

Der Aufbau des Briefes bestätigt die Meisterschaft von Poggios Darstellungskunst, der dreierlei zu vereinen sucht: eine objektive Berichterstattung über die Örtlichkeiten und die Sitten, einen persönlichen Erlebnisbericht und allgemeine Betrachtungen über die Sitten. Wie in der „Laudatio Florentinae urbis“ Leonardo Brunis geht die Beschreibung der Örtlichkeiten der Sittenschilderung voran. Der Leser soll zuerst eine Vorstellung von der Anlage erhalten, bevor er Einzelheiten über das sich in ihr abspielende Badeleben erfährt. Die weitere Anordnung ist ungemein frei, ja geradezu turbulent, jedoch nicht ohne Zügelung: jede konkrete Schilderung, sei es der Vorgänge in den Bädern oder der Rolle des Verfassers in dem Geschehen, mündet in eine Betrachtung über die Sitten ein. Dadurch entstehen gegensätzliche Spannungspunkte, die dazu beitragen, daß die Aufmerksamkeit des Lesers nicht erschlafft. Poggios klassische Bildung äußert sich in treffenden Vergleichen, die gegenüber denen in Petrarcas Jugendbriefen nichts Willkürliches an sich haben. So wird der mit der Antike vertraute Leser zu Anfang des Briefes durch eine Gegenüberstellung der römischen Bäder von Pozzuoli geschickt in die Atmosphäre der Badener Bäder eingeführt. Die mehrfache Anspielung auf die Liebesgöttin Venus, auf die Vestalinnen und das Florafest im antiken Rom steigern für den Kenner der Antike den erotischen Reiz.

Am Ende des Briefes betont Poggio, es sei nicht seine Absicht gewesen, „jene zu loben und uns zu tadeln“. Er möchte sich damit anscheinend gegen den Verdacht sichern, seine überschwengliche Schilderung habe von vornherein die Ziele einer „laudatio“ verfolgt, die es mit der getreuen Wiedergabe der Wirklichkeit nicht so ernst meinte. Nein, Poggio hatte den Vorsatz, ehrlich zu berichten und zu beurteilen, was er gesehen hatte. Er verachtete ja Unaufrichtigkeit und Heuchelei wie kein zweites Laster auf der Welt. In diesem Sinne wird sein Brief dem Grundsatz der Objektivität einer „descriptio“ gerecht. Nicht unbegründet hat ihn deshalb der Herausgeber seiner Werke von 1513 unter „descriptiones aliquot" eingereiht [17]. Bisweilen führen der Schwung der Darstellung und Poggios lebhafte Phantasie zu leichten Übertreibungen und Verallgemeinerungen, die jedoch in keinem Fall bewußt dem Leser etwas Falsches einreden wollen. Erstaunlich sicher ist die Spannung zwischen der Objektivität der Beschreibung und der Subjektivität des Erlebnisberichtes gelöst. Am Schluß des Briefes schreibt Poggio: „Ich möchte, daß der ganze Brief voller Fröhlichkeit sei, damit auch Du in der Ferne von ihrem Genuß, den ich zur Zeit hier in den Bädern habe, ein Quentchen mit abbekommst." Seine Freunde sollten gewissermaßen im Miterleben des Schauspiels an seine Stelle treten, seine Stimmungen nachempfinden, sich ganz in seine Lage versetzen. Um dies zu erreichen, begibt er sich bei der Schilderung des Geschehens auf eine dritte Warte, von der er sowohl auf das Schauspiel um ihn herum als auch auf seine eigenen Verhaltensweisen und Empfindungen darin herabblicken und in den erwähnten Betrachtungen zu den wahrgenommenen Sitten Stellung nehmen kann.

Die Kenntnis antiker Autoren hatte sich seit der Entstehungszeit von Decembrios Briefen infolge des erwachenden Interesses für die Griechischstudien, an denen ja auch Poggio teilhatte, sprunghaft vermehrt, und die Beziehungen der italienischen Humanisten untereinander waren reger geworden, so daß es verhältnismäßig schwierig wäre, nach den Einflüssen in Poggios Brief zu suchen. Man möchte allerdings annehmen, daß er die „Laudatio Florentinae urbis" seines Freundes Bruni kannte, die in Konstanz unter den Humanisten kursierte [18]. Poggios Brief ist in seiner Art ohne Vorbild, ein eigenständiges Kunstwerk, das ebenbürtig neben antiken Meisterwerken der Briefliteratur steht. Man darf wohl behaupten, daß er den Höhepunkt unter allen italienischen Briefen aus dem spätmittelalterlichen Deutschland darstellt und die gegensätzlichen Vorzüge von Petrarcas und Decembrios Briefen in sich vereint. Beobachtungsgabe, Einfühlungsvermögen, Aufrichtigkeit, Phantasie und eine mitreißende Darstellung treffen aufs feinste zusammen.

Vereinzelte Äußerungen Poggios über Deutschland und die Deutschen in späteren Schriften spiegeln in der Mehrzahl das bekannte negative Bild der italienischen Humanisten wider. Erwähnenswert ist allein die Kennzeichnung des deutschen Adels in dem Dialog „De nobilitate", in welchem die Besonderheiten des Adels in einem jeden europäischen Land einander gegenübergestellt werden. Poggio versucht so auf induktivem Wege zu einem besseren Verständnis dessen zu gelangen, was Adel eigentlich bedeutet [19]. Manche Erinnerung an die Zeit des Konstanzer Konzils kehrt auch in den Fazetien wieder [20].

[17] *Amelung*, S. 47, Anm. 74.

[18] *Hans Baron*, From Petrarch to Leonardo Bruni, Studies in Humanistic and Political Literature, Chicago 1968, S. 229.

[19] Opera, fol. 26 v; *Walser*, S. 210 ff.; *Amelung*, S. 48.

[20] Facetii, Nr. 3, 27, 96, 100, 131, 217 spielen in Deutschland oder haben Deutsche zum Gegenstand.

VIII. Gasparus und Johannes Danielis

Reisetagebuch von einer Gesandtschaft nach Innsbruck 1428

Am 24. Oktober verließen Gasparus und Johannes Danielis ihre Heimatstadt Pordenone am Südrand der Alpen, um sich auf eine Gesandtschaft zu Erzherzog Friedrich IV. von Tirol zu begeben. Der erste Teil ihrer Reise führte durch das Canale di Ferro, über Villach, St. Veit und durch die Täler der Mur, Liesing, Enns, Salzach und Ziller ins Inntal, wo sie den Herzog in Rattenberg anzutreffen hofften. Hier wurden sie jedoch nicht vorgelassen und statt dessen zur Audienz nach Innsbruck bestellt, wo sich der Herzog binnen kurzem einfinden wollte. Nach einem fünftägigen Aufenthalt, der für die Erledigung ihrer Geschäfte ausreichte, brachen sie am 19. November aus Innsbruck zur Rückreise auf. Bereits am 24. oder 25. November trafen sie nach einem Ritt über den Brenner, Sterzing, Bruneck und Cortina d' Ampezzo in Pordenone ein [1]. Weder über den Auftrag der beiden Gesandten, noch über ihre sonstigen Lebensschicksale ist etwas Bestimmtes bekannt. Allein das von dem einen der beiden stammende Reisetagebuch hat ihre Namen vor der Vergessenheit bewahrt [2].
Es ist bemerkenswert, daß in der kleinen Stadt Pordenone die Form eines Reisetagebuchs bekannt war. Vielleicht war selbst bis hierher die Kenntnis venezianischer Reisetagebücher gedrungen [3]. Das Reisetagebuch der beiden Gesandten verrät jedoch keinerlei literarische Ambitionen. Es ist in einem nüchteren, glanzlosen Amtslatein abgefaßt und möchte von Tag zu Tag über die aufgesuchten Ortschaften und Städte, über die Bedingungen der jeweils zurückgelegten Wegstrecke und die genauen Entfernungen von Ort zu Ort, über besondere Zwischenfälle und Beschwernisse der Reise, über einzelne die Gesandtschaft betreffende Handlungen, aber vor allem über die unterwegs entstandenen Kosten und die jeweilige Verwendung der Ausgaben Rechenschaft ablegen. Nur selten treten Beobachtungen auf, die über die eigentlichen Umstände der Reise hinausweisen. Die Beurteilung von Städten, Dörfern und Burgen erschöpft sich in Bezeichnungen wie „schön, gut befestigt, klein, wenig schön“ und so fort. Allein über Innsbruck werden wissenswerte Aussagen getroffen. Die Bemerkungen über die Herbergen sind kaum reichhaltiger. Zu St. Michael heißt es zum Beispiel einsilbig: „Der Wirt ist schlecht“, zu Rottenmann hingegen: „Dort sind sehr gute Herber-

[1] Das Tagebuch bricht am 23. November in Serravalle ab. Bis Pordenone können noch 2 oder 3 Tage veranschlagt werden.
[2] In dem Reisetagebuch wird an keiner einzigen Stelle ausdrücklich gesagt, daß es sich um zwei Gesandte handelte. Dies ist allein aus der Überschrift (vgl. oben) zu entnehmen, zu der sich jedoch ohne Einsicht der Handschrift keine Kritik begründen läßt.
[3] Zu den venezianischen Reisetagebüchern vgl. *Pietro Donazzolo,* I viaggiatori veneti minori. Studio bio-bibliografico. Memorie della R. Società Geografica Italiana XVI, Roma 1927.

gen." [4] Bei Innsbruck wird ausnahmsweise der Name des Wirts genannt und darauf hingewiesen, daß er gut italienisch sprach [5]. Lob fällt auf eine Wirtin in Mühlbach, die als „sehr belesen und gebildet, sehr schön und gefällig" geschildert wird [6]. Unter den Ausgaben überwogen die Kosten für Übernachtung, Essen, Trinken und Pferdefutter. Aber auch manch eine Kleinigkeit benötigte man auf der Reise, wie einen Hammer, Nägel, Hufbeschlag, einen Sack, ein Paar Stiefel oder Wachslichter. Ferner mußten die Wegführer entlohnt und den Musikanten, die in den Herbergen erschienen und zu Tisch aufspielten, ein Trinkgeld gegeben werden. Eine gewisse Summe blieb, dem Brauch der Zeit gemäß, Hand- oder vielmehr Bestechungsgeldern vorbehalten: der Kastellan von Rattenberg erhielt einen Dukaten, der herzogliche Kanzler Bischof Ernst Auer von Gurk drei Dukaten, „damit er uns beim Herzog gewogen ist" [7]. Unbekümmert wurden schließlich auch die Ausgaben für die Dirnen eingetragen [8]. Alles in allem ist der Wert der Mitteilungen des sachlichen Reisetagebuchs nicht sehr bedeutend. Die Lektüre lohnt sich für die Kenntnis des spätmittelalterlichen Reisens.

[4] Diplomatarium Portusnaonense, S. 196 und 198.
[5] Diplomatarium Portusnaonense, S. 201.
[6] Diplomatarium Portusnaonense, S. 202.
[7] Diplomatarium Portusnaonense, S. 200–201.
[8] Vgl. *von Rodlow,* S. 159/60, wo die entsprechenden Äußerungen zusammengestellt sind.

IX. Andrea Gatari

Tagebuch vom Basler Konzil 1433 bis 1435

Im September 1433 begleitete Andrea Gatari in der untergeordneten Stellung eines Seneschalls den venezianischen Patrizier Andrea Donato und den Rechtsgelehrten Giovan Francesco Capodilista aus Padua auf ihrer im Namen der Signorie von Venedig geführten Gesandtschaft zum Basler Konzil. Allem Anschein nach verdankte er seine Berufung der Gunst Capodilistas, an dessen Seite er die folgenden zwei Jahre ohne Unterbrechung am Konzil verbrachte [1]. Von seiner Abreise aus Padua an bis Ende 1435 führte er im Volgare eine Art Tagebuch, das wegen seiner Schilderung vielfältiger optischer Eindrücke von der Hinreise und aus der Konzilsstadt unser Interesse verdient [2]. Über das Leben Gataris ist wenig bekannt und nichts Bemerkenswertes zu berichten. Es ist anzunehmen, daß er im letzten Viertel des vierzehnten Jahrhunderts geboren wurde. Sein Vater war Galeazzo, sein Bruder Bartolomeo Gatari, die Verfasser der bekannten paduanischen Chronik. Eine Zeitlang hielt man Andrea für einen ihrer Mitverfasser, doch heute steht fest, daß er sie lediglich abgeschrieben und in unwesentlichen Punkten ergänzt hat [3].
Die Aufzeichnungen Gataris sind ohne Titel überliefert, führen jedoch in der Einleitung die Bezeichnung „chronicheta" [4]. Man wird in der Tat von einem Tagebuch oder einer Chronik sprechen dürfen, denn die Chronologie stellt das einzige Bindeglied der in zwei Hauptteile zerfallenden Aufzeichnungen dar. Der erste verhältnismäßig kurze Hauptteil umfaßt die Schilderung der Reise von Padua nach Basel und ist notwendigerweise in der Form des Itinerars abgefaßt. Der zweite wendet sich den Ereignissen auf dem Konzil und in der Konzilsstadt zu. Das gemeinsame chronologische Gerüst der thematisch voneinander verschiedenen Hauptteile weist auf die Verwandtschaft der literarischen Gattungen Reisetagebuch und Chronik hin. Der Themenbereich des zweiten Hauptteils, der Konzilschronik, beschränkt sich im wesentlichen auf das optische Schauspiel der

[1] Zur Gesandtschaft Donatos und Capodilistas und ihrer Einordnung in die politische Gesamtsituation vgl. *Coggiola*, Concilium Basiliense, V, S. XLVII ff.
[2] Die einzige Handschrift befindet sich in Venedig, Biblioteca Marciana, Mss. Latini, Cl. XIV, 188 (4673), fol. 1–66; vgl. *Joseph Valentinelli*, Regesten zur deutschen Geschichte aus den Handschriften der Marcusbibliothek in Venedig, 2 Bde., München 1864–1866 (Bd. 1, Nr. 412, S. 144). Die deutsche Übersetzung von Heinrich Zehntner im Basler Jahrbuch 1885 wird nicht den Anforderungen gerecht. Offenbar lag eine unvollkommene Abschrift des Kodex vor (vgl. *Coggiola*, Conc. Bas. V, S. XXXIII).
[3] Biographische Notizen zu Andrea Gatari bei *Coggiola*, Conc. Bas. V, S. XXXVIII ff. und bei *Medin*, Rer. it. script. XVII, 1, 1, S. XV f. Über die Schreibweise des Namens Gatari besteht bei Coggiola und Medin Einhelligkeit. Zu Andrea Gataris Anteil an der Paduanischen Chronik, vgl. *Medin*, S. XXI ff. und *Coggiola*, S. XLI ff.
[4] *Coggiola*, Conc. Bas. V, S. XXXIII; *Gatari*, Tagebuch, Conc. Bas. V, S. 377.

feierlichen Konzilssitzungen und Hochämter im Dom, der Turniere, Bälle, Investituren, Ritterschlagungen und Einzüge. Eine lebendige Beschreibung Basels nimmt inmitten der häufig wiederaufgenommenen gleichartigen Themen eine Sonderstellung ein [5]. Auf eine politische Berichterstattung mußte Gatari weitgehend verzichten, hatte er doch als Seneschall keinen Zugang zu den geheimen politischen Verhandlungen [6]. Mit naiver Schaulust gab er sich dem Gepränge der großen Welt um ihn herum hin, das er wie in einer Bilderchronik einfängt. Man möchte geradezu meinen, die Chronik Ulrich Richenthals vom Konstanzer Konzil hätte in Basel eine Neuauflage erfahren [7]. Abgesehen von der Beschreibung Basels ist die Chronik Gataris nicht gerade reich an originellen Passagen. Trotz vieler ermüdender Wiederholungen glückt es ihr aber, eine Vorstellung von den Zeremonien, dem gesellschaftlichen Leben und dem Alltag in der Konzilsstadt zu vermitteln.

Die Reiseschilderung steht in der Tradition der im Volgare abgefaßten venezianischen Reisetagebücher in der Form des Itinerars [8]. Von der kunstvollen, in großen Zügen auf das Wesentliche dringenden Schilderung Brunis mit ihren einprägsamen Landschaftsbildern ist Gataris unbeholfene, simple und ängstlich am Schema des Itinerars haftende Darstellung weit entfernt. Einige Ungenauigkeiten und Verwechslungen fallen nicht sonderlich ins Gewicht. Obwohl man nur auf wenige und zudem nur summarische Beobachtungen über die durchreiste Gegend stößt, wird man doch über manche typischen Vorkommnisse auf einer Reise zur damaligen Zeit gut unterrichtet. Die Lektüre gewinnt dadurch an Interesse, daß die Reise von Trient an im Gefolge Kaiser Sigismunds stattfand, der auf der Rückkehr von der Romfahrt ebenfalls zum Konzil zog. Der Begegnung der Gesandten mit dem Kaiser in Trient folgte Gatari mit geübtem Blick für das Zeremonielle. Auf der Strecke zwischen Trient und Meran erfreute er sich ähnlich wie Bruni an „den wunderschönen Weinbergen, den wunderschönen Ortschaften, reich an Häusern und mit einer Mauer umgeben, und den häufigen starken Festungen auf hohen, unzugänglichen Kuppen“ [9]. Nach dem Übergang über den Reschen, den der Kaiser auf einem von zwei Pferden gezogenen Karren bewältigte, passierten die Reisenden dreizehnmal den Inn. In Klösterle am Arlberg mußten die Gesandten mit schlechtem Schwarzbrot vorliebnehmen – eine gängige Klage der Italiener – und aus Mangel an Betten die Nacht in einer Wohnstube zubringen. Auf dem Zürichsee kamen dem Kaiser zwanzig mit Menschen

[5] *Gatari*, Tagebuch, Conc. Bas. V, S. 389–390.
[6] *Coggiola*, Conc. Bas. V, S. XLVI.
[7] Ulrich von Richenthals Chronik des Konzils zu Konstanz 1414–1418, ed. *Otto Brandt* (= Voigtländers Quellenbücher 48), Leipzig 1913.
[8] Zu den venezianischen Reisetagebüchern vgl. *Pietro Donazzolo*, I viaggiatori veneti minori. Studio bio-bibliografico. Memorie della Reale Società Geografica Italiana XVI, Roma sine datum (1927); ferner Kap. I, S. 6 f.
[9] *Gatari*, Tagebuch, Conc. Bas. V, S. 380.

vollbeladene Boote entgegen, die ihn mit Musik empfingen und dann nach Zürich geleiteten, wo ihn beim Geläut aller Glocken die Bevölkerung, wie üblich, mit Reliquien und Kruzifixen erwartete. Gataris Skizze Zürichs, das damals noch Reichsstadt war, hält einige auffallende Merkmale fest. Man hört von zwei schönen, über die Limmat führenden Brücken, auf denen sich zwei beständig Wasser spendende Brunnen befänden, und von einem auf Arkaden ruhenden Haus von dreißig Schritt Länge mit einem ebensolangen herrlichen Raum im ersten Stock, womit das heute noch zu sehende Helmhaus an der oberen Brücke gemeint ist [10]. Das Aufgebot Zürichs wurde Gatari mit 50 000 Mann angegeben, die binnen zwei Stunden zusammengebracht werden konnten. In Säckingen prägte sich ihm die aus Stein gebaute und auf sechs Bögen ruhende Rheinbrücke ein. Einen für das späte Mittelalter bezeichnenden Sachverhalt erfaßte er, indem er beobachtete, wie sich die Verbannten in das Boot des Kaisers begaben, um nach altem Brauch an seiner Seite in ihre Heimatorte zurückzukehren und dadurch von der Verbannung gelöst zu werden. Der Einzug Sigismunds in Basel war von einer schaulustigen Menge flankiert, die auf sein Geheiß den zum Empfang gekommenen Mitgliedern des Konzils weichen mußte.

Die Beschreibung Basels knüpfte an mittelalterliche Muster an, die ungeachtet der von Bruni begründeten humanistischen Stadtbeschreibung ihren Platz in der Volgare-Literatur der Renaissance behaupteten. Kennzeichnend für die mittelalterliche Stadtbeschreibung – es sei an die Beschreibung Mailands des Bonvisino della Riva erinnert – waren katalogartige, sich häufig in Nebensächlichkeiten verlierende Aufzählungen, die in einem naiven Realitätsverständnis wurzelten. Es fehlte ihr die von Bruni eingeführte gesetzmäßige Anordnung der Themenbereiche und die ausgewogene, ihrem Rang entsprechende Behandlung der einzelnen Gegenstände [11]. Ein Teil der Beschreibung Gataris, der einleitende Überblick über das Stadtbild, ist allerdings erstaunlich konzentriert und ohne größere Abschweifungen abgefaßt und steht hierin der ersten Beschreibung Basels des Aeneas Silvius nicht allzufern [12]. Obwohl eine Beeinflussung von seiten der im Juli 1434 dem Kardinal Cesarini überreichten Beschreibung des Aeneas auf Grund des gemeinsamen Zeitraumes der Entstehung im Bereich des Möglichen liegt, ist sie doch so gut wie ausgeschlossen, da vom Inhalt her keine Anzeichen für eine Benutzung gegeben sind und der dem Humanismus fernstehende Gatari in der untergeordneten Stellung eines Seneschalls kaum mit den Kreisen Kontakt gehabt haben dürfte, in denen eine Schrift wie die des Aeneas zu kursieren pflegte. Die Beurteilung der Beschreibung Gataris wird dadurch erschwert, daß sie nur zu einem Teil überliefert ist und mitten in einem Satz abbricht, da ein

[10] *Gatari*, Tagebuch, Conc. Bas. V, S. 382 und 432, Anm. 23.

[11] Vgl. *Hans Baron*, The Crisis of the Early Italian Renaissance. Civic Humanism and Republican Liberty in an Age of Classicism and Tyranny, 2. Aufl., Princeton 1966, S. 196 ff.

[12] Vgl. *Widmer*, Enea Silvios Lob der Stadt Basel, S. 137.

Blatt des Kodex verlorengegangen ist [13]. Ob etwa im Aufbau doch humanistische Gliederungsprinzipien vorherrschend waren, läßt sich deshalb nicht sagen. Der überlieferte Teil umfaßt nur die Beschreibung des Stadtbildes, die dem ersten Hauptthema einer humanistischen Stadtbeschreibung gleichkommt.

Die Beschreibung Basels bietet zunächst einen breiten Überblick über das Gesamtbild, der bereits zahlreiche charakteristische Merkmale einbezieht. Zur Kennzeichnung der Lage und des Grundrisses dienen der Rheinlauf und die Rheinbrücke im Zentrum zwischen den beiden vom Rhein getrennten Stadtteilen. Der Rhein lockt zugleich die Mitteilung hervor, daß die Schiffe wegen der starken Strömung nur flußabwärts führen, und zwar bis nach Straßburg, Köln oder Flandern, was nicht ganz den Tatsachen entspricht, denn von Mainz an wurden größere Schiffe verwendet. Die Rheinbrücke wird genauer beschrieben, indem ihre Länge mit 282 Schritt angegeben wird und der Brückenturm mit dem Tor und der Kette zum Absperren erwähnt werden. Vom Rhein wendet sich der Blick dem auf zwei Hügeln gelegenen linksrheinischen Stadtzentrum zu, das reich an schönen Häusern, an Brunnen und an schönen Läden mit jeglicher Art von Waren sei. Die Plätze mit ihren verschiedenen Märkten und ihren Läden in den Häusern ringsherum werden eingehender gewürdigt. Treffend ist die Bemerkung über die Zunfthäuser, wo Feste und Bälle abgehalten würden und ein Magazin mit Rüstzeug und Proviant für den Kriegsfall eingerichtet sei. Nach der Erwähnung der zwei die Stadt umziehenden Mauerringe setzt die Darstellung der Einzelheiten ein, und zwar zunächst die der Kirchen. Eine nahezu deckungsgleiche Abbildung des Domes soll als Beispiel dafür gelten, wie gut Gatari auf Grund einer natürlichen Begabung auch ohne humanistische Schulung beobachten konnte: „Die Fassade mit dem Haupteingang zeigt sich in folgender Gestalt: erstens befindet sich in ihr ein außerordentlich großes Portal, das vollständig mit aus Stein gemeißelten Figuren bedeckt ist. Zweitens hat sie zwei sehr schöne Türme. In dem einen sind sechs Glocken, von kleinen angefangen bis zu großen. Der andere hat eine Uhr, welche die Stunden schlägt und den zunehmenden oder abnehmenden Mond anzeigt. Ein Steg führt von dem einen Turm zum anderen. In der Kirche sind 42 Altäre. Am Hochaltar befindet sich ein sehr schönes Alabasterrelief mit den zwölf Aposteln und Christus am Kreuz. Im Innern ist ferner eine wunderschöne Orgel. Vor der Kirche liegt ein großer Platz mit einem schönen Brunnen, wo zur entsprechenden Zeit Turniere abgehalten werden. Die genannte Kirche ist reichlich mit Reliquien ausgestattet, die sämtlich aus Silber sind, und insbesondere mit 80 Köpfen der 11 000 Jungfrauen.“ In dieser akkuraten Beschreibung ist das Wichtigste enthalten. Leider verläßt Gatari den hier eingeschlagenen Weg bei den anderen Kirchen, an denen ihn fast nur noch die Anzahl der Köpfe der 11 000 Jungfrauen interessieren. Die hier zutage tretende

[13] *Gatari*, Tagebuch, Conc. Bas. V, S. 390, Anmerkung unter dem Text. Coggiola spricht hier vorsichtig von dem wahrscheinlichen Fehlen eines Blattes. Auf Grund der Größe der Lücke wird man dies jedoch mit Sicherheit behaupten können.

Freude am Aufzählen ist die deutlichste Reminiszenz an mittelalterliche Stadtbeschreibungen. Die Bemerkungen über die Spielwiese vor der Mauer, wo sich unter anderem die Bogenschützen übten, und über das Rüsthaus am Rande der Wiese führen zum Wesentlichen zurück. Hier bricht aber auch schon die Beschreibung ab, ohne daß man sagen könnte, wie sie weitergegangen wäre. Trotz aller Unfertigkeiten und Unausgeglichenheiten hält sie doch etliche wissenswerte Beobachtungen fest, so daß man sie, zumal zur Gegenüberstellung mit den beiden Beschreibungen Basels des Aeneas Silvius, nicht missen möchte.

X. Ambrogio Traversari

Briefe von der Gesandtschaft zum Basler Konzil und zu Kaiser Sigismund 1435/36

Im Leben Ambrogio Traversaris kommen die gegensätzlichen geistigen Strömungen des Zeitalters zum Ausdruck [1]. Sein äußerer Werdegang entschied sich, als er 1400 im Alter von vierzehn Jahren in das Kamaldulenserkloster Sta. Maria degli Angeli in Florenz eintrat. In diesem Zentrum der Kopiertätigkeit und der Miniaturenmalerei kam er in Berührung mit den Florentiner Humanisten. In zähem Selbststudium lernte er Griechisch, das er bald so gut beherrschte, daß er Werke der griechischen Kirchenväter übersetzen konnte. Er sammelte Handschriften der Kirchenväter und der antiken Klassiker, an denen er seinen Stil schulte. Er hütete sich aber, sie in seinen Schriften zu zitieren, vielleicht weil er als Ordenskleriker üble Nachrede befürchtete. Namhafte Humanisten zählten zu seinen Freunden und pflegten Korrespondenz mit ihm. Seine Briefe galten als Stilmuster und wurden von vielen gesammelt, was er ruhig zuließ, da er nicht frei von humanistischer Ruhmesliebe war. Er stand in gutem Einvernehmen mit Florentiner Staatsgrößen wie Cosimo de' Medici. Seine wenig prinzipienstrenge Haltung gegenüber den humanistischen Freunden, deren Schwächen er großzügig übersah, glich er nach seiner Wahl zum General des Kamaldulenserordens 1431 durch unnachsichtige Strenge bei der Einhaltung der Klosterdisziplin aus [2]. Gehorsam gegenüber dem Höhergestellten in der kirchlichen Hierarchie war für ihn ein unerschütterlicher Grundsatz, nach dem er auch seine eigene Haltung zu Eugen IV. bestimmte. Dem Prinzip der unbedingten Untergebenheit unter die

[1] Der biographische Abriß beruft sich auf *Dini-Traversari*, und *Voigt* I, S. 314–322. Das Buch Dini-Traversaris sollte nicht ohne die Rezension von *Remigio Sabbadini*, Giornale storico della letteratura italiana XXX, vol. 60, 1912, S. 220–221, benutzt werden.

[2] Vgl. *Voigt* I, S. 317, dessen Urteile allerdings zu einseitig sind.

Autorität des Papstes stellte er sein Eintreten für eine gemäßigte Kirchenreform hintan [3].

Neben seinen Briefen und Übersetzungen hat Traversari noch ein kleineres Werk hinterlassen, das „Hodoeporicon“, dem, wie der Titel bereits besagt, die Form des Itinerars zugrunde liegt [4]. Es ist ein Bericht über die Visitationsreise durch die Klöster des Kamaldulenserordens, die er bald nach seiner Wahl zum Ordensgeneral in den Jahren 1432 bis 1434 unternahm und die der Festigung der Disziplin und der Reform in den Klöstern galt [5]. Er benutzte die Reise, die ihn durch weite Teile Mittel- und Oberitaliens führte, auch zu einer intensiven Büchersuche, die nicht ohne Erfolg blieb [6]. Das „Hodoeporicon“ ist eine humanistische Schrift, als deren Vorbild man die Periegese des Pausanias ansehen möchte, von der Traversari, wie wir bereits an anderer Stelle gehört haben, seit spätestens 1414/15 eine Handschrift besaß [7]. Mit verblüffender Offenheit legt er im „Hodoeporicon“ die von ihm angetroffenen Mißstände dar. Man würde seine Ehrlichkeit und Schonungslosigkeit gern bewundern, wäre nicht literarischer Ehrgeiz ihr Anlaß gewesen. Für die Begriffe der Zeit war es mehr als ungewöhnlich, daß die Kenntnis der Mißstände in einem Orden von höchster Instanz durch eine private Schrift verbreitet wurde.

Im Juli 1435 wurde Traversari von Eugen IV. als Nuntius zum Basler Konzil gesandt, das kurz zuvor das für die Finanzen der Kurie verhängnisvolle Annatendekret erlassen hatte [8]. Am 24. Juli brach er von Florenz auf und schlug den Weg über Pistoia und Modena ein. Nach einem Abstecher nach Mantua zu seinem Freund Vittorina da Feltre reiste er über Verona weiter und dann auf derselben Route wie Bruni und Gatari das Etschtal hinauf, über den Reschen, den Arlberg und Konstanz nach Basel, wo er um den 20. August eintraf [9]. Seine Stellung am Konzil war wegen des Ausbleibens der Instruktionen anfangs sehr schwierig, da

[3] In ep. 125, col. 176 (ed. *Cannetus – Mehus*) wie auch in anderen Briefen betont Traversari sowohl seine prinzipielle Ablehnung des Basler Konzils als auch seinen Wunsch einer „reformatio vera et congrua“ auf einem dem Papst hörigen Konzil. Als strenger Papalist sah Traversari in dem Verhalten der Basler eine Verletzung der „ecclesiastica disciplina“ (vgl. vor allem in ep. 11, col. 28 und ep. 12, col. 29). Zur Haltung Traversaris gegenüber der Kirchenreform bedürfte es eingehender Untersuchungen.

[4] Das Hodoeporicon ist auch im Anhang bei Dini-Traversari veröffentlicht. Über eine Traversari zugeschriebene religiöse Schrift „De sacerdotio Christi“ vgl. *Mercati*, Ultimi contributi I, S. 70 ff.

[5] Vgl. *Dini-Traversari*, S. 181 ff.

[6] *Remigio Sabbadini*, Le scoperte dei codici latini e greci ne' secoli XIV e XV (= Biblioteca storica del Rinascimento, N. S. IV), Neuaufl. Firenze 1967, S 92 ff.

[7] Ep. 223, col. 292; vgl. *Sabbadini*, Le scoperte, S. 63 und im Kap. Bruni S. 49.

[8] Zur Gesandtschaft Traversaris vgl. neben seinen Briefen vor allem Deutsche Reichstagsakten XII, S. 3 ff. und passim; *Dini-Traversari*, S. 245 ff.

[9] Ep. 659, col. 758 f. Das Datum der Abreise ist aus ep. 692, col. 791–792, zu erschließen. Die Angabe des Ankunftsdatums ist widersprüchlich. In ep. 11, col. 27, heißt es: „pervenimus Basileam ... incolumes Augusti XXI“, in ep. 659, col. 758; ep. 601, col. 708, und ep. 524, col. 636, hingegen: „XIII. Kal. Sept.“ (20 August).

er nicht wußte, wie er sich von Fall zu Fall zu verhalten hatte [10]. Seine am Tag nach der Ankunft in der Generalkongregation gehaltene Rede mußte deshalb unverbindlich bleiben und wurde ein Mißerfolg [11]. Besonderen Eifer verwandte er auf die Bekehrung des Konzilspräsidenten Cesarini, von dem er nur mit höchstem Lob spricht [12]. Bis zum letzten Tag seines Aufenthalts am Konzil war er sich allerdings nicht sicher, wie er seine Haltung einschätzen sollte. Wenn sich Cesarini bei ihm über die papstfeindliche Partei beklagte, glaubte er ihn schon fast für sich gewonnen, bekannte er sich aber zu den Grundsätzen des Konzils, begann er an seiner Gesinnung zu zweifeln [13]. Von der papstfeindlichen Partei befürchtete Traversari das Schisma, das er als notwendige Folge des „Ungehorsams" ansah [14]. Nachdem die Kongregationen in ihrer Antwort auf die päpstlichen Vorschläge die Suprematie des Konzils und das Annatendekret bekräftigt hatten, verließ er Basel am 6. November in der Absicht, sich zu Kaiser Sigismund nach Wien zu begeben, um ihn auf die Seite des Papstes zu ziehen [15]. Der Teil der Reise von Ulm bis Wien führte auf einem Boot die Donau hinab. Da sich Sigismund gerade in Ungarn zur Jagd aufhielt, mußte er ihm von Wien aus dorthin folgen [16]. Er erhielt Audienz in Stuhlweißenburg, bei der ihm der Monarch wohlklingende Versprechungen machte, die in ihm die Illusion eines Erfolges weckten [17]. Anschließend bat ihn Sigismund nach Buda zur Besichtigung seiner Residenz [18]. Ende Januar 1436 kehrte er über Wien nach Italien zurück [19].

Den größten Teil der zahlreichen Briefe von der Gesandtschaft nimmt die geschäftliche Berichterstattung vom Konzil ein. Ihr Wert liegt in der ausführlichen

[10] Zum Ausbleiben der Instruktionen ep. 110, col. 141, und mehrere andere; ferner Deutsche Reichstagsakten XII, S. 3.

[11] Ep. 659, col. 760; vgl. auch *Vespasiano da Bisticci*, Vite di uomini illustri del secolo XV, a cura di Paolo d'Ancona ed Erhard Aeschlimann, Milano 1951, S. 245. Die Rede bei *Cannetus – Mehus*, col. 1143 ff.

[12] „Vellem enim et vehementer cuperem Ecclesiae Dei talem virum reservari, nam praefecto, praeter istam sententiam, vir singularis et rarus est" heißt es z. B. in ep. 110, col. 142; vgl. auch *Paul de Vooght*, Le cardinal Cesarini et le Concile de Constance, in: Das Konzil von Konstanz, Beiträge zu seiner Geschichte und Theologie, ed. August Franzen, Wolfgang Müller, Freiburg 1964, S. 357–380 (hierzu S. 273 ff.).

[13] Am charakteristischsten ist sein Urteil in ep. 15, col. 33: „Et saepe quidem spes subit, saepe desperatio"; vgl. *de Vooght*, S. 374.

[14] Bezeichnend für seine Einstellung vor allem ep. 114, col. 149–153; vgl. Anm. 3.

[15] Deutsche Reichstagsakten XII, S. 3/4; zum Datum der Abreise vgl. ep. 126, col. 177.

[16] Ep. 16, col. 34; ep. 255, col. 335.

[17] Vgl. ep. 17, col. 35; ferner Deutsche Reichstagsakten XII, S. 5. Sein Selbstlob über seine Erfolge auf der Gesandtschaft (vgl. *Voigt* I, S. 316) ist im Lichte der Verteidigung gegen nach seiner Rückkehr an der Kurie lautgewordene Anschuldigungen zu sehen (ep. 132, col. 183 ff.).

[18] Ep. 175, col. 236–237; vgl. Anm. 29.

[19] Die Rückreise von Wien nach Florenz liegt weitgehend im dunkeln. Sein Wegbegleiter war ein gewisser Michael Pernistofer, für den er nach der Rückkehr eine Indulgenz zu erwirken suchte (ep. 154, col. 212–213; ep. 157, col. 215–216; ep. 250, col. 325–326).

Wiedergabe der Gespräche mit Cesarini, die eine hervorragende Quelle für dessen Gedanken und Anschauungen darstellen. Einige Briefe stehen demgegenüber nahezu vollständig im Zeichen persönlicher Mitteilungen über die Reise. Die reichhaltigsten von diesen Briefen sind vier, und zwar zwei an Cosimo de' Medici und je einer an den Abt Dominicus und den Mönch Mariottus über die Hinreise von Florenz nach Basel [20] und vier mit Cosimo de' Medici, Cesarini, dem Prior Sebastianus und dem Mönch Mariottus als Empfängern über die Fortsetzung der Reise von Basel nach Wien [21]. Der Reisebericht in dem ersten Brief an Cosimo de' Medici und in den beiden an die Ordensbrüder in der Toscana über die Hinreise stimmt bis auf einige unbedeutende, auf den jeweiligen Empfänger zugeschnittene Variationen fast wörtlich überein. Traversari, der während seiner Gesandtschaft offenbar sehr beschäftigt war, nahm den zuerst verfaßten Brief als Muster für die anderen. So konnte er sich Zeit und Mühe sparen — das Muster kopierte natürlich ein Schreiber — und trotzdem seinen Freundeskreis mit Nachrichten befriedigen [22]. Der zweite Brief an Cosimo de' Medici über die Hinreise schildert besonders ausführlich den Besuch bei Vittorino da Feltre in Mantua, enthält aber nur spärliche Nachrichten über die Strecke von Trient nach Basel. Bei den vier Briefen über die Fortsetzung der Reise von Basel nach Wien gibt der an Cosimo de' Medici gerichtete das Muster für die späteren ab, wenngleich die Übereinstimmungen nicht so weitgehend sind wie in den genannten drei Briefen von der Hinreise. Der Brief an den Mönch Mariottus stimmt zu etwa zwei Dritteln mit dem an Cosimo de' Medici überein. Der Brief an Cesarini ist der eigenständigste, wiederholt jedoch im wesentlichen die in dem Brief an Cosimo aufgeführten Fakten über die Donaureise, während der an den Prior Sebastianus die in den anderen Briefen ausführlicher dargestellten Reiseereignisse gerafft zusammenfaßt. Einzelnen Eindrücken von den verschiedenen Abschnitten der Reise sind auch einige kürzere Briefe und gelegentlich eingestreute Mitteilungen im Rahmen der geschäftlichen Berichterstattung gewidmet [23]. Zum Abschluß

[20] Ep. 659, col. 758—760, Basel 23. Aug. in der Ausgabe von *Cannetus — Mehus* an den Abt Dominicus adressiert, ist eine Vermischung zweier Redaktionen desselben Musters, von denen die eine in der Tat an den Abt Dominicus, die andere aber an Cosimo de' Medici gerichtet war, wie *Mercati*, Ultimi Contributi, S. 55 ff. nachgewiesen hat. Die dritte Redaktion dieses Musters ist die für den Mönch Mariottus bestimmte, ep. 601, col. 707—709, Basel 31. Aug. Der spätere Brief an Cosimo de' Medici, ep. 254, col. 331—333, Basel 30. Aug., hebt sich etwas von dem Muster ab.

[21] Ep. 255, col. 333—335, Totis, 6. Dez., an Cosimo de' Medici; ep. 693, col. 792—793, Totis, 8. Dez., an den Prior Sebastianus; ep. 603, col. 711—713, Stuhlweißenburg, 21. Dez., an den Mönch Mariottus; ep. 51, col. 86—88, Wien, 28. Jan. 1436, an Giuliano Cesarini; vgl. Anm. 23.

[22] *Mercati*, S. 57.

[23] Zur Hinreise: ep. 692, col. 791—792, Modena, 30. Juli; ep. 109, col. 140, Verona, 2. (?) Aug. (vgl. *Luiso*, Riordinamento, fasc. I, S. 21); ep. 11, col. 27, Basel, 23. Aug.; ep. 110, col. 141, Basel, 26. Aug.; ep. 524, col. 636, Basel 27. Aug. Zum Aufenthalt in Basel: ep. 498, col. 616, Basel, 16. Sept. (über einen Bücherfund); ep. 525, col. 637, Basel, 16. Sept. (Persönliches). Zur Reise von Basel nach Wien: ep. 126, col. 177—178, Schaffhausen,

sei noch ein erst nach der Rückkehr nach Florenz entstandener Brief an den Referendar des Papstes erwähnt, in welchem sich Traversari auf die Bitte des Abtes und der Mönche des Klosters Niederaltaich hin, das er auf seiner Donaufahrt besucht hatte, für die Bestätigung ihrer reformierten Regel durch den Papst verwendet. In diesem Brief wird ein bemerkenswertes Urteil über die Frömmigkeit der Mönche gefällt [24].

Den persönlichen Reisebriefen Traversaris liegt die Form des Itinerars zugrunde. Als Vorbild hierfür bot sich ihm außer der Periegese des Pausanias vor allem der Brief Leonardo Brunis von der Reise nach Konstanz an, der unter den Florentiner Humanisten weithin bekannt gewesen sein dürfte. Die Beeinflussung durch den Brief Brunis ist um so wahrscheinlicher, als Traversari ja dieselbe Route wie Bruni nahm. Kennzeichen des Briefs Brunis waren die überlegte Auswahl wesentlicher Eindrücke und treffende Assoziationen zu den Klassikern. Traversaris Briefe verzichten dagegen auf Klassikerzitate und beschränken sich auf eine schlichte und anspruchslose Unterrichtung der Freunde, indem sie einen Überblick über die wichtigsten Vorfälle der Reise und den Anblick von Städten und Landschaften geben. Zu den interessantesten Nachrichten gehören die Mitteilungen über die Klöster, die Klosterbibliotheken und die Frömmigkeit der Mönche, die Traversari auf Grund seiner Erfahrung auf den Visitationsreisen in Italien sicher gut beurteilen konnte. Den Sitten der Bewohner schenkt er kaum Beachtung [25]. Sieht man von einigen überraschenden Wertungen im Superlativ ab, so sind die Briefe frei von Übertreibungen und Vorurteilen.

Wenn wir dem in den vier Briefen von der Hinreise weitgehend übereinstimmenden Bericht von Trient an folgen, so finden wir zunächst einige Bemerkungen über den Charakter des Etschtals vor. Da ist von den zahlreichen Ortschaften und unzugänglichen Burgen beiderseits des Flusses, dem fruchtbaren Boden, den freundlichen Wiesen und dem Reichtum an allen Baumarten die Rede. Bis Meran sei kein Unterschied gegenüber Italien festzustellen. Ein Wasserfall der Etsch kurz nach Meran lockt den Vergleich des in den Himmel geschleuderten

11. Nov.; ep. 16, col. 34, Totis, 9. Dez. Zur Reise nach Buda: ep. 175, col. 236–237, Wien, Januar 1436 (vgl. *Luiso*, fasc. I, S. 33). Diese Briefe enthalten gegenüber den unter Anm. 20 und 22 zitierten nur ganz vereinzelt Neuigkeiten über die Reise. Die von *Mercati*, S. 22–29, *Luiso*, passim, *Ludwig Bertalot*, Zwölf Briefe des Ambrogio Traversari, Römische Quartalsschrift für christliche Alterstumskunde und für Kirchengeschichte XXIX, 1916, S. 91–106, und *E. Bulletti*, Due lettere inedite di A. Traversari, Bolletino senese di storia patria LI–LIV, 1944–1947, S. 97–105, zusätzlich zu der Ausgabe von *Cannetus – Mehus* veröffentlichten Briefe enthalten keine weiteren persönlichen Nachrichten über die Reise.

[24] Ep. 127, col. 179.

[25] Eine Ausnahme ist folgende Stelle in einem Weihnachtsbrief an die Mönche seines Klosters (in ep. 526, col. 638): „Nam ut omittamus errores nostros et circuitus quotidianos, barbaros hominum mores et cetera, quae perturbant animum.“ Freilich enthält diese Äußerung nichts Konkretes und drückt nur allgemein das Gefühl des Überdrusses aus. Das Stereotyp „barbari“ verwandte Traversari unreflektiert wie die meisten Humanisten.

Wasserstaubes mit Schnee hervor. Am Reschenpaß weckten die beiden Hochseen Interesse, doch irrt Traversari, wenn er behauptet, daß sowohl die Etsch als auch „ein anderer, der Etsch nicht unähnlicher Fluß", womit nur der Inn gemeint sein kann, aus den beiden Seen hervorflössen [26]. Vom Bodensee sagt er, es sei der größte See, den er jemals gesehen habe. Über Konstanz genügt ihm der Zusatz „schön und volkreich". Allein über die Benedektinerabtei Reichenau, wo er das Fest Mariä Himmelfahrt beging, berichtet er etwas ausführlicher: „Wir sahen dort ziemlich viele sehr alte Bücher, einen Silberschrein von anderthalb Ellen Länge, in welchem sich die Gebeine des hl. Marcus befinden sollen (der heute noch zu sehende Markusschrein!), und weitere prächtige und kunstvolle Reliquien." Nach der Schilderung des Einzuges in Basel fällt auch ein flüchtiger Blick auf die Stadt. Wie üblich wird der Rhein erwähnt, der wegen seiner außerordentlichen Tiefe Schiffe jeder Größe zulasse. Die Häuser seien auf das sorgfältigste mit allem Brauchbaren ausgestattet und an Wein fehle es nicht, der überall in Deutschland bis nach Köln hin angebaut werde. „Urbs speciosissima et permagnifica" lautet das schmeichelhafte Gesamturteil [27].

Die Briefe über den zweiten Teil der Reise bereiten Vergnügen wegen ihrer ansprechenden Schilderung der Donaureise. Obwohl das gemeinsame Muster in den vier Briefen unverkennbar ist, weisen sie doch inhaltliche Variationen auf, die der Interpretation zugute kommen. Traversari trat in Ulm zusammen mit Johannes Bischof von Zengg, der als kaiserlicher Gesandter vom Konzil an den Hof zurückkehrte, die Bootsreise an, nachdem er seine Begleiter mit den Pferden auf dem Landweg vorausgeschickt hatte. Das Boot bestand aus zwei miteinander verbundenen Einhölzern und wurde von drei Schiffern ohne Steuerruder allein mit den Ruderstangen gelenkt. Ein Schiffer stand am Bug, einer am Heck und einer in der Mitte, während die Reisenden, in Decken eingehüllt – es war Anfang November – in den Bootshöhlungen saßen. Von den Gefahren einer solchen Reise gibt die Schilderung eines Unfalls, der sich kurz nach Regensburg zutrug, ein anschauliches Bild. Als sich das Doppelboot einer Brücke näherte, entstand ein Mißverständnis zwischen den Schiffern. Der am Bug stehende steuerte die eine Brückendurchfahrt, der am Heck stehende die andere an. Doch ehe sie ins klare kamen, war das von der Strömung und den Ruderschlägen schnell vorangetriebene Boot bereits an den Brückenpfeiler angestoßen. Das rechte Einholz schlug fast bis zum Rand mit Wasser voll. Die nichts ahnenden, vor sich hindämmernden Reisenden fuhren erschreckt hoch und belasteten geistesgegenwärtig das linke Einholz, in das noch kein Wasser eingedrungen war. Mit kräftigen Ruderschlägen erreichten die Schiffer dann das Ufer, wo man das Wasser ausschöpfte. Von einem befestigten Ort am Berg strömten bald die Einwohner herbei und standen den Reisenden bei. Nachdem die Schiffer gehörig ausgescholten

[26] Bezeichnenderweise werden die beiden Seen auch von Bruni erwähnt, der demselben Irrtum verfällt; vgl. Leonardo Bruni ... epistulae, ed. *Mehus*, Florentiae 1741, S. 105.
[27] In ep. 601, col. 708. In ep. 659, col. 760, heißt es: „civitas regia et pulcherrima".

worden waren, wurde die Reise ohne weitere Zwischenfälle bis nach Wien fortgesetzt. Sie dauerte insgesamt dreizehn Tage. Der durchreisten Gegend gönnt Traversari nur wenige Mitteilungen. Auf beiden Seiten der Donau habe er zahlreiche Städte, Burgen, ansehnliche Dörfer und stattliche Klöster vorgefunden. In den Klöstern lebten die Mönche, die ihn stets liebenswürdig aufgenommen hätten, in größter Frömmigkeit und fehle es nicht an prächtigem und kunstvollem Meßgerät. Dieselbe Einschätzung der Frömmigkeit begegnet einem auch in dem erwähnten Brief zugunsten der Mönche des Klosters Niederaltaich. Hier heißt es: „Wir fanden in diesem Kloster eine heiligmäßige Ordnung und lauter gute Brüder vor" und: „Wir haben sehr die große Frömmigkeit, die Weite der Anlage und den Reichtum dieses Klosters bewundert." [28] Von den Städten werden nur Regensburg und Wien gestreift. In Regensburg bewunderte er das Kloster St. Emmeran wegen seiner Schönheit, seines Alters und seiner stattlichen Bauten. In der Bibliothek stieß er auf eine Vielzahl alter Handschriften, unter denen er jedoch nichts für ihn Unbekanntes entdeckte. Wien bezeichnet er als die stattlichste Stadt, die er jemals gesehen habe. Bereits vom Bodensee hatte er ja gesagt, es sei der größte See, den er jemals gesehen habe, was in der Tat zutraf. War aber seine Behauptung auch Wien gegenüber gerechtfertigt? – Sicherlich schloß er im stillen seine Heimatstadt Florenz aus und dachte nur an die auf seinen Reisen durch Italien gesehenen Städte, zu denen Venedig, Verona, Mantua, Bologna und Rom zählten. Ganz gleich, ob er im Ernst Wien über diese Städte stellte oder ob er den Superlativ leichtfertig als Topos verwendete, es bleibt unbestritten, daß Wien ebenso wie Basel, das er ja ebenfalls mit einem Superlativ begrüßt hat, einen guten Eindruck bei ihm hinterließ [29]. Neben seiner Einschätzung der Frömmigkeit und der Klosterbibliotheken läßt vor allem die Bewertung der beiden Städte aufhorchen.

[28] In ep. 127, col. 179. Das positive Urteil ist in diesem Fall nicht von der Intention des Briefes abhängig, sondern umgekehrt: Traversari hätte sich sicher nicht für die Mönche eingesetzt, wäre er nicht bei seinem Besuch von ihrer Frömmigkeit überzeugt gewesen.
[29] Die häufige formelhafte Anwendung des Superlativs in der Verbindung mit der Behauptung, dergleichen nie gesehen zu haben, ruft Skepsis gegenüber dem Aussagewert hervor. Von der Reise durch Deutschland liegen drei Beispiele vor: 1. Über Wien, ep. 255, col. 334: „Ex Vienna nobilissima omnium, quae umquam videramus, oppido ... movimus"; 2. über den Bodensee, ep. 659, col. 760 „Nobilissimus postea lacus et omnium, quos viderim, maximus prope Constantiam ad XXX milia se aperit"; 3. zur Residenz Sigismunds in Buda, ep. 175, col. 236: „Habeo gratias ingentes Maiestati tuae ..., quod, priusquam Pannonia discederem, pulcherrimi et magnificentissimi omnium, quae unquam viderim, spectaculi me esse participem voluisti." Im letzten Fall zumindest sagt Traversari die Unwahrheit, da es ihm auf Schmeichelei ankam.

XI. Aeneas Silvius Piccolimini

Der Diplomat, Politiker und Literat

Im Frühjahr 1432 verließ der sechsundzwanzigjährige Aeneas seine Heimatstadt Siena und folgte dem Kardinal Capranica als Sekretär zum Basler Konzil. Obwohl er wissen mußte, daß er sich damit für längere Zeit den Zugang zu kurialen Ämtern versperrte, konnte er doch nicht im mindesten ahnen, daß ihn sein Lebensweg für insgesamt 23 Jahre, von einigen Unterbrechungen abgesehen, nach Deutschland verschlagen würde. Er hatte die Sekretärsstelle bei Capranica ohne langes Bedenken angenommen, da er so dem seinem Vater zuliebe begonnenen Rechtsstudium entrinnen und das zweischneidige Glück einer echt humanistischen, dem Zufall ausgesetzten Karriere wagen konnte. An einen solchen Weg hatte er sicher schon seit seiner zweijährigen Studienzeit bei Francesco Filelfo in Florenz und einem vorübergehenden Aufenthalt in Oberitalien bei Guarino Veronese und Giovanni Aurispa gedacht [1].

[1] Unter den Biographien in deutscher Sprache nimmt seiner breiten und detailreichen Darstellung wegen nach wie vor das Werk *Georg Voigts* die erste Stelle ein, wenngleich viele Einzelheiten durch neuere Forschungen widerlegt sind. Sein besonderer Wert liegt in der Einordnung der politischen und diplomatischen Tätigkeit des Aeneas in die Zeitereignisse. Voigt hat allerdings an die Persönlichkeit des Aeneas einen allzustrengen, wirklichkeitsfremden Maßstab angelegt. Für den Werdegang des Aeneas bis zum Episkopat hat die Dissertation von *Thea Buyken* auf Grund neuer Quellenpublikationen einige Ergänzungen und Verbesserungen gegenüber Voigt erbracht. Erst in jüngster Zeit hat sich *Berthe Widmer* in zwei Arbeiten um ein neues Verständnis des Aeneas bemüht (Enea Silvio Piccolomini in der sittlichen und politischen Entscheidung, Basel 1963, und in der biographischen Einleitung zu ihrem lateinisch-deutschen Quellenband). Bisweilen gewinnt man bei ihrem Persönlichkeitsbild den Eindruck, als hätte sie sich im Eifer der Rechtfertigung gegenüber den Anschuldigungen Voigts zu einer etwas zu freundlichen Beurteilung verleiten lassen. Die richtige Einschätzung des Aeneas dürfte etwa auf der Mitte zwischen beiden liegen. Dies sei an einem Beispiel aufgezeigt. Widmer hat mit Recht die von Voigt immer wieder vorgetragene Behauptung zurückgewiesen, Aeneas' Handlungen unterlägen gesinnungslosem Opportunismus. Genau betrachtet stellt sich aber das Problem seines Karrierestrebens in den einzelnen Lebensphasen verschieden dar. Auf dem Basler Konzil ging es Aeneas um die Erfüllung des Wunsches nach Freiheit und Ungebundenheit, ja er schien seine Augen leichtfertig vor seiner beruflichen Zukunft zu schließen. Man denke nur an seinen Abbruch der Rechtsstudien in Siena und an das Risiko seiner ins Ungewisse führenden Reise nach Basel. Seine Haltung bezeugt hier das krasse Gegenteil von „konformistischem" Karrieredenken, – aber diese Haltung entsprang der neuen Lebensauffassung des Humanismus! Erst später, nach der Krise und inneren Wandlung in Wiener Neustadt, als ihm klar wurde, wie er seine Zeit „vertan" hatte, versuchte er die Gleichgültigkeit seiner Jugend gegenüber der eigenen Zukunft durch ein gesteigertes Interesse an seinem Vorwärtskommen zu kompensieren.
Zur Studienzeit vgl. *Voigt* I, S. 11 ff.; zur Reise nach Basel, *Voigt* I, S. 21 ff. Der folgende biographische Überblick wird sich, soweit die Zitierung der Quellen nicht schon ausreicht, an die Angaben Voigts und die biographische Einleitung zu Widmers Quellenband halten.

Die erste Phase seines Aufenthalts am Basler Konzil vom April 1432 bis zum Spätsommer 1433 zeigt ihn als zurückhaltenden Beobachter der Ereignisse, über die er regelmäßig in Briefen an die Balia von Siena berichtete [2]. Auf Grund seiner geringen theologischen Kenntnisse und des ihm noch fremden Milieus einer Kirchenversammlung wollte er sich nicht sofort auf eine bestimmte Partei festlegen. Zunächst war er nur ein namenloser Sekretär, der möglichst ungebunden leben wollte und zusehen mußte, wie er am besten seinen Lebensunterhalt verdienen konnte [3]. Zu seinem Unglück mußte er sich bald nach der Ankunft von Capranica trennen, der infolge der Einziehung seines Besitzes durch Eugen IV. so gut wie mittellos war, und sich nach einem neuen Herrn umsehen [4]. Diese Sorge blieb ihm auch später öfters nicht erspart. Im Laufe der nächsten Jahre am Konzil wechselte er sechsmal seinen Herrn, wobei es ihm gleichgültig war, ob dieser nun der radikalen oder der gemäßigten Richtung des Konzils angehörte oder gar ein Anhänger Eugens und Konzilsgegner war [5]. Sonst gab es für ihn in Basel keinen Grund zu klagen, denn unter den hier versammelten Humanisten hatte er bald einen Kreis von Freunden gefunden, mit denen er sich im literarischen Gespräch oder in ausgelassener Runde die Zeit vertreiben konnte [6]. Das wichtigste Zeugnis für sein Verhältnis zu der neuen Umwelt ist eine Beschreibung Basels, die er in den ersten Monaten seines Aufenthalts verfaßte, als er noch die Sekretärsstelle bei Capranica innehatte. Hierin begegnet er der Stadt behutsam und zurückhaltend in den Wertungen, aber doch aufgeschlossen und wohlwollend. Es dürfte die Distanz eines Fremden sein, der sich in den Verhältnissen noch nicht heimisch fühlte und deshalb nicht voreilig ungerecht sein wollte [7].
Vom September 1433 an hielt sich Aeneas in Diensten des Bischofs von Novara, Bartolomeo Visconti, zunächst am Hof des Herzogs von Mailand auf [8]. Er begleitete den Bischof auch nach Florenz, wo dieser im März 1435 gefangengenommen wurde, als er im Auftrag des Herzogs geheime Fäden mit Gegnern des Papstes anknüpfte. Aeneas, der in die Sache verwickelt war und mit einer Mission zu dem Kondottiere Niccolò Piccinino in Siena betraut worden war, konnte nach seiner Rückkehr nach Florenz nur mit knapper Not demselben Schicksal entgehen, indem er im Haus des Kardinals Albergati Schutz suchte, der ihn danach auf Vermittlung von Freunden hin in seine Dienste aufnahm [9]. Mit Albergati begab er sich wenig später über Savoyen und Basel zum Kongreß von

[2] *Wolkan* I, 1, ep. 8–15.
[3] *Voigt* I, S. 139 ff.; *Widmer*, S. 19 ff.
[4] *Widmer*, S. 21.
[5] *Voigt* I, S. 140 f.
[6] Ebd., S. 221.
[7] Vgl. unten S. 100–104.
[8] Commentarii, Francofurti 1614, S. 3. Aus einem Brief des Cione di Battista Orlandi, sienesischer Orator am Hof Filippo Maria Viscontis, geht hervor, daß der Bischof kurz vor dem 15. Sept. 1433 nach Mailand zurückkehrte. Vgl. Deutsche Reichstagsakten XI, S. 27, Anm. 1.
[9] De viris illustribus, S. 3–4; *Voigt* I, S. 80 ff.

Arras, von wo aus er auf eine abenteuerliche Reise nach Schottland zu Unterhandlungen mit dem König geschickt wurde [10]. Bei seiner Rückkehr in Basel erfuhr er, daß Albergati bereits nach Italien abgereist war. Er eilte ihm sogleich nach, vermied es aber, ihm bis nach Bologna zu folgen, um dort nicht Eugen IV. unter die Augen treten zu müssen. So wartete er kurze Zeit in Mailand ab, bis er erfuhr, daß Albergati erneut nach Basel entsandt worden war [11]. Wahrscheinlich trat er bereits während dieses Aufenthalts in die enge Beziehung zum mailändischen Hof, die für seine zukünftige Haltung gegenüber dem Konzil ausschlaggebend sein sollte. Spätestens im April 1436 war er wieder in Basel [12].

Die zweite Phase seines Aufenthalts am Konzil vom Frühling 1436 bis zum Herbst 1442 ist durch sein aktives Eingreifen in die Konzilsgeschehnisse gekennzeichnet. Im Mai 1436 hielt er seine erste öffentliche Rede, in der er für Pavia als den geeignetsten Ort für ein Unionskonzil mit den Griechen eintrat. Sie mag die versammelten Väter zwar als oratorisches Glanzstück beeindruckt haben, aber zu einer Verlegung des Konzils nach Pavia waren nur die wenigsten von ihnen bereit. Als wichtiger Erfolg war allein zu verzeichnen, daß ihm deutlicher als bisher die Gunst des Herzogs von Mailand und seines Beauftragten am Konzil, des Erzbischofs von Mailand, Francesco Pizzolpasso, zuteil wurde, der ihm wenig später zu der Propstei an der Kirche S. Lorenzo in Mailand verhalf [13]. Bei der Spaltung des Konzils im September 1437, als die gemäßigte Partei mit den Kardinälen Cesarini und Cervantes an der Spitze auf die Auflösungsbulle Eugens IV. hin Basel verließ, entschied sich Aeneas zum Verbleiben. Durch den Besitz der Mailänder Propstei war er festgelegt [14]. Es ist nicht ausgeschlossen, daß seine Reise nach Mailand zur Besitzergreifung der Propstei mit dem Zeitpunkt der Spaltung zusammenfiel [15]. Im folgenden Jahr gab er sich bereits unmißverständlich als Anhänger der französischen Partei zu erkennen, indem er dem Erzbischof von Tours, Philippe de Coetquis, eine zweite Beschreibung Basels widmete, in wel-

[10] Commentarii, S. 4–6; *Wolkan* I, 1, in ep. 20, S. 41; *Voigt* I, S. 85 ff.

[11] Commentarii, S. 6. Merkwürdigerweise wurde die Erwähnung dieser Reise in den „Commentarii" von den Biographen nicht ernst genommen. Die „Commentarii" sollten jedoch als Quelle für die Reisen nicht unterschätzt werden, da ihre Mitteilungen in fast allen Fällen, mehr als es bisher erkannt worden ist, von den Briefen bestätigt werden. Vgl. den Abschnitt Reisen in Deutschland, ferner *Voigt* I, S. 116, der die Reise übergeht.

[12] *Wolkan* I, 1, ep. 20, Datierung des Briefes.

[13] *Wolkan* III, 1, in ep. 82, S. 154; *Voigt* I, S. 166 ff., S. 120, S. 148 f. Die Rede in den Orationes, ed. *Mansi*, S. 3–38; zur Mailänder Propstei vgl. auch *Diener*, Enea Silvios Weg von Basel nach Rom, S. 522.

[14] *Voigt* I, S. 150; *Widmer*, S. 30 ff.

[15] Commentarii, S. 6/7; *Voigt* I, S. 149. Der genaue Zeitpunkt dieser Reise ist aus den Quellen nicht eindeutig zu erschließen. Fest steht, daß Aeneas die Pfründe bereits im Januar 1438 innehatte, denn in einem zu dieser Zeit verfaßten Brief bezeichnet er sich erstmals als „prepositus Sancti Laurentii maioris Mediolani" (*Wolkan* I, 1, in ep. 26, S. 80). Vgl. auch die Daten bei *Diener*, S. 522, nach denen die Abwesenheit vom Konzil zur Zeit der Spaltung recht wahrscheinlich ist.

cher er die Eignung der Stadt als Konzilsort hervorkehrte [16]. Beim Basler Konklave vom 20. Oktober 1439, aus dem Amadeus Herzog von Savoyen als Sieger hervorging, nahm er als Zeremonienkleriker und Notar teil [17]. Vor der Wahl hatte man ihm angetragen, an einem einzigen Tag sämtliche Priesterweihen zu nehmen, damit er die Voraussetzung zur Stimmberechtigung erfüllen könnte, doch lehnte er dies ab, da er noch nicht den Zölibat eingehen wollte [18]. Unter den wenigen in Basel verbliebenen Prälaten und Gefolgsleuten war er nunmehr eine angesehene Person. Nachdem Amadeus von Savoyen unter dem Namen Felix V. die Wahl angenommen hatte, wurde er sein Sekretär [19]. Erst jetzt trat er literarisch zugunsten des Konzils hervor. Es entstanden eine Konzilsgeschichte und eine Reihe von Dialogen, in denen er sich für die bekannten Thesen der Konziliaristen in die Schanze warf [20].

Als er im Frühling 1442 mit den Gesandten des Konzils auf dem Reichstag zu Frankfurt weilte, wurde er von Friedrich III. zum „poeta laureatus" gekrönt [21]. Ein halbes Jahr später, bei der Durchreise des Königs in Basel, schloß er sich ihm an und wurde kurz darauf als Sekretär in die Reichskanzlei aufgenommen [22]. Mit seiner neuen Stellung wandelte sich nach und nach seine Haltung zu den kirchenpolitischen Fragen [23]. Die Stadien seiner Schwenkung lassen sich innerhalb des Zeitraums von 1442 bis 1446 in seinen Schriften verfolgen. Zunächst nannte er sich einen Indifferenten, dem weder die Partei der Basler noch die Eugens gefalle [24]. In einem 1443 Friedrich III. gewidmeten Dialog, dem „Pentalogus", sieht er die Lösung in einem neuen Konzil, das aus einem Fürsten- oder vielmehr Gesandtenkongreß unter Vorsitz des Königs hervorgehen sollte. Im „Pentalogus" weist er sich bereits als eifriger Verfechter der Kaiser- und Reichsidee aus, ja er geht hier sogar so weit, daß er die Rückeroberung Italiens durch den vom Papst gekrönten Kaiser empfiehlt [25]. Dies widersprach, auch wenn es in der neutralen Form des Dialoges geschah, entschieden der unter den italienischen Humanisten vorherrschenden Auffassung. In der 1446 abgefaßten, ebenfalls Friedrich III. gewidmeten „Epistola de ortu et auctoritate imperii Romani" erklärte er sich schließlich für die unbeschränkte Gewalt des Kaisers und des Papstes [26]. Sein

[16] Vgl. unten S. 105–110.
[17] *Diener*, S. 518; Commentarii, S. 8.
[18] Commentarii, S. 8.
[19] Commentarii, S. 8; vgl. *Diener*, S. 517 ff.
[20] *Voigt* I, S. 228 ff.
[21] Commentarii, S. 8; *Voigt* I, S. 268.
[22] Commentarii, S. 8; *Voigt* I, S. 272.
[23] *Voigt* I, S. 302 ff.; *Widmer*, S. 50.
[24] *Wolkan* I, 1, in ep. 41, S. 120.
[25] *Hallauer*, Der Pentalogus des Aeneas Silvius Piccolomini, S. 43 ff., S. 57 ff.; S. 72 ff.; *Kallen*, Aeneas Silvius Piccolomini als Publizist, S. 16.
[26] Epistola de ortu et auctoritate imperii Romani, bei *Kallen*, S. 62 ff.; *Voigt* I, S. 352 ff.; *Widmer*, S. 60 f.

politisches System hatte damit in den Grundzügen seinen Abschluß gefunden [27]. Aus dem progressiven Anhänger demokratischer Konzilstheorien war ein Erzkonservativer geworden.

Seine ideologische Wandlung spiegelt sich in seiner politischen Tätigkeit seit dem Eintritt in die Kanzlei Friedrichs III. wider. Bei seiner ersten Gesandtschaft nach Rom im Frühjahr 1445 verzieh ihm Eugen IV., der von ihm eine Förderung seiner Interessen am Hofe erhoffte [28]. Wenig später entschloß sich Aeneas, den Lebensstil eines Literaten aufzugeben und die Priesterweihen zu nehmen [29]. Seine Entscheidung zugunsten Eugens fiel endgültig auf dem Reichstag zu Frankfurt von 1446, als es ihm durch Bestechung und einen ausgeklügelten Vermittlungsvorschlag glückte, die papstfeindliche Kurfürstenopposition zu sprengen [30]. Während seines dritten Gesandtschaftsaufenthaltes in Rom, kurz darauf, schloß er auf Grund des Frankfurter Vermittlungsvorschlags die Präliminarien für die Wiener Konkordate von 1448 ab, durch welche die seit 1439 währende kirchenpolitische Neutralität des Reiches für geringfügige Vorteile aufgegeben wurde und die päpstliche Partei endgültig über ihre Widersacher die Oberhand gewann [31]. Im Fluge erlangte er nun auch die höheren geistlichen Würden: 1447 wurde er Bischof von Triest und 1450 Bischof von Siena [32]. Die Zeitspanne von 1446 bis 1455 war ausgefüllt mit vielseitigen diplomatischen Geschäften. Zwei Gesandtschaften führten ihn 1447 und 1449 erfolglos nach Mailand, wo es nach dem Tode des letzten Visconti die Lehnsrechte des Reiches wahrzunehmen galt [33]. Der Krönungszug Friedrichs III. von 1451/52 und dessen Vermählung mit Eleonore von Portugal in Rom waren nicht zuletzt ein Verdienst seiner gewiegten Verhandlungskunst. Er nahm selbst an den wichtigsten Phasen des historischen Zuges teil und hielt dessen Ereignisse in der „Historia Austrialis" für die Nachwelt fest [34]. Dem Schutz des unmündigen Ladislaus Posthumus, des Erbfolgers in Österreich, Ungarn und Böhmen, galt stets seine Sorge [35]. In einer Gesandtschaft nach Böhmen vertrat er 1451 vor den böhmischen Landständen in Beneschau das Recht Friedrichs III. auf die Vormundschaft [36]. Bestürzt mußte er im Jahr darauf mit ansehen, wie dieser nach der Niederlage von Wiener Neustadt Ladislaus aus der Vormundschaft entließ und seinen Gegnern übergab [37]. Nach der Nachricht von der Eroberung Konstantinopels durch die Türken im Mai 1453 setzte er sich mit all seinen Kräften für das Zustandekommen eines

[27] *Voigt* I, S. 353.
[28] Commentarii, S. 9/10; *Voigt*, S. 340.
[29] *Voigt* I, S. 351; *Widmer*, S. 57 f.
[30] *Voigt* I, S. 368 ff.
[31] Ebd., S. 381 ff.
[32] Ebd., S. 411 und II, S. 17.
[33] Ebd., S. 432 ff.
[34] Ebd., S. 431 ff.
[35] *Voigt* II, S. 11 ff.; *Widmer*, S. 67 f. und S. 72 f.
[36] *Voigt* II, S. 26 ff.
[37] Ebd., S. 72 f.; *Widmer*, S. 72.

Krieges gegen die Türken ein. Vergeblich versuchte er auf dem Reichstag zu Regensburg von 1453, mit einer schwungvollen Rede die Fürsten, soweit sie überhaupt anwesend waren, aus ihrer Lethargie wachzurütteln [38]. Den Gedanken des Türkenkrieges verfolgte er unbeirrt bis zu seinem Tode. Schon seit vielen Jahren hatte er sich mit der Absicht getragen, Österreich zu verlassen, doch erst 1455 wagte er den endgültigen Schritt. Von der Gesandtschaft zur Obödienzleistung bei Kalixt III. kehrte er nicht mehr zurück [39].

An der Kurie stand Aeneas Kalixt III. häufig mit Rat bei, zumal wenn es um die Verwirklichung des Türkenkrieges ging, von dessen Idee beide erfüllt waren [40]. Am 18. Dezember 1456 gelangte er an das Ziel seiner geheimen Wünsche: er wurde zum Kardinal ernannt [41]. Um den anderen Kardinälen nicht an Repräsentationsaufwand nachstehen zu müssen, war er darauf bedacht, in Deutschland so viele Pfründen wie nur möglich zu erhaschen. Er erhielt das ergiebige Bistum Ermland und Reservationen auf Pfründen in den Provinzen Mainz, Trier und Köln, die ihm jährlich 2000 Gulden eintragen sollten [42]. Da der Tod des greisen Kalixt in Bälde zu erwarten war, bestand für ihn die Hoffnung, sogar noch zur höchsten Würde der Christenheit aufzusteigen. Während seines Kardinalats war er fieberhaft damit beschäftigt, sich auch in Italien literarische Geltung zu verschaffen, denn die in Deutschland entstandenen Schriften waren bis auf wenige Ausnahmen nicht bis hierher gedrungen [43]. Jetzt durfte er sogar froh darüber sein, denn weder empfindsame Liebesnovellen und deftige Komödien nach Art des Plautus noch Konzilsanhängerschaft und Befürwortung der Rückeroberung Italiens durch den Kaiser hätten seine Ambitionen fördern können. Er schloß die schon in Österreich begonnene „Historia Austrialis“ mit einer dritten und endgültigen Redaktion ab, die sich vor allem durch eine neue Fassung der Beschreibung Wiens auszeichnet. Es entstanden die „Historia Bohemica“ und die „Europa“, die erste ein historisches, die zweite ein zeitgeschichtlich-geographisches Werk. Schließlich muß die berühmte „Germania“ genannt werden, in der er die Beschwerden Martin Mayers, des Kanzlers des Mainzer Erzbischofs, gegenüber der Kurie in einem selbst bei ihm unbekannten Maß an List und Schläue zurückweist [44].

Am 18. August wurde Aeneas zum Papst gewählt [45]. Er führte sein Pontifikat im Geiste des päpstlichen Absolutismus mit großer diplomatischer Geschicklichkeit aus. Seine Hofhaltung war, gemessen an seinen Nachfolgern, bescheiden, ja er

[38] *Widmer*, S. 79 ff.
[39] *Voigt* II, S. 155 ff.
[40] Ebd., S. 180.
[41] Ebd., S. 191.
[42] Ebd., S. 217 ff.
[43] Ebd., S. 250.
[44] Vgl. unten die entsprechenden Abschnitte zu den einzelnen Schriften.
[45] *Voigt* III, S. 3 ff.

verschmähte sogar das Mäzenatentum früherer Päpste [46]. Sein größtes Vergnügen bestand darin, in einer Sänfte durch die Umgebung von Rom getragen zu werden und seine Augen an der Schönheit der Landschaft zu weiden [47]. Er verfaßte sogar noch ein weiteres geographisches Werk, die „Asia", eine Kompilation vornehmlich aus den Klassikern, und ein Memoirenwerk, die „Commentarii", in denen er zum letzten Mal in der Beschreibung von Städten und Landschaften schwelgt [48].

Das Erstaunliche am Lebensweg und literarischen Schaffen des Aeneas ist seine Vielseitigkeit. Er war Poet, Redner, Diplomat, Politiker, Philosoph, Historiker, Geograph – und auch Priester! Er trug als Anlage die Fülle der Möglichkeiten seines Zeitalters in sich und vermochte sie in den einzelnen Etappen seines Lebensweges zu verwirklichen. Dabei vollzog sich seine Entwicklung jeweils zwischen zwei inneren Polen: die Abkehr von der Heimat in der Jugend führte im Alter zur Verherrlichung der landschaftlichen Schönheit Italiens. Aus dem Anhänger der demokratischen Konzilstheorie wurde ein unnachsichtiger Verfechter des päpstlichen Absolutismus. Der Liebesabenteuern nicht abgeneigte, mit erotischer Phantasie begabte Poet wandelte sich zum hartherzigen Kritiker der Frauen [49]. Während er in Basel die Ungebundenheit über die Karriere stellte, war sein Streben am Hof Friedrichs III. konsequent auf das Emporkommen in der kirchlichen Hierarchie gerichtet. Eine feste politische Überzeugung hatte er, zumindest bis zur Mitte der vierziger Jahre, nicht. Sie wechselte je nach der Einstellung seines Herrn, dem er gerade diente, oder den Aussichten, die sich für sein Fortkommen boten. Man wird darüber jedoch nicht allzu streng urteilen dürfen, denn die Abhängigkeit eines Sekretärs hätte keine allzu selbständige Haltung zugelassen. Die Vielseitigkeit seiner Anlagen, die mit innerer Unausgeglichenheit einherging, machten ihn zum zurückgezogenen Gelehrten untauglich [50]. Da er nie Griechisch gelernt hatte, wäre ihm ohnehin der Weg zum humanistischen Gelehrtentum verstellt gewesen [51]. Wie kaum ein zweiter zu seiner Zeit brachte er es hingegen in seinem Leben zu einer Synthese zwischen praktischer Tätigkeit und humanistischer Gelehrsamkeit, die sich dem Erlebnis, der Erfahrung und der Anschauung aufschloß. Dies wirkte sich vor allem in seinen geographischen, historischen und zeitgeschichtlichen Schriften aus, in denen er einen ausgeprägten Sinn für Kritik entwickelte, mit dem er die Vorlagen an

[46] Ebd., S. 602 ff.; *Widmer*, S. 99 ff.
[47] *Voigt* II, S. 305; vgl. auch *Jacob Burckhardt,* Die Kultur der Renaissance in Italien, 18. Aufl., ed. Walter Goetz, Leipzig 1928, S. 280 ff.
[48] Vgl. *Voigt* II, S. 334; die „Asia" steht in den Opera omnia, S. 281–386; Beispiele für die Schilderung landschaftlicher Schönheit in den „Commentarii" bei *Widmer,* S. 332–347.
[49] *Voigt* I, S. 438 ff. und III, S. 301 f. ist hierin im großen und ganzen zuzustimmen.
[50] *Voigt* II, S. 253.
[51] Ebd., S. 254.

der eigenen Erfahrung und Anschauung überprüfte [52]. Ihm kam zudem ein vorzügliches Gedächtnis selbst für weit zurückliegende Dinge zustatten [53]. Als Stilist, der den rhetorischen Formenkanon spielend beherrschte, fand er nicht leicht seinesgleichen. Sein umfangreiches Epistular ist ein unschätzbares zeitgeschichtliches Dokument.

Reisen in Deutschland

Überraschenderweise schenkt Aeneas in seinem Werk den Erlebnissen und Eindrücken seiner verschiedenen Reisen durch weite Teile Deutschlands und Europas verhältnismäßig wenig Aufmerksamkeit. Er hat zeitlebens keinen einzigen Reisebericht als selbständige Schrift verfaßt. Es sind auch nur zwei Briefe von ihm erhalten, die sich ausführlich dem Verlauf einer Reise zuwenden. Der erste ist bereits 1432 in Mailand auf dem Weg zum Basler Konzil entstanden und erzählt die abenteuerliche Seefahrt von Piombino nach Portovenere [54]. Der zweite ist aus dem Erlebnis der Gesandtschaft nach Böhmen von 1451 hervorgegangen und hält die Begegnung mit dem Land der Hussiten fest [55]. Selbst kürzere eingestreute Mitteilungen über den Verlauf von Reisen sind in seinen Briefen selten. Abgesehen von der Schilderung des Krönungszuges Friedrichs III. in der „Historia Austrialis" sind innerhalb seines übrigen Werks nur noch in den „Commentarii" breitere Reisedarstellungen zu verzeichnen. Unter ihnen besticht besonders der Bericht über die Reise nach Schottland durch seine anschauliche Wiedergabe der Erlebnisse und Beobachtungen über die Eigenart des Landes und der Bewohner [56]. Das erste Buch der „Commentarii" bildet die Hauptquelle für die Reisen in Deutschland. Doch sieht sie Aeneas hier vorrangig als einen Teil seiner politischen und diplomatischen Tätigkeit an, weshalb er sich oftmals mit der Erwähnung der bloßen Tatsache einer Reise oder mit der flüchtigen Angabe der Route begnügt [57]. Der Reichtum seiner auf Reisen gewonnenen Kenntnis Deutschlands wirkt sich erst in seinen größtenteils nach der Rückkehr nach Italien geschriebenen geographischen und zeitgeschichtlichen Werken aus. Weite Teile der „Germania" und der „Europa" sowie die geographischen Exkurse und Stadtbeschreibungen der „Historia Austrialis" und der „Historia Bohemica" beruhen auf der eigenen Anschauung [58]. Die Darstellung des Rheinlaufs in der zweiten Beschrei-

[52] Ebd., S. 302 ff.
[53] Was vor allem das 1. Buch der „Commentarii" unter Beweis stellt; vgl. unten Anm. 65.
[54] *Wolkan* I, 1, ep. 4; wurde später aufgenommen in „De rebus Basiliae gestis commentarius" (bei *Wolkan* II, 1, in ep. 44, S. 173) und in die „Commentarii", S. 2/3.
[55] *Wolkan* III, 1, ep. 12.
[56] Commentarii, S. 4–6.
[57] Vgl. auch oben, Anm. 11.
[58] Vgl. unten die entsprechenden Abschnitte.

bung Basels von 1438 ist von der Erinnerung an die Rheinfahrt auf der Reise nach Arras geprägt [59]. Welche Teile Deutschlands kannte Aeneas aus eigener Anschauung, welche nur auf Grund vom Hörensagen? – diese Frage soll den Überblick über seine Reisen leiten.

Bereits von Basel aus unternahm Aeneas mehrere Reisen. Den Städten des Mittelrheins begegnete er zum ersten Mal im Herbst 1432, als er seinen zweiten Herrn, Nicodemus della Scala, Bischof von Freising, auf einer Gesandtschaft zum Kurfürstentag in Frankfurt begleitete [60]. Auf dem Weg nach Arras im Juni 1435 im Gefolge des Kardinals Albergati fuhr er zum ersten Mal nachweislich mit dem Schiff von Basel aus den Rhein hinab [61]. Aus der Schilderung des Rheinlaufs in der zweiten Beschreibung Basels erfahren wir, wie er vom Deck des Schiffes aus den Anblick des Rheintals zwischen Mainz und Köln genoß [62]. Von Köln ging es auf dem Landweg zunächst nach der Krönungsstadt Aachen weiter und von dort über Lüttich, Löwen, Tournai und Douai nach Arras. Alle diese Städte sah er jetzt zum ersten Mal [63]. Von Arras aus begab er sich im Auftrag Albergatis auf die abenteuerliche Gesandtschaft nach Schottland. Nachdem er unzählige Gefahren auf der Seefahrt, in Schottland selbst und auf der Rückreise durch England überstanden hatte, gelangte er über Calais auf einer sonst nicht näher bekannten Route wohlbehalten nach Basel zurück [64]. Noch dreiundzwanzig Jahre später sind ihm in den „Commentarii" die Eindrücke der Schottlandreise so lebhaft gegenwärtig, als hätte er den Bericht unmittelbar nach der Ankunft in Basel niedergeschrieben [65].

Im April 1438 traten zum ersten Mal die Städte Schwabens, Bayerns und Österreichs in seinen Gesichtskreis, als er im Gefolge seines einstigen Herrn, des Bischofs von Novara, nach Wien reiste, der als mailändischer Gesandter Herzog Albrecht V. zur Annahme der Königswahl bewegen sollte [66]. Über die Route der Hinfahrt ist nichts bekannt, doch dürfte sich der Bischof, wie es damals üblich war, in Ulm eingeschifft haben, um auf dem bequemen Flußweg schneller nach

59 Vgl. unten S. 106.

60 Commentarii, S. 3. Die Reise dauerte vom 28. September bis zum 18. Oktober 1432, vgl. Deutsche Reichsakte 10, S. 522, Anm. 5, und S. 574. *Voigt* I, S. 79, gibt irrtümlich an, der Kurfürstentag sei nicht zustande gekommen.

61 Commentarii, S. 3/4. Die Abreise von Basel erfolgte am 17. Juni 1435; vgl. *Voigt* I, S. 88.

62 Vgl. unten S. 107.

63 Commentarii, S. 3/4.

64 Commentarii, S. 6.

65 Die Ansicht *Voigts,* I, S. 93, Aeneas habe zur Schilderung seiner Schottlandreise frühere Aufzeichnungen ausgeschöpft, ist nicht belegbar. Sie geht offenbar auf einen Analogieschluß zurück, denn Aeneas hat in der Tat der Darstellung in den „Commentarii" frühere Schriften, wie z. B. seinen Brief über die Seefahrt von Piombino nach Portovenere und Teile von „De rebus Basiliae gestis commentarius" zugrunde gelegt; vgl. Anm. 87.

66 Commentarii, S. 7; *Voigt* I, S. 155; *Buyken,* Enea Silvio Piccolomini, S. 37.

Wien gelangen zu können [67]. Aeneas hat also wahrscheinlich schon damals, sei es während der Fahrtunterbrechungen zum Übernachten und Rasten oder auch nur vom Boot aus, ein flüchtiges Bild von Donauwörth, Regensburg, Straubing, Passau, Linz und den kleineren Donaustädten gewonnen. Der Aufenthalt in Wien erstreckte sich über zwei Monate, von Mitte April bis Mitte Juni, obwohl Albrecht bereits am 29. April öffentlich die Annahme der Königswahl verkündet hatte [68]. Wie der Anblick der Stadt damals auf ihn gewirkt hat, bleibt uns verborgen, doch wissen wir aus den „Commentarii", daß er sich von den Sitten in Österreich abgestoßen fühlte [69]. Auf der Rückreise schloß er sich dem zum Konzil zurückkehrenden Patriarchen von Aquileia Ludwig von Teck an, da der Bischof von Novara allem Anschein nach noch bis zur Obödienzleistung im Juli in Wien blieb [70]. Als kürzeste Route der Rückreise käme der Weg über Burghausen, München, Landsberg, Memmingen und Konstanz in Frage. Auf der Reise durch Bayern sah Aeneas überall bettelnde Kinder, die infolge einer Dürre hungerten: „Wenn man ihnen ein Bröckchen Brot zuwarf", erinnert er sich in den „Commentarii", „entstand ein Kampf, als hätte man Knochen unter Hunde geworfen" [71]. Von Basel aus begab er sich ferner auf zwei Gesandtschaften nach Straßburg, zwei nach Konstanz, eine oder zwei nach Savoyen, eine nach Frank-

[67] Vgl. die Route Ambrogio Traversaris, der sich von Ulm nach Wien einschiffte, im Kap. X, S. 72 und 75. Mitte April war die Donau schon eisfrei.
[68] Am 16. April 1438 wird die Gesandtschaft des Bartolomeo Visconti zum ersten Mal in Wien gemeldet (Deutsche Reichstagsakten 13, S. 134, Zeile 28). Dieser hatte Ende Februar Mailand verlassen (Reichstagsakten 13, S. 14, Anm. 2) und war nach dem 4. April von Basel abgereist, denn an diesem Tag hielt Aeneas eine Lobrede auf den hl. Ambrosius (Commentarii, S. 7. *Voigt* I, S. 150, Anm. 1 ist sich nicht sicher, ob er diese Rede auf 1438 oder 1439 festlegen soll, da er offenbar der Mitteilung der „Commentarii" mißtraut, aus der hervorgeht, daß sie vor der Gesandtschaft nach Österreich gehalten wurde. Zum Wert der „Commentarii" als Quelle vgl. oben Anm. 11). Am 29. April ließ Albrecht im Stephansdom die Annahme der Königswahl öffentlich verkünden (Reichstagsakten 13, S. 22). Am 27. April hatte Aeneas im Auftrag seines Herrn eine Schrift verfaßt, die Albrecht zur Annahme der Wahl bewegen sollte (Reichstagsakten 13, Nr. 42, S. 99, zur Autorschaft des Aeneas ebenda Anm. 3).
[69] Commentarii, S. 7.
[70] Ludwig von Teck traf am 27. Juni zur Mittagszeit in Basel ein und hielt am nächsten Tag den Bericht in der Generalkongregation (Concilium Basiliense VI, S. 262; die Rückreise mit Ludwig von Teck erwähnt Aeneas in den „Commentarii", S. 7). Für die Reise wird man etwa 10 Tage veranschlagen können, so daß die Abreise des Aeneas aus Wien auf Mitte Juni fällt. Wann Bartolomeo Visconti nach Mailand zurückgekehrt ist, bleibt ungewiß. Im Juli 1438 erteilte ihm Filippo Maria Visconti die Instruktion zur Obödienzleistung und zur Bestätigung der Privilegien bei Kg. Albrecht (Reichstagsakten 13, S. 144 ff.). Bei den in der Instruktion aufgeführten Gesandten heißt es zusätzlich: „absentes tamquam presentes". Es ist deshalb ohne weiteres denkbar, daß Bartolomeo Visconti nach der Verkündigung der Annahme der Wahl noch in Wien blieb und dort die Instruktionen des mailändischen Herzogs abwartete. Nicht quellenmäßig fundiert sind die Darlegungen von *Lhotsky*, Aeneas Silvius und Österreich, S. 10.
[71] Commentarii, S. 7.

furt und eine nach Trient [72]. Wahrscheinlich auf eine der Gesandtschaften nach Konstanz oder Trient fällt ein Besuch im Kloster St. Gallen, von dessen „ästhetisch vollkommenen Handschriften" er später in einem Brief spricht [73]. Auf der Gesandtschaft nach Savoyen und als Sekretär Felix' V. hatte er wie schon 1435 in Begleitung Albergatis Gelegenheit, die Städte der Schweiz kennenzulernen. Nachdem sich Aeneas im November 1442 in Basel Friedrich III. angeschlossen hatte, zog er mit ihm über Konstanz, Feldkirch, den Arlberg, Innsbruck, von wo ein Abstecher nach Brixen führte, Hall und Salzburg nach Wiener Neustadt [74]. Während der Jahre, die er von nun an in Österreich verbrachte, war entweder Wien oder Wiener Neustadt sein fester Aufenthaltsort, je nachdem, wo der König gerade residierte [75]. Gelegentlich machte er auch in Baden halt und kehrte in den Bädern ein [76]. Im September 1443 kam er zum ersten Mal nach Graz. Hier fing er die Lage der Stadt und der Burg in einigen Zeilen eines Briefes ein [77]. Von Anfang Dezember 1443 bis Mitte Februar 1444 begleitete er Friedrich III. durch weite Teile der Steiermark, Kärntens und Krains, wo er Briefe in St. Veit, Graz und Laibach ausstellte [78]. Auf dieser Reise machte er im Auftrag seines Herrn auch einen Abstecher nach Triest, das ihn später als Bischof wiedersehen sollte [79]. Im Sommer 1444 ritt er zusammen mit Kaspar Schlick zum Reichstag von Nürnberg. Eine Einkehr in einem Schloß des Bischofs von Passau in Ebelsberg bei Linz veranlaßte ihn zu einem gutgelaunten Brief über die Tugenden des Gastgebers und die Vorzüge seiner Residenz. Von Ebelsberg gelangten beide in Begleitung des Bischofs nach Passau, das Aeneas in demselben Brief mit einer kurzen Beschreibung bedachte. Von Passau setzten sie, nunmehr mit dem König und seinem Gefolge vereint, die Reise an der Donau entlang nach Regensburg fort und erreichten so schließlich über Neuenmarkt Nürnberg [80]. Es war seine erste Begegnung mit der fränkischen Handelsmetropole, der er in der „Germa-

[72] Commentarii, S. 6; *Voigt* I, S. 148; zur Gesandtschaft nach Trient im Herbst 1439, die in den „Commentarii" nicht vermerkt ist, vgl. Concilium Basiliense VI, S. 625, *Buyken*, S. 43, und *Diener*, S. 520.

[73] *Wolkan* II, 1, in ep. 25, S. 80; vgl. unten S. 97.

[74] *Joseph Chmel*, Regesta chronologico-diplomatica Friderici IV Romanorum regis (Imperatoris III), Nachdruck Hildesheim 1962, S. 130 ff.; *Wolkan* I, 1, ep. 39 (Konstanz), ep. 40 und 41 (Feldkirch), ep. 42 (Innsbruck).

[75] Zur Festlegung der Aufenthalte in Wien und Wiener Neustadt wäre ein Vergleich des Itinerars bei *Chmel* mit der Datierung der Briefe bei *Wolkan* erforderlich.

[76] *Wolkan* I, 1, in ep. 130, S. 300; *Wolkan* II, 1, ep. 24, 27, 28 und 29 (Ort der Ausstellung).

[77] Briefe von diesem Aufenthalt in Graz bei *Wolkan* I, 1, ep. 74–76 und ep. 78–80. Die Lageskizze in ep. 76.

[78] *Chmel*, Regesta, S. 156 ff.; *Wolkan* I, 1, ep. 99–104 (Graz), ep. 106–121 (St. Veit), ep. 124–126 (Laibach).

[79] Commentarii, S. 9; wird bestätigt durch *Wolkan* I, 1, in ep. 136, S. 313, und ep. 176, S. 522.

[80] *Chmel*, Regesta, S. 168 ff.; *Wolkan* I, 1, ep. 155 (Beschreibung von Schloß Ebelsberg und Passau, vgl. unten, S. 122 ff.).

nia", der „Europa" und der „Historia Austrialis" reichlich Lob gespendet hat[81]. Als im November 1444 in Wiener Neustadt die Pest ausgebrochen war, zog er sich vorübergehend nach Bruck an der Mur zurück und schrieb dort einen Brief über das Landleben, in welchem er allerdings dem Murtal entfloh und sich in eine ideale Mittelmeerlandschaft versetzte, wie er sie in der antiken Bukolik vorfand[82].

Von den drei Gesandtschaftsreisen nach Rom von 1445, 1446 und 1446/47 führten die erste und dritte hin- und rückwärts über die bekannte Handelsstraße zwischen Wien und Friaul, deren wichtigste Stationen der Semmering, Bruck an der Mur, Leoben, Knittelfeld, Judenburg, St. Veit an der Glan, Villach, Tarveis und Venzone waren[83]. Auf einer dieser beiden Reisen mußte Aeneas in den Alpen beschwerliche Umwege in Kauf nehmen, da die Flüsse über die Ufer getreten waren und die Brücken mit sich fortgerissen hatten[84]. Auf der zweiten Gesandtschaft nach Rom benützte er hinwärts dieselbe Route, doch auf dem Rückweg eilte er direkt nach Frankfurt, um dem Reichstag die Antwort des Papstes zu überbringen. Er erinnert sich später an mehreren Stellen an diese Reise, auf der ihn zunächst Tomaso Parentucelli, der spätere Papst Nikolaus V., begleitete. Als dieser in Parma erkrankte, mußte er allein weiterziehen. Sein Weg ging über Mantua, Verona und Trient ins Inntal, wo er Herzog Sigismund von Tirol aufsuchte und einer seiner Jagden beiwohnte, auf der er Zeuge wurde, „wie sich ein Hirsch von riesiger Größe, nachdem er lange von den Hunden gehetzt worden war, endlich in den Fluß stürzte (— an dem die Schützen standen!) und sich lebend der Küche des Fürsten auslieferte". Über Nassereith, Kempten, Memmingen und Ulm erreichte er glücklich Frankfurt, nachdem er unterwegs vor Räubern gebangt hatte[85].

Es bleiben noch drei Reisen zu erwähnen, auf denen sich sein Bild von Deutschland abrunden konnte. Die erste war die Rückreise vom Frankfurter Reichstag nach Österreich im Herbst 1446, auf der er weitere fränkische Städte kennengelernt haben muß[86]. Die zweite führte ihn im Sommer 1447 zunächst nach Aschaffenburg, dem Ort der Sommerresidenz des Mainzer Erzbischofs, an dem sich die Parteigänger Eugens IV. zu einem Fürstentag versammelt hatten[87]. Von hier eilte er zu Verhandlungen nach Köln weiter, wo er erst nach zwanzig Tagen seinen Auftrag ausführen konnte, da sich der Erzbischof Dietrich von Moers ge-

[81] Germania, ed. *Schmidt*, S. 55/56; Europa; *Freher – Struve* II, S. 130: Historia Austrialis *Kollar*, Analecta II, col. 418–419 (zum letzteren vgl. unten S. 126 f.).
[82] *Wolkan* I, 1, ep. 161.
[83] Vgl. *Voigt* I, S. 340 ff., S. 363 ff. und S. 381 ff.
[84] Commentarii, S. 11.
[85] Commentarii, S. 11–12; vgl. auch in „De rebus Basiliae gestis commentarius" bei *Wolkan* II, 1, in ep. 44, S. 212 f., und in Historia Austrialis, *Kollar*, Analecta II, col. 122–125.
[86] *Voigt* I, S. 379 u. 381.
[87] Commentarii, S. 14; „De rebus Basiliae gestis commentarius", *Wolkan* II, 1, in ep. 44, S. 224.

rade im Feldlager vor Soest befand [88]. Wie wir Aeneas kennen, versäumte er es während dieser zwanzig Tage nicht, Kölns Sehenswürdigkeiten nachzuspüren und sich ein Urteil über den Charakter der Stadt zu bilden, wenngleich er sich nicht zu einer eigenen Beschreibung entschloß. Ein Reflex seiner Eindrücke ist jedoch noch in der „Germania“ lebendig, wenn er von den „stattlichen Kirchen und Gebäuden, der großen Einwohnerzahl, dem Reichtum, den bleigedeckten Häusern, den schmucken öffentlichen Gebäuden, den Türmen der Stadtbefestigung und der erholsamen Umgebung am Rhein und auf den Flußauen“ spricht [89]. Entweder auf der Rückreise von Köln oder aber schon, was jedoch weniger wahrscheinlich ist, auf der Rückreise vom Frankfurter Reichstag nahm er den Weg über Würzburg, wobei er sicherlich ein Stück das Maintal entlangritt [90]. Von Würzburg aus dürfte er den Abstecher nach Bamberg unternommen haben, an den er sich in der „Europa“ entsinnt [91]. Den Bamberger Dom hat er später in der „Germania“ gerühmt [92]. Von Bamberg folgte er gewiß der Straße über Forchheim, dessen vorzügliches Weißbrot er nicht vergaß [93], nach Nürnberg. Der Anblick der Silhouette der Stadt blieb ihm unvergeßlich, rief er doch in der „Germania“ aus: „Wenn man von Unterfranken kommt und von der Ferne ausschaut, welch ein Anblick bietet sich einem dar! Welch eine Erhabenheit, welch eine Schönheit zeigt sich dem Beschauer von außen!“ [94] Über den weiteren Verlauf der Reise wissen wir nichts. Die Reise zum Landtag von Beneschau im August 1451 machte ihn mit Böhmen bekannt. Es gibt allerdings keine Anhaltspunkte dafür, daß er auf ihr auch nach Prag kam, da der Landtag wegen einer Epidemie von dort nach Beneschau verlegt worden war [95]. In Tabor, wo er mit seinen Begleitern aus Furcht vor Räubern eine Nacht verbrachte, hatte er Gelegenheit, die religiösen Bräuche und den Alltag der als Ketzer verschrienen Taboriten genau zu studieren. Ein entsprechend einseitiges, aber mit Könnerschaft ausgeführtes Stadt- und Sittenbild war die Frucht des kurzen Aufenthal-

[88] Commentarii, S. 14; „De rebus Basiliae gestis commentarius“, *Wolkan* II, 1, in ep. 44, S. 224.

[89] Germania, ed. *Schmidt,* S. 55; Europa, *Freher – Struve* II, S. 130.

[90] Aeneas schrieb aus Würzburg einen Brief, der ohne Datierung überliefert ist, an Heinrich Stotter, Pleban in Plettenberg (*Wolkan* II, 1, ep. 11). Wolkan hat den Brief ohne Begründung auf die Rückreise vom Frankfurter Reichstag von 1446 bezogen. Es ist jedoch wahrscheinlicher, daß der Brief auf der Rückreise von Köln geschrieben wurde, da anzunehmen ist, daß Aeneas dem Dekan in Plettenberg auf dieser Reise begegnete, da es der einzige Brief ist, den er jemals an ihn gerichtet hat.

[91] Europa, *Freher – Struve* II, S. 130.

[92] Germania, ed. *Schmidt,* S. 55. Vgl. auch Historia Austrialis, *Kollar*, Analecta II, col. 23.

[93] Germania, ed. Schmidt, S. 55; Europa, *Freher – Struve* II, S. 130.

[94] Germania, ed. *Schmidt,* S. 55/56. Auf einen Besuch in Nürnberg weist *Wolkan* II, 1, in ep. 25, S. 80 hin. Es kann sich nur um einen späteren Aufenthalt als um den am Reichstag von 1444 handeln.

[95] *Voigt* II, S. 27.

tes [96]. Über die Reise zum Regensburger Reichstag von 1454 hat Aeneas einige Nachrichten in einem Briefbericht an die Stadt Siena hinterlassen [97]. Von Wiener Neustadt gelangte er über Bruck an der Mur und das Liesingtal zunächst nach Salzburg, wo er den Erzbischof zur Teilnahme am Reichstag bewegen sollte. Das Reisen in den Alpen wurde ihm wegen seines Gichtleidens zur Qual. Von Salzburg konnte er zu seinem Glück auf einem Boot bis nach Burghausen fahren, der Residenz Herzog Ludwigs von Bayern, den er mitten in den Vorbereitungen zu einer Jagd antraf. Anhand der Schilderung wird einem die Situation lebhaft gegenwärtig: während sich Aeneas vergeblich darum bemühte, den Herzog zur Teilnahme an dem für das Zustandekommen des Türkenkrieges entscheidenden Reichstag zu überreden, bellten um ihn herum die Hunde, beschwerten sich die Jagdgenossen über den verzögerten Aufbruch und ließen die Gesandten des Kaisers wissen, daß sie die Jagd störten. Mit einer Charakteristik des Herzogs, in der er trotz allem im guten Licht erscheint, und einem Blick auf die Stadtanlage von Burghausen schließt der Bericht von der Reise ab. Von Burghausen gelangte Aeneas auf dem schnellsten Weg nach Regensburg.

Die übrigen Reisen, die im wesentlichen dieselben Orte und dieselben Wegstrecken berührten, sollen nur der Vollständigkeit halber aufgezählt werden. Sie stehen im Zusammenhang mit den beiden Aufenthalten in Steiermark an der Seite Friedrichs III. im Frühling 1447 und im Sommer 1453, der vorübergehenden Ausübung der Residenzpflicht im Bistum Triest vom Frühling bis zum Herbst 1448, den beiden Gesandtschaften nach Mailand von 1447 und 1449, den Vorverhandlungen zur Eheschließung Friedrichs III. und zu dessen Krönungszug in Rom, Neapel und anderen italienischen Städten, dem Krönungszug selbst und schließlich der Gesandtschaft zum Reichstag von Frankfurt im Oktober 1454 [98].

Fassen wir zusammen: Aeneas ist auf seinen Reisen kreuz und quer durch den südlichen Teil Deutschlands gekommen und hat dort nach und nach fast alle wichtigen Städte mit eigenen Augen gesehen. Er war von seinen Reisen nach Italien her mit den Hauptalpentälern und -pässen vertraut. Er kannte das Rheintal von Konstanz bis Köln, das Donautal von Regensburg, wenn nicht gar von Ulm bis Wien und Abschnitte des Maintales von Frankfurt bis Bamberg. Er hat jedoch kein einziges Mal die Rhein-Main-Linie, die er selbst in die neuere Geogra-

[96] *Wolkan* III, 1, ep. 12.

[97] *Wolkan* III, 1, ep. 291; der Bericht über die Reise, dem das Folgende entnommen ist, auf S. 501–503; eine kürzere Zusammenfassung der Reise, ebd. in ep. 278, S. 473. Zur Route vgl. auch ebenda ep. 275 (dat. in Bruck an der Mur).

[98] Aufenthalt in Steiermark (Radkersburg – Graz) Mai 1447: *Chmel*, Regesta, S. 231, und *Wolkan* II, 1, ep. 14, 15; II, 2, ep. 3. Aufenthalt in Steiermark (Graz), Ende Mai bis Anfang Oktober 1453: *Chmel*, Regesta, S. 309, und *Wolkan* III, 1, ep. 95–136 und 138–166. Gesandtschaften nach Mailand: *Voigt* I, S. 432 ff. Vorverhandlungen zum Krönungszug: *Voigt* II, S. 17 ff. Krönungszug: *Voigt* II, S. 35 ff. Gesandtschaft RT Frankfurt Oktober 1454: *Voigt* II, S. 119 ff.

phie einführte, nach Norden oder Osten hin überschritten. Gewiß gelang es ihm, im Laufe seiner Tätigkeit in der Kanzlei in groben Umrissen ein Bild von dem nördlichen Teil Deutschlands zu gewinnen, doch wenn er diesen in seinen Werken, wie zum Beispiel in der „Germania“ und in der „Europa“, eingehender darstellen wollte, mußte er Augenzeugen um Auskünfte bitten.

Begegnung mit der fremden Kultur

Aeneas befand sich am Hof in Wiener Neustadt in einer grundsätzlich anderen Situation gegenüber seiner Umwelt als alle diejenigen Italiener, die entweder auf Gesandtschaften oder zu den Konzilien nach Deutschland kamen und in Briefen oder anderweitig über ihre Erfahrungen, Erlebnisse und Beobachtungen berichteten. Diese Italiener kehrten in der Regel nach kurzer Zeit wieder zurück und waren von keinem deutschen Brotgeber abhängig, brauchten daher wegen bestimmter Äußerungen, die einem deutschen Leser mißfallen konnten, keine persönlichen Nachteile zu befürchten. Für Aeneas hingegen hätte ein freimütiges Bekenntnis seiner Ansicht über bestimmte negative Seiten seiner Umgebung das Ende aller seiner Hoffnungen auf sein persönliches Fortkommen, wenn nicht gar den Verlust seiner Existenzgrundlage bedeuten können. Es ist deshalb nicht weiter verwunderlich, daß er in den Briefen, die er in Deutschland schrieb, mit Urteilen über die Sitten, die Kultur und Bildung sparte. Er war klug genug, seine Empfindungen zu verschweigen und gute Miene zum bösen Spiel zu machen, wenn ihm etwas nicht behagte. Seine Begabung zur Diplomatie bewährte sich auch im täglichen Leben. Dagegen möchte man vielleicht einwenden, Aeneas hätte sich doch ohne weiteres in seinen Briefen an seine Freunde in Italien frei aussprechen können. – Ein solcher Einwand würde die humanistische Eitelkeit eines Aeneas unterschätzen, der froh darüber war, daß seine Briefe von seinen Kollegen in der Kanzlei gesammelt wurden und sein Ansehen vermehrten[99]. Aber auch nach seiner endgültigen Rückkehr nach Italien tat er selten seine Ansicht über die Sitten, Kultur und Bildung in Deutschland kund, denn jetzt stand ihm zunächst der Kardinalshut und später die Tiara vor Augen. Da mußte er mit seinen Urteilen vorsichtig sein, um seinen Gegnern sowohl in Deutschland als auch in Italien keine Angriffsflächen zu bieten. Wie sich das in der „Germania“ auswirkte, werden wir später hören.

Als Papst konnte sich Aeneas natürlich freier äußern als früher, obschon ihm auch in dieser Rolle daran gelegen sein mußte, unnötigen Konfliktstoff zu vermeiden. Es sei deshalb eine Äußerung in den „Commentarii“ an den Anfang gestellt, die er in der Erinnerung an seine Empfindungen nach seiner Rückkehr von Wien nach Basel im Juni 1438 niederschrieb: „Aeneas, der von den Sitten in Österreich, die er zuvor noch nicht kannte, abgestoßen war, kehrte nach Basel

[99] Vgl. *Voigt* II, S. 280.

zurück, ohne zu ahnen, daß er später einen großen Teil seines Lebens in Österreich verbringen würde“ [100]. Das Urteil ist deutlich genug, läßt es doch seinen späteren Aufenthalt als ein stilles Dulden unter den abstoßenden Sitten erscheinen. Nachdem Aeneas 1443 in die königliche Kanzlei aufgenommen worden war, mußte er zunächst das Mißtrauen und die zum Teil unverhohlene Feindschaft überwinden, die ihm als Italiener entgegengebracht wurden: „Da war der Stellvertreter des Kanzlers, Wilhelm Tatz aus Bayern“, erzählt er in den „Commentarii“, „ein Feind alles Italienischen, von dem Aeneas auf ungewöhnliche Weise niedergehalten wurde. ... Obwohl Aeneas als der letzte von allen galt, weder bei Tisch noch im Schlafraum einen angemessenen Platz erhielt und insgeheim wie ein Feind verachtet und scheel angesehen wurde, ertrug er doch alles mit Gleichmut.“ [101] Die Erinnerung an die erste entsagungsvolle Zeit am Hof leuchtet in seinem Brieftraktat „Über das Elend der Hofleute“ wieder auf, in welchem er mit witzigen Verfremdungen und Übertreibungen die Lebensweise des Hof- und Kanzleipersonals nachzeichnet. Dem Kenner offenbarte er hier unter dem Tarnmantel der Literatur seine eigenen Leiden [102]. Zu seinem Glück befreite ihn die Gunst des Kanzlers Kaspar Schlick sehr bald aus seiner mißlichen Lage, indem er ihn an seinem Tisch Platz nehmen ließ und mit mancherlei anderen Vergünstigungen bedachte [103]. Trotzdem dürfte es ihm nicht leichtgefallen sein, sich in der neuen Umwelt einzuleben, denn in Österreich herrschte eine ganz andere Lebensauffassung, als er sie in Italien gewohnt war und noch im Basler Freundeskreis kultivieren konnte. Die Kanzleikollegen hatten Freude an übermütigen Gelagen, auf denen fette, schwer verdauliche Speisen dargeboten wurden und der Landwein oder, wo es keinen Wein gab, das Bier in Strömen floß [104]. Die Unterhaltung spielte sich laut ab und war mit Prahlereien, Witzen und Zoten angefüllt. Aeneas dagegen liebte das heitere, geistreiche Gespräch und die sublim ausgesponnene erotische Fazetie bei kulinarischen Delikatessen und erlesenen Weinen. Grobe und verfeinerte Lebensart standen schroff einander gegenüber [105]. Während des Aufenthalts in Steiermark im Winter 1443/44 spöttelt er in einem Brief an Prokop von Rabenstein über den schlechten Wein, den er hierzulande angetroffen habe. Die Alten hätten Bacchus, da er lieblich sei und die Menschen einander näherbringe, in die Schar der Götter eingereiht. „Der hiesige freilich wäre unter die Eumeniden, Cerberus und Hydra einzuordnen.“ [106] Auch die

[100] Commentarii, S. 7.
[101] Commentarii, S. 9.
[102] Vgl. unten, S. 124 f.
[103] *Wolkan* I, 1, in ep. 166, S. 470.
[104] Wie solche Gelage damals aussahen, erfährt man am glaubwürdigsten in den Berichten des Paulus Sanctoninus in den Reisetagebüchern über Kärnten, Steiermark und Krain, vgl. Kap. Sanctoninus. Mit Vorsicht ist „De curialium miseria“ zu verwenden, vgl. unten, S. 124 f.
[105] Vgl. auch *Voigt* I, S. 282; Beispiele für Schilderungen von Freß- und Trunksucht der Deutschen im Werk des Aeneas bei *Amelung*, S. 54, 156 f., 158 f., 162.
[106] *Wolkan* I, 1, in ep. 102, S. 239/40.

Frauen in Steiermark erfüllten nicht seine Ansprüche, wie er in demselben Brief mit nicht gerade originellem Humor beklagt: die Kanzleikollegen vernarrten sich in die Frauen als wären sie Äthiopierinnen und meinten in ihrer Verblendung, sie seien weißer als der Schnee. Das liege am Mangel guter Frauen. Unter den Blinden sei eben der Einäugige König ... Sehnsüchtig blickte er nach Wien, wo die Abwechslungen reichhaltiger waren als in Graz [107]. Diese Reise im Winter muß ihm hart zugesetzt haben, denn nach der Rückkehr nach Wiener Neustadt schlägt er ausnahmsweise einmal die Töne anderer Italiener an. Er habe sich in Steiermark, Kärnten und Krain „inmitten eines barbarischen und wilden Menschenschlags" befunden, schreibt er an Giovanni Peregallo in Basel [108]. Freilich, Aeneas blieb nichts anderes übrig, als sich mit der Art der Geselligkeit, den Speisen und dem Wein in Österreich abzufinden, wenn er seine Karriere im Auge behalten wollte [109]. Einmal betonte er sogar in einem Brief an einen deutschen Freund den Wunsch, mit ihm zusammen festen, schmausen und trinken zu können [110]. Bisweilen hatte das Tafeln für seine Begriffe selbst in Österreich Niveau, wie zum Beispiel auf Schloß Ebelsberg, als er mit Kaspar Schlick Gast des Bischofs von Passau war [111].

Trostlos war für ihn in der ersten Zeit am Hof die Lage hinsichtlich seiner geistigen Interessen, stieß er doch hier als Humanist anfangs weitgehend auf Unverständnis [112]. Auf die Dauer ließ er sich aber nicht entmutigen. Vor die Notwendigkeit gestellt, es längere Zeit in Diensten Friedrichs III. aushalten zu müssen, versuchte er, sich die Atmosphäre zu schaffen, in der es ihm zu leben behagte. So begann er für seine Ideen zu werben und seine Umwelt von ihrem Wert zu überzeugen. Als er spürte, daß er Gehör fand, wurde er sich seiner Mission als „Apostel des Humanismus" bewußt [113]. An seine Freunde stellte er zeitlebens nicht die höchsten geistigen Ansprüche, denn seine engeren italienischen Freunde waren ihm alle geistig unterlegen [114]. Wer nur etwas auf ihn einging, nur etwas Verständnis und Geduld für ihn aufbrachte, konnte sein Bedürfnis nach menschlicher Nähe leicht befriedigen. Binnen kurzem hatte er unter den Kanzleikollegen Freunde gewonnen, die seine Briefe sammelten und ihm zaghaft nachzueifern begannen [115]. Nicht zuletzt fand seine Novelle „De Euyralio et Lucretia", der ein Liebesabenteuer Kaspar Schlicks in Siena zugrunde liegt, begierige Leser [116]. Die

[107] Ebd., in ep. 102, S. 239/40.
[108] Ebd., in ep. 136, S. 313.
[109] Vgl. auch *Lhotsky,* Aeneas Silvius und Österreich, S. 19 f.
[110] *Wolkan* II, 1, in ep. 30, S. 32.
[111] Vgl. unten S. 122 ff.
[112] Belege hierfür unten, S. 95 f.
[113] Zur Verbreitung des Humanismus in Deutschland unter Führung des Aeneas vgl. hauptsächlich *Grossmann*, S. 195 ff.; *Widmer*, S. 84 ff. und *Voigt* II, S. 342 ff.
[114] Vgl. *Voigt* II, S. 250 ff.
[115] *Grossmann*, S. 199 ff.; *Lhotsky*, S. 22 ff. und andere.
[116] *Voigt* II, S. 301.

nach dem Vorbild des Plautus und Terenz im Huren- und Kupplermilieu angelegte Komödie „Chrysis" brachte ihm allerdings Mißhelligkeiten bei einem Kanzleikollegen ein[117]. Bald war sein Name auch über die engere Umgebung des Hofes hinaus bekanntgeworden, und er fand Freunde, Verehrer und Förderer im ganzen südlichen Deutschland, aber auch am Niederrhein und in Böhmen[118]. Er verkehrte mit ihnen in seinen Briefen meistens in derselben vertraulich-ungezwungenen Art wie mit vielen seiner italienischen Briefpartner. Stets war er darauf bedacht, sie bei ihren ersten, zum Teil unbeholfenen humanistischen Versuchen zu ermuntern und mit Lob ihr Selbstbewußtsein zu stärken, kannte er doch die wohltuende Wirkung des Lobes an sich selbst[119]. Es bereitet Vergnügen zu sehen, wie listig er sich die Gunst des einflußreichen Bischofs von Passau Leonard von Laiming zu gewinnen suchte, der früher in Italien studiert und von dort Sinn für die neue Bildung mitgebracht hatte. Als ihn dieser auf seine Wiener Residenz einlud, lehnte er mit gezierter Bescheidenheit ab, denn er halte sich einer Gesellschaft von so hohem Adel nicht für würdig. Aeneas hat sich nicht verrechnet, daß er sich dadurch für den Bischof nur noch attraktiver machte, denn später wurde dieser sein besonderer Förderer[120]. Es gab aber auch gebildete Männer von Rang, deren Mißtrauen oder Abneigung er nie durchbrechen konnte. Zu ihnen gehörten Gregor Heimburg, der bedeutende Jurist und unversöhnliche Gegner der Kurie, und Thomas Ebendorfer von Hasselbach, der bekannte Theologe der Wiener Universität und Verfasser einer österreichischen Chronik[121].

Trotz seines verhältnismäßig guten Auskommens mit seiner Umgebung und deren Aufnahmebereitschaft für seine Ideen konnte es nicht ausbleiben, daß ihn periodisch das Heimweh und die Sehnsucht nach der Gemeinschaft mit seinen italienischen Freunden überkam. Besonders heftig wurde er in den ersten Jahren davon gequält, als er spürte, daß er sich auf einen längeren Aufenthalt in Österreich einzurichten hatte, und in den letzten, als er auf die Möglichkeit der Heim-

[117] *Aeneas Silvius Piccolomini,* Chrysis. Introduzione e testo critico di Enzo Cecchini (= Teatro latino del Renascimento II), Firenze 1968; Brief an Michael Pfullendorf, *Wolkan* I, 1, ep. 158.

[118] Vgl. Anm. 115.

[119] Dies belegen zahlreiche Briefe des Aeneas an deutsche Freunde (vgl. ein Beispiel, unten S. 98). *Lhotsky,* S. 15 f. hat mit Recht auf die Verständnislosigkeit am Hof für das Bedürfnis des Aeneas nach Lob hingewiesen.

[120] *Wolkan* I, 1, ep. 52, vgl. unten S. 122.

[121] Zum Verhältnis Aeneas – Heimburg: *Voigt* I, S. 364, und II, S. 349 ff.; *Widmer,* S. 75; *Paul Joachimson,* Gregor Heimburg (= Historische Abhandlungen aus dem Münchner Seminar I), Bamberg 1891, S. 103 ff. und passim; *Bürck,* Selbstdarstellung und Personenbildnis, S. 92 ff. Zum Verhältnis Aeneas – Ebendorfer: *Voigt* II, S. 345 ff.; *Lhotsky,* Aeneas Silvius und Österreich, S. 26 ff.; *Lhotsky,* Thomas Ebendorfer, ein österreichischer Geschichtsschreiber, Theologe und Diplomat des 15. Jahrhunderts (= Schriften der Monumenta Germaniae historica XV), Stuttgart 1957, S. 27 f., und andere.

kehr lauerte [122]. In einem oft zitierten Brief an Giovanni Campisio in Rom vom September 1445 schrieb er sich von seiner Bedrückung frei. Wie vielen anderen Italienern galt ihm nun Ovid in seiner Verbannung am Schwarzen Meer als Schicksalsgenosse. Er gesteht in diesem Brief ein, daß er zwar in Deutschland geschätzt und in seiner Entfaltung nicht gehindert werde, aber dies ersetze nicht die italienischen Freunde und manche heimatlichen Bräuche: „Es gibt hier überall gute und anhängliche Menschen, die aber nicht in meiner Weise die Literatur lieben und die auch nicht an denselben Dingen Gefallen finden wie ich. Groß ist der Unterschied in den Speisen, wie sehr es auch einem Italiener leichter fallen mag, auf gut deutsch zu schlingen, als einem Deutschen, auf italienische Art zu schlecken.“ [123] In den letzten Jahren am Hofe beschwört er häufig die Vision, im fremden Lande sterben zu müssen [124].

Die Einstellung des Aeneas zur Kultur und Bildung in Deutschland läßt im Laufe seines Aufenthalts eine deutliche Wandlung erkennen, für die drei Stadien kennzeichnend sind. In Basel, wo er sich im italienischen Freundeskreis geborgen fühlte, betraf ihn das Fehlen der humanistischen Bildung in Deutschland nicht sonderlich, so daß er davon kaum Notiz nahm. Anders lagen die Dinge nach seiner Ankunft in Österreich, wo er gänzlich auf den Umgang mit seinen deutschen Kanzleikollegen angewiesen war. Jetzt wurde das Fehlen der humanistischen Bildung für ihn vielleicht das Beklagenswerteste an seiner Umgebung. Resigniert schreibt er im November 1443 an den Grafen von Arco, er möge seinem Bruder ausrichten, dessen poetische Zueignung an den König liege unberührt in der Bücherschatulle, denn „die barbarische Toga“ habe keinen Sinn für Verse: „Begraben ist hier, was auch immer davon dargereicht wird. Die studia humanitatis haben nur selten außerhalb Italiens ein Zuhause. Du weißt doch, was ich unter studia humanitatis verstehe! Mit diesem Namen belegen die unseren im allgemeinen die oratorische und poetische Literatur ...“ [125] Zu demselben Ergebnis kommt er auch in einem Brief an Wilhelm von Stein vom Juni 1444. Hierin gibt er die Schuld an der Geringschätzung der Poesie den deutschen Fürsten, die ihr anders als die italienischen den oberflächlichsten Zeitvertreib vorzögen [126]. Im Rückblick stellte sich ihm die anfangs vorgefundene Mißachtung der Poesie nur noch krasser dar. So bemerkt er in einem Brief von 1453 an den Kardinal Oleśnicki, er habe, als er in die Kanzlei eintrat, bei allen in ihrem Fach noch so

[122] Für die erste Phase: *Wolkan* I, 1, in ep. 142, S. 323/324, und ebd., in ep. 184, S. 542/543; für die zweite Phase: II, 1, in ep. 28, S. 99 (Februar 1450); III, 1, in ep. 69, S. 140 (April 1453); III, 1, in ep. 81, S. 152; III, 1, in ep. 83, S. 155; III, 1, in ep. 110, S. 202 und viele weitere Stellen; letztmals in ep. 144, S. 269 (Sept. 1453).

[123] *Wolkan* I, 1, in ep. 185, S. 542/543.

[124] *Wolkan* III, 1, in ep. 69, S. 140; III, 1, in ep. 107, S. 187; III, 1, in ep. 133, S. 239.

[125] *Wolkan* I, 1, in ep. 96, S. 218/219; ähnlich im Traktat über Lesen und Bildung an Hzg. Sigismund von Tirol; *Wolkan* I, 1, in ep. 99, S. 223. Besonders stark: *Wolkan* I, 1, in ep. 54, S. 152: „In Austria vero dementis est querere Romam aut Platonem apud Hungariam vestigare.“

[126] *Wolkan* I, 1, in ep. 144, S. 329.

Kundigen festgestellt, daß sie „die Poesie wie etwas Schädliches und Verabscheuenswürdiges verachteten“ [127]. Seine Klagen ließen jedoch in dem Moment nach, als er wahrnahm, daß sich seine Umgebung der neuen Bildung nicht verschloß, sondern im Gegenteil lernbereit auf sie einging, wenn sie nur mit Geduld, Rücksicht und ohne Hochmut vorgebracht wurde. Diese Erfahrung war ein erster Schritt zu einer wohlwollenden und gerechten Bewertung der Kultur und Bildung in Deutschland. Hinzu kam, daß er mit den Jahren unmerklich in die Gedankenwelt seiner Umgebung hineingezogen wurde und so ihre Andersartigkeit und ihren individuellen Wert verstehen und anerkennen lernte. Vor allem sein politisches Weltbild wurde nicht unwesentlich von deutschen mittelalterlichen Autoren geformt, in deren Werke er sich in den reichhaltigen österreichischen Bibliotheken vertiefte [128]. Otto von Freisings „Chronik“ begleitete ihn seit der zweiten Beschreibung Basels bei der Abfassung fast aller seiner Schriften [129]. Die „Gesta“ Ottos standen bei umfangreichen Partien der „Historia Austrialis“ Pate [130]. Des Albertus Magnus „De animalibus“ lag dem Brieftraktat über die Pferde zugrunde [131]. Dietrich von Niems „Viridiarium imperatorum et regum Romanorum“ gehörte zu den Vorlagen des „Pentalogus“ [132]. Im Traktat „De ortu et auctoritate Romani Imperii“ wurden Engelbert von Agmonts „De ortu, progressu et fine Romani Imperii“ und des Iordanus von Osnabrück „De prerogativa Romani Imperii“ ausgewertet [133]. Des Johann von Victring „Liber certarum historiarum“ setzte in der „Historia Austrialis“ Zeichen [134]. Zum Studium deutscher mittelalterlicher Autoren kam der Umgang mit gebildeten und gelehrten Männern hinzu. Aeneas schätzte Nikolaus von Kues – er hatte seine „Concordantia Catholica“ bereits in Basel gelesen [135] – und wußte, was er von den Fähigkeiten eines Gregor Heimburg, eines Johannes Lysura und eines Thomas Eben-

[127] *Wolkan* III, 1, in ep. 177, S. 325.
[128] *Lhotsky*, S. 35.
[129] Zur Benutzung in der zweiten Beschreibung Basels: *Hartmann*, Basilea Latina, S. 52, Anm. zu Zeile 27; im „Pentalogus“: *Hallauer*, S. 92; in der „Historia Austrialis“: Anhang, S. 247; in der „Europa“: Darstellung der Frankengeschichte, vgl. unten Anm. 290; in der „Germania“ (zum Alter Triers): Germania, ed. *Schmidt*, S. 27. Eingehende Forschungen zum Verhältnis Aeneas Silvius – Otto von Freising stehen noch aus.
[130] Vgl. *Ilgen* im Vorwort zur deutschen Ausgabe der „Historia Austrialis“, S. XXVI f. Der Kodex der „Gesta“ aus dem Besitz des Aeneas ist noch erhalten und befindet sich heute in der Biblioteca Vaticana, Cod. Vat. lat. 9437; vgl. *Rino Avesani*, Un Codice di Ottone di Frisinga appartenuto a Pio II e ai suoi nipoti Giacomo e Andrea, Miscellanea di studi in memoria di Giovanni Cecchini II, Bulletino senese di storia patria 71, 1964, S. 160–166.
[131] Vgl. den Textvergleich bei *Wolkan* I, 1, in ep. 154, S. 405 ff.
[132] *Hallauer*, S. 96.
[133] *Kallen*, S. 28/29; *Wolkan* II, 1, in ep. 3, S. 9–11 (in den Anmerkungen); *Lhotsky*, S. 36.
[134] *Kramer*, S. 56.
[135] *Hallauer*, S. 94; vgl. auch *Kallen*, S. 29.

dorfer von Hasselbach zu halten hatte [136]. Eine so breite Kenntnis deutscher mittelalterlicher Autoren und ein so lang anhaltender Kontakt mit den besten Köpfen des spätmittelalterlichen Deutschland wird man bei keinem zweiten italienischen Humanisten wiederfinden. Es ist von hier aus zu verstehen, daß Aeneas zu einer selbständigen und von der landläufigen Meinung der italienischen Humanisten erheblich abweichenden Einschätzung der Kultur und Bildung gelangen konnte.

Dies zeigen am aufschlußreichsten drei seiner Briefe. Auch wenn diese Briefe an deutsche Empfänger gerichtet waren und jeweils bestimmte Absichten verfolgten, so spiegelt sich in ihnen doch eine gedankliche Einstellung wider, die ebenso eigenwillig wie neuartig in der Geschichte des Humanismus ist. Der früheste der drei Briefe ist der bereits erwähnte, im Juni 1444 an Wilhelm von Stein gesandte, in welchem Aeneas über die Geringschätzung der Poesie in Deutschland und die ihr entgegengebrachte Gleichgültigkeit der Fürsten klagt [137]. Er hoffe, setzt er dann zu dem nüchtern ins Auge gefaßten Tatbestand hinzu, daß sich die Einstellung der Fürsten irgendwann ändern werde, da es früher in Deutschland gelehrte Männer gegeben habe und er hier schon sehr vielen guten Rednern begegnet sei, die der Redekunst unter den Deutschen Anerkennung verschaffen werden. Der zweite Brief fällt in das Jahr 1449 und ist an Gregor Heimburg gerichtet [138]. Aeneas hatte soeben von ihm eine Rede über die humanistischen Studien gehört und fühlte sich bemüßigt, ihn nach Kräften zu loben: „Du hast den Legisten und den Deutschen in Dir überwunden und strömst italienische Beredsamkeit aus." Dies sei kein Anlaß zur Trauer für die Italiener, denn wenn sich Deutschland in den von ihnen übernommenen „litterae" auszeichne, sei Italien deshalb doch nicht ärmer geworden. Als er früher einmal in der Klosterbibliothek von St. Gallen auf Bücher gestoßen sei, die in ästhetisch vollkommenen Schriftzügen geschrieben waren, habe ihn die Tatsache erstaunt, daß die Redekunst in Deutschland gegenwärtig nicht blühe. Doch dann sei ihm eingefallen, daß es auch in Italien Zeiten gegeben habe, in denen die Redekunst unter barbarischer Unwissenheit begraben lag. Ähnlich sei es dort der Malerei und der Bildhauerei ergangen: die Antike habe die Meisterwerke eines Apelles, Zeuxis, Polyklet, Phidias und Praxiteles hervorgebracht, doch erst in jüngster Zeit, nach Jahrhunderten des Dilettierens, seien Farb- und Formgefühl wiedererwacht. Auch die Redekunst sei in Italien wieder aufgekommen und stehe jetzt dort in hoher Blüte. „Ich hoffe, daß dies auch in Deutschland geschehen werde, wenn

[136] Zum Verhältnis zu Ebendorfer und Heimburg, vgl. Anm. 121. Zu Nikolaus von Kues: *Wolkan* II, 1, ep. 28, S. 85, ferner in ep. 44, S. 203; vgl. auch *Amelung*, S. 54 und 67. Zur Beurteilung des Johannes Lysura: „De rebus Basiliae gestis commentarius", *Wolkan* II, 1, in ep. 44, S. 199, 204; vgl. auch *Lhotsky*, Thomas Ebendorfer (zit. unter Anm. 121), S. 39.

[137] *Wolkan* I, 1, ep. 144.

[138] *Wolkan* II, 1, ep. 25.

Du und die Dir Gleichgesinnten auf diesem Wege fortschreiten und Ihr Euer ganzes Bemühen in den Dienst der Redekunst stellt."

Der dritte Brief von 1452, einer der bekanntesten aus der Briefsammlung des Aeneas, ist eine Erwiderung auf einen Brief des Eßlinger Stadtschreibers Niklas von Wyle [139]. Aeneas ermuntert ihn, auf dem Wege fortzufahren, den er mit seinem in jeder Hinsicht gelungenen Brief eingeschlagen habe. Dabei nimmt er noch einmal den Gedanken des Briefes an Heimburg auf: „Ich freue mich, daß ich Deutschland zur Redekunst zurückkehren sehe. Ich hoffe, es möge bald so weit sein, daß die „litterae" in diesen Breiten wiedererwachen. Denn einst waren auch viele Deutsche gelehrt und schrieben mit aesthetisch vollkommenen Schriftzügen." Niklas von Wyle hatte Aeneas auch ein von ihm selbst gemaltes Bild als Geschenk übersandt. Deshalb wiederholt er noch einmal in etwas abgewandelter Form seine Ansichten über die Entwicklung der Malerei in Italien, die er in dem Brief an Heimburg niedergelegt hat.

Die drei Briefe verraten zwar den missionarischen Eifer des Aeneas, die humanistischen Ideen in Deutschland zu verbreiten. Niklas von Wyle wollte er gut zureden und mit Lob ermuntern, Gregor von Heimburg darüber hinaus wohl etwas schmeicheln. Sein Grundgedanke aber, ein jedes Volk gehe zeitlich unabhängig von anderen Völkern durch geschichtliche Epochen der Kulturblüte und des Kulturniedergangs hindurch, zeugt von einem tiefen, der Zeit vorauseilenden historischen Verständnis und stellt eine für die Begriffe der italienischen Humanisten geradezu revolutionäre Erklärung für das Kulturgefälle zwischen Italien und Deutschland dar. Aeneas sieht die Literatur und die schönen Künste, den drei Briefen zufolge, als etwas über jegliche nationale Eifersucht Erhabenes, als etwas Universales an, das ein jedes Volk erreichen kann, wenn nur die in ihm schlummernden Begabungen geweckt werden. Diese Begabungen hatte er an einigen guten Reden und dem erwachenden humanistischen Interesse verspürt sowie in den Werken eines Otto von Freising, eines Albertus Magnus und anderer deutscher Autoren bestätigt gefunden. Insgeheim ruft er den Deutschen zu: Deutschland kann morgen das Bildungsniveau Italiens erreicht haben, wenn es nur weiterhin seine Begabungen entfaltet. Wie sehr unterscheidet sich diese Auffassung von dem stumpfen, unreflektierten Barbarenverdikt der meisten italienischen Humanisten! Das Barbarenverdikt war ein Verdammungsurteil, das in einem Volk keine Entwicklungsmöglichkeiten sah und die eigene Kultur absolut setzte. Aeneas war zwar von der Überlegenheit der italienischen Kultur gegenüber der deutschen in der Gegenwart überzeugt, schloß aber auf Grund seines Verständnisses für historische Prozesse die Möglichkeit einer Veränderung der Relation in der Zukunft nicht aus und erkannte weitsichtig die Ansätze dazu.

Auf Grund der häufigen Reisen nach Italien war in Aeneas der Sinn für das Vergleichen deutscher mit italienischen Zuständen geweckt worden, der in vielen Schriften, besonders aber in der „Germania" Früchte trug. Aeneas gewann Ab-

[139] *Wolkan* III, 1, ep. 47.

stand zu Deutschland, aber auch zu Italien. Er teilte zwar das humanistische Verständnis der Individualität der Kultur eines Volkes, aber auf Grund seiner Entwicklung war es ihm nicht mehr möglich, die patriotische Absolutsetzung der italienischen Kultur und die damit verbundene Abwertung der Kultur aller anderen Völker innerlich zu vertreten. Sein Lebensweg hatte ihn zum Weltbürger gemacht, der in der Beurteilung der Kultur Italiens und Deutschlands eine übergeordnete Stellung einnahm. Die Anerkennung der Individualität und des Eigenwerts der deutschen Kultur und Bildung bedeutete nicht unbedingt ein tieferes Verständnis, aber auf jeden Fall ein Respektieren und eine verfeinerte Betrachtung. Daß sein Gefühl, im Heimweh etwa, seiner verstandesmäßigen Einsicht zu entrinnen suchte, spricht höchstens für ihn.

Ein kurzer Blick soll zum Abschluß seiner Einschätzung der politischen Macht Deutschlands gelten. Wie wir erfahren haben, gab er sich spätestens seit dem „Pentalogus" als Anhänger der mittelalterlichen Reichsidee aus. Wenn er gelegentlich den Zustand des Reiches kritisiert oder gar über ihn spottet, so lag darin die Bitterkeit eines um seine Ideale Betrogenen. Man würde Aeneas gänzlich mißverstehen, wenn man seine Kritik an den Machtverhältnissen in Deutschland als grundsätzliche Gegnerschaft zum Reichsgedanken auslegte [140]. Häufig beklagt er in seinen Briefen die Uneinigkeit der deutschen Fürsten und die Ergebnislosigkeit der Reichstage. So witzelt er in einem Brief an den Kardinal Juan Carvajal kurz vor dem Nürnberger Reichstag von 1444: „Ich glaube nicht, daß dieser Reichstag unfruchtbarer sein wird als andere. Du weißt doch, was ich damit meine? Fruchtbar sind alle Reichstage, ein jeder ist bereits für den nächsten schwanger." [141] Dies war allerdings ein geflügeltes Wort, das wahrscheinlich schon in Basel die Runde machte [142]. Vor dem Reichstag zu Frankfurt von 1446 spricht er zum ersten Mal eine Grundüberzeugung aus, der er sein Leben lang treu bleiben sollte: „Meiner Meinung nach hat Deutschland ein solches politisches Gewicht und einen solchen Ruf, daß es, zu welcher Partei auch immer es neigen mag, den übrigen Teil der Christenheit nachzieht –, wenn es nur einig wäre! Mehr sage ich nicht dazu!" [143] In einer Art Weltschmerzstimmung konkretisiert er in einem Brief von 1449 die Klage über die Uneinigkeit Deutschlands: „Was soll ich Dir über Nürnberg und die übrigen Reichsstädte und über unsere deutschen Fürsten sagen? Ach, welch ein Leichenfest! ... Auf der einen Seite wüten die Fürsten, auf der anderen die Städte, so daß manche Menschen diese, manche jene im Recht glauben. Wenn man aber der Wahrheit ins Auge schaut, ist keiner von beiden im Recht. Die einen bewaffnet der Hochmut, die anderen die Habsucht. O Weh, wie schlecht ist es doch um das Reich bestellt!" [144] Von

[140] Nicht zu billigen ist die Ansicht *Amelungs*, S. 56, die Haltung des Aeneas gegenüber dem Römischen Reich habe sich in nichts von der anderer Humanisten unterschieden.
[141] *Wolkan* I, 1, in ep. 139, S. 318.
[142] *Voigt* I, S. 333; *Amelung*, S. 56 (dort weitere Beispiele aus Briefen des Aeneas).
[143] *Wolkan* I, 1, in ep. 172, S. 502.
[144] *Wolkan* II, 1, in ep. 31, S. 91.

der Reichsidee aus gesehen, traf er die Wirklichkeit haargenau. In seinen verschiedenen Reichstagsreden versuchte er vergebens, die Einigkeit der deutschen Fürsten zu beschwören. Die Klage über die Kluft zwischen der von der Reichsidee hergeleiteten Möglichkeit und der politischen Wirklichkeit der deutschen Machtverhältnisse verstummte in seinem Werk nicht und war auch die Grundlage seiner Einschätzung der Macht Deutschlands in der „Germania".

Die zwei Beschreibungen Basels

Die literarische Gattung der Stadtbeschreibung hielt Aeneas sein Leben lang in ihrem Bann. Während seiner Studienzeit in Florenz und Oberitalien dürften ihn Filelfo und Guarino die Grundzüge der Stadtbeschreibung gelehrt haben, wie sie Leonardo Bruni unter Anknüpfung an die Antike entwickelt hatte. Es ist nicht ausgeschlossen, daß er damals die „Laudatio Florentinae urbis" Brunis sogar selbst studiert hat [145]. Sein frühester bekannter Versuch, das Gepräge einer Stadt einzufangen, ist seine Beschreibung Genuas, die er im Frühjahr 1432 auf der Durchreise nach Basel verfaßte. Pavia lobte er in der Rede vor dem Basler Konzil. Basel setzte er während des Aufenthalts am Konzil in zwei Beschreibungen ein kulturgeschichtliches Denkmal. Wien beschrieb er in zwei Fassungen in der zweiten und dritten Redaktion der „Historia Austrialis", Nürnberg ebenfalls in der „Historia Austrialis", Passau, Regensburg und die Hussitenstadt Tabor in Briefen und Prag in der „Historia Bohemica". In der „Germania" und in der „Europa" ließ er in bunter Folge die deutschen Städte aufziehen und beleuchtete er kurz das Kennzeichnende einer jeden. Innerhalb der Schilderung des Krönungszuges Friedrichs III. in der „Historia Austrialis" huldigte er Ferrara, Bologna, Florenz, Siena und Rom in reizvollen Bildern. Schließlich erwachte in den „Commentarii" der Eindruck Londons von der Jugendreise nach Schottland wieder aus seiner Erinnerung. Auch Venedig, Florenz, Bologna, Mantua, Rom und seine Heimatstadt Pienza waren ihm hier noch einmal einer Darstellung wert [146].

Die Beschreibung Genuas verrät bereits ein gutes Beobachtungsvermögen und

[145] Zu den Lehrern des Aeneas gehörten Francesco Filelfo, Guarino und Giovanni Aurispa (vgl. *Voigt* I, S. 17), denen man die Kenntnis von Brunis „Laudatio" zutrauen sollte.

[146] Die Beschreibungen italienischer Städte befinden sich an folgenden Stellen: 1. „Historia Austrialis", ed. *Kollar* II, col. 233 (Ferrara), col. 236–237 (Bologna), col. 250 (Florenz), col. 270 (Siena), col. 275 und 282 (Rom). 2. „Commentarii", Francofurti 1614, S. 51 (Florenz), S. 81–82 (Venedig), S. 54 (Bologna), S. 58 (Mantua), S. 231–236 (Pienza, mit der Beschreibung der von Aeneas in Anlehnung an die donauländische Hallengotik erbauten Kirche).

eine sichere literarische Beherrschung des Stoffes [147]. Nach dem Muster Brunis ist die Beschreibung der Lage und der charakteristischen Einzelheiten von der Schilderung der Eigenarten der Einwohner getrennt. Die Lage der Stadt und des Hafens, das Schauspiel der ankommenden und abfahrenden Schiffe, das Völkergemisch und Markttreiben am Hafen, aber auch das Aussehen und das Wesen von Männern und Frauen, die Untätigkeit der Frauen der höheren Stände, die Werbungen und Verabredungen der Dirnen in den Gassen und nicht zuletzt die Auswirkungen der politischen Zerrissenheit auf das Leben der Stadt sind gut gekennzeichnet. Es bezeugt Aeneas' Voreingenommenheit gegenüber Florenz, wenn er Genua für überlegen erklärt. Sein Sittengemälde enthält viele Einseitigkeiten und Übertreibungen, und es scheint fast so, als habe er sein Wunschbild eines Paradieses der freien Liebe in die Dinge hineinprojiziert. Manche inhaltlichen Anklänge lassen vermuten, welchem Vorbild er hier unter anderem nacheiferte: — Poggios Brief über das Badeleben [148]! Spontane Beobachtungen stehen also neben solchen, die von literarischen Vorbildern geweckt wurden, so daß manch eine Aussage hätte ebensogut für jede andere Stadt gelten können [149]. Im ganzen spiegelt die Beschreibung Genuas doch nur einen unvollkommenen, von einer augenblicklichen Stimmung gefärbten Eindruck wider. In einem Brief an einen Freund kam es Aeneas mehr darauf an, ein geistreiches Feuerwerk abzubrennen, als ein vollständiges und geschlossenes Bild zu erarbeiten, wozu es ihm auf der Durchreise wohl auch an Zeit mangelte.

Nur wenig später als der Brief über Genua entstand die erste Beschreibung

[147] Beschreibung von Genua in einem Brief an Andreozio Petrucci in Siena, Mailand, 24. März 1432, ed. *Wolkan* I, 1, ep. 6, S. 7—11. Petrucci war mit Bruni, Filelfo, Aurispa und Traversari befreundet. Auch bei ihm könnte Aeneas während seiner Studienzeit Brunis „Laudatio" kennengelernt haben, vgl. *Wolkan* I, 1, S. 7, Anm. a.

[148] Wörtliche Übereinstimmungen mit dem Badener Brief Poggios finden sich nicht. Der Geist des Sittenbildes macht jedoch die Inspiration durch ihn gut denkbar. Folgende Partien zeigen eine gewisse gedankliche Ähnlichkeit: 1. Aeneas (*Wolkan* I, 1, S. 8): „Mira prorsus res est, ut cum omnes aliarum uxoribus afficiantur illarumque iungantur amplexibus, de suis nil sentiant impudice"; Poggio (*de Tonellis* I, S. 6): „Videbant viri uxores suas a peregrinis tangi, neque commovebantur, non animum advertebant, omnia in meliorem partem accipiunt." 2. Aeneas (*Wolkan* I, 1, S. 8): „Cuiusvis modi feminis est Ianua, equidem paradisus omnium delitiarum, ubi mulieribus nichil desit ad voluptatem"; Poggio (*de Tonellis* I, S. 8): „Hoc est hortum voluptatis. Nam si voluptas vitam beatam efficere potest, non video, quid huic loco desit ad perfectam, et omni ex parte consummatam voluptatem." 3. Aeneas (*Wolkan* I, 1, S. 9): „Profecto cum hanc civitatem magis ac magis considero, in ea sententia firmius insisto: Venerem scilicet, si hac tempestate viveret, non amplius Cyprum neque Cyteronis montem, sed Ianuam dumtaxat habitare velle. Hec illi ut opinor sacrata domus"; Poggio (*de Tonellis* I, S. 3): „ . . . ut persaepe existimem et Venerem ex Cypro, et quicquid ubiqe est deliciarum ad haec balnea commigrasse."

[149] Eine Untersuchung über die verschiedenen literarischen Beeinflussungen wäre eine interessante Aufgabe, kann hier jedoch nicht geleistet werden.

Basels [150]. Aeneas muß den Plan zu ihrer Abfassung bald nach der Ankunft am Konzil im April 1432 gefaßt haben, da sie seiner eigenen Aussage zufolge in wesentlichen Teilen bereits fertiggestellt war, als er im Herbst desselben Jahres aus den Diensten des Kardinals Capranica ausschied [151]. Trotzdem wartete er aus Gründen, die nicht bekannt sind, noch über zwei Jahre, bis er sie im Juli 1434, mit einer wenig originellen philosophischen Vorrede versehen, von Mailand aus an den Konzilspräsidenten Kardinal Cesarini sandte, um sie seiner Kritik zu unterstellen und damit seine Aufmerksamkeit auf sich zu lenken [152]. Eine Beschreibung, welche die Anerkennung dieses wegen seiner Bildung und Förderung der humanistischen Studien geachteten Mannes zu erlangen hoffte, hatte von höheren Ansprüchen auszugehen als eine literarische Gelegenheitsarbeit nach der Art des Briefes über Genua und mußte auf eine gründliche und sorgfältige Zusammenstellung der Beobachtungen, auf Wirklichkeitstreue, auf stilistische Klarheit und auf einen durch literarische Autoritäten belegten übersichtlichen Aufbau bedacht sein. Einen Mann von der geistigen Strenge eines Cesarini konnten kapriziöse Abschweifungen oder äußerliche Brillanz nicht beeindrucken. Es ist deshalb kein Wunder, daß Aeneas in seiner Darstellung höchst behutsam vorging, ja geradezu zaghaft wirkt in seinem schlichten, an das Volgare erinnernden Stil und seiner einfachen, schulmäßigen Anordnung des Stoffes. Man glaubt den übermütigen Schilderer Genuas nicht wiederzuerkennen. Die zurückhaltende Aneinanderreihung von Beobachtungen steht den besseren Teilen von Andrea Gataris Chronik nicht fern [153]. Brunis „Laudatio Florentinae urbis“ wurde nicht unmittelbar als Vorlage benutzt, aber manches weist auf ihre Kenntnis hin [154]. Die erste Beschreibung Basels verdient wegen ihrer wertfreien Berichterstattung nicht den Namen „laudatio“. In der Sachlichkeit ihrer Aufzeichnungen schwingt jedoch eine heitere Stimmung mit, die wie ein unausgesprochenes Bekenntnis zugunsten der Stadt wirkt.

Die Darstellung geht von der topographischen Bestimmung der Lage der Stadt aus, wobei der obere Rheinlauf etwas ausführlicher miteinbezogen wird. Ein Abriß des Gesamteindrucks bildet danach den Auftakt zum ersten Hauptteil, der den Merkmalen des Stadtbildes gewidmet ist. An erster Stelle stehen hier, ihrem

[150] Veröffentlicht in Concilium Basiliense V, S. 365–373, bei *Wolkan* I, 1, ep. 16, S. 28–38, und bei *Hartmann*, Basilea Latina, S. 38–48; bei letzterem mit knappem Kommentar zum Inhalt. Übersetzung ins Deutsche von *Hartmann*, in: Basel in einigen alten Stadtbildern und in den beiden berühmten Beschreibungen des Aeneas Sylvius Piccolomini, Basel 1951.

[151] *Wolkan* I, 1, in ep. 16, S. 29: „Igitur cum in hac tempestate novi aliquid edidissem Basileamque et mores hominum perscripsissem, quedam enim gerere destinarem, que negante reverendissimo domino meo cardinale Firmano, iusta nanque et rationabilis fuit consultatio sua, libenter omisi, id ipsum non audebam in publicum condonare, nisi auctoritate vestra illud agerem.“ Vgl. *Buyken*, S. 25.

[152] Die Vorrede ist in der Edition von *Hartmann* weggelassen.

[153] Vgl. *Widmer*, Basler Zeitschrift für Geschichte und Altertumskunde 58/59, S. 137.

[154] Vgl. *Widmer*, ebd., S. 115.

Rang in der mittelalterlichen Stadt entsprechend, die Kirchen. Danach sind die Bürgerhäuser an der Reihe, und zwar zuerst ihr äußerer Anblick und dann ihre Innenausstattung. Es folgt eine Kette typischer Ausschnitte aus dem Stadtbild: die Gassen, die Plätze, die Brunnen, die Mauern mit ihrer Anordnung in zwei die Stadt umfassenden Ringen und am Ende die von Bäumen beschatteten Anger, auf denen Wehrübungen abgehalten wurden oder sich das Volk mit geselligen Spielen die Zeit vertrieb. Der zweite Hauptteil wendet sich im Sinne Brunis der politischen Verfassung der Stadt zu. Hierzu dürften Aeneas' persönliche Erfahrungen nicht ausgereicht haben, so daß er auch auf mündliche Informationen angewiesen war. Es ist daher erklärlich, daß er nicht alles richtig, geschweige denn vollständig erfaßte. Aber so grundsätzliche Dinge wie die Aufteilung des Stadtregiments in zwei Räte, die führende Stellung des Bürgermeisters, die richterliche Gewalt des Schultheißen und die bedeutende Rolle der Zünfte im Gemeinwesen entgingen ihm nicht. Seine Mitteilungen reichen hier sogar weiter, als es in Brunis „Laudatio" vorgezeichnet war, denn er merkt auch einiges über die Rechtsprechung und insbesondere über die Folterstrafen an [155]. Unvermittelt setzt hiernach der dritte Hauptteil ein, der den Sitten und dem Aussehen der Einwohner zugedacht ist. Zuerst kommen hier ihre Frömmigkeit und ihr Mangel an wissenschaftlicher und literarischer Bildung zur Sprache, was auch zu einer kurzen Betrachtung über den Unterricht und die Scholaren Anlaß gibt. Dann geht die Darstellung zu den Gelagen und Bällen der höheren Stände über. Mit einigen Bemerkungen über die äußere Erscheinung und die Wesensart von Männern und Frauen schließt dieser Teil ab. Ganz unmotiviert ist am Schluß der Beschreibung noch ein Überblick über die landschaftlichen Kennzeichen und die Fruchtbarkeit der Umgebung angehängt.

Der Vorzug der ersten Beschreibung Basels beruht auf der frischen, rhetorisch schmucklosen Wiedergabe reizvoller Einzelbeobachtungen. Diese sind allerdings nicht alle spontan zustande gekommen, denn Aeneas ließ sich an insgesamt acht Stellen von Poggios Brief über das Badeleben anleiten, und zwar nicht allein zu stilistischen Wendungen, sondern auch zu bestimmten Beobachtungen. Ohne die Kenntnis von Poggios Schilderung des Treibens auf der Spielwiese am Rande der Bäder hätte Aeneas wohl kaum den Spielen der Basler auf den Stadtangern Aufmerksamkeit geschenkt. Aber er war eigenwillig genug, nicht einfach dieselben Spiele zu beschreiben wie sein Vorbild, sondern nur solche, die er mit eigenen Augen gesehen hatte. Höchst amüsant ist es, wie Aeneas eine weitere Beobachtung Poggios auswertet. Poggio hatte vermerkt, daß in den hölzernen Verschlägen zwischen den einzelnen Badebecken Fensterchen eingelassen waren, die zu allerhand Neckereien einluden. Ähnliche Fensterchen waren Aeneas in den Kirchen Basels an den aus Holz gefertigten Zellen aufgefallen, in die sich die Frauen der vornehmen Familien mit ihren Mägden zum Gottesdienst einschlossen: „In

155 Vgl. *Hans Baron*, The Crisis of the Early Italian Renaissance, 2. Aufl. Princeton 1966, S. 209–211.

den Zellen sind zahlreiche Fensterchen, durch die sie der Messe zuschauen können."[156] Ein literarischer Topos, der auf eine inhaltlich ganz andere Beobachtung bezogen war, rief durch eine Einzelheit die Erinnerung an eine frühere Wahrnehmung wach und wurde dadurch mit einem neuen Inhalt gefüllt. Auch das Lob der Selbstgenügsamkeit der Einwohner Basels ist von Poggios Vorbild beeinflußt[157].

In der ersten Beschreibung Basels kündigt Aeneas an, er werde an anderer Stelle ausführlicher etwas über die Frauen Basels sagen[158]. Dem sittenstrengen Konzilspräsidenten gegenüber war seine Beschreibung dafür nicht der richtige Ort. Aeneas spielte zweifellos mit dem Gedanken, seinen Lieblingsbrief über das Badeleben noch gründlicher auszuschöpfen und seiner Phantasie mit einem überzeichneten Sittengemälde Genüge zu tun. Er schrieb in der Tat auch später einen

[156] Poggii Epistolae, ed. *de Tonellis*, I, S. 4: „et in eis fenestrellae perplures, quibus et una potare, simul colloqui, et utrinque videre, atque atrectare queant ..."; *Hartmann*, Basilea Latina, S. 40, Zeile 7: „et in his fenestrellae perplures, quibus videre queant sacra cellebrari".

[157] Außer der bereits *Hartmann*, Basilea Latina, S. 38, Anm. 13 und *Widmer*, Basler Zeitschrift für Geschichte und Altertumskunde 58/59, S. 132 bekannten Entlehnung aus Poggios Schilderung des Rheinfalls und der Feste Kaiserstuhl bestehen folgende Übereinstimmungen: 1. Poggio (*de Tonellis*, S. 7): „Pratum est ingens post villam secus flumen multis arboribus contectum ... plurimi pila ludunt, non equidem more nostro, sed viri ac mulieres pilam tintinnabulis plenam alter ad alterum, et quidem dilectiorem proiiciunt ..."; Aenaes (*Hartmann*, Basilae Latina, S. 42, Zeile 20): „Recentia insuper in civitate multa prata, arboribus contecta viridibus ... Multi pila ludunt, non equidem more Italico, sed area quadam ferreum affigunt annulum certatimque contendunt suam quisque pilam per cerculum transmittere." 2. Poggio (S. 6): „quotidie ter, aut quater balnea intrant, maiorem in his diei partem agentes, partim cantando, partim potando, partim choreas exercendo: psallunt enim in aquis paulum subsidentes; in quo iucundissimum est videre puellas iam maturas viro, iam plenis nubiles annis, facie splendida, ac liberali, in dearum habitum ac formam ..."; Aeneas (S. 43, 9): „Conveniunt et in plerisque pratis mulieres, ubi et choreas ductant et psallendo laetantur multaque fiunt alio loco uberius dicenda." 3. Poggio (S. 5): „In ipsis aquis saepius de symbolis edunt"; Aeneas (S. 46, 20): „Loca insuper ab nobilibus constituta sunt, aestati altera convenientia, altera hyemi, quibus esse ex symbolis consueverunt." 4. Poggio (S. 6): „partim choreas exercendo" und (S. 9) „singulae autem, quod possunt, vestibus, auro, argento, gemmisque veniunt ornatae; ut non ad balnea, sed ad celeberrimas nuptias eas diceres accessisse"; Aeneas (S. 46, 20): „Alibi palatium amplum moliti sunt, ubi choreas frequenter exercent invitantque formosissimas civitatis, quae vestibus, quoad possunt, lapillis, argento auroque veniunt ornatae, quasi ad nuptias celeberrimas videantur accessisse." 5. Poggio (S. 9): „Hic quoque virgines Vestales, vel ut verius loquar, Florales"; Aeneas (S. 47, 15): „Cunctarum mulierum una est consuetudo amictus et firma et honesta, ut, quae florales sunt, videantur diiudicande vestales." 6. Poggio (S. 10): „At isti parvo contenti in diem vivunt, quoslibet dies festos agunt, non appetentes divitias minime profuturas, opibus gaudent suis, non pavent futuri"; Aeneas (S. 47, 20): „Viri boni esse potius quam videri malunt. Sua custodiunt, aliena non appetunt effrenate, contenti fortuna sua, nisi quibus domi res est angusta nimis." Vgl. ferner Anm. 156.

[158] Nämlich bei der Beschreibung der Spielwiesen, angeregt von Poggio, *Hartmann*, Basilea Latina, S. 43, vgl. Anm. 157, 2. Gegenüberstellung.

Brief, der in Basel solchermaßen Entrüstung hervorrief, daß es ihm nur durch die Fürsprache des Mailänder Erzbischofs Francesco Pizzolpasso glückte, die Stadt wieder betreten zu dürfen [159]. Der anrüchige Brief ist wohl nicht ganz zufällig verloren gegangen. Wer Aeneas' Sittenbild Genuas und Poggios Freimütigkeiten über das Badeleben kennt, wird sich ungefähr seinen Inhalt vorstellen können.

Bei anderer Gelegenheit hat Aeneas die Basler gehörig gelobt, und zwar in der Rede für die Verlegung des Konzils nach Pavia. Auch hierin beweist er sein Geschick, sich mit allen Parteien gut zu stellen. Da er damit rechnen mußte, daß seine Rede erfolglos blieb, verband er die Empfehlung Pavias mit einem Lob auf Basel. Wer einen Basel gleichwertigen Ort suche, solle Pavia wählen! Die Reinheit der Luft habe es mit sich gebracht, daß sich alle in Basel Versammelten noch der besten Gesundheit erfreuten. Die Mitglieder des Konzils hätten in der Stadt uneingeschränkte Freiheit für alle ihre Handlungen genossen. Dann wird mit klingenden Worten den Deutschen Treue, Ernst und Beständigkeit bescheinigt. Sie seien zwar zurückhaltend, bevor sie etwas versprächen, wenn dies aber geschehen sei, „halten sie das Versprochene unerschütterlich und unverletzlich" [160].

Das Thema der Stadtbeschreibung verlockte Aeneas noch zu einer zweiten Beschreibung Basels [161]. Er sandte sie im Oktober 1438 mit der Bitte um Begutachtung an seinen langjährigen Förderer Francesco Pizzolpasso und als Willkommensgeschenk an den nach Basel zurückkehrenden Erzbischof von Tours, Philippe de Coetquis, einen Wortführer der konziliaren Partei, der sich Aeneas mittlerweile gänzlich verschrieben hatte, was er auch in der Widmung an ihn zu erkennen gibt [162]. Für die Abfassung der zweiten Beschreibung Basels läßt sich eine Anzahl von Gründen nennen. 1437 hatte Leonardo Bruni zusammen mit einem Brief, in welchem er für Florenz als künftigen Sitz des Konzils warb, seine „Laudatio Florentinae urbis" an die Basler Väter gesandt [163]. Wahrscheinlich war dieses Exemplar oder eine in Basel angefertigte Abschrift in den Besitz des Aeneas gelangt, so daß er jetzt seine eigene Beschreibung unmittelbar an der illustren Vorlage messen konnte. Dabei dürfte sein schlichter, behutsamer erster Versuch

[159] *Wolkan* I, 1, in ep. 29, S. 95/96.
[160] Orationes, ed. *Mansi*, I, S. 26–27.
[161] Veröffentlicht von *Preiswerk*, Basler Zeitschrift für Geschichte und Altertumskunde IV, S. 5–17; Concilium Basiliense VIII, S. 191–204; *Wolkan* I, 1, ep. 28, S. 84–95; *Hartmann*, Basilea Latina, S. 48–62 mit Kommentar zum Inhalt; übersetzt ins Deutsche von *Hartmann*, in: Basel in einigen alten Stadtbildern, und *Widmer*, Enea Silvio Piccolomini, Papst Pius II., S. 348–370.
[162] Die Widmung an Philippe de Coetquis ist als Vorrede zusammen mit dem einzigen bekannten Exemplar, das sich in der Basler Universitätsbibliothek, Cod. O III 36, befindet, überliefert und von Preiswerk sowie von Wolkan veröffentlicht worden. Der Brief mit der Bitte um Begutachtung an Francesco Pizzolpasso nur bei *Wolkan* I, 1, ep. 29.
[163] Vgl. hierzu *Eugenio Garin*, La cultura milanese nella prima metà del XV secolo, Storia di Milano, ed. Fondazione Treccani degli Alfieri, VI, Milano 1955, S. 545–608 (S. 581 f.).

keine Gnade mehr vor seinen Augen gefunden haben, so daß er sich angespornt fühlte, die prunkvollen Perioden der Lobrede nachzuahmen. Auch ging er jetzt von einer anderen Position aus: er konnte als geschätztes Konzilsmitglied engagiert zugunsten Basels als Sitz des Konzils eintreten. Vielleicht gab der Brief Brunis und dessen Übersendung der „Laudatio" für ein solches Engagement den letzten Anstoß. Es ist daher nicht verwunderlich, daß Aeneas gleich am Anfang die für den Sitz des Konzils vorteilhafte Lage „im Zentrum der christlichen Welt" hervorhebt und im Verlauf der Darstellung manche Spitze gegen Florenz, die Konkurrentin als Konzilsstadt, richtet. Vielleicht hatte er aber auch Lust, sich in einen literarischen Wettstreit mit Pier Candido Decembrio zu begeben, der mit seiner zugunsten der Visconti abgefaßten Gegenschrift „De laudibus Mediolanensium urbis" Bruni und Florenz herausgefordert hatte [164]. Zudem mußte Aeneas daran gelegen sein, die vorangegangene Kränkung der Basler durch eine gerechte Würdigung der Stadt vergessen zu machen [165].

Aeneas behielt in der zweiten Beschreibung Basels den Aufbau und wesentliche Teile des Inhalts der ersten bei. Und doch kann man nicht einfach von einer Überarbeitung sprechen, denn bei einem sorgsamen Vergleich zeigen sich alsbald eine Anzahl grundsätzlicher Unterschiede. Die topographische Lagebestimmung am Anfang geht in der zweiten Beschreibung in eine Erörterung über die Ausdehnung Deutschlands und eine Betrachtung über den Zusammenhang der germanischen Sprachen über. Den Nachweis der Sprachverwandtschaft von Österreich bis Schottland konnte Aeneas hauptsächlich auf Grund seiner persönlichen Erfahrung während der Reisen nach Wien im Frühjahr 1438 – also wenige Monate vor der Beendigung der zweiten Beschreibung Basels – und nach Schottland von 1435 erbringen. Neu sind auch einige Überlegungen zum geschichtlichen Ursprung Basels. Eine gänzlich neue, sehr viel umfangreichere Fassung hat die Darstellung des Rheinlaufs gefunden. Der Oberlauf von Basel an war Aeneas jetzt von mehreren Reisen her vertraut, so daß er die Mitteilungen der ersten Beschreibung aus eigener Anschauung ergänzen konnte. Den Unterlauf hatte er 1435 auf der Reise von Basel nach Arras in Begleitung des Kardinals Albergati kennengelernt. Seine Darstellung geht nun von einer historischen Erörterung über die Ausbreitung der Deutschen jenseits des Rheins unter den Karolingern

[164] *Pier Candido Decembrio*, „De laudibus Mediolanensium urbis panaegyricus", ed. *G. Petraglione*, Archivio Storico Lombardo, Ser. IV, vol. 8, 1907, S. 5–45. Die Originalversion von 1436 ist verloren. Die Ausgabe ist eine leichte Überarbeitung von 1473. Vgl. *Hans Baron*, The Crisis of the Early Italian Renaissance, 2. Aufl. Princeton 1966, S. 69 f. und passim.

[165] *Berthe Widmer*, Enea Silvios Lob der Stadt Basel und seine Vorlagen, gebührt das Verdienst, die Auswertung von Brunis „Laudatio" in Aeneas' zweiter Beschreibung Basels erkannt und dargelegt zu haben. Auf ihren ins Detail führenden Vergleich des Inhalts der beiden Beschreibungen des Aeneas sei ausdrücklich verwiesen, da meine geraffte Darstellung nicht alle von ihr aufgezeigten Feinheiten aufnehmen kann. Die genannten Gründe für die Abfassung der zweiten Beschreibung beruhen weitgehend auf ihren Überlegungen.

und Ottonen aus, die an Otto von Freisings „Chronik" angelehnt ist [166]. Den Höhepunkt bildet das Lob der Rheinstädte und der landschaftlichen Gestalt des Rheintals von Mainz an flußabwärts. Von den Städten werden neben Köln nur Straßburg, Speyer, Worms und Mainz genannt. Wer den Glanz und die Pracht Kölns erblickte, würde meinen, „nicht eine Stadt von Bürgern und Kaufleuten, sondern eine Königsstadt vor sich zu haben" [167]. Die Landschaft des Rheintals, wie sie sich dem Anblick des auf dem Schiff den Fluß Hinabgleitenden darbot, ist in ein schmuckvolles rhetorisches Gewand gekleidet. Man hört von den Burgen und Bauwerken, die über steilen Abhängen emporragten, „als sei Schnee auf die Hügel und alle Bergkämme gefallen". Pracht, Zier, Schmuck und Größe dieser „Landpaläste" überträfen die Paläste in den Städten andernorts. Die das Tal begrenzenden Hügel weiteten sich zu Hochebenen aus, auf denen es blühende Wiesen, klare Quellen und laubreiche Haine gebe. „Es scheinen diese Hügel zu lächeln und eine gewisse Heiterkeit auszustrahlen, die man mit den Blicken nicht ausschöpfen kann, an der man sich nicht satt sehen kann, so daß die ganze Gegend mit Recht als ein Paradies angesehen und bezeichnet werden darf, dem nichts auf der ganzen Welt an Anmut und Schönheit gleichkommen könnte. Wenn aber schon die Menschen erstaunt innehalten, wenn sie aus der Ferne von der Höhe eines Berges das Häusermeer von Florenz und das weite Gebiet der umliegenden Landhäuser erblicken, was würden sie erst tun, wenn sie auf einer Fahrt den Rhein abwärts vom Deck des Schiffes aus, die Zier so verschiedenartiger Kastelle und die Zusammenballung so vieler Gebäude sähen, wo sie doch nicht nur einen Tag lang, wie im Fall von Florenz, den Eindrücken ausgesetzt wären, sondern drei oder mehr Tage lang die Augen weideten und keine Minute ohne den Anblick eines neuen Wunders verstreichen ließen?" [168] Ein leichter Zweifel stellt sich beim Lesen dieser überschäumenden Rhetorik ein, ob Aeneas dies alles ganz und gar der eigenen Anschauung verdankte.

Die eigentliche Stadtbeschreibung hat anders als der vorangegangene Teil kaum an Umfang gewonnen. Sie weist jedoch ebenfalls einige Veränderungen im Verhältnis zur ersten Beschreibung auf. Der einleitende Abriß des Gesamteindrucks der Stadt ist etwas ausführlicher gehalten. An die Beschreibung der einzelnen Merkmale des Stadtbildes schließt sich jetzt eine recht weitschweifige Betrachtung über die Vorzüge der Lage Basels im allgemeinen an: die Lage halte die Mitte zwischen den Extremen, denn die Stadt sei weder im hohen Gebirge noch in der ungeschützten Ebene gelegen, habe daher nicht unter den Winden und Stürmen des Gebirges und auch nicht unter der Hitze und Unreinheit der Luft in der Ebene zu leiden. Es sei kein Nachteil, daß sie nicht am Meere liege, was Platon bereits allgemeingültig bewiesen habe. Daran anknüpfend werden einige Beispiele für die Nachteile der Seestädte aufgeführt, die sich an Brunis „Lauda-

[166] *Hartmann*, Basilea Latina, S. 52, Anm. zu Zeile 27.
[167] Ebd., S. 53, Zeile 20. Vgl. Anm. 252.
[168] Ebd., S. 54.

tio" anlehnen. Die Betrachtung über die Vorzüge der Lage enthält nun auch eine Bemerkung aus der Anschauung über die gute Versorgung der Konzilsstadt mit den notwendigen Lebensmitteln. Andererseits ist in der Beschreibung des Stadtbildes jetzt eine ganze Reihe reizvoller Einzelheiten fortgelassen, als hätten sie nach dem längeren Aufenthalt auf Aeneas ihre Anziehungskraft eingebüßt. Man sucht zum Beispiel vergebens nach der Schilderung der Spiele des Volkes auf den Stadtangern. Ebenso erfährt man nichts mehr über die Plätze, über die Bälle und Gelage der höheren Stände, über den Unterricht und die Scholaren. Auch das Innere der Kirchen und das Äußere der Stadthäuser sind weniger eingehend gekennzeichnet.

Zur Darstellung des Stadtregiments und der Rechtsprechung kamen Aeneas die gründlicheren Erfahrungen und Kenntnisse des längeren Aufenthalts zugute. Er legte jetzt auf diesen Teil sehr viel größeren Wert als in der ersten Beschreibung. Sein Bemühen ist unverkennbar, Fehler und Ungenauigkeiten zu berichtigen und auch einige neue Tatsachen hinzuzufügen, so daß ihm nunmehr ein annähernd zutreffendes Bild des Stadtregiments gelingt [169]. Darüber hinaus zeigt sich nicht selten ein feiner Unterschied in der Bewertung, der seiner politischen Entwicklung und seinem Anpassungsprozeß an die neue Umwelt Rechnung trägt [170]. Bezeichnend sind hierfür die in der Mehrzahl erstmals auftretenden Ausführungen über die städtische Freiheit unter der Obhut des Kaisers. Es klingt geradezu wie eine Absage an die Heimat, wenn er auf die Herrschaftsverhältnisse in Italien anspielt und den Kontrast in folgenden Worten gipfeln läßt: „Indem sie den König oder Kaiser verschmähen, sind sie dem geringsten Pöbel untertan." [171]

Die Beschreibung der Sitten und des Aussehens von Männern und Frauen ist im ganzen gestraffter und enthält nur eine einzige neue Beobachtung. Die Beschreibung wird diesmal gewandt durch ein rhetorisches Lob der Rolle Basels als Konzilsstadt abgerundet, das den thematischen Bogen zur Einleitung spannt.

Die zweite Beschreibung Basels spiegelt allenthalben die Vorlage von Brunis „Laudatio Florentinae urbis" wider [172]. Aeneas hat nun alle verräterischen Anklänge an Poggios Badener Brief bis auf eine Stelle getilgt und stattdessen aus Brunis „Laudatio" ganze Partien, zum Teil wörtlich, übernommen, wenn ihn deren Thematik oder stilistische Ausgefallenheit ansprachen und sie sich auf die von ihm wahrgenommene Wirklichkeit übertragen ließen [173]. Der Abriß des Ge-

[169] Vgl. ebd., S. 59, Anm. zu Zeile 5.

[170] Vgl. dazu im einzelnen *Widmer*, Basler Zeitschrift für Geschichte und Altertumskunde 58/59, S. 130/131.

[171] *Hartmann*, Basilea Latina, S. 59, Zeile 1.

[172] Vgl. Anm. 165.

[173] Die einzige Stelle, die Aeneas von Poggio beibehalten hat, sind dessen Bemerkungen über den Rheinfall und die Feste Kaiserstuhl, vgl. Anm. 157. Besonders zu beachten ist die Auslassung der Schilderung der Spiele auf den Stadtangern, da Aeneas ja gerade an diese seinen Bericht über die Basler Frauen anschließen wollte, vgl. Anm. 157, 2. Gegenüberstellung, und Anm. 158.

samteindrucks von Basel ist nur deshalb ausführlicher geraten, weil sich das Passende hierfür gerade in Brunis Stadtbild von Florenz anbot. Die Erörterung über die allgemeinen Vorzüge der Lage Basels bis hin zur Anführung Platons geschieht in fast wörtlicher Anlehnung an die Vorlage. Jetzt klärt sich auch der Ursprung des überschwenglichen Lobs der landschaftlichen Schönheit des Rheintals auf: es ist Brunis Verherrlichung des Arnotals bei Florenz! Aeneas begnügte sich nicht nur mit ihrer Entlehnung, sondern spielte sie auch gegen Florenz, die Konkurrentin Basels als Konzilsstadt, aus, indem er den Anblick der Rheinlandschaft über das Panorama des Arnotals bei Florenz stellte [174]. Auch manch eine Eigentümlichkeit des Inhalts an Stellen, die keine wörtlichen Übereinstimmungen oder Anklänge enthalten, wird nur durch das gründliche Studium von Brunis „Laudatio“ verständlich [175].

Beide Beschreibungen zeigen Basel in einem günstigen Licht. Aber während dies in der ersten durch ungezwungene Heiterkeit des Ausdrucks und eine schlichte Sprache geschieht, führt die zweite durch die Annäherung an Brunis panegyrischen Stil dahin [176]. Die gehobene und elegante Sprache ist hier durch lange, ausgefeilte Perioden und einfallsreiche Vergleichungen gekennzeichnet. Die Aussagen bleiben dafür weniger verbindlich. In der rhetorischen Durchführung des Lobs geht Aeneas jedoch nicht so weit wie Bruni, da ihm gegenüber Basel das Engagement des Florentiners in der politischen Bedrohung der Heimatstadt fehlte. Trotz der den rhetorischen Topoi des Panegyrikus innewohnenden positiven Tendenz bleibt er weitgehend objektiv und teilt nicht die Maxime Brunis, die „laudatio“ bedürfe nicht unbedingt der Wahrheit, da sie vor allem der Erbauung der Hörer- oder Leserschaft zu dienen habe [177].

Für die erste und zweite Beschreibung Basels gilt noch ein wichtiger Unterschied. Die erste ist nur das Ergebnis von Anschauung und mündlicher Information. Die zweite geht einen Schritt weiter, indem sie Ansätze einer wissenschaftlichen Behandlung des Stoffes liefert. Der Erörterung über die Ausdehnung Deutschlands liegt die Auseinandersetzung mit der Auffassung Caesars über die Rheingrenze zugrunde. Für die Ausbreitung der Deutschen auf linksrheinischem Gebiet wird Otto von Freisings „Chronik“ benützt und für die Begründung der vorteilhaften Lage von Basel Brunis „Laudatio“ im Verein mit ihrem Zitat Platons ausgeschöpft. Hieran zeigt sich ein neues Bestreben des Aeneas, von der persönlichen Anschauung und der mündlichen Information zu einem Studium der

174 Am Beispiel der Darstellung des Rheinlaufs zeigt sich am deutlichsten, wie sich die persönliche Kenntnis und die Entlehnung aus der Vorlage ergänzen. Bei *Widmer* wird nicht einsichtig, daß Aeneas erst auf Grund seiner Reise von 1435 zur Erweiterung gegenüber der ersten Beschreibung und zur Übernahme der Passagen aus der Vorlage bewogen wurde, vgl. Anm. 165.

175 Vgl. *Widmer*, Basler Zeitschrift für Geschichte und Altertumskunde 58/59, S. 121 ff.

176 Vgl. ebd., S. 116–117.

177 Leonardi Bruni epistulae, ed. *Mehus*, S. 112 (Lib. VIII, ep. 4), vgl. Kap. I, Anmerkung 32.

grundlegenden Autoren fortzuschreiten und die Wirklichkeit nach diesen drei Komponenten zu beurteilen. Mit der zweiten Beschreibung Basels setzt das fruchtbare Wechselspiel der drei Komponenten im Erkennen des Aeneas ein, das für sein geographisches, ethnographisches und historiographisches Werk so charakteristisch ist. Noch sind die wichtigsten antiken Geographen nicht aufgeführt, noch steht das kritische Messen, Annehmen und Verwerfen der Vorlagen durch die Anschauung in den Anfängen und überwiegt das Bedürfnis der Aneignung darstellerischer Grundsätze, doch der Nachweis des Sprachzusammenhangs und die Widerlegung der antiken Auffassung von der Rheingrenze sind als Aeneas' erste selbständige Schritte in die Richtung einer wissenschaftlichen Auswertung der eigenen Anschauung anzusehen.

Die zwei Fassungen der Beschreibung Wiens

Aeneas vermochte dem Thema der Stadtbeschreibung immer wieder neue, überraschende Seiten abzugewinnen. Eine jede Beschreibung trägt die Physiognomie seiner jeweiligen intellektuellen und psychischen Entwicklungsstufe. Darüber hinaus hat es den Anschein als hätte er sich der rhetorischen Form, der Anordnung und der Auswahl der Themen nach jedes Mal bewußt von seinen früheren Mustern abgesetzt. Die zwei Fassungen der Beschreibung Wiens in der zweiten und dritten Redaktion der „Historia Austrialis" stehen den beiden Beschreibungen Basels an Umfang und Gehalt der Mitteilungen kaum nach, unterscheiden sich jedoch von ihnen erheblich in der inneren Einstellung zu ihrem Gegenstand und in der rhetorischen Form. Sie befinden sich jeweils am Anfang der „Historia Austrialis" und sind von einer kürzeren Beschreibung Österreichs eingerahmt [178].

[178] Zur handschriftlichen Überlieferung der „Historia Friderici" bzw. „Historia Austrialis" – unabhängig von der Redaktion, um die es sich jeweils handelt, soll künftig das Werk stets mit dem endgültigen Titel „Historia Austrialis" bezeichnet werden – vgl. *Kramer*, MiÖG XLV; *Ilgen*, Die Geschichte Kaiser Friedrichs III. von Aeneas Silvius, in der Einleitung, und *Bayer*, Die Historia Friderici III Imperatoris des Enea Silvio de' Piccolomini. Die erste Fassung der Beschreibung Wiens erschien zum ersten Mal, unabhängig von der „Historia Austrialis" und ohne einen Hinweis auf sie, 1481, 1486 und 1496 in den von Anton Koberger (Koburger) in Nürnberg herausgegebenen Inkunabeln der Briefe und kleineren Traktate des Aeneas im Druck (Pii II pontificis maximi ... familiares epistule ad diversos in quadruplici vite eius statu transmisse: impensis Antonii Koburger Nuremberge impresse. finiunt XVI. kal. octobris. Anno MCCCCLXXXI, *Hain*, Repertorium bibliographicum 151; die Neuauflagen ebd. 154 und 156). Sie steht dort jeweils unter der Nummer CLXV und dem Titel: „Descriptio urbis Wiennensis per poetam Eneam Silvium edita". Von den Nürnberger Inkunabeln gelangte sie in die Basler Ausgabe der „Opera omnia" von 1551, wo sie unter dem Titel „Descriptio urbis Viennensis" aufgeführt ist (fol. 718–720). Im Rahmen der „Historia Austrialis" tritt sie erstmals in der Ausgabe Boeclers (Aeneae Silvii episcopi Senensis postea Pii papae II historia rerum Friderici III imperatoris, ed. *Jo. Henricus Boecler*, Argentorati 1685, S. 2–5) und dann bei *Kollar*, Analecta II, col. 7–14, auf. In den frühen separaten Veröffentlichungen

Anders als im Fall der Beschreibungen Basels wäre es nicht gerechtfertigt, die beiden Fassungen als zwei selbständige Beschreibungen zu bezeichnen, da sie beide Male zur Einführung in die „Historia Austrialis" bestimmt sind und sie sich nur durch einzelne, inhaltlich allerdings interessante Veränderungen und Erweiterungen voneinander abheben, die an der Gesamtkonzeption nichts Wesentliches ändern [179].

Als frühester Zeitpunkt für die Entstehung der ersten Fassung ist die Jahreswende 1454/5 anzusehen, als Aeneas mit der Abfassung der zweiten Redaktion begann. Es ist demnach wahrscheinlich, daß er die erste Fassung noch vor seiner endgültigen Rückkehr nach Italien im Mai 1455 in Wiener Neustadt in Angriff genommen hat. Gänzlich abwegig ist die Annahme, Aeneas hätte sie im Frühjahr 1438, während seines Aufenthalts in Wien in Begleitung des Bischofs von Novara, als Brief an einen Freund in Basel gerichtet und den Brief später in die „Historia Austrialis" inseriert. Einem Brief widerspricht die rhetorische Form, und im Gegensatz zu einer so frühen Datierung stehen die ungeschminkten Äußerungen über den Adel, die überhaupt nur zu einem Zeitpunkt denkbar sind, als Aeneas Österreich definitiv den Rücken kehrte, und die extrem negative Beurteilung der Frauen, die nicht zu dem lebensfrohen Literaten der Basler Jahre passen will. Die Kenntnis der Wiener Verhältnisse ist zudem so gut, daß es unmöglich erscheint, er hätte sie während des zweimonatigen Aufenthalts von 1438 erlangen können [180]. Man bedenke auch, daß eine Abfassung im Frühjahr 1438 noch vor die der zweiten Beschreibung Basels fiele. Die Entstehungszeit der zweiten Fassung fällt mit der Abfassung der dritten und endgültigen Redaktion der „Historia Austrialis" zusammen, die erst im Sommer 1458, kurz vor der Wahl zum Papst, abgeschlossen wurde [181].

Beide Fassungen der Beschreibung Wiens sind reine „descriptiones". Es fehlen

erscheint sie jeweils losgelöst von der umrahmenden Beschreibung Österreichs und setzt erst nach der Erörterung über die Herkunft des Stadtnamens mit der Beschreibung des Stadtbildes ein: „Vienna ambitu murorum cingitur duorum millium passuum ..." Daran hielt sich auch Wolkan in der textkritisch unzureichenden Veröffentlichung in seiner Ausgabe der Briefe des Aeneas (*Wolkan* I, 1 ep. 27, S. 80–84). Die bisher noch unveröffentlichte zweite Fassung befindet sich als Teil der dritten und endgültigen Redaktion der „Historia Austrialis" in den Kodices J VII 248 (Chigi), J VIII 283 (Chigi) und Urb. lat. 405 der Biblioteca Vaticana. (Zu einem Konzept der zweiten Fassung im C. 3366 der Österreichischen Staatsbibliothek in Wien, vgl. *Kramer*, S. 43.) Da die geplante kritische Ausgabe der „Historia Austrialis" des Österreichischen Instituts für Geschichtsforschung bis zu ihrem Erscheinen noch längere Zeit beanspruchen dürfte, soll die zweite Fassung jetzt schon durch eine Veröffentlichung im Anhang dieser Arbeit zugänglich gemacht werden.

179 Die inhaltlichen Unterschiede der beiden Fassungen sind in den Grundzügen bei *Kramer*, S. 44–53, dargestellt.

180 *Lhotsky*, Aeneas Silvius und Österreich, S. 10–11. Zum Aufenthalt in Wien von 1438 vgl. Anm. 68.

181 *Wolkan* (I, 1, ep. 27, S. 80, Anm. a) hat ohne Angabe von Gründen die erste Fassung der Beschreibung Wiens als einen Brief bezeichnet, den Aeneas während eines Aufent-

Kennzeichen der literarischen Gattung eines Briefes, wie die persönliche Zwiesprache mit dem Empfänger, die Einbeziehung des eigenen Erlebens in die Dar-

halts in Wien von 1438 an einen ungenannten Freund in Basel gerichtet und später in die „Historia Austrialis" inseriert haben soll. Diese Auffassung, der sich im übrigen auch *Grossmann*, S. 176, anschließt, ist, wie im folgenden sowie innerhalb der Darstellung begründet wird, abwegig. Die erste Fassung der Beschreibung Wiens ist vor ihrem Erscheinen in den Nürnberger Inkunabeln (vgl. Anm. 178) in keiner Handschrift erhalten. Wolkan hätte sonst zur Bestätigung seiner These auf sie hingewiesen (vgl. auch *Alphons Lhotsky*, Die Wiener Artistenfakultät 1365–1497 [= Festgabe der Österreichischen Akademie der Wissenschaften zur 600-Jahrfeier der Universität Wien], Wien 1965, S. 135/6). In den Nürnberger Inkunabeln erscheint die erste Fassung der Beschreibung Wiens unter dem Titel: „Descriptio urbis Wiennensis per poetam Eneam Silvium edita". Es fehlen hier Anrede, Datierung und Angabe eines Ausstellungsortes, die für einen Brief kennzeichnend wären. (Zu den der literarischen Gattung eines Briefes widersprechenden inhaltlichen Kriterien vgl. S. 112 ff. in der Darstellung.) Die Bezeichnung „descriptio" gibt zu erkennen, daß der Herausgeber oder andere vor ihm den Text nicht als einen Brief ansehen wollten. Der Vermerk „per poetam Eneam Silvium edita" ist zu vage formuliert, als daß er auf eine separate Herausgabe von seiten des Aeneas schließen ließe, und scheint nur ganz allgemein die Tatsache seiner Autorschaft ausdrücken zu wollen. Unsere Frage lautet nunmehr: Von wo übernahm der Herausgeber den Text? – Es ist kaum denkbar, daß er ihn selbst aus einer Handschrift der zweiten Redaktion der „Historia Austrialis" herausgelöst hätte, da er dieses für die deutschen Humanisten überaus interessante Werk, wenn es ihm bekannt gewesen wäre, sicher nicht der Öffentlichkeit vorenthalten hätte (zur Überlieferung der zweiten Fassung vgl. *Strnad*, Studia Piccolominea, Vorarbeiten zu einer Geschichte der Bibliothek der Päpste Pius II. und III., Atti del Convegno, S. 371). Ein ersichtlicher Grund, die Beschreibung Wiens von der „Historia Austrialis" zu trennen und sie unter die Briefe und kleineren Traktate des Aeneas einzustreuen, war für ihn nicht gegeben. Er dürfte demnach den Text bereits in der von ihm veröffentlichten Form und vielleicht sogar mit demselben Titel in einer verlorengegangenen Handschrift vorgefunden haben. (Ein Stuttgarter Kodex, der „Excerpta de historia rerum Friderici III Imp." enthält, konnte nicht eingesehen werden; vgl. *Jacques Perret*, Recherches sur le texte de la „Germanie", Paris 1950, S. 154). Es sei auf Grund dieser Überlegungen erlaubt, der Forschung einen Fingerzeig zu geben und einer Hypothese nachzugehen, die selbstverständlich noch auf eine Erhärtung durch gewissenhafte Untersuchungen wartet. Ein dringender Verdacht, die genannte Fassung aus der zweiten Redaktion der „Historia Austrialis" herausgelöst und unabhängig von ihr weitergegeben zu haben, fällt auf Johann Hinderbach, den gelehrten Bischof von Trient, Schüler des Aeneas und Verfasser einer „Continuatio" der „Historia Austrialis". Prinzipiell lassen sich zwei Zeitpunkte nennen, in denen dies geschehen sein könnte. Der erste wäre das Frühjahr 1455, als Hinderbach in der Stellung eines Sekretärs der Reichskanzlei an der Seite des Aeneas in Wiener Neustadt weilte und ihm mit der Übersetzung der deutschen Quellen bei der Abfassung der zweiten Redaktion der „Historia Austrialis" behilflich war. Im Frühjahr 1455 entstand mit großer Wahrscheinlichkeit die erste Fassung der Beschreibung Wiens (vgl. weiter unten), die Hinderbach als Übersetzer der deutschen Quellen eigentlich damals schon zu Gesicht bekommen haben müßte. Hinderbach war auch der Begleiter des Aeneas auf der Gesandtschaft, die im April 1455 im Namen Friedrichs III. bei Kalixt III. die Obödienz leistete und von der Aeneas nicht mehr nach Österreich zurückkehrte (zu allem vgl. *Victor von Hoffmann-Wellenhof*, Leben und Schriften des Dr. Johannes Hinderbach, Zeitschrift des Ferdinandeums für Tirol und Vorarlberg, III. Folge, Bd. 37, 1893, S. 219/220 und 245/246). Sollte Hinderbach nicht stellung und spielerische Abschweifungen [182]. Die „descriptio" äußert sich in der konzentrierten Aneinanderreihung von Fakten. An die Stelle der ungekünstelten Sprache der ersten Beschreibung Basels und des eleganten, geschliffenen Stils der zweiten tritt nunmehr ein betont bündiger, nüchterner Stil, in welchem der ablativus absolutus und das participium coniunctum vorherrschen. Es ist die rhetorische Form des sachlichen historischen Berichts, wie sie Caesar in den Kommentarien beispielgebend für spätere Generationen vorgeführt hat. Dieselbe rhetorische Form ist auch das für die „Historia Austrialis" insgesamt charakteristische

schon im Frühjahr 1455 die beendete Fassung herausgeschrieben haben, so bot sich ihm eine zweite Möglichkeit dazu, als er später während einer seiner zahlreichen Aufenthalte in Rom in den Besitz der beiden einzigen bekannten Abschriften der zweiten Redaktion aus dem 15. Jahrhundert kam, die unmittelbar auf die Autographen zurückgehen. Die eine der beiden Abschriften ist insbesondere in dem die Beschreibung Österreichs und Wiens betreffenden Teil reich an Randglossen von seiner Hand (*Bayer*, S. 19, Anm. 1). Bis zur Beendigung der „Continuatio" im Jahre 1463 lag ihm im übrigen nachweislich nur die erste Redaktion der „Historia Austrialis" vor (*Hoffmann-Wellenhof*, S. 247), welche die Beschreibung Wiens noch nicht enthielt, was freilich nicht ausschließt, daß er unabhängig davon eine separate Abschrift ihrer ersten Fassung besaß.
Als der frühestmögliche Zeitpunkt für die Entstehung der ersten Fassung der Beschreibung Wiens ist der Beginn der Abfassung der zweiten Redaktion anzusehen, der nach *Kramer*, S. 40, in den Zeitraum zwischen November 1454 und Februar 1455 fällt. *Kramer*, S. 40, und *Bayer*, S. 33, rechnen die Beschreibung Wiens zu den Teilen der zweiten Redaktion, die noch vor der Rückkehr nach Italien entstanden sind. Ihrer Auffassung kommt ein hoher Grad an Wahrscheinlichkeit zu. Endgültige Beweise führen sie jedoch nicht an. *Alphons Lhotsky*, Aeneas Sylvius und Österreich, S. 10–11 (einschließlich S. 47, Anm. 12 und 13; desgl. *Lhotsky*, Die Wiener Artistenfakultät 1365–1497, S. 134–136) hat neben dem Hinweis auf die Kürze des Aufenthalts in Wien von 1438, wobei er allerdings übersehen hat, daß Aeneas nicht mit Bartolomeo Visconti, sondern mit dem Patriarchen Ludwig von Teck (vgl. oben, Anm. 68) nach Basel zurückkehrte, zwei grundsätzliche Einwände gegen die Datierung Wolkans erhoben, die diese widerlegen, indem er die Mitteilungen über Thomas Ebendorfer überprüfte („Est et illic hodie Thomas Hasselbach non incelebratus Theologus, quem scribere historias non inutiles aiunt, cuius ego doctrinam laudarem, nisi duos et viginti annos Isaiae primum capitulum legisset, neque adhuc ad calcem venisset"; *Kollar*, Analecta II, col. 10/11). Ebendorfer habe erst spät auf besonderen Wunsch Friedrichs III. zur Historiographie gefunden und erst 1449/50 mit der Niederschrift der „Chronica Austriae" begonnen. Da er 1438 Doktor der Theologie geworden sei, hätte Aeneas 1438 nicht behaupten können, er habe 22 Jahre über Jesaias gelesen. Beide Mitteilungen stimmten mit dem Beginn der Abfassung der „Historia Austrialis" 1450/51 überein. Dabei hat Lhotsky jedoch nicht beachtet, daß die Beschreibung Wiens überhaupt erst in der zweiten Redaktion auftritt (vgl. *Bayer*, S. 15 ff. und 20 ff., *Kramer*, S. 40 und 44), die zwischen November 1454 und Februar 1455 begonnen wurde (*Kramer*, S. 33, legt im übrigen den Beginn der Abfassung der ersten Redaktion auf den September 1453 fest). Die dritte Redaktion der „Historia Austrialis" hat Aeneas noch als Kardinal, d. h. wohl spätestens im Frühjahr oder gar erst im Sommer 1458 beendet (*Kramer*, S. 42).
[182] Der Unterschied zu einem Brief wird am deutlichsten bei einer Gegenüberstellung mit der Beschreibung von Schloß Ebelsberg in dem Brief an Giovanni Campisio, in welchem das persönliche Erlebnis im Mittelpunkt steht (*Wolkan* I, ep. 155), vgl. unten, S. 122 ff. und Kap. I, S. 22 f.

Stilelement. Nahtlos fügt sich der Stil der Beschreibung Wiens in den des ganzen Werkes ein. Dies sind bei einem Humanisten vom Range des Aeneas beweiskräftige Belege für die Auffassung, daß die Beschreibung Wiens als Teil der „Historia Austrialis“ entstanden ist.
Der Aufbau der beiden Fassungen ist im Vergleich zu den Beschreibungen Basels weniger übersichtlich. Da die Darstellung möglichst konzentriert sein soll, werden Absätze oder deutliche Einschnitte zwischen den bekannten drei Hauptthemen der Stadtbeschreibung (Kennzeichnung der Stadt und des Stadtbildes, Darstellung des Stadtregiments und der Rechtszustände, Schilderung der Sitten) sowie der vorangestellten Erörterung des Stadtnamens vermieden. Die fließenden Übergänge ergeben sich je nach Einfall durch beliebige Anknüpfungen. Bisweilen, in der zweiten Fassung häufiger als in der ersten, wird sogar die getrennte Anordnung der Hauptthemen durchbrochen, so daß sich einzelne Mitteilungen aus ihren Bereichen überschneiden. Die Einhaltung des schulmäßigen Aufbaus tritt gegenüber der spontanen Empfänglichkeit für den inneren Zusammenhang einzelner Gegenstände der Beobachtung zurück [183].
Die inhaltlichen Veränderungen der zweiten gegenüber der ersten Fassung sind nicht immer nach einem klar erkennbaren Prinzip erfolgt. Es gehörte ja zu den Wesenszügen des Aeneas, aus Freude am Formulieren der Laune des Einfalls einen gewissen Spielraum zu lassen. Er fügte mehr hinzu, als er fortließ, und nahm auch einige Umstellungen vor, wodurch zum Teil neue Themengruppen entstanden. Es kam ihm im wesentlichen darauf an, die erste Fassung, die ihm in vielen Teilen nicht ausführlich genug erschien, durch neue Mitteilungen zu ergänzen und manch eine Einseitigkeit in ihr abzuschwächen [184].
Die Beschreibung Österreichs, die durch die eingeschobene Beschreibung Wiens in zwei Teile zerfällt, setzt mit einer Erklärung des Namens „Austria“ ein. Beide Fassungen leiten die Entstehung des Namens zutreffend aus der Zeit nach der Teilung des Frankenreiches her. Die zweite Fassung widmet sich sehr viel eingehender dem Vergleich der antiken Gebietsbezeichnungen und -begrenzungen im Werk des Ptolemäus mit den Völkerschaftsnamen und -grenzen der Gegenwart. Während sich die erste Fassung noch sehr vorsichtig zugunsten der Auffassung ausspricht, Österreich liege auf pannonischem und nicht auf norischem Boden, bekennt sich die zweite entschieden zu ihr und deutet den „Mons Cetius“ des Ptolemäus scharfsinnig als den Wiener Wald. An die kritische Auseinandersetzung mit den Angaben des Ptolemäus schließt sich in beiden Fällen die übliche Lagebestimmung an, in der jeweils auch die Ausdehnung Österreichs in Tagereisen verzeichnet ist. Danach wendet sich die Darstellung in beiden Fassungen den günstigen Bedingungen des Landes, vor allem in wirtschaftlicher Hinsicht, zu.

[183] Vgl. auch die negative Beurteilung des Aufbaus bei *Richard Müller,* Wiens höfisches und bürgerliches Leben im ausgehenden Mittelalter, in: Geschichte der Stadt Wien III/2, Wien 1907, S. 626–757 (S. 690).
[184] Zu den Unterschieden im einzelnen vgl., wie bereits erwähnt, *Kramer,* S. 44–53; die wichtigsten Gesichtspunkte auch unten, S. 121.

Die Naturerzeugnisse und Bodenschätze werden aufgezählt und der Austausch lebenswichtiger Güter mit den Nachbargebieten vermerkt. Ein Blick auf den Lauf der Donau beschließt jeweils den ersten Teil der Beschreibung Österreichs und leitet unmittelbar zur Beschreibung Wiens über [185].

Die Beschreibung Wiens stellt in beiden Fassungen die Erörterung des Stadtnamens an den Anfang. Aeneas beschreitet neue Wege, wenn er ausführt, der Name Wien stamme entweder von den „Arae Flavianae“ her, die sich nach der Angabe des Ptolemäus nördlich der Donau befanden, oder von der Bezeichnung „Flavianum“ in alten Privilegien der Herzoge von Österreich und im Geschichtswerk Ottos von Freising, indem „Flavianum“ im Deutschen zu „Flavien“ und daraus schließlich „Wien“ oder „Vienna“ geworden sei. Seine Befähigung zu historischer Kritik bestätigt die Widerlegung der in der Tat unhaltbaren Auffassung, der Name „Vienna“ leite sich von „bienna“ her, weil die Stadt zwei Jahre lang einer Belagerung Caesars standgehalten habe [186].

An zweiter Stelle steht die Kennzeichnung der Stadt und des Stadtbildes. Sie geht diesmal von den Mauern und Befestigungsanlagen aus, wodurch gleich zu Anfang die räumliche Einheit der Stadt verdeutlicht wird. Die Erwähnung der Vorstädte rundet die angedeutete Grundrißskizze ab. Anders als in den beiden Beschreibungen Basels wird nunmehr der Blick zunächst auf die Häuser des Adels und der Bürger gelenkt, und erst danach folgen die Kirchen, Klöster und Spitäler. Die Bauart, die Geräumigkeit und schmuckvolle Ausgestaltung der Häuser innen wie außen werden in beiden Fassungen gleichermaßen gelobt [187]. Aufmerksam sind jeweils einzelne, nur in Wien anzutreffende Charakteristika festgehalten, wie zum Beispiel die Höhe der Häuser von zwei bis drei Stockwerken und

[185] Zur Beschreibung Österreichs vgl. *Kramer,* S. 46. Es sei in diesem Zusammenhang auch auf eine kleine Beschreibung Ungarns in einem Brief an Nikolaus V. hingewiesen, durch die Aeneas den Papst im Hinblick auf die Türkengefahr von der geographischen Lage und der Bedeutung Ungarns unterrichten wollte; *Wolkan* III, 1, in ep. 103, S. 189 ff.

[186] Zum Beitrag des Aeneas in der Geschichte der Erklärung des Stadtnamens vgl. *Richard Müller,* Der Name Wien, in Geschichte der Stadt Wien I, Wien 1897, S. 160–184 (S. 173/174), und *Kramer*, S. 46. Eine Parallelstelle bei *Wolkan* II, 1, in ep. 40, S. 134. Eine eingehende Interpretation der ersten Fassung der Beschreibung Wiens in einer Gegenüberstellung mit der auf ihr aufbauenden Beschreibung Wiens des Antonius Bonfinis (vgl. Kap. Bonfinis, S. 214 f.) bei *Müller,* Wiens höfisches und bürgerliches Leben, S. 686 ff. Es sind jedoch folgende Themen ausgeschlossen: Mauern und Befestigungsanlagen; Freihäuser; Kirchen, Klöster und Spitäler; Universität; Stadtverfassung; Rechtspflege und Marktwesen.

[187] *Kramer*, S. 47, ist auf Grund eines Mißverständnisses des lateinischen Textes zu einer falschen Aussage gekommen. Danach soll Aeneas in der zweiten Fassung sein Urteil über die Bürgerhäuser gegenüber der ersten gründlich geändert haben, da ihm nun die Renaissancebauten Nikolaus' V. in Rom als Vergleichsmaßstab vor Augen gestanden hätten. Aeneas schreibt aber: „Plurimaque et munda suppellex in aedibus quoque privatorum civium ad principalem erectis magnificentiam; nihil ornamenti, nihil commoditatis requiras ...“ und will damit sagen, man vermisse in ihnen nichts an Schmuck und Bequemlichkeit.

die ausgedehnten Kellergewölbe zur Lagerung des Weins [188]. Die Darstellung der Kirchen, Klöster und Spitäler ist in der ersten Fassung etwas nachlässig behandelt und daher in der zweiten erheblich erweitert. Gerühmt werden beide Male die Architektur der Kirchen, ihre reiche Ausstattung im Innern und wertvollen Reliquien. Aber nur die zweite Fassung beachtet Eigentümlichkeiten bestimmter Bauten. So hat Aeneas vor allem der Turm von St. Stephan beeindruckt: „Unter den Kirchen ist besonders reich und prachtvoll die des Protomärtyrers Stephan ausgestattet, deren unglaublich hoher und kunstvoll gebauter Turm keinem in ganz Europa nachstehen soll." [189] Auch die Schönheit der Kirche Maria im Gestade hat seinen Sinn angesprochen: „Ich weiß nicht, ob man eine andere Kirche der mit unglaublicher Kunstfertigkeit nahe der Residenz der Bischöfe von Passau errichteten Kapelle der Jungfrau Maria vergleichen könnte." [190] Die für die Berechnung der Einwohnerzahl aufschlußreiche Angabe der Zahl der Kommunikanten variiert in beiden Fassungen. In der ersten wird allgemein von 50 000 für ganz Wien gesprochen, in der zweiten von insgesamt 65 000 für die Pfarrkirchen St. Stephan und St. Michael. Die Aufzählung der Männerklöster bietet vor allem in der zweiten Fassung einen guten Überblick, ist jedoch nicht vollständig. Neben den Minoriten, Augustinern und Karmelitern werden hier das Schottenkloster und das Chorherrenstift St. Dorothea genannt. Von den Frauenklöstern lernt man das Agneskloster an der Himmelspforte und das Büßerinnenkloster St. Hieronymus kennen, von den Spitälern das Heiliggeistspital der Deutschordensritter und das Pilgrimhaus der Johanniter. Ein Seitenhieb auf den Reichtum der Bettelorden fehlt in der zweiten Fassung. In beiden Fassungen wird der Hauskapellen der reichen Bürger gedacht [191].

Die folgenden Ausführungen gelten in beiden Fassungen der Universität [192]. Aeneas weiß zu bemängeln, daß man dort viel zuviel Zeit für Dialektik verschwende, die für ihn eine unnütze Sache ist. Bei der Magisterprüfung in den „artes liberales" liege der Schwerpunkt ungerechtfertigterweise auf einem Fach, als ob jemand, der darin Bescheid wüßte, ohne weiteres in allen anderen Fächern beschlagen wäre. Rhetorik, Musik, Metrik fehlten und Poetik sei geradezu ver-

[188] Zur Interpretation der Bauweise der Bürger- und Adelshäuser vgl. *Müller*, S. 697 ff. und *Kramer*, S. 46 f.

[189] Anhang, S. 248.

[190] Anhang, S. 249.

[191] Zu den Kirchen, Klöstern und Spitälern vgl. *Kramer*, S. 47–48. (Zur weiteren Interpretation könnten dienen: *Anton Mayer*, Das kirchliche Leben und die christliche Caritas, Geschichte der Stadt Wien I, S. 445–480, und *Karl Lind*, *Wilhelm Anton Wesemann*, Die kirchlichen Bauten außer St. Stephan in Wien, Geschichte der Stadt Wien II, 2, S. 499–500).

[192] Ausgangspunkt zur Interpretation der Mitteilungen über die Universität ist *Alphons Lhotsky*, Die Wiener Artistenfakultät 1365–1497, S. 136 ff. (zit. oben unter Anm. 179), wo die weitere Literatur angegeben ist. Zur Kritik des Aeneas an der Universität vgl. ferner *Grossmann*, S. 176, *Kramer*, S. 48 f.; *Alfred A. Strnad*, Francesco Todeschini-Piccolomini, Römische Historische Mitteilungen 8/9, 1964/65 und 1965/66, S. 101–425 (S. 123).

haßt, obgleich man vor dem Erwerb des Magistertitels auch einmal Verse und Briefe rezitieren müsse. Aber die Komposition von Versen und Briefen werde nicht gelehrt. Bei den Studenten seien nur selten Bücher des Aristoteles und anderer Philosophen zu finden, da in der Hauptsache Kommentare benutzt würden. Über den Lebenswandel der Studenten weiß Aeneas nur Nachteiliges zu berichten. Schroffer als in der ersten heißt es in der zweiten Fassung: „Im übrigen sind die Studenten nur auf Vergnügen aus und begierig auf Wein und Speise. Nur wenige werden durch ihr Studium gelehrt. Tag und Nacht schwärmen sie umher und bringen den Bürgern großen Ärger. Oftmals greifen sie in einem Streit über eine Kleinigkeit zu den Waffen und bilden wie in einem richtigen Krieg Kampfformationen. Zu diesen Dingen stachelt sie meist die Lüsternheit der Weiber auf, die einen ansprechen können, wann es ihnen paßt, und sich begeben können, wohin sie wollen. – Sie sind nicht so tugendhaft wie schön.“ [193] Bei anderer Gelegenheit berichtet er von den Trinkwettbewerben der sächsischen Studenten, bei denen der das höchste Ansehen genieße, der beim gleichzeitigen Leeren des Kruges in einem Zug am meisten herunterspüle ... [194]

Die Darstellung des Stadtregiments umfaßt nur wenige Zeilen und bleibt daher in beiden Fassungen unvollständig und fehlerhaft. Der Innere Rat, der Bürgermeister, der Stadtrichter und die Behörde zur Erhebung der Weinsteuer werden zwar erwähnt, ihre Abhängigkeit vom Landesherrn jedoch überbetont und damit unzutreffend gekennzeichnet [195]. In der zweiten Fassung schließen sich unmittelbar daran einige Angaben über allgemeine Rechtsbräuche an, die in der ersten unter der Schilderung der Sitten verstreut sind. Wichtig ist die Erwähnung, daß die Urteile nach dem Gewohnheitsrecht und nicht nach geschriebenem Recht gefällt würden, was als ein Beleg für das Fehlen des römischen Rechtes anzusehen ist. Dasselbe hatte Aeneas auch schon in den Beschreibungen Basels vermerkt. Im Gegensatz zu diesen sagt er jetzt, das Recht sei käuflich [196].

[193] Anhang, S. 250.

[194] In libros Antonii Panormitae poetae de dictis et factis Alphonsi regis memorabilibus commentarius, Opera omnia, S. 475.

[195] Zum Stadtregiment vgl. *Kramer*, S. 50 (zur eingehenden Interpretation wäre heranzuziehen: *Heinrich Schuster*, Rechtsleben, Verfassung und Verwaltung, Geschichte der Stadt Wien II, 1, Wien 1900, S. 352–498).

[196] Es treten im ganzen zwei inhaltliche Übereinstimmungen zwischen den Beschreibungen Wiens und den Beschreibungen Basels auf: 1. Zweite Beschr. Basels (*Hartmann*, Basilea Latina, S. 60): „Consuetudine magis quam lege scripta utuntur, Lacedemoniis quam Atheniensibus similiores. Nec iurisperito nec Romanis legibus locus. Ubi e novo casus emergit, frequenter seniori consilio statur“; Beschr. Wiens, 1. Fassung (*Kollar*, Analecta II, col. 13): „Vivunt praeterea sine ulla scripta lege: mores aiunt se tenere vetustos.“ (Diese Aussage ist zumindest im zweiten Fall zutreffend: vgl. *Schuster*, Rechtsleben, Verfassung und Verwaltung, S. 364.) 2. Zweite Beschr. Basels (*Hartmann*, S. 61): „Rem furto subtractam, si reperiant, non vero domino, sed iudici adiudicant ...“; Beschr. Wiens, 1. Fassung (*Kollar*, Analecta II, col. 14): „Furta, quae apud furem inveniuntur, iudici cedunt.“ (Ob es damit seine Richtigkeit hat, ist höchst fragwürdig, vgl. *Hartmann*, S. 61, Anm. zu Zeile 6.)

In beiden Fassungen wird als nächstes die Zufuhr an Eßwaren und Wein aus dem Umland geschildert. Das Bild der in die Stadt hineinrollenden, schwer beladenen Karren bietet zugleich den Anknüpfungspunkt für einige wissenswerte Nachrichten über die Weinernte, die Weinausfuhr, den Weinzehnten und den Weinzoll sowie über die dem Landesherrn daraus zufließenden jährlichen Einnahmen [197]. Hieran lehnt sich in der zweiten Fassung – man sieht, wie lose verbunden die Gedanken aufeinanderfolgen – eine Betrachtung über das Verhältnis der deutschen Fürsten zu ihren Untertanen an, die eine interessante Ergänzung der Urteile über deutsche Herrschaftsverhältnisse in der zweiten Beschreibung Basels und in der „Germania" darstellt [198]. Die deutschen Fürsten, heißt es, seien im Gegensatz zu den italienischen Herrschern nicht hart zu ihren Untertanen. „Frei, wahrhaft frei ist Deutschland. Wenn man die Wahrheit wohl erwägt, dürfte man feststellen, daß in Italien vor allem diejenigen Völker geknechtet sind, die sich am meisten ihrer Freiheit brüsten." [199]

Im letzten Teil der Beschreibung steht jeweils das Grundthema: Schilderung der Sitten im Mittelpunkt. Manches war bereits in der Kritik des Lebenswandels der Studenten vorweggenommen. Zuerst fällt der Blick auf ein für das spätmittelalterliche Wien charakteristisches Phänomen, und zwar in der ersten Fassung wie folgt: „Bei Tag und bei Nacht werden Raufereien nach Art von Straßenschlachten ausgetragen. Einmal ergreifen die Handwerker gegen die Studenten, ein andermal die Hofleute gegen die Handwerker, dann wieder die Handwerker gegen irgendeine andere Gruppe die Waffen. Kaum ein Festtag vergeht ohne einen Mord. Häufig werden Mordtaten begangen. Wo Streit entsteht, gibt es niemanden, der die Kampfhähne trennte ..." [200] In der zweiten Fassung ist überraschenderweise nicht mehr von Studenten, Handwerkern und Hofleuten als den Beteiligten die Rede, sondern von Bürgern und Fremden, womit offenbar die Bewohner des Umlandes gemeint waren. Die zweite Fassung gibt auch eine sehr viel bildhaftere Darstellung der Vorgänge: „Nur wenige Heiligentage, wenige Sonntage vergehen ohne Mord. Sobald es zwischen zweien zu einem Waffenhändel gekommen ist, gibt es niemanden, der den Kampf unterbräche. Sofort bildet sich ein Kranz von Zuschauern, die nichts dagegen unternehmen. Auch die Behörden treffen keine Maßnahmen, um die Tollkühnen einzuschüchtern, wie es sich eigentlich gehörte. Wenn man frühmorgens aufsteht und zur Kirche geht, findet man auf den Plätzen oft die Leichen der in der vorangegangenen Nacht Getöteten." [201] Um welche Art von Auseinandersetzungen geht es hier? Sind Privathändel oder soziale Konflikte gemeint? – Aeneas bezieht beides ein. Er hatte nicht im Sinn, am konkreten Beispiel die soziale Problematik aufzureißen, sondern

[197] Alle den Wein betreffenden Mitteilungen sind interpretiert bei *Schuster*, S. 480 ff., 486/487, 489, sowie bei *Müller*, S. 726 ff.
[198] Vgl. *Hartmann*, Basilea Latina, S. 58/59; Germania, ed. *Schmidt*, S. 62.
[199] Anhang, S. 250.
[200] *Kollar*, Analecta II, col. 12.
[201] Anhang, S. 250.

wollte einzig die rein äußerlichen „Ungeheuerlichkeiten" im damaligen Wien herausstellen [202]. Für die Bräuche des Weinschanks findet Aeneas nur verächtliche Worte. Es gebe kaum einen Bürger, der nicht wie ein Wirt privaten Weinschank ausübe. In die dafür hergerichteten Räume hole man durch Anwerber „die Schar der Zuhälter, Huren und Trunkenbolde" herbei und biete ihnen umsonst etwas kalte oder warme Speise an, damit ihr Durst größer werde. Dafür reiche man ihnen dann ein kleineres Maß [203]. Von hier bis zur Verächtlichmachung der niederen Stände ist es nur ein Schritt: „Das Volk ist dem Bauch ergeben, gefräßig und wirft, was es die Woche über durch Handarbeit verdient hat, am Festtag wieder hinaus — wild gewordenes, wüstes Pack, träge und arbeitsscheu, das weit und breit durch die Stadt streunt!" [204] Bei der Beurteilung der Frauen läßt sich Aeneas endgültig vom Affekt mitreißen. In der ersten Fassung schreibt er: „Prostituierte gibt es in großer Zahl. Selten ist eine Frau mit einem Mann zufrieden. Wenn Adlige in die Häuser der Bürger kommen, ziehen sie die Frauen zum Gespräch unter vier Augen beiseite. Nachdem Wein herbeigeschafft worden ist, gehen die Ehemänner fort und überlassen das Haus den Adligen. Viele Mädchen wählen sich ihre Männer ohne Wissen des Vaters. Witwen heiraten nach Gutdünken auch innerhalb der Trauerzeit." [205] Häufig führten ältere Kaufleute junge Mädchen in die Ehe, die nach kurzer Zeit verwitwet seien und dann ihrerseits junge Männer heirateten, mit denen sie schon bei Lebzeiten des ersten Gatten Ehebruch getrieben hätten. Man behauptet ferner, es gäbe viele Frauen, die ihre Männer mit Gift aus dem Wege geräumt hätten. Schließlich liest man: „Es steht fest, daß oftmals Bürger von Adligen getötet worden sind, weil sie ihren Frauen Vorhaltungen wegen ihrer Liebhaber am Hofe gemacht haben." [206] Mit zwei Mitteilungen aus dem Themenbereich Frömmigkeit geht der Teil zu Ende. Die eine betrifft die gleichgültige Einstellung der Einwohner zur Exkommunikation, die andere die Mißachtung der Sonn- und Feiertage durch den Verkauf und Transport von Waren [207].

Der zweite, auf die Beschreibung Wiens folgende Teil der Beschreibung Österreichs vermittelt einen Überblick über die Landesherrschaft und über die Stellung der Bischöfe. Beide Fassungen zählen die namhaftesten Adelsgeschlechter auf und führen das Fehlen eines eigenen Bischofssitzes in Österreich an. Sie weisen ferner auf die österreichischen Besitzungen der auswärtigen Bischöfe und ihre Zugehörigkeit zum herzoglichen Rat hin. Nur die zweite Fassung gibt Näheres über die vier Landstände an [208].

202 Zur Interpretation vgl. *Müller*, S. 704 ff.
203 Über das Wirtshausleben, die Freß- und Trunksucht in der Darstellung des Aeneas vgl. *Müller*, S. 726 ff.; *Schuster*, S. 488/489.
204 Anhang, S. 251; fast übereinstimmend *Kollar*, Analecta II, col. 12.
205 *Kollar*, Analecta II, col. 13.
206 Ebd.
207 Die Stellen zum Themenbereich Frömmigkeit sind bisher nicht angemessen interpretiert worden.
208 Vgl. *Kramer*, S. 50 und 52.

Es sei kurz überlegt, welche Gründe Aeneas zu der einseitig ablehnenden Haltung gegenüber den Sitten veranlaßt haben mögen, die in seinen früheren Schriften fehlt. Die Vorbehalte gegenüber der Universität werden noch in abgewogener, niveauvoller Kritik dargelegt. Im Laufe der Sittenschilderung aber stellt sich ein zunehmend unsachlicher Ton ein, der zum Teil von grotesken Verallgemeinerungen und Übertreibungen begleitet ist. Über die Wiener Universität hat sich Aeneas zeitlebens nicht beifällig geäußert [209]. Sie stieß auf die festeingewurzelte Ablehnung des Humanisten gegen die scholastische Lehrmethode und ärgerte ihn darüber hinaus, weil sie beharrlich der konziliaren Theorie anhing, als er sich selbst infolge einer realistischeren Einschätzung der Lage und der für seine Zukunft aussichtsreichen Bindung an Friedrich III. von dieser abgewandt hatte [210]. Seine Kritik wäre falsch verstanden, sähe man sie als Ausdruck grundsätzlicher Voreingenommenheit gegenüber dem Wissenschaftsniveau an. Er weist immerhin lobend auf einige Gelehrte hin, von denen er Heinrich Langenstein von Hessen und Thomas Ebendorfer von Hasselbach sogar namentlich nennt. An der Schilderung der Zusammenstöße und Metzeleien auf den Straßen gibt es nichts zu deuteln. Sie gehörten im spätmittelalterlichen Wien zum Gewohnten, auch wenn sie vielleicht nicht jeden Sonn- und Heiligentag stattfanden [211]. Was sich beim Weinschank abspielte, wird im ganzen und großen richtig wiedergegeben [212]. Die pauschale Verdammung des Volkes steht bei Aeneas nicht allein. Sie findet sich auch bei anderen italienischen Humanisten und wurde zum Topos [213]. Handelte es sich bis hier bei der Charakterisierung der Sitten nur um die Auswahl und geringfügige Verzerrung tatsächlicher, negativ einzustufender Verhältnisse, so treten bei der Schilderung der Frauen unhaltbare Behauptungen und Anschuldigungen hinzu. Es sei wohl vermerkt, daß Aeneas hier nicht nur die Dirnen, sondern die Frauen schlechthin im Auge hat, denen er Zügellosigkeit, Ehebruch und indirekt sogar Giftmord unterstellt. Dies mag es in Einzelfällen durchaus gegeben haben, doch als generelles Bild, wie Aeneas es zeichnet, zielt es an der Wahrheit vorbei. Man wird stutzig und entsinnt sich, wie er in jungen Jahren, im Brief über Genua etwa, an freien Sitten durchaus Gefallen fand. Damals beschrieb er mit kaum verhüllter Neugier die Verabredungen der Dirnen auf den Gassen und fühlte er sich in ein Paradies der freien Liebe versetzt. Ja, und wie mag die Imitation Poggios ausgesehen haben, die ihm fast die Rückkehr

209 Die Stellen sind: *Kollar*, Analecta II, col. 357, col. 410; Europa, *Freher – Struve* II, S. 109; *Wolkan* II, 1, in ep. 40, S. 152.

210 *Lhotsky*, Die Wiener Artistenfakultät 1365–1497, S. 141 ff.

211 Vgl. *Müller*, S. 705.

212 Hier sei auch an die nach dem Vorbild der Komödien des Plautus und Terenz verfaßte „Chrysis" (zitiert unter Anmerkung 117) erinnert, die im Huren- und Kupplermilieu spielt.

213 Vgl. z. B. Antonio de' Costabili im Brief über Deutschland von 1508 bei *Klaus Voigt*, Die Briefe Antonio de' Costabilis und Cesare Mauros von der Gesandtschaft Ferraras zu König Maximilian I. (1507/08), Römische Historische Mitteilungen 13, 1971, S. 81–136, hierzu Zeile 168.

nach Basel versperrt hätte? – Jetzt sind seine Äußerungen vom Affekt getragen und voller Gehässigkeit, die sich allem Anschein nach gegen die im Verhältnis zu Italien freiere gesellschaftliche Stellung der Frau richtet[214]. Seine Haltung kann nur als Ausdruck des Neides gegenüber dieser Freiheit verstanden werden, von der er sich um seines Fortkommens willen losgesagt hat, indem er die Priesterweihen nahm, und offenbart die Abwehr der in ihm noch nachwirkenden Vergangenheit. Die Tendenz der Beurteilung fügt sich ohne weiteres in die der Retraktionsbriefe ein, in denen er sich nur dadurch von seinem früheren Lebenswandel zu lösen vermochte, daß er den Frauen alle Schändlichkeiten anlastete[215].

Der Bruch in der Bewertung ist ein interessantes Merkmal der beiden Fassungen. Der Abschnitt über das Stadtbild ist in die Topoi der „laudatio" gekleidet. Die Stadthäuser finden Anerkennung und auch die Kirchen, Klöster und Spitäler werden wohlwollend beurteilt. Bei der Wiener Universität setzt die negative Beurteilung durch die Topoi der komplementären „vituperatio" ein. Aeneas war als junger, namenloser Humanist, der seine Beschreibungen Basels in der Hoffnung auf Förderung an einflußreiche Prälaten sandte, pedantisch auf die Einhaltung der Wahrheit bedacht gewesen. Als angesehener Bischof von Siena hatte er, nach seinem endgültigen Fortgang aus Österreich im Mai 1455, wegen eines leichtfertigen Urteils – zum Beispiel über die Liebesabenteuer des Adels – keine Nachteile am Hofe mehr zu befürchten. Als Kardinal, der sich Hoffnungen auf den Stuhl Petri machte, kamen ihm Bedenken, denen die Umarbeitung der ersten zur zweiten Fassung Rechnung trug. Er berichtet nunmehr sehr viel ausführlicher über die Kirchen, Klöster und Spitäler und läßt den Seitenhieb auf den Reichtum der Bettelorden weg. Auch in der Sittenschilderung macht er Abstriche von seinen früheren Behauptungen. So entfällt jetzt zum Beispiel der Satz über die Ermordung von Bürgern durch adlige Liebhaber ihrer Frauen und die Bemerkung, kaum eine Frau sei mit einem Mann zufrieden. Obwohl durch die Fortlassungen die Tendenz etwas abgemildert wird, bleibt sie deutlich genug.

Die Darstellung der beiden Fassungen der Beschreibung Wiens gründet sich auf Aeneas' langjährige Erfahrung in Österreich. Um mündliche Informationen scheint er sich in der ersten Fassung überhaupt nicht gekümmert zu haben, da er jedes Thema gut genug aus seinem eigenen Wissensschatz gestalten konnte. Es ist hingegen denkbar, daß ihm in der zweiten ein Kenner Österreichs mit Auskünften zur Seite stand, da er in Italien vielleicht nicht mehr jede neu hinzuge-

[214] Aeneas war sonst meist darauf bedacht, Übertreibungen und Verallgemeinerungen durch einen rhetorischen Kunstgriff durchschaubar zu machen, um damit zu zeigen, daß sie nicht unbedingt seiner eigentlichen Meinung entsprachen. Vgl. im Abschnitt über die „Germania", S. 132 f., und über „De curialium miseria", S. 124.

[215] *Wolkan* I, 1, ep. 193; II, 1, ep. 6 und 7; Opera omnia, ep. 395. Dies ist ein weiterer wichtiger Beleg gegen die Datierung Wolkans auf 1438. Zum Frauenideal des Aeneas vgl. *Bürck*, Selbstdarstellung und Personenbildnis, S. 131 ff., der jedoch die Schwankungen des Frauenbildes in den einzelnen Lebensstadien zu wenig berücksichtigt.

fügte Einzelheit im Gedächtnis hatte. Zur Abfassung der ersten Beschreibung Basels mußte sich der Außenstehende erst mit vielem in der fremden Umwelt vertraut machen, in der Beschreibung Wiens zieht der in die Verhältnisse Eingeweihte die Bilanz seiner Erfahrung. Während die Unsicherheit gegenüber der fremden Umwelt zugleich Vorsicht in den Wertungen gebot, läßt der mit ihr bestens Vertraute alle Scheu vor persönlich gefärbten Urteilen fallen. Es hat den Anschein, als ob manch eine Einseitigkeit schon seit längerer Zeit aufgespeicherte Ansichten widerspiegelte, die sich nun bei der Abkehr von Österreich befreien.

Zuletzt soll auch auf den Fortschritt in der Benutzung antiker Autoren und in der kritischen Auseinandersetzung mit ihnen hingewiesen werden. Aeneas wertet zum ersten Mal das Werk des Ptolemäus aus. Die Erörterung des Namens Wien und der Vergleich der antiken Gebietsbezeichnungen und -grenzen mit den gegenwärtigen stehen auf einem für die Maßstäbe der Zeit hohen wissenschaftlichen Niveau.

Berichte in den Briefen, den „Commentarii" und der „Historia Austrialis"

Einer der schönsten Briefe des Aeneas entstand im Juli 1444 in Passau im Anschluß an einen Besuch auf Schloß Ebelsberg bei Linz, einer Sommerresidenz des Bischofs Leonard Laiming [216]. Aeneas war glücklich, daß er die Enge von Wiener Neustadt hatte verlassen können und zusammen mit Kaspar Schlick zum Reichstag von Nürnberg reiste. Nun wurde seine gute Stimmung noch dadurch gesteigert, daß der Bischof ihn und den Kanzler ehrenvoll bei sich aufnahm. Der Bischof hegte, wie wir wissen, schon seit längerer Zeit Sympathie für Aeneas, dessen humanistische Bildung er schätzte. Während seines Aufenthalts auf dem Schloß behandelte er ihn ohne Herablassung wie seinesgleichen und räumte ihm sogar einen Platz an der Tafel ein, an der ein gewöhnlicher Sekretär sonst nicht hätte sitzen dürfen, wie Aeneas von der ersten Zeit am Königshof her bekannt war [217]. Sein früherer Verzicht auf eine Einladung in die Wiener Residenz des Bischofs hatte sich gelohnt! Die freundliche Aufnahme und die Schönheit des Ortes waren Aeneas zur Abfassung eines literarischen Briefes gerade recht. Er adressierte ihn zwar an seinen Freund Giovanni Campisio in Rom, in Wirklichkeit schrieb er ihn aber für den Bischof, denn bald nach seiner Beendigung ließ er ihn an diesen überbringen, damit er „einige Verbesserungen" daran vornehmen könnte [218]. In der gespielten Bescheidenheit dieses Vorwands lag natürlich eine besonders listige Schmeichelei. Die Heiterkeit, die den ganzen Brief durchzieht,

[216] *Wolkan* I, 1, ep. 155; zu Leonard Laiming vgl. *Grossmann*, S. 200.
[217] An der Tafel saßen außer Aeneas: der Bischof, Kaspar Schlick, der Graf von Ortenberg und der Propst von Freising, vgl. auch oben S. 92.
[218] *Wolkan* I, 1, in ep. 156, S. 434.

entsprang einerseits der guten Stimmung des Aeneas, der sich einmal bestätigt fühlte. Andererseits ist der Inhalt bewußt darauf abgestimmt, dem Bischof mit Liebenswürdigkeiten zu gefallen und ihn für weitere Gunsterweisungen geneigt zu machen. Aeneas hat sich nicht verrechnet, denn wenig später ließ ihm der Bischof die Pfarrei an der Marienkirche von Aspach zukommen [219].

Der Brief gibt die Eindrücke in der zeitlichen Abfolge der Ereignisse wieder. Nach einem Rückblick auf den Verlauf der Reise berichtet Aeneas zunächst über den freundlichen Empfang, den der Bischof dem Kanzler und ihm bereitete. Daran schließt er gleich einen ganzen Katalog von Tugenden des Bischofs an. Nach dem Empfang wurde im Saal die Tafel gedeckt, an der auch Aeneas, wie erwähnt, außer der Regel teilnehmen durfte. Mit Witz und Einfallsreichtum sucht er den Leser auf die gebotenen Leckerbissen eifersüchtig zu machen. Zu diesem Zweck waren einem Humanisten gegenüber Vergleiche mit antiken Tafelfreuden am ehesten angebracht, weshalb Aeneas auch nicht damit spart. Es wurden schmackhafte Fische aus der Donau und der Traun aufgetischt und allerlei Wildbret wie Reiherfleisch, Krammetsvögel, Reh-, Hirsch-, Eber- und Hasenbraten gereicht. Das Mahl spielte sich in gehobener Stimmung ab, die der Wein und die Aufmunterungen des Bischofs zum Zulangen nicht absinken ließen. Nach dem Mahl führte der Bischof seine Gäste durch die Räumlichkeiten der Residenz. Aeneas vermerkt das Wichtigste von dem, was er während des Rundgangs wahrnahm und was er zusätzlich mündlich in Erfahrung bringen konnte. Zuerst gibt er die Lage der Residenz im Schnittpunkt der Himmelsrichtungen zwischen Bayern, Böhmen, Österreich und Steiermark an. Eine Abschweifung führt ihn dann zu der in der Nähe vorbeifließenden Traun mit ihrem Fischreichtum hin. Anschließend kommt er mehr oder minder ausführlich auf die einzelnen Vorzüge zu sprechen, die den Ort auszeichneten: das gute Klima, die reichlich vorhandenen Früchte, den lieblichen Wein, den herrlichen Ausblick auf das umliegende Land, die Jagdgründe und Wildgehege in nächster Nähe, die Fruchtbarkeit der Äcker. „Falls mir irgendeine Burg als Erholungsort zum Wohnen angeboten würde, gefiele mir diese am besten. Denn woran fehlt es hier zur vollständigen Erquickung?“ ruft er aus. Bevor er sich dann den auffallendsten Einzelheiten des Bauwerks zuwendet, gibt er einen Überblick über die Gesamtanlage des befestigten Schlosses. Zu den Einzelteilen, die ihm am besten gefielen, gehörte der runde Innenhof mit einem schönen Marmorbrunnen, den sieben hohe Ulmen umstanden. Sonst galt sein Augenmerk in der Hauptsache den verschiedenen Gemächern und ihrer Ausstattung. Die Frondienste und Abgaben der Untertanen betrachtet er einzig unter dem Aspekt des Vorteils für den Bischof.

Den restlichen Teil des Briefes nimmt die Beschreibung von Passau ein, wohin der Bischof und seine Gäste von Ebelsberg aus gelangt waren, um dort den König und sein Gefolge zu empfangen [220]. Die Beschreibung hält zunächst den

[219] *Diener*, S. 525; *Voigt* I, S. 293.
[220] *Wolkan* I, 1, in ep. 155, S. 431.

Anblick der langgestreckten, wie auf einer Insel gelegenen Stadt und der drei Flüsse mit ihren Brücken fest. In bezug auf die Flüsse geizt Aeneas nicht mit topographischen Angaben. Dem Bischof zuliebe widmet er über die Hälfte der Beschreibung den ihm gehörigen oder ihm unterstehenden Bauwerken: dem Dom, der Stadtresidenz und den befestigten Schlössern auf den Erhebungen der gegenüberliegenden Donauseite. Der Brief geht mit einem erneuten weitschweifigen Lob der Leistungen und Tugenden des Bischofs zu Ende. Jetzt mußte sogar noch ein Vergleich mit antiken Staatsgrößen dazu herhalten, das Lob über jeden Zweifel zu erheben. Aeneas wollte sich aber noch unmittelbar erkenntlich zeigen, indem er am selben Tag auch einen Brief an den Bischof persönlich richtete. Darin rühmt er sein Grabdenkmal in St. Stephan zu Passau, auf das ihn Kaspar Schlick aufmerksam gemacht hatte. Mit dem Brief übersandte er ein Epitaph, das dem Werk zur letzten Vollkommenheit gereichen sollte [221].

Man ist überrascht, das Aeneas, der im Alter häufig genießerisch italienische Landschaften beschrieben hat, im Gegensatz zu seinem Sinn für die deutschen Städte, der landschaftlichen Schönheit im Norden nur selten einen Blick gönnt. Geschlossene Landschaftsbilder treten eigentlich nur in der Darstellung des Rheinlaufs in der zweiten Beschreibung Basels und in dem Brief über Schloß Ebelsberg auf. Als wollte Aeneas hier sein Versäumnis nachholen, begeistert er sich am Ausblick auf die Hügel, Wälder, Flüsse und Berge, der sich von den oberen Stockwerken des Schlosses aus bot.

Der Brieftraktat „Über das Elend der Hofleute“ ist angefüllt mit persönlichen Erinnerungen an die erste Zeit am Hof von Wiener Neustadt. Eine köstliche Lektüre bilden insbesondere die Abschnitte über die „Unannehmlichkeiten des Schlafens“ und über das „Riechen und Schmecken“ [222]. Hier werden die Qualen eines Hofmannes geschildert, der mit hohen Erwartungen die Nähe des Fürsten gesucht hat, und nun der Wirklichkeit begegnet. Nachts ist er mit zehn bis zwanzig anderen in einer Kammer zusammengepfercht, wo kaum einmal Ruhe eintritt. Abgesondert von der Tafel des Fürsten, muß er an dem Tisch für das niedere Personal Platz nehmen, wo ihm von den schlechten Speisen und dem bitteren Wein übel wird, während die Bratendüfte und das verlockende Aroma des Weines von der Fürstentafel an seine Nase dringen. Zur selben Zeit wie er dort das blinkende Silbergeschirr erblickt, macht an seinem Tisch ein Holzbecher die Runde, „den gerade ein Bart voller Läuse, Lippen voller Speichel oder schmutzstarrende Zähne berührt haben“, bevor er selbst zum Trinken kommt. Man sieht, Aeneas übertreibt, ja er übertreibt bewußt! Durch die Hyperbolik und die Antithese erreicht er einen bizarren Humor, der bei einem jeden Kenner der Verhältnisse bei Hofe Lachsalven auslösen mußte. Die listige Entfremdung enthält ja stets ein Körnchen Wahrheit. Es liegt eine absichtliche Doppeldeutigkeit in ihr:

[221] Ebd., ep. 156.

[222] Ebd., ep. 166. Die beiden genannten Abschnitte auf S. 468–474 und S. 477–478. Vgl. *Voigt* I, S. 278 f.; *Grossmann*, S. 189.

Die Übertreibungen sind zum Teil so stark, daß sich Aeneas jederzeit auf den rhetorischen Kunstgriff der Hyperbolik berufen konnte. Andererseits stand es einem jeden frei, so viel an Wirklichkeitsgehalt herauszulesen, wie es seiner eigenen Erfahrung entsprach. Das Prinzip ist dasselbe wie in der „Germania“, nur sehr viel offenkundiger.

In die Briefe gehören auch die Skizzen Wiener Neustadts und Regensburgs. Nicht ohne einen Anflug von Ironie hat Aeneas in einem Brief an Giovanni Campisio vom Juni 1444 mit wenigen Strichen die Idylle der kleinstädtischen Residenz von Wiener Neustadt eingefangen: „Die Abwechslungen unseres Kaisers sind nirgends größer als in Wiener Neustadt. Dort sind die Firste der Häuser der kaiserlichen Gipfelstellung (!) angemessen, dort gibt es Gärten voller Grün, eine höchst gesunde Luft, kühle Quellen, liebliche Haine, ausgedehnte Jagden, vergnügliche Fischzüge, lustiges Vogelstellen, fettes Weideland, Weingärten in der Nähe. Kein Wunder, daß dieser Ort dem Kaiser gefällt, weil alles für das Vergnügen vorhanden ist.“ [223] Gegenüber Regensburg bemühte er sich um ein geschlosseneres Bild, das in einem Briefbericht über die Vorgänge des Regensburger Reichstags von 1454 seinen Platz hat. Dafür verzichtete er weitgehend auf individuelle Beobachtungen. Er gibt die topographische Lage und die Lage am Donauufer an und weist auf die „anspruchsvollen Gebäude und Paläste“, die „zahlreichen prächtigen Kirchen“, auf besondere Eigenschaften der Befestigung und schließlich auf die Donaubrücke hin: „Regensburg besitzt eine Brücke aus gehauenen Steinquadern, die berühmteste in ganz Deutschland. Sie verbindet beide Donauufer und öffnet den Weg nach Franken und Böhmen.“ Einige historische Mitteilungen ergänzen das Bild [224].

In den „Commentarii“ ist als Beispiel sozial- und kulturgeschichtlicher Betrachtung die bekannte Beschreibung der Pfarre im Sarntal zu erwähnen, die Aeneas seit 1444 etwas über ein Jahr lang in Besitz hatte [225]. Die Beschreibung vermag den unbefangenen Leser insbesondere durch die einprägsame Darstellung der Sitten der Talbewohner zu fesseln. Es fällt ihm dabei nicht ohne weiteres auf, daß ihm einiges vorgegaukelt wird. So vernimmt er zum Beispiel, manche Talbewoh-

[223] *Wolkan* I, 1, in ep. 148, S. 337/338: „... ibi edes imperiali culmine digne sunt“. Das ironische Wortspiel liegt in der Doppeldeutigkeit von „culmen“.

[224] *Wolkan* III, 1, in ep. 291, S. 494.

[225] Mitteilungen von sozial- und kulturgeschichtlichem Interesse in den „Commentarii“: über eine Hungersnot in Deutschland und bettelnde Kinder in Bayern (S. 7); über den Fremdenhaß, den Aeneas anfangs in der Kanzlei in Wiener Neustadt zu erdulden hatte (S. 9); Beschreibung der Pfarre im Sarntal (S. 9); über einen Besuch bei Herzog Sigismund von Tirol, den er bei einer Jagd antraf, auf der Rückreise von Rom nach Frankfurt 1445 (S. 12). Die Lagebestimmungen und stereotypen Angaben zu drei deutschen Städten im 3. Buch sind nur der Vollständigkeit halber anzuführen: Mainz (S. 64); Soest (S. 66); Kleve (S. 66). Die beiden letzteren Städte kannte Aeneas nicht persönlich. Die von *Cugnoni*, Aeneae Silvii Piccolomini ... opera inedita, veröffentlichten Teile der „Commentarii“, die der Inquisition halber in den früheren Ausgaben fortgelassen waren, enthalten keine weiteren Nachrichten von kultur- und sozialgeschichtlichem Interesse.

ner hätten ihr Leben lang nicht getrunken und sich stattdessen mit Milchspeisen begnügt. Dies wirkt umso unglaubhafter, als es kurz darauf heißt, die Talbewohner feierten Tag und Nacht Feste, wobei es häufig zu Unzucht und Ehebruch komme, so daß kein Mädchen mehr unberührt in die Ehe gehe. Erlag Aeneas seiner Einbildungskraft oder einer Mär, wenn er behauptet, die Leiber der im Winter auf entlegenen Gehöften Verstorbenen würden unter freiem Himmel beigesetzt und in gefrorenem Zustand bis zum Sommer aufbewahrt, wo sie der Pfarrer einsammele und in einem langen Leichenzug zur Bestattung auf den Friedhof führe? — Derart unkritische Mitteilungen müßten schon dann auf Skepsis stoßen, wenn es feststände, daß der Bericht von einem Augenzeugen stammt. Aeneas hat aber mit an Gewißheit grenzender Wahrscheinlichkeit das Sarntal nie selbst betreten, da er seine Pfarrei von einem Vikar in Trient verwalten ließ [226]. Sollte er 1443 entgegen unserer Kenntnis von Brixen aus einen Abstecher ins Sarntal unternommen haben, so dürfte ihm die Zeit gefehlt haben, die Sitten der Einwohner gründlich zu studieren. Er muß daher bei der Abfassung des ersten Buches der „Commentarii" seine allgemeinen Kenntnisse über die Alpenbewohner, die er teils aus der Anschauung auf Reisen, teils vom Hörensagen gewonnen hatte, auf das Sarntal übertragen haben. Es ist kaum anzunehmen, daß er einen Informanten über das Sarntal befragt oder einen verlorengegangenen Brief ausgeschöpft hat. Seine gelegentliche Neigung zu Verallgemeinerungen und Übertreibungen bestätigt sich erneut.

In die „Historia Austrialis" gehört eine kleine, aber mit historisch aufschlußreichen und treffsicheren Beobachtungen angefüllte Beschreibung Nürnbergs [227]. Sie beginnt mit der üblichen Lagebestimmung und eilt dann stichwortartig über die wichtigsten Merkmale hin: den Volkreichtum, die prächtigen geistlichen und weltlichen Gebäude und die vorzügliche Stadtbefestigung. Als Grund für das Gedeihen von Handwerk und Handel gibt Aeneas den unfruchtbaren und sandigen Boden an. Zutreffend hält er fest, daß sich der Handel über ganz Deutschland und bis nach Flandern und Venedig hin erstrecke, so daß es im Sprichwort heiße: Ohne Nürnberger keine Messen! Wichtig ist auch die Beobachtung, daß die zu Reichtum gelangten Bürger, die früher außerhalb der Stadtmauern keinen Besitz hatten, nunmehr „Äcker, Wiesen, Wälder und Häuser" aufkauften und dort Landhäuser, Fischteiche und Wildgehege anlegen ließen. „Sie leben dort nach dem Vorbild des Landadels und wecken den Neid ihrer Nachbarn." Aeneas gibt auch die Gründe dafür an: „Denn die Bürger in Deutschland, wie groß ihr Reichtum und wie altehrwürdig ihre Familie auch sein mögen, werden zum Volk gezählt." Er erfaßte hiermit das gerade für Nürnberg charakteristische Bestreben des Patriziats, sich den Lebensformen des Landadels anzugleichen [228]. An anderer

[226] Zur Pfarre im Sarntal vgl. jetzt *Diener*, S. 524.
[227] *Kollar*, Analecta II, col. 418–419.
[228] Vgl. *Aloys Schulte*, Geschichte des mittelalterlichen Handels und Verkehrs zwischen Westdeutschland und Italien mit Ausschluß von Venedig, Leipzig 1900, I, S. 604.

Stelle der „Historia Austrialis" vergleicht er die Landhäuser der Nürnberger mit denen der Florentiner [229]. In dem Vergleich blitzt noch einmal die Erinnerung an die „Laudatio Florentinae urbis" Leonardo Brunis auf [230].
Die „Historia Austrialis" ist, abgesehen von ihren Beschreibungen Wiens, Nürnbergs und der italienischen Städte sowie von ihren Charakterporträts verschiedener Fürsten, nicht gerade reich an Aufzeichnungen, die über die Schilderung der historischen Ereignisse hinausgehen. Aeneas' Fähigkeit, Verbindungen zwischen der eigenen Anschauung und seiner Kenntnis der römischen Geschichte herzustellen, kommt in seinen Mitteilungen über die antiken Grabsteine und Inschriften bei Leibnitz an der Mur und St. Veit an der Glan zum Ausdruck [231]. Ein Seitenhieb auf die Wiener Universität, eine Lagebestimmung Kornneuburgs mit einer etymologischen Erklärung seines Namens und eine Bemerkung, daß die Deutschen die Pest und den Tod weniger fürchten als die Italiener, sind nur der Vollständigkeit halber zu erwähnen [232].

Die „Germania"

Im Sommer und Herbst 1457 war es zwischen dem Kanzler des Erzbischofs von Mainz, Martin Mayer, und Aeneas, der seit etwa einem halben Jahr den Kardinalspurpur trug, zu einer Korrespondenz gekommen. In ein oder zwei Briefen, die bisher nicht wieder aufgefunden werden konnten, hatte Mayer seinem ehemaligen Freund eine Anzahl von Beschwerden über Mißbräuche der Kurie in der deutschen Kirche dargelegt. Es war ein Teil jener wiederholt vorgetragenen Beschwerden und daraus abgeleiteten Reformvorschläge der deutschen Kurfürstenopposition, die unter dem Namen „Gravamina der Deutschen Nation" in die Geschichte eingegangen sind. Aeneas hatte am 8. August und am 20. September in Briefen auf die Darlegungen Mayers geantwortet und sie mit einer kurzgefaßten Beweisführung zurückgewiesen [233]. Damit hätte eigentlich die freundschaftlich gehaltene Kontroverse beendet sein können. Aber für Aeneas gab es einen

229 Ebd., col. 423.
230 *Hans Baron*, Prom Petrarch to Leonardo Bruni, Studies in Humanistic and Political Literature, Chicago 1968, S. 237.
231 *Kollar*, Analecta II, col. 219 und 230.
232 Wiener Universität: *Kollar* II, col. 357; Kornneuburg: col. 450; Furcht vor der Pest und vor dem Tode bei Italienern und Deutschen: col. 408. Die Beschreibung Böhmens und Prags in der „Historia Bohemica" (Opera omnia, S. 82–83) sowie der bekannte Brief an den Kardinal Juan Carvajal über den kurzen Aufenthalt in der Hussitenstadt Tabor während der Gesandtschaft von 1451 (*Wolkan* III, 1, ep. 12) sollen im Hinblick auf die fortgeschrittene tschechische Eigenentwicklung nicht besprochen werden. Wichtig ist für die Beschreibung Prags, daß sie wahrscheinlich nicht aus Augenzeugensicht stammt, da Aeneas wegen der Verlegung des Landtages nach Beneschau Prag nicht selbst gesehen haben dürfte.
233 Opera Omnia, ep. 338 und 369.

sehr wichtigen Grund, sie noch nachträglich an das Licht der Öffentlichkeit zu heben: da der Tod des greisen Papstes Kalixt in Bälde zu erwarten war, rechnete er sich eine Chance aus, als dessen Nachfolger auf dem Stuhl Petri gewählt zu werden. Eine mit guten Argumenten geführte öffentliche Zurückweisung der „Gravamina“ konnte ihm auf jeden Fall dazu nützen, den einen oder anderen Kardinal davon zu überzeugen, daß er kirchenpolitischen Auseinandersetzungen gewachsen war und die Interessen der Kurie gegen bedrohliche Veränderungen wirkungsvoll vertreten konnte. So reifte der Plan zur Abfassung der unter dem Namen „Germania“ weithin bekannten Schrift heran. Sie wurde im Herbst und im Winter 1457/8 niedergeschrieben und war am 1. Februar 1458 beendet, als sie Aeneas dem Kardinal Antonio de la Cerda mit den üblichen Schmeichelworten zur Begutachtung zusandte [234].

Die Schrift ist in der Form eines Brieftraktats abgefaßt und in drei Bücher eingeteilt. Als ein Brieftraktat war sie ursprünglich mit keinem Titel versehen. In neuerer Zeit hat sich jedoch der Titel „Germania“ eingebürgert, der höchstens dem zweiten Buch mit der Darstellung Deutschlands gerecht wird. An den Anfang der drei Bücher stellte Aeneas einen fingierten Brief Mayers, in welchem er die Hauptpunkte der „Gravamina“ thesenartig zusammenfaßte. Der Vergleich mit seinen beiden vorangegangenen persönlichen Antwortschreiben an Mayer zeigt, daß er dessen Beschwerden getreulich wiedergab, jedoch durch rhetorische Mittel Akzente setzte, die der Erwiderung entgegenkamen und die Voreingenommenheit des italienischen Lesers verstärken mußten. Aeneas verschwieg sicher mit Absicht, daß er die Briefe Mayers bereits früher beantwortet hatte, um nicht seine persönlichen Ziele im Hinblick auf die Papstwahl zu verraten. Er wählte die Form des Brieftraktats, weil sie ihm in mehrfacher Hinsicht die freieste Entfaltung bot. In einem Brieftraktat konnte er erheblich voneinander abweichende Themenkomplexe vereinen, vielfältige rhetorische Mittel anwenden, aber vor allem die Abhandlung in einen Dialog kleiden. Der Dialog war die geeignetste Form, die in dem vorangestellten Brief vorgetragenen Thesen wiederaufzunehmen, unmittelbar auf sie einzugehen und dadurch die Überlegenheit des eige-

[234] Germania, ed. *Schmidt*, S. 11–12. Die wichtigsten, die „Germania“ enthaltenden Kodices sind der Autograph in der Biblioteca Vaticana, cod. Vat. lat. 3886, und eine Kopie desselben in cod. Vat. lat. 3885, ferner die für Johann Hinderbach angefertigte Abschrift im cod. Gentilotti 82 der Biblioteca Comunale Trient (ehemals cod. 109 des K. K. Staatsarchivs Wien; vgl. *Bayer*, Die Historia Friderici III. Imperatoris, S. 19, Anm. 2) mit folgendem Titel: „Tractatus domini Eneae tunc cardinalis et Episcopi Senensis postea papae Pii responsivus, apologeticus ac defensivus papae Calixti ac sedis apostolicae contra certam invectivam epistolam doctoris Martini Mayr tunc cancellarii“. Spätere Abschriften befinden sich im cod. Vat. lat. 3919 und cod. Urb. lat. 1494 (vgl. auch die Einleitungen von *Schmidt* zur lateinischen und deutschen Ausgabe der „Germania“). Zur Entstehung und Beurteilung der „Germania“ vgl. außer Schmidt vor allem *Remo Cesarini*, Note sull 'attivita di scrittore Pio II, Atti del convegno, S. 99–115; *Voigt* II, S. 198 ff., 204 ff., 232 ff.; *Widmer*, S. 91 ff.; *Amelung*, S. 59 ff.; ferner die unter Anm. 278 angegebene Literatur.

nen Standpunkts sichtbar zu machen. Der Dialog ließ es aber auch zu, durch rhetorische Kunstgriffe eine vieldeutige Aussage zu erreichen, die gegnerischen Thesen in einzelne Einwände gegen den eigenen Standpunkt aufzugliedern und durch fiktive Einwände, die bisweilen nur entfernt oder überhaupt nicht mehr mit den Thesen des vorangestellten Briefes, geschweige denn mit der ursprünglichen Absicht Mayers in Zusammenhang standen, Anknüpfungspunkte für eigennützige Abschweifungen zu schaffen.

Der Zweck der „Germania“ bestand, in Übereinstimmung mit den von Aeneas insgeheim verfolgten Zielen, in der Verteidigung des päpstlichen Primats, in der Rechtfertigung der kurialen Praktiken gegenüber der deutschen Kirche und in der Zurückweisung der Reformvorstellungen der deutschen Opposition. Die Anordnung der drei Bücher entspricht dem Gang der Abhandlung, der sich im ganzen an die Reihenfolge der in dem vorangestellten Brief aufgeführten Thesen hält. Jede in der Form des Dialogs wieder aufgenommene These bietet den Ausgangspunkt für eine beliebig ausführliche Erwiderung. Einzelne Darlegungen, die sich von dem eigentlichen Zweck der Schrift entfernen, wie etwa der überwiegende Teil des zweiten Buches mit der Darstellung Deutschlands und weite Teile des dritten Buches, welche die Kenntnis der Heiligen Schrift sowie der kurialen Ämter belegen sollen, nehmen doch im Gang der Abhandlung einen festen Platz ein. Das erste Buch sucht den Vorwurf zu entkräften, die Beschlüsse des Konstanzer und Basler Konzils seien nicht eingehalten worden, und den einzelnen Punkten der „Gravamina“ die Berechtigung abzusprechen. Die Darstellung Deutschlands im zweiten Buch dient der Widerlegung der Anklage, Deutschland sei durch die Bevormundung und die Geldforderungen der Kurie seiner früheren Macht beraubt und dem Elend preisgegeben worden. Aber trotz der bruchlosen Einordnung in den Gang der Abhandlung bildet die Darstellung Deutschlands sowohl dem Inhalt als auch der Form nach eine geschlossene Einheit, die aus dem Rahmen der übrigen Teile der Schrift herausfällt. Das dritte Buch stellt sich der Warnung entgegen, die deutschen Fürsten würden nicht mehr länger die Bevormundung und Ausschröpfung durch die Kurie dulden und in Kürze die frühere Freiheit zurückerobern. Es sucht von Fall zu Fall nachzuweisen, daß die angesehensten unter den deutschen Prälaten im Grunde gar nicht an eine Änderung ihres angeblich guten Einvernehmens mit der Kurie dächten und nur von „aufrührerischen Menschen aus dem niedrigsten Pöbel“ – gemeint sind die aus dem Bürgertum stammenden Räte – gegen sie aufgehetzt würden. Er geht darüber hinaus ausführlich auf die geplante pragmatische Sanktion der deutschen geistlichen Kurfürsten ein, weist die Unrechtmäßigkeit der Forderung nach Appellationen vom Papst an ein Konzil nach und rechtfertigt schließlich den Geldbedarf der Kurie, die zur Entfaltung ihrer Autorität mit den weltlichen Fürsten an Macht, Reichtum und Repräsentationsaufwand konkurrieren müsse.

Zur wirkungsvollen Verfechtung des Standpunktes der Kurie bedurfte es neben einer umfassenden Sachkenntnis großer Geschicklichkeit in der Beweisführung. Beide Anforderungen meistert Aeneas ohne weiteres. Verdrehungen und Auslassungen von unbequemen Tatsachen und Gegenargumenten dienen ihm ebenso wie bestimmte rhetorische Topoi dazu, die Wahrheit zu verhüllen. Bereits in dem vorangestellten Brief biegt er, wie erwähnt, die Thesen Mayers im Hinblick auf eine günstige Erwiderung zurecht. Wenn die theologische oder die kanonistische Begründung versagt, wählt er die historische zur Rechtfertigung des eingetretenen Zustands. Vermag er dem Angriff durch keine von beiden die Spitze zu brechen, dann beruft er sich auf das allgegenwärtige Böse im Menschen, das auch an der Kurie zuhause sei. Mit Bedacht gibt er gelegentlich einzelne Mißstände zu, damit die Zurückweisung der zentralen Streitfragen um so glaubwürdiger erscheine. Eine gute Waffe sind vor allem seine Analogien, durch die er manch eine Anklage an den Ankläger zurückgeben kann. Wenn er zum Beispiel betont, der Prunk an den Höfen der geistlichen Kurfürsten entspräche im Prinzip dem der Kurie, ist er zweifellos im Recht.

Die „Germania“ ist eine durchaus gemäßigte Schrift. Polemik und religiöse Eiferei stehen ihr fern. Ihre Stärke beruht in der Verstandesschärfe der Beweisführung und in der Vielfalt der Argumente, durch die sie den Standpunkt des Gegners einzuschnüren und zu erdrücken sucht. Im Vertrauen auf die Autorität der Kurie verbindet sie die Betonung der Rechtmäßigkeit der eigenen Auffassung mit herablassender Belehrung und Ermahnung, die versteckte Drohungen für den Fall des Ungehorsams begleiten. Sie ist nicht zuletzt ein Zeugnis für das diplomatische Geschick des Aeneas, indem sie die widerstreitenden Interessen unter den Gegnern der Kurie, die eigensüchtigen Ziele einzelner von ihnen und die für Schmeicheleien empfängliche menschliche Eitelkeit für sich ausnutzt, in der Absicht, den Weg für spätere Übereinkünfte offenzuhalten.

Das zweite Buch der „Germania“ enthält die früheste Gesamtdarstellung Deutschlands in neuerer Zeit. Deutschland wird hier auch zum ersten Mal als eine Einheit in geographischer, ethnischer, sprachlicher, kultureller, historischer und politischer Hinsicht aufgefaßt und dargestellt. Es ist kein Wunder, daß hierin ein Italiener den Deutschen zuvorkommen konnte, denn es waren ja die italienischen Humanisten, welche die Idee der ethnischen, sprachlichen und kulturellen Einheit Italiens entwickelt hatten, noch bevor in Deutschland ein solches Einheitsbewußtsein seinen literarischen Niederschlag fand. Nur wenige Jahre vor der Entstehung der „Germania“ hatte Flavio Biondo in seiner „Italia illustrata“ der humanistischen Idee der Einheit Italiens Ausdruck verliehen [235]. Er bediente sich dabei, entsprechend seiner Absicht eines Lobes, der Topoi der „laudatio“. In der „Italia illustrata“ wird der Rahmen der Themen abgesteckt, die zur Darstellung eines Landes als einer geographischen, ethnischen, sprachlichen, kulturellen, historischen und politischen Einheit nötig waren. Man möchte nicht daran zwei-

[235] Es lag folgende Ausgabe vor: Blondi Flavii Forliviensis, De Roma instaurata libri tres . . ., de Italia illustrata opus, tum propter historiarum cognitionem tum propter locorum descriptionem valde necessarium, Venetiis 1510. Literatur zu Biondo bei *Strnad,* Atti del Convegno, S. 297.

feln, daß Aeneas mit der „Italia illustrata“ vertraut war, da er andere Schriften des an der Kurie als Sekretär tätigen Biondo, den er persönlich gekannt haben dürfte, zur Abfassung seiner eigenen Schriften herangezogen hat [236]. Dieselbe Vielfalt der Themen war im übrigen annähernd auch schon in der literarischen Gattung der Stadtbeschreibung enthalten, seitdem Bruni die Darstellung der Stadtgeschichte und der Institutionen der Stadtverfassung eingeführt hatte [237]. Die Themen brauchten nur auf die geographische Einheit eines Landes übertragen zu werden.

Die Darstellung Deutschlands verfolgt einen doppelten Zweck. Sie ist sowohl hinsichtlich der Auswahl, der Anordnung und der Ausführlichkeit in der Darlegung der Themen als auch der rhetorischen Form nach dem Beweisgang der Abhandlung unterworfen. Sie erstrebt aber zugleich eine sachbezogene Information und ein möglichst umfassendes Bild Deutschlands, das mit den Erfordernissen des Beweisgangs allein nicht zu erklären wäre. Aeneas nahm ganz offensichtlich den Anlaß wahr, seinen Kenntnisschatz über Deutschland auszubreiten und ein bisher von der Geographie noch kaum beachtetes Gebiet zu erschließen. Auch als Anwärter auf den Stuhl Petri war in ihm noch der Humanist lebendig, der mit seinen Kenntnissen glänzen wollte. Anders als die „Italia illustrata“ des Biondo folgt die Darstellung, mit Ausnahme der Gliederung des Lobs der Städte, nicht der Einteilung einer geographischen Beschreibung, sondern in groben Zügen dem Aufbau einer Stadtbeschreibung. Nicht die Provinzen bilden die Einheit eines jeden Abschnitts, sondern die Hauptthemen. Dies lag in der Beweisführung begründet, die jedes Hauptthema gesondert abhandeln mußte, um jeweils am Ende in ihrem Sinne Schlußfolgerungen ziehen zu können. Die Hauptthemen bilden folgende Reihenfolge: die Lebensweise der Germanen, die größere Ausdehnung des zeitgenössischen Deutschland gegenüber dem germanischen Siedlungsgebiet zur Zeit der Machtblüte des Römischen Imperiums, die Städte, die Bodenschätze mit ihren Schürfstätten und die Verbreitung von Gold- und Silberwaren, die Herrschafts- und Verfassungsverhältnisse, die Kriegstüchtigkeit der Deutschen und namhafte Heerführer, die Kultur und Bildung, die Sitten, Zusammenfassung und Schlußfolgerung.

Die Darstellung Deutschlands ist ein wahres Kunstwerk der Verstellung. Es entsprach an sich schon dem Wesen des Aeneas, mit allen Parteien im guten Einvernehmen stehen zu wollen [238]. Vor seiner angestrebten Wahl auf den Stuhl Petri war dies aber auch ein Gebot der politischen Taktik. Er mußte auf der Hut sein, niemanden zu verletzen – weder die italienischen und spanischen Kardinäle, auf deren Stimmen er im Konklave angewiesen war, noch die deutsche Opposition,

[236] Die „Decades“ für längere Partien der „Historia Austrialis“, vgl. *Ilgen*, S. XXVII. Nach dem Tod des Biondo am 4. Juni 1463 verfaßte Aeneas einen Auszug der „Decades“ (gedruckt in Opera omnia, S. 144–288); vgl. *Voigt* II, S. 321.

[237] Vgl. Kap. I, S. 19.

[238] Vgl. z. B. *Voigt* I, S. 144, 304 und passim.

die er im Sinne der Kurie zu beschwichtigen hatte. Eine Kränkung der Deutschen galt es unter allen Umständen auch deshalb zu vermeiden, weil sie eine zornige Erwiderung hätte zur Folge haben können, in der fraglos die wunden Punkte seiner Vergangenheit angesprochen worden wären. Vor allem einen Mann hatte Aeneas Grund zu fürchten: Gregor Heimburg, den unversöhnlichen Gegner der Kurie, dessen Schüler Martin Mayer war [239]. Wenige Jahre später, im Brixener Bistumsstreit, schleuderte Heimburg die heftigsten Angriffe gegen Aeneas als Papst Pius II., die mit Anspielungen auf sein Vorleben gewürzt waren. Diese temperamentvollen und schonungslosen Invektiven erregten damals in Europa großes Aufsehen [240]. Umgekehrt wäre es im Hinblick auf die Stimmen im Konklave gewagt gewesen, die Städte, die Bildung, die Kultur, die Fürsten Deutschlands so zu loben, daß der Eindruck hätte entstehen können, das Lob wäre aufrichtig gemeint, denn Aeneas wußte nur zu gut, daß die italienischen und spanischen Kardinäle in der Regel verächtlich auf Deutschland herabblickten, wie auf ein barbarisches und unterentwickeltes Land. Es hätte in diesem Fall vielleicht nicht ausgereicht, die Verstimmung des einen oder anderen über das unverhohlene Lob zu besänftigen, wenn er sich allein auf den kirchenpolitischen Zweck der Schrift und das in ihr wahrgenommene Interesse der Kurie berufen hätte.

Als Ausweg aus dem Zwiespalt boten sich Aeneas zwei Mittel an. Das eine Mittel war die rhetorische Form. Wenn er die Darstellung Deutschlands in die Topoi der „laudatio“ sowie in möglichst viele rhetorische Fragen und Ausrufe kleidete, war er sowohl gegen deutsche als auch gegen italienische Anfeindungen gefeit, denn dadurch konnte er seine wahre Ansicht verhüllen und mehrere Auslegungen offenlassen. Die rhetorischen Fragen und Ausrufe hörten sich zwar für den deutschen Leser schmeichelhaft an, enthielten aber keinen eindeutigen Informationswert, da sie weder von einer faßbaren Quantitäts- oder Qualitätsangabe noch von einem triftigen Vergleichsmaßstab ausgingen, so daß Aeneas italienischen Einwänden jederzeit mit dem Hinweis auf die Relativität der Aussage hätte begegnen können. Eine rhetorische Frage wie folgende: „Welche Nation unter dem Himmel zeichnet sich durch so viele hochedle Häuser, so viele erlauchte Fürsten aus?“ sagt solange gar nichts aus, als man nicht erfährt, wie viele Fürsten es genau waren und worin ihr hoher Adel und ihre Erlauchtheit eigentlich bestanden. Bei den Topoi der „laudatio“ hätte sich Aeneas gegenüber italienischen Einwänden ohne weiteres auf den Grundsatz Leonardo Brunis berufen können, daß die „laudatio“ nicht unbedingt der Wahrheit verpflichtet sei, sondern, zu welchem Zweck auch immer, den Leser durch das Lob erbauen wolle und als ästhetische Ausdrucksform um ihrer selbst willen bestehe. Aeneas durfte aber sicher sein, daß sich kein humanistisch gebildeter Leser in Italien eine Blöße ge-

[239] *Joachimson*, Gregor Heimburg (zit. unter Anm. 121), S. 108 ff.
[240] Ebd., S. 188 ff. (zu den Anspielungen S. 105, 164 und 204); *Voigt* III, S. 383 ff.; *Lhotsky*, S. 24. Zum Verhältnis Aeneas – Heimburg vgl. auch Anm. 121.

ben oder gar ein „asinus“ heißen wollte, wie Bruni seinerzeit einen lästigen Kritiker seiner „Laudatio Florentinae urbis“ genannt hatte. Den deutschen Leser konnte Aeneas hingegen durch das Mittel der „laudatio“ für die unmißverständliche Zurückweisung der „Gravamina“ versöhnen. Gewiß, er mußte damit rechnen, daß politisch erfahrene Männer in Deutschland hinter der „laudatio“ die Absicht der Schmeichelei und der Beschwichtigung erkennen würden, so wie es ein halbes Jahrhundert später Jakob Wimpfeling tat [241]. Er war aber mit dem Stand der humanistischen Bildung in Deutschland so gut vertraut, daß er nicht zu befürchten brauchte, ein scharfsinniger Anwalt der deutschen Sache könnte die List der „laudatio“ an Hand des Grundsatzes Brunis entlarven. Die „laudatio“ und die mit ihr einhergehenden rhetorischen Fragen und Ausrufe treten in einer ungewöhnlichen und in der Geschichte des Humanismus wahrscheinlich einzigartigen Funktion auf. Sie haben den doppelten Zweck, sowohl die Aussage mehrdeutig zu gestalten als auch die Beweisführung selbst zu beeinflussen, indem die in der rhetorischen Form enthaltene positive Bewertung zu bestimmten Schlußfolgerungen ausgenützt wird, ohne daß im einzelnen ein sachlich begründeter Nachweis geführt worden wäre. Wir werden dies am konkreten Beispiel im einzelnen noch sehen. An eine solche Verwendung der „laudatio“ hatte Bruni nicht im mindesten gedacht, als er seinen Grundsatz formulierte, da er von einer homogenen Leserschaft ausging.

Das andere Mittel war die Gegenüberstellung des alten Germanien mit dem gegenwärtigen Deutschland. Die Grundlage hierzu bildet der einleitende Abschnitt über die Lebensweise der Germanen, dessen Schlußfolgerungen innerhalb der weiteren Darstellung mehrmals wieder aufgegriffen werden. Durch die Gegenüberstellung schuf Aeneas für die Einschätzung des derzeitigen Entwicklungsstandes Deutschlands einen Maßstab, der wiederum, je nach der Einstellung des Lesers, eine zweifache Auffassung zuließ. Für den deutschen Leser wurde das Lob des gegenwärtigen Deutschland durch die Gegenüberstellung mit den Vorzeiten nicht geschmälert, ja dieser hatte Aeneas nur dankbar zu sein, von ihm so viele wissenswerte Nachrichten über die eigene Frühgeschichte erfahren zu können. Dem italienischen Leser blieb es hingegen unbenommen, die große Zeitspanne als Maßstab zu belächeln, die List der Gegenüberstellung, durch die das gegenwärtige Deutschland nur erst im Licht der barbarischen Wildheit der Germanen bedeutsam erschien, zu durchschauen und im übrigen selbstgefällig an die römische Kultur der eigenen Vorfahren zu denken.

Der Abschnitt über die Lebensweise der Germanen stützt sich auf die Zeugnisse Caesars und Strabos, aus deren Schriften zum Teil wörtlich zitiert wird. Das ethnographische Werk Strabos wird zum ersten Mal in einem Werk des Aeneas ausgewertet. Im Anschluß an ein längeres Zitat Strabos fällt auch der Name des Tacitus: „Ähnliches schrieb Cornelius Tacitus über Deutschland, der bis in die

241 *Jakob Wimpfeling,* Responsa et replicae ad Eneam Silvium, ed. *Schmidt* im Anhang zur „Germania“, S. 127.

Zeit Hadrians gelebt haben soll". Gründliche Textvergleiche haben ergeben, daß die „Germania" des Tacitus Aeneas zum Zeitpunkt der Abfassung nicht vorgelegen haben kann, denn die Übereinstimmungen sind so allgemeiner Art, daß sie auch aus der Kenntnis der anderen Autoren zu erklären sind. Es ist sehr wahrscheinlich, daß er die „Germania" des Tacitus nicht einmal früher gelesen hat, sondern sie allein vom Hörensagen kannte. Gemeint kann aber nur die „Germania" sein, denn Tacitus hat in seinen anderen Schriften nichts Nennenswertes über die Lebensweise der Germanen mitgeteilt. Die Erwähnung bleibt jedoch nach wie vor die früheste in einem humanistischen Werk [242].

[242] Vgl. *Jacques Perret*, Recherches sur le texte de la „Germanie", Paris 1950, S. 142 ff. (gemeint ist die „Germania" des Tacitus), ferner *Amelung*, S. 61 ff. Der Forschung über die Rezeption der „Germania" des Tacitus (*Jürgen von Stackelberg*, Tacitus in der Romania, Studien zur literarischen Rezeption des Tacitus in Italien und Frankreich, Tübingen 1960, S. 60, geht leider über die Rezeption der „Germania" mit wenigen Worten hinweg; vgl. hierzu auch *Amelung*, S. 65) ist es bisher entgangen, daß Ende der sechziger Jahre der Kardinal Francesco Todeschini-Piccolomini, in dessen Besitz ein Teil der Bibliothek Pius' II. nach dessen Tode überging (vgl. *Kramer*, S. 61 f.), über ein Exemplar der „Germania" verfügte. Er beauftragte 1469 den an der Universität Löwen lehrenden Kanonisten und Legisten Raimundus Marlianus, als sich dieser in Sachen des Lütticher Domkapitels in Rom aufhielt und häufig mit ihm zu Gesprächen über gemeinsame geographische Interessengebiete zusammenkam, in einer Schrift die topographischen und ethnographischen Angaben in Caesars „De bello Gallico" und in der „Germania" des Tacitus mit den in der Gegenwart gebräuchlichen Bezeichnungen zu vergleichen, damit dem zeitgenössischen Leser die Orientierung erleichtert werde. Eine solche Schrift bedeutete die konsequente Fortsetzung der vergleichenden geographischen Kritik des Aeneas Silvius. Am 2. Dezember 1470 sandte Francesco Todeschini-Piccolomini die bereits fertiggestellte Schrift des Marlianus (*Raymundus de Marigliano*, Index locorum in commentariis Cesaris belli gallici descriptorum et nominum, quae eis prisca nostraque etas indidit, *Hain*, Repertorium bibliographicum 4215, 4216, 4217, 10776). Auch in zahlreichen Handschriften erhalten, z. B. Bayrische Staatsbibliothek München, Clm 5333 (Chiemsee 33), fol. 84—115; Biblioteca Ambrosiana Mailand, Cod. E 66 sup., fol. 117 r—223 r. Ein Hinweis auf den Verfasser fehlt hier jedoch. Dafür steht unter dem Titel: „Romae 1470 mense ianuario". Vgl. *Paolo Revelli*, I codici Ambrosiani di contenuto geografico (= Fontes Ambrosiani, Serie I, 1), Milano 1929, S. 79/80, Nr. 178; zur Benutzung des Marlianus bei deutschen Humanisten vgl. *Paul Joachimson*, Die humanistische Geschichtsschreibung in Deutschland, Heft 1, Die Anfänge. Sigismund Meisterlin (Bonn 1895, S. 177 und 184) mit einem Begleitbrief, der kritisch zu Einzelheiten in ihr Stellung nimmt, an seinen Freund und ehemaligen Lehrer Dr. Johannes Tröster. Der Brief wurde bereits im Auszug von Joseph Schlecht veröffentlicht (*Joseph Schlecht*, Pius III. und die deutsche Nation, Festschrift Georg von Hertling zum siebzigsten Geburtstage am 31. August 1913, dargebracht von der Görresgesellschaft, S. 305—328, Kempten 1913; vgl. auch *Alfred A. Strnad*, Francesco Todeschini-Piccolomini, Politik und Mäzenatentum im Quattrocento, Römische Historische Mitteilungen 8/9, 1964/65 und 1965/66, S. 101—425, hierzu S. 339). Es genügt daher, nur den entscheidenden Satz wiederzugeben (nach *Schlecht*, S. 309, Anm. 3): „Et cum res nostri temporis priscis illis conferemus haberemusque in manibus Caesaris commentarios aut Cornelii Taciti Germanie descriptionem, ipsorum locorum nostro tempore mutata nomina me admodum confundebant." Die Kenntnis der „Germania" ist dann das nächste Mal in der Rede, die der Sekretär des Francesco Todeschini-Piccolomini, Johannes Antonius Campanus, auf

Der Nachweis der größeren Ausdehnung des zeitgenössischen Deutschland gegenüber dem germanischen Siedlungsgebiet zur Zeit der Machtblüte des Römischen Imperiums ist bereits in dem Vergleich der antiken mit den zeitgenössischen Gebietsbezeichnungen und -grenzen in der Beschreibung Österreichs thematisch vorweggenommen. Ebenso wie dort dient die Geographie des Ptolemäus als Quelle für den Zustand zur germanischen Zeit [243]. Wie begründet Aeneas nun die gegenwärtigen Grenzen? Die Beantwortung dieser Frage trifft deshalb auf Neugier, weil er bei seinem Werben um die italienischen Kardinäle nicht von den Grenzen des Römischen Reiches ausgehen durfte, die den Rechtsanspruch des Kaisers auf Italien beinhalteten. Seine Einstellung im „Pentalogus“ und im Traktat „De origine et auctoritate Romani Imperii“ galt es jetzt zu verschweigen. In der Tat geht er bei der Begründung der gegenwärtigen Ausdehnung nicht primär von den Grenzen des Römischen Reiches aus, sondern von der Verbreitung der Sprache, Kultur, Sitten und Rechtsbräuche der Deutschen. „Lingua“, „sermo“, „mores“, „mos“ und „ius“ sind die entscheidenden Begriffe, in denen sich ihm ein Volk als eine Einheit darstellt [244]. Bei Böhmen allerdings gibt er den

dem Reichstag zu Regensburg von 1471 zugunsten des Türkenkrieges halten wollte, nachzuweisen (vgl. *Perret*, S. 151/152, Anm. 5, sowie im Kap. Campanus, Anm. 23). Man möchte annehmen, daß Campanus durch Francesco Todeschini-Piccolomini auf die „Germania“ aufmerksam gemacht worden ist. Da die Reichstagsrede in Regensburg selbst abgefaßt wurde (was Jo. Antonii Campani ... epistolae et poemata, ed. *J. Burchardus Menckenius*, Lipsiae 1707, lib. VI, ep. 2, S. 347, bezeugt), dürfte Francesco Todeschini-Piccolomini ein Exemplar der „Germania“ auf der Legation mit sich geführt haben. Es ist nicht verwunderlich, daß sich der nächstfolgende Hinweis auf die „Germania“ in dem Legationstagebuch des Augustinus Patricius von 1471/1472 befindet, der ebenfalls zu den Begleitern des Kardinals Francesco Todeschini-Piccolomini auf dem Reichstag von Regensburg gehörte (vgl. Kap. Patricius, S. 166 und Anm. 40). Zur Kenntnis einer Kopie der „Germania“ durch Johann Hinderbach 1466 vgl. *Perret,* Recherches, S. 153.

[243] Allein in bezug auf die östliche Ausdehnung des germanischen Gebiets schließt sich Aeneas nicht Ptolemäus an, der die Weichsel angegeben hatte. Germania, S. 48: „Eratque tunc angustior breviorque, quam modo sit, siquidem Germania universa inter Rhenum et Albim sive, ut alii volunt, Oderam sive, ut alii rursus autumant, Viscelam ab occidenti ad orientem protensa solem, ab austro Danubii flumine, a septentrione Britannico oceano et mari, quod Balteum vocant, undique claudebatur.“ Zur Benutzung weiterer antiker Autoren in der „Germania“ (Caesar, De bello Gallico; Tacitus, Annales; Jordanes, „Getica“) vgl. die Kommentierung der deutschsprachigen Ausgabe der „Germania“ von *Schmidt.*

[244] Am bezeichnendsten sind folgende Stellen: „Belgica regio, que Gallie prius portio tertius fuit, nunc maiori ex parte Germanie cessit, lingua et moribus Theutonica“ (S. 48); „Stiria, quam veteres Valeriam vocaverunt, Theutonicam morem atque imperium subiit. Carni quoque, quos modo Carinthianos Carniolosque nominant, idem fecere, ita ut fontes Dravi Savique nominatorum fluminum Theutonici iuris existant“ (S. 49); „Transivimus Gandavum, populosissimam urbem, et totus occidentis in Bruggensi oppido frequentissimum emporium. Que licet Gallici iuris esse videantur, Theutonico tamen sermone et moribus vestris utuntur“ (S. 50); ferner die in der folgenden Anm. zitierte Bemerkung über Böhmen.

deutschen „mores" vor der tschechischen „sermo" den Vorzug [245]. Hier geschieht es auch zum einzigen Mal, daß er sich auf die Grenzen des Römischen Reiches beruft. Nur in einem Fall ist er wider besseres Wissen nicht konsequent. Die Tiroler Städte des Etschtals zählt er nach dem Vorbild der „Italia Illustrata" des Biondo unzweideutig zu Italien [246]. Hierbei schimmert auch die Auffassung des Plinius durch, der die Alpen als Grenze nach Germanien hin ansah, worauf sich auch Petrarca zu berufen pflegte [247]. Es ist das erste Mal nach langer Zeit, daß Aeneas wieder patriotisch-italienische Züge zeigt.

Indem Aeneas die Einheit eines Volkes in der Sprache und Kultur, den Sitten und Rechtsbräuchen erkennt, nimmt er die Idee der Nation in einer ihrer Varianten vorweg. Trotzdem ist man im Zweifel, ob man die häufig verwendete Bezeichnung „natio" bereits mit „Nation" oder noch mit „Volk" übersetzen soll. Als sicher kann gelten, daß er trotz seiner gelegentlichen terminologischen Unschärfe eine klare Vorstellung von der Individualität eines Volkes hatte. Eine weitere Komponente dieser Individualität war für ihn dessen Geschichte. Auch wenn er dies in der „Germania" nicht ausdrücklich dartut, so können doch zahlreiche geschichtliche Erörterungen in anderen Schriften nur einer solchen Grundauffassung entspringen [248].

Das Lob der deutschen Städte umfaßt insgesamt 73 Städte. Es steht im Zusammenhang mit dem Nachweis des Reichtums und der Kultur Deutschlands. Das Prinzip der Anordnung entspricht dem einer geographischen Beschreibung, bleibt jedoch mit Rücksicht auf die Form der „laudatio" betont unauffällig und läßt sich nur aus der Reihenfolge des Dargestellten erschließen. Die Städte sind jeweils nach den historischen Provinzen zusammengefaßt. Diese sind ihrerseits größeren geographischen Gebietseinheiten untergeordnet, die von den äußeren

245 Germania, S. 53: „Bohemia, quamvis Sclavonico sermone utitur, sub imperio tamen Germanico sese continet et moribus utitur Theutonicis, et pauci sunt inter Bohemos saltem nobiles, qui non utramque noverint linguam, et undique cincta est ea terra Theutonicis plebibus. Illud quoque Germanicam esse Bohemiam palam ostendit, quod intra ecclesias Theutonico tantum sermone instruere populum sacerdotibus permissum est, in cimeteriis autem Sclavonico."

246 Germania, S. 48: „Retia tota et ipsum Noricum et, quid Vindelici nominis inter Alpes Italas ac Canubium fuit, ad Germanos defecit, ita ut etiam Alpes ipsas celo vicinas et perpetua nive rigentes nomen Germanicum penetrans in Italia quoque sedes posuerit Brixinone, Merano Bulzanoque in valle Athesis occupato." *Flavio Biondo*, Italia illustrata, Venetiis 1510, fol. 104 v: „Bolgianumque oppidum nobile parum ab Athesi recedens torrenti est appositum, qui a Sarentino oppido brevem cursum habet, domus inde nova oppidum et superius est Maranum populo frequens oppidum, quod, et si in Italia situm est, gentis locutione et moribus totum est Theutonicum potius quam Italicum. Deinceps sunt Alpium iuga, quorum aditibus et quidem arduus in Germaniam est accessus." Aeneas erwähnt wohlgemerkt die Tiroler Städte des Etschtals nur innerhalb der Erörterung über die Ausdehnung Deutschlands, läßt sie jedoch in dem das Lob der einzelnen Städte enthaltenden Abschnitt, wie es scheint, bewußt aus.

247 *Plinius*, Naturalis Historia, III, 19 (23): „Alpes ... Germaniam ab Italia summovent ... velut naturae providentia." Vgl. Kap. Petrarca, S. 34 und Anm. 24.

248 Vgl. auch oben S. 97 f.

Grenzen (Landesgrenzen zu den Nachbarvölkern und zur Nord- und Ostsee hin) sowie von den durch die vier Flüsse Rhein, Donau, Oder und Main bezeichneten inneren Grenzen gebildet werden. Die in der Darstellung an erster Stelle beschriebene Gebietseinheit umfaßt die Provinzen zwischen den Landesgrenzen und den Flüssen Rhein, Donau und Oder, die an zweiter Stelle beschriebene Gebietseinheit die Provinzen innerhalb dieser Flüsse und der Nord- und Ostsee. Deutschland wird also in zwei Teile geteilt. Man kann mit Pandolfo Collenuccio, der ein halbes Jahrhundert später in seiner kaum bekannten „Descriptio seu potius summa rerum Germanicarum“ demselben Einteilungsprinzip folgt, von einem inneren Teil in der Form eines Quadrats sprechen[249]. Der äußere Teil wäre demnach mit einer Rahmenfläche zu vergleichen, die sich um den inneren Teil herumlegt. Dieser zerfällt wiederum in zwei Gebietseinheiten, deren Grenze der Main darstellt. Es ist dies das früheste Zeugnis in neuerer Zeit für die Mainlinie als Grenze zwischen Ober- und Niederdeutschland (Germania superior et inferior). Die geographische Einteilung ist nicht die eigene Leistung des Aeneas, sondern hält sich in den Grundzügen an die Anordnung im Werk des Ptolemäus, der die von den Römern besetzten Gebiete westlich und südlich von Rhein und Donau getrennt von dem damaligen germanischen Siedlungsgebiet beschrieben hat. Bei Ptolemäus findet sich auch schon die Einteilung in Ober- und Niederdeutschland mit der Mainlinie als Grenzscheide[250].

Ein schönes Beispiel dafür, wie die eigene Anschauung Aeneas bei der Einordnung der Städte zugute kam, bieten die Donaustädte. Die am Südufer gelegenen Städte Regensburg, Straubing, Passau und Wien werden zum äußeren Teil, das am Nordufer gelegene Ulm hingegen zum inneren Teil gerechnet.

Das Lob der Städte setzt sich aus den von den Beschreibungen Basels und Wiens her bekannten Themen zusammen. Während die Themen dort nur für die Aspekte einer einzigen Stadt gelten, sind sie nunmehr über die einzelnen Städte

[249] Descriptio seu potius summa rerum germanicarum regionum populorumque ac urbium, oppidorum et amnium seu fluviorum vocabula, necnon situs, et confines illorum, vere ac summatim complectens. Res equidem, non minus notatu dignae quam lectu audituque periucundae: a Pandulfo Collenuccio Pisaurien, olim in unum collectae: nunc vero in lucem editae. Romae MDXLVI. In fine: Impressum Romae per Antonium Bladum Asulanum, mense Septembris MDXLVI, auch im Appendix bei *Alfredo Saviotti*, Pandolfo Collenuccio, umanista pesarese del sec. XV. Pisa 1888, S. 266—295.

[250] *Ptolemäus*, Geographia, Abschnitt: Gallia Belgica: „Terrae propter Rhenum pars altera a mari ad Abrincam fluvium appellatur Germania inferior ... Altera pars ab Abrinca fluvio meridiem versus appellatur Germania superior ...“; *Aeneas*, Europa, *Freher — Struve* II, S. 129: „Provinciam perlabitur haud ignobilis amnis, quem Moganum vocant. Ptolemaeus hunc fluvium Obrineam appellare videtur: qui superiores Germanie ab inferioribus eundem dividere affirmat: neque enim alius fluvius est, qui eam divisionem aptius quam Moganus efficere possit. Et hodie quidem inferiores Germani usque ad Maguntiam procedunt, abinde superiores vocantur“; das Einteilungsprinzip der „Germania“ wird zudem durch folgende Feststellung in ihr bestätigt (S. 55): „In Franconia supra Muganum iacet Francfordia, inter inferiores et superiores Theutones commune emporium et urbs“.

verstreut. Je nach dem Rang der Stadt wird eine mehr oder weniger große Zahl von Merkmalen hervorgehoben. Die kleineren Städte müssen sich im allgemeinen mit ihrer höchstens durch die Topoi der „laudatio“ bereicherten Aufzählung begnügen. Bevorzugt werden die geistlichen Bauwerke angeführt. In Wien, Speyer, Straßburg, Aachen und Bamberg werden der Dom, in Regensburg das Kloster St. Emmeran und in Nürnberg die Stadtpfarrkirchen St. Sebald und St. Lorenz erwähnt. Mit der Würdigung der baulichen Merkmale gehen wechselweise Bemerkungen über die Ausstattung im Innern, über die Kirchenschätze, über bekannte Reliquien und Grabstätten, über einen am Ort verehrten Heiligen oder über den Reichtum des Klerus einher. Kaum weniger als die geistlichen Bauwerke finden die privaten und öffentlichen Beachtung. Allerdings werden nur der Römer in Frankfurt, das Rathaus in Straßburg, der Hradschin in Prag und die Burg in Nürnberg ausdrücklich genannt. Auch weithin bekannte Brücken, wie etwa die Mainbrücke in Frankfurt und die Donaubrücke in Regensburg sind mit einigen Worten gekennzeichnet. Ein bevorzugtes Thema ist die Sauberkeit der Städte. Vom Volkreichtum ist mehrmals ganz allgemein die Rede, doch finden sich nie Zahlenangaben, die besonders interessant gewesen wären. Ebenso allgemein gehalten sind in der Regel die Angaben über die Stadtbefestigung. Bei Bern und Danzig wird die Höhe des Aufgebots zahlenmäßig belegt. Nur äußerst selten erfährt man im einzelnen etwas über die Bedeutung des Handels für eine Stadt. Die Leistungsfähigkeit des Stadtregiments wird bei Basel, Nürnberg und Augsburg hervorgehoben. Gelegentlich fällt auch ein Blick auf ein besonderes Kennzeichen der Lage. Ein großer Teil der Angaben gilt den Ereignissen aus der älteren und jüngeren Stadtgeschichte. So werden zum Beispiel bei Trier das sagenhafte Alter, bei Köln die Gründung durch den Römer Agrippa, bei Worms die Konkordate, bei Basel und Konstanz die Konzilien, bei Frankfurt und Regensburg die Reichstage, bei Aachen die Kaiserkrönungen und bei Soest die siegreiche Fehde gegen den Kölner Erzbischof vermerkt. Es handelt sich, wie wir sehen, um eine bunte Mischung verschiedenartiger Mitteilungen, die vielfach nur in die Topoi der „laudatio“ gekleidete Aufzählungen sind.

Die Topoi der „laudatio“ treten dichtgedrängt auf und überhäufen die angeführten Städte geradezu. In vielen Fällen sind sie das einzige Mittel zur Charakterisierung eines Merkmals. Sie sind weitgehend beliebig austauschbar. An der Spitze der ansehnlichen Kette stehen „splendor, splendidus“ und „ornatus, exornatus“ (je zehn Mal). Es folgen „nitor, nitidus“, „illustris, illustratus“ (je acht Mal), „nobilis“, „insignis“, „magnificus, magnificens, magnificentia“ (je sieben Mal), „amoenus, peramoenus, amoenitas“, „memorabilis, memoratu dignus, memoranda“ (je fünf Mal), „dignus, haud indignus“, „excellens, excellentia“ (je vier Mal), „clarus, praeclarus“, „mirus, mirabilis, admirabilis“, „decus“, „laetus, aspectu laetus“ (je drei Mal). Je ein oder zwei Mal werden „perfectus“, „egregius“, „superbus“, „praestantia, praestare“, „pulcher“, „gloria“, „notus“, „famosus“, „maiestas“, „non infimus“, „haud contemnendus“, „nec quisquam contempserit“, „minime pauci pendendus“, „non sine laude nomen habet“ und „nec suis laudibus caret“ verwendet. Vor allem auf Grund dieser Topoi konnte Aeneas am Schluß das Fazit ziehen, die deutschen Städte seien reich und blühend. Hier werden also die Topoi zum Mittel der Beweisführung! Über die Wirklichkeit sagen sie nur in den wenigen Fällen etwas aus, in denen sie mit einem Vergleich verbunden sind, der einen Maßstab enthält. Ein humanistisch gebildeter Italiener, dem bei einer derartigen Fülle von Topoi der „laudatio“ die List der Schlußfolgerung nicht aufgefallen wäre, hätte es mit Recht verdient, ein „asinus“ zu heißen.

Mit den aufgezählten Topoi war allerdings das Repertoire des Aeneas zu loben noch nicht erschöpft. Für besonders schmeichelhaft hielt er es offenbar, wenn er die Bürgerhäuser mit Königspalästen verglich. Er tat es insgesamt an vier Stellen, am einprägsamsten aber im Falle Nürnbergs: „Wieviele Bürgerhäuser gibt es doch dort, die Königen würdig wären! Die Könige von Schottland wären froh, wenn sie so ansehnlich wohnen könnten wie mittelreiche Nürnberger Bürger!“ [251] Die Faszination des Vergleichs lag in dem Wort König. Der italienische Leser konnte, wenn er geistig alert war, über den Trick nur Heiterkeit empfinden und vielleicht die armen Schottenkönige bedauern, die so wenig königlich wohnten. Der Vergleich war im übrigen nicht aus der Luft gegriffen, denn er enthält ein Stück Erinnerung von der Jugendreise nach Schottland. Die Gleichsetzung von Bürgerhäusern mit Palästen von Königen oder Fürsten gehörte zum geläufigen Toposschatz des Aeneas und ist in fast allen seinen Beschreibungen sowohl deutscher als auch italienischer Städte anzutreffen [252].

[251] Germania, S. 56: „Quot ibi civium edes invenias regibus dignas! Cuperent tam egregie Scotorum reges quam mediocres Norimberge cives habitare!“ Die drei weiteren Stellen lauten: S. 51 über Straßburg: „Sunt et alia sanctorum delubra et monachorum cenobia et amplitudine et ornatu splendidissima, pretorium excellens et civium et sacerdotum edes, quas nec reges incoluisse piguerit“; S. 53 über Wien: „Tacemus privatarum edium splendorem et amplitudinem, quarum non paucas invenias ad regiam excellentiam fastigiatas“; S. 55 über Frankfurt: „... Francfordia ..., Quamvis magna ex parte lignea, pluribus tamen palatiis ornata lapideis, in quis vel reges haud indigne recipiantur.“ Außerdem vergleicht Aeneas die Macht des Deutschen Ordens mit der von Königen (S. 59): „Tacemus Theutonicorum fratrum, quos beate Marie vocant, qui nunc Polonico bello vexantur, quorum potentia par regibus est.“

[252] Über Köln (Zweite Beschreibung Basels, *Hartmann*, Basilea latina, S. 53): „Cuius urbis si quis magnificenciam splendoremque contemplatur, non mercatorum aut privatorum civium sed regiam urbem diiudicet“; über Wien (Erste Fassung der Beschreibung Wiens, *Kollar*, Analecta II, col. 9): „Ingressus cuiusque domum, in aedes te principis venisse putabis“; Zweite Fassung der Beschreibung Wiens: „Plurimaque et munda suppellex in aedibus quoque privatorum civium ad principalem erectis magnificentiam“; über Nürnberg (Beschreibung Nürnbergs, Historia Austrialis, *Kollar*, Analecta II, col. 418/419): „Urbs plena populo, sacris ac profanis aedibus, ad principalem magnificentiam fastigiatis“; über Florenz (Historia Austrialis, *Kollar*, Analecta II, col. 250): „Urbs latissima, ingenti mole murorum, multus turribus, templis amplissimis, altis aedibus, publicis ac privatis aedificiis ad regiam magnificentiam fastigatis ...“; über Siena (Historia Austrialis, *Kollar*, Analecta II, col. 270): „Multa ibi palatia ad regiam fastigiata magnificentiam“; über die Grazer Burg (*Wolkan* I, 1, in ep. 76, S. 183): „arx ... ad regiam quoque fastigiata magnificentiam“.

Ein gutes Beispiel für die Funktion der rhetorischen Fragen und Ausrufe bietet ein Passus über die Verbreitung von Gold- und Silberwaren in Deutschland, wo es heißt: „Denn in welchem Gasthaus wird bei euch nicht aus Silber getrunken? Welche Frau aus dem Volk, um gar nicht von den Vornehmen zu reden, glänzt nicht im Goldschmuck? Was sollen wir noch die aus reinstem Gold verfertigten Ketten der Ritter und Zügel der Pferde anführen und die vielen mit Edelsteinen besetzten Sporen und Schwertscheiden sowie die im Gold glänzenden Ringe, Gurte, Harnische und Helme! Wieviele kostbare Geräte gibt es in den Kirchen, wieviel mit Perlen und Gold bedeckte Reliquien, welch eine schmuckvolle Ausstattung der Altäre und Kleidung der Priester! Was gibt es Reicheres als eure Sakristeien?" [253] Allein auf Grund dieses rhetorischen Spuks kann es sich Aeneas am Schluß herausnehmen, einen jeden, der an dem Reichtum Deutschlands zu zweifeln wagte, von vornherein als habsüchtig und beschränkt hinzustellen. In Wahrheit fehlt aber seinen Beteuerungen jeglicher Beweiswert, da sie weder eine faßbare Quantitätsangabe noch einen Vergleichsmaßstab zu deren Einstufung bieten.

Freilich, allzuweit durfte es Aeneas mit Rücksicht auf eine denkbare deutsche Erwiderung mit rhetorischen Halbheiten auch nicht treiben. Deshalb flocht er dann doch mehrere Vergleiche zwischen Deutschland und Italien ein, die seinen Aussagen größere Glaubwürdigkeit verleihen sollten. Unter diesen Vergleichen fällt besonders die Gegenüberstellung der Gesamtheit der Städte beider Länder in die Augen: „Wer aber die Wahrheit sprechen möchte, wird zugestehen, daß es in Europa keine Nation gibt, deren Städte sauberer und dem Anblick nach angenehmer sind als in Deutschland. Vielleicht könnte man diesen einige von den italienischen Städten vorziehen wie zum Beispiel Venedig, Genua, Florenz, Neapel, denen höchster Glanz und Schmuck eigen ist. Aber wenn man Nation mit Nation vergleicht, gibt es keinen Grund, die italienischen über die deutschen Städte zu stellen. Deutschland bietet gewissermaßen einen jugendlichen Anblick, und die Städte erwecken den Eindruck, als wären sie erst vor wenigen Tagen entstanden oder erbaut." [254] – Mit welcher Vorsicht ist doch der Vergleich formuliert! Aeneas sagt, es gibt in Europa keine Nation, deren Städte sauberer sind und einen angenehmeren Anblick bieten als die deutschen. Das heißt aber mit anderen Worten: es gibt viele Nationen, deren Städte den deutschen an Sauberkeit und Gefälligkeit des Anblicks gleichkommen! Er sagt ferner, man könnte einige italienische Städte den deutschen vorziehen wie zum Beispiel Venedig, Genua, Florenz, Neapel. Durch das „wie zum Beispiel" wird es jedoch dem Leser anheimgestellt, die Reihe nach Gutdünken weiter fortzusetzen! Wenn man sich aber an die angeführten Städte hält, dann liegen die bedeutendsten deutschen Städte:

[253] Germania, S. 57. Vgl. Kap. Sanctoninus, S. 202.

[254] Germania, S. 56. Vgl. auch den unverfänglichen Vergleich Straßburgs mit Venedig: „Que similitudinem Venetiarum exhibet multiplicibus divisa canalibus, que naves in omnes ferme plateas vehunt, eo salubrior atque amenior, quod Venetias salse et grave olentes Argentinam et dulces et perspicue percurrunt aque" (ebd., S. 50 f.).

Nürnberg, Augsburg, Straßburg, Köln, auf der Vergleichsebene von Bologna, Mailand, Siena und Rom. Dies ist in der Tat eine gerechte Einschätzung. Betrachtet man schließlich die Aussage, die italienischen Städte seien insgesamt nicht über die deutschen zu stellen, so zeigt sich, daß sie dermaßen geschickt an den Vordersatz angelehnt ist, daß offen bleibt, ob man nun Venedig, Genua, Florenz und Neapel in die Gesamtheit einbeziehen oder aus ihr ausklammern soll. Im zweiten Fall wäre nur die Gesamtheit der deutschen Städte mit der Gesamtheit der italienischen Städte zweiten Ranges gleichwertig. Dieses Beispiel dürfte stellvertretend für andere gezeigt haben, mit welchem Geschick Aeneas seine Beweisführung durch die Klippen möglicher italienischer oder deutscher Anfechtungen hindurchschifft und mit welch feinem Empfinden für die Mehrdeutigkeit einer Aussage seine Darstellung Deutschlands abgefaßt ist.
Die Darstellung der Herrschafts- und Machtverhältnisse betrachtet nacheinander die einzelnen Machtträger im Reiche, und zwar die geistlichen an erster und die weltlichen an zweiter Stelle. Die Reihenfolge ihrer Anführung hält sich an ihren Rang innerhalb der Kirchen- oder der Reichsverfassung. Im Vordergrund stehen dem Zweck der Beweisführung gemäß wiederum mehr oder minder allgemeingehaltene und verschiedene Aspekte umfassende Angaben über die Macht und den Reichtum. Bei den Erzbistümern, Bistümern und Abteien wird deshalb in der Regel auf die gleichzeitige weltliche Jurisdiktion und den Rang als Reichsfürsten hingewiesen, wenn es auch häufig nur andeutungsweise geschieht, indem etwa die Herrschaft über Städte, Burgen und Vasallen hervorgehoben wird. Bei einigen Bistümern heißt es im übrigen ausdrücklich, sie seien gegenwärtig infolge von Kriegen mit den Nachbarn verarmt. Bei den weltlichen Fürsten wird hauptsächlich der hohe Adel, der große Waffenruhm und das Alter der Geschlechter herausgestellt, ohne daß jedoch für das eine oder das andere eine überzeugende Begründung gegeben würde. Die Geschlechter, aus denen Kaiser hervorgegangen sind, und einzelne namhafte Fürsten werden aufgezählt und mit Lob bedacht. Am interessantesten ist freilich die Beurteilung der Freien und Reichsstädte, deren Freiheit und gerechtes Regiment gerühmt werden. Im ganzen darf man sagen, daß die Darstellung einen guten Überblick über die Glieder der Kirchen- und der Reichsverfassung bietet.
Zur Darstellung der Herrschafts- und Machtverhältnisse sowie zu den mit ihr verbundenen Ausführungen über die Kriegstüchtigkeit der Deutschen im allgemeinen und einzelner Fürsten im besonderen bedient sich Aeneas grundsätzlich derselben rhetorischen Mittel wie zur Darstellung der Städte, nur daß jetzt die Topoi des Fürstenlobes die des Städtelobes ablösen. Das Fazit, Deutschland ist ein mächtiges Land, liegt auf der Hand. Erst in den Schlußfolgerungen am Ende des zweiten Buches wird die gegenwärtige Macht in eine Relation zur geschichtlichen Vergangenheit gesetzt und einiges über die Gründe für die Wirkungslosigkeit der Macht ausgesagt. Von den insgesamt drei Vergleichen mit italienischen Verhältnissen sind zwei dazu ausersehen, die Behauptung zu bekräftigen, die deutschen Bischöfe seien reich und mächtig. Der erste Vergleich lautet:

„Denn in Deutschland gibt es mehr als fünfzig Bischofskirchen. Ihnen stehen reiche und mächtige Bischöfe vor, mit denen verglichen unsere italienischen eher Plebane als Bischöfe genannt werden könnten“ [255], und der zweite: „Wir wollen die äußerst reichen Propsteien, die ungewöhnlich wohlhabenden Archidiakonate, die höchst einträglichen Dekanate und Parochialkirchen beiseitelassen, die jeweils italienischen Bistümern vorzuziehen sind.“ [256] Beide Vergleiche sind als Verallgemeinerungen durchaus zutreffend, doch verschweigen sie, daß allein in Campanien, Lukanien und Apulien über 100 Bistümer vereint waren. Einer der ärmeren italienischen, zumal süditalienischen Bischöfe wäre sicherlich auf die Pfründe manch einer deutschen Parochialkirche neidisch gewesen [257]! Der dritte Vergleich bezieht sich auf die Freien und Reichsstädte: „Sicher gibt es nirgends in der Welt so große Freiheit“, heißt es, „wie diese Städte sie genießen. Denn gerade diejenigen Stadtbürger, die man in Italien als frei bezeichnet, sind doch am meisten geknechtet, mag man nun nach Venedig schauen oder nach Florenz oder nach Siena, wo über die Bürger mit Ausnahme der wenigen, die das Stadtregiement innehaben, uneingeschränkt verfügt wird, denn jene dürfen weder über ihr

[255] Ebd. S. 59.
[256] Ebd.
[257] Die Aussagen des Aeneas sind sachlich völlig gerechtfertigt. Einige Vergleiche, zusammengestellt nach *Hermann Hoberg*, Taxae pro communibus servitiis ex libris obligationum ab anno 1295 usque ad annum 1455 confectis (= Studi e Testi 144), Città del Vaticano 1949, und Repertorium Germanicum, Pontifikat Eugens IV., Bd. 1, bearbeitet von *Robert Arnold*, Berlin 1897, sollen dies belegen. Die Kirchenprovinz Benevent zählte 24 Bistümer mit einem durchschnittlichen Jahresertrag von 322 fl. 5 Bistümer hatten jährliche Einkünfte von 100 fl. oder geringer, 4 von 150 fl., 2 von 180 fl., 3 von 200 fl. Nur 10 lagen bei 300 fl. oder darüber. Die durchschnittlichen jährlichen Einkünfte der 13 Bistümer der Kirchenprovinz Mainz betrugen hingegen 5138 fl., die der 5 Suffragane von Salzburg sogar 10 470 fl. Unter 300 fl. lag nur das Bistum Lavant mit 180 fl. Halberstadt und Paderborn wurden mit je 300 fl. taxiert. Die durchschnittlichen Jahreseinkünfte der Abteien der Diözese Würzburg lagen bei ca. 620 fl., waren also fast doppelt so hoch wie die der Suffragane von Benevent. Die italienischen Kirchenprovinzen (!) hatten durchschnittliche Jahreseinkünfte von 3740 fl. Das war etwa die Hälfte der Jahreseinkünfte der Suffragane von Mainz und gar nur ein Drittel derer der Suffragane von Salzburg. Aeneas hat ferner vollkommen recht, wenn er behauptet, deutsche Pfarrkirchen seien italienischen Bistümern vorzuziehen. Das jährliche Einkommen der Parochialkirche von Kaltern in Osttirol wurde auf 75 M (= 375 fl.) geschätzt, das der Parochialkirche von Biberach auf 60 M (= 300 fl.) und das der Marienkirche in Bamberg auf 44 M (= 220 fl.). Pfründen mit Jahresaufkommen von über 100 fl. gab es unzählige. Auch der Pfründwert von Propsteien, Archidiakonaten und Dekanaten lag häufig über dem italienischer Bistümer. Aeneas selbst gibt in der zweiten Fassung der Beschreibung Wiens die jährlichen Einkünfte der Propstei zu St. Stephan in Wien mit 4000 ungarischen Gulden an. Die Propstei Würzburg wurde auf 200 M (= 1000 fl.) eingestuft. Das Archidiakonat Hesbaye (Diöz. Lüttich) hatte denselben Wert. Das Dekanat Utrecht wurde auf 30 M (= 150 fl.) und das Dekanat St. Paul in Lüttich mit 40 M (= 200 fl.) geschätzt. Aeneas verschweigt, wie gesagt, die sehr viel größere Zahl von Kirchenprovinzen und Diözesen auf italienischem Boden. Um „wahre“ Zahlen zu erhalten, müßte man die nutzbare Fläche und die Bevölkerungszahl in eine Relation zu den Einkünften setzen.

Eigentum bestimmen, wie es ihnen beliebt, noch offen sagen, was sie wollen, und unterliegen außerdem härtesten Steuern“ [258], und wenige Zeilen später: „In den deutschen Städten wüten auch nicht Parteienkämpfe wie in den italienischen Städten!“ [259] Beide Vergleiche sind vollauf berechtigt, denn weder oligarchische Gewaltherrschaft noch Parteienkämpfe gehörten zum Bild der Freien und Reichsstädte, die infolge ihrer Gegnerschaft zu den Fürsten und zum Feudaladel des Umlandes im Innern geeint auftraten und daher dem einzelnen einen größeren Freiheitsspielraum gewährten.

Die Darstellung der Kultur, Bildung und Sitten hält sich in der bekannten Unverbindlichkeit der Aussage. Der kurze Abschnitt ist sehr wendig abgefaßt, denn Aeneas hätte hier am leichtesten mit dem Überlegenheitsgefühl humanistisch gebildeter Italiener in Konflikt geraten können. Er griff deshalb gerade hier die Gegenüberstellung mit der germanischen Vorzeit wieder auf und verschlüsselte wie gewohnt viele Aussagen durch die Topoi der „laudatio“. Auf einen Vergleich mit Italien ließ er sich diesmal verständlicherweise nicht ein. So hört man also, die Kultur der Deutschen zeichne sich im Gegensatz zu der ihrer Vorfahren durch die Religion Christi aus, — eine angesichts der großen Zeitspanne fürwahr vielsagende Feststellung! Aber Aeneas bedurfte ihrer in den Schlußfolgerungen, um die Deutschen der Undankbarkeit gegenüber dem Römischen Stuhl bezichtigen zu können. Spuren der alten Raublust, führt er weiter aus, seien nach wie vor anzutreffen, obwohl die Städte dieselbe durch harte Strafen einzudämmen suchten. Das sachlich gerechtfertigte Stereotyp hörte sich für italienische Ohren gut an, ohne daß es aufgeweckte Deutsche hätte verletzen können. Die Rechtsprechung und die politischen Geschäfte würden umsichtig und besonnen ausgeübt. Das Studium der Literatur und aller schönen Künste stehe in Blüte. Er zählt dann einige deutsche Universitäten auf und weist auf die berühmten Gelehrten hin, die früher, und bisweilen heute noch, an ihnen wirkten. Sein Fazit über die Sitten gipfelt in den Worten: „Ihr lebt mit allen Völkern im Geist der Humanität zusammen, und Menschen und Dinge sind von einem solchen Glanz umgeben, daß bei Euch außer eurer Muttersprache eigentlich nichts Barbarisches mehr zurückgeblieben ist!“ [260] Wer Lust hat, kann den Satz ernst nehmen, wer anders gesinnt ist, mag Ironie darin erblicken. Auf jeden Fall gibt Aeneas durch den zielsicheren Hieb auf die Sprache zu verstehen, daß er noch weitere Vorbehalte gegenüber den Sitten hegte, mit denen er nur um der Beweisführung willen zurückhielt. Außer einer Bemerkung über die Gastfreundschaft hütet er sich mit Bedacht, bestimmte Sitten im einzelnen zu kennzeichnen. Er beschließt den Abschnitt mit einem wirkungsvollen, um nicht zu sagen, theatralischen Einfall: wenn einer der alten germanischen Helden aus seinem Grab auferstände, würde er das gegenwärtige Deutschland, in welchem „solch ein Glanz, solch eine Urbanität und Humanität“ herrsche, nicht mehr wiedererkennen.

[258] Germania, S. 62.
[259] Ebd.
[260] Ebd., S. 65.

In den Schlußfolgerungen des zweiten Buches erhebt Aeneas einige ernstzunehmende Einwände gegen den Vorwurf, die Kurie habe Deutschland der Knechtschaft und der Armut ausgeliefert. Dieser Vorwurf war in der Tat in einem der Briefe Mayers enthalten gewesen. Er gesteht zu, daß die derzeitige Macht der Deutschen nicht mehr der unter Karl dem Großen oder den Staufern entspreche. Daran seien aber vor allem die inneren Zwistigkeiten und die Zersplitterung der Kräfte schuld. Wenn die deutschen Fürsten heute noch dem Willen des Kaisers so zu Gebote ständen wie einst unter Karl dem Großen, dann könnte bald die frühere Macht zurückgewonnen sein. Aeneas nennt ferner drei Gründe, weshalb die Kirchen und Klöster nicht mehr so wohlhabend seien wie einst: die vielen Fehden und Kriege, die Zuwendungen der aus dem Adel stammenden Prälaten für ihre Verwandten und die fürstliche Hofhaltung der Prälaten. Auf die Lasten, die Deutschland aus den Zahlungen an die Kurie erwuchsen, oder gar auf die Höhe der jährlichen Beträge einzugehen, vermeidet er. Statt dessen zieht er sich mit den folgenden Wendungen aus der Affäre: „Du bist überzeugt, das Verhängnis Deines Volkes bestehe einzig darin, daß euer Geld an die Kurie abgeführt wird. Wir möchten nicht untersuchen, wieviel das ist und wie die an der Kurie lebenden Deutschen einen großen Teil davon wieder nach Hause schaffen.“ [261] Durch die Formulierung soll der Eindruck entstehen, es handle sich um eine kaum erwähnenswerte Summe, die es sich erst gar nicht zu untersuchen lohne und die durch die Einkünfte einiger deutscher Kurialbeamten nahezu aufgewogen werde. Alle seine triftigen Erwiderungen waren am Ende nur dazu gedacht, sich um den Kernpunkt der Anklage herumzumogeln.

Die Themen der „Germania“ waren zu einem großen Teil bereits in früheren Schriften des Aeneas vorgezeichnet, so in den Beschreibungen der Städte und in der Beschreibung Österreichs. Am weitesten gehen aber die thematischen Übereinstimmungen mit Passagen in einigen seiner Reden. Dies war kein Zufall, denn die Gemeinsamkeit der „laudatio“ brachte auch die Verwandtschaft der Themen mit sich. In der Rede über die Türkengefahr auf dem Regensburger Reichstag von 1454 findet man geradezu einen Themenkatalog für die „Germania“ vor: „Wo gibt es, ich schwöre es, so berühmte Fürsten? einen so großherzigen Adel? so immens tapfere Ritter? so mächtige Städte? so viele Reichtümer? so viel Gold? so viel Silber? so viele Eisenfundstätten? wo gibt es eine so große Bevölkerung? so viel Jugend? so viel Mut? so viel Kraft?“ [262] Auf die Lobkaskade folgt zum ersten Mal in seinem Werk der Vergleich der Ausdehnung des gegenwärtigen Deutschland mit der des germanischen Siedlungsgebietes. Ganz ähnlich sind auch in der vor Kalixt III. anläßlich der Obödienzleistung gehaltenen Rede stichwortartig die Vorzüge Deutschlands aufgeführt [263]. Die in den Reden vorgetragenen Gedanken gelangten vollends in den beiden Antwortschreiben an Mar-

[261] Ebd., S. 67.
[262] Opera omnia, S. 685.
[263] Ebd., S. 924.

tin Mayer vom 8. August und 20. September 1457 zur Entfaltung [264]. Der Vergleich der Ausdehnung des gegenwärtigen Deutschland mit der des alten Germanien tritt erneut auf. Zum ersten Mal wird auch die Lebensweise der Germanen mit der zeitgenössischen christlichen Kultur konfrontiert. Der Reichtum von Städten, Kirchen, Fürsten und Prälaten wird hervorgehoben, ja selbst das Bild des aus dem Grab emporsteigenden und von dem Anblick der Herrlichkeit geblendeten germanischen Helden ist schon vorhanden.

Man wird sich nun fragen, welche Urteile über Deutschland der wahren Ansicht des Aeneas entsprachen, wenn die „laudatio" und die übrigen rhetorischen Formen es offenließen, ob die Aussage ehrlich gemeint war oder nicht. Eine Antwort darauf kann nur aus einem Vergleich der Urteile in der „Germania" mit der in den anderen Schriften des Aeneas vorherrschenden Beurteilung erhellen. An den Bauwerken in den deutschen Städten hat Aeneas zeitlebens Gefallen gefunden. Dies belegen alle seine Stadtbeschreibungen, einschließlich der Beschreibung Wiens, sowie verschiedene einzelne Urteile über die Baukunst in Deutschland [265]. Wie tief diese auf ihn eingewirkt hat, beweist nicht zuletzt die Tatsache, daß er während seines Pontifikats den Dom seiner Heimatstadt Pienza nach dem Vorbild der donauländischen Hallengotik unter Mitwirkung von deutschen Baumeistern neu errichten ließ [266]. Während sein Vermerk über die besonnene Ausübung des Stadtregiments in Deutschland nicht im Gegensatz zu früheren Äußerungen steht, wird sein Hinweis auf die umsichtige Rechtsprechung durch die Anführung einiger Mißstände in der Beschreibung Wiens relativiert [267]. Seine Bemerkungen über die Vorzüge der Freien und Reichsstädte gegenüber den italienischen Städten erinnern an eine Stelle in der zweiten Beschreibung Basels [268]. Die

[264] Ebd., ep. 338 und 369.

[265] Von den Urteilen über die Baukunst ist vor allem das in der Beschreibung Passaus, *Wolkan* I, 1, ep. 155, S. 431, zu nennen: „Sunt meo iudicio Teutonici mirabiles mathematici omnesque gentes in architectura superant ..." Das Urteil diente allerdings zur Schmeichelei gegenüber dem Bischof von Passau. Vgl. ferner Historia Austrialis, *Kollar*, Analecta II, col. 282, über Friedrich III. in Rom: „Namque ut priscorum Caesarum moles totius urbis structuras superat, sic aedificia Nicolai papae, quicquid ubique esset moderni laboris, excellunt, et quamvis Caesar ipse optimus architectus a Nicolao tamen se superatum invenit ..."

[266] Commentarii, Francofurti 1514, S. 234: „Tres (ut aiunt) naves aedem perficiunt, media latior est, altitudo omnium par: ita Pius iusserat, qui exemplar apud Germanos in Austria vidisset: venustius ea res et luminosius templum reddit", vgl. *Ludwig Heinrich Heydenreich*, Pius II. als Bauherr von Pienza, Zeitschrift für Kunstgeschichte, N. F. VI, 1937, S. 105–146.

[267] Erste Fassung der Beschreibung Wiens (*Kollar*, Analecta II, col. 13): „Ius admodum venale est: qui possunt, sine poena peccant, pauperes atque amicos nudos iudicia plectunt." Im Gegensatz dazu stehen die positiven Kennzeichnungen der Rechtsprechung in den beiden Beschreibungen Basels.

[268] Germania, S. 62: „Nam populi, quos Itali vocant liberos, hi potissime serviunt, sive Venetias spectes sive Florentiam aut Senam, in quis cives preter paucos, qui reliquos ducunt, loco mancipiorum habentur, cum nec rebus suis uti, ut libet, nec fari queant que velint et gravissimis opprimantur pecuniarum exactionibus"; Zweite Beschreibung Basels

Mitteilungen über die Morde, Metzeleien und Straßenschlachten in Wien spiegeln zwar einen anderen Eindruck wider – aber Wien war ja auch keine Freie oder Reichsstadt![269] In der in Italien entstandenen zweiten Fassung der Beschreibung Wiens kennzeichnet er die Freiheit in Deutschland –, wohlgemerkt im Hinblick auf die Fürstenherrschaft! – mit ganz ähnlichen Worten am Gegensatz zu Italien wie in der „Germania“[270]. Man möchte sich deshalb für die Ehrlichkeit seiner Äußerungen über die Freien und Reichsstädte verbürgen.

Wie steht es nun mit dem Lob der Fürsten? – Über die Sitten des deutschen Adels im allgemeinen hat Aeneas, mit Ausnahme einiger Anspielungen in der Beschreibung Wiens, geschwiegen. Im Stillen dürfte er sie aber ebenso abgelehnt haben wie die der niederen Stände. Von einzelnen Fürsten liegen in seinem Werk sehr unterschiedliche Charakterzeichnungen vor[271]. In der „Historia Austrialis“ werden fast nur Laster und Schwächen betont. Die Grafen Eizinger und von Cilli erscheinen hier als widerwärtige Naturen[272]. Uneinheitlich ist das Bild der Fürsten in der „Europa“. Mit einem bemerkenswerten Sinn für die Individualität werden bei den einen die guten, bei den anderen die schlechten Seiten hervorgehoben. Auch die Fürstenporträts der „Commentarii“ halten die Waage zwischen Lob und Tadel. Von den in der „Germania“ angeführten Fürsten hat Aeneas zumindest zwei aus ehrlicher Überzeugung gelobt. Der eine ist der Kriegsheld Albrecht Achilles, dessen Tapferkeit, politische Befähigung und Redegewandtheit ihn immer wieder beeindruckt haben. So oft er auch in seinem Werk auf ihn zu sprechen kommt, sind seine Worte voller Anerkennung[273]. Der zweite ist der junge

(*Hartmann*, Basilea Latina, S. 58/59): „Cives ... neque enim ut in nostris urbibus tirannidem sibi vendicant neque dominandi cupidine excecantur. Et si libertas est vivere, ut velis, hii vere liberi sunt, equali iure inter se vivunt. Italici vero, ut de mea patria verum etiam invitus promam, dum imperare singuli volunt, omnes servire coguntur, ut, qui regem aut Cesarem aspernantur, vilissime plebi subiciantur; unde nec ullum apud eos diuturnum imperium nec ullibi magis quam in Italia fortuna iocatur. Hii vero, praesenti rerum statu contenti, pacatissimam custodiunt civitatem, nec sibi aliquis sed rei publice gerit officium, et quamquam popularis gubernacio sit, ita tamen inter se nobiles et plebei munera sorciuntur, ut nulli umquam querele aut discidio locus relinquatur.“

269 Vgl. oben, S. 118 f.

270 Germania, S. 62 (vgl. auch oben, S. 118); Zweite Fassung der Beschreibung Wiens (Anhang, S. 250): „Neque enim theutones ut italici principes suis subditis graves sunt. Libera et vere libera Germania est. Apud Italos, si verum excutias, eos potissime servire populos invenias, qui se maxime liberos esse iactitant.“

271 Zum Fürstenbildnis bei Aeneas vgl. *Bürck*, S. 69 ff., der dessen Unbefangenheit und Sachlichkeit in der Charakterbeurteilung nachweist, die sich stets an den individuellen Zügen der Persönlichkeit ausrichtet.

272 Historia Austrialis, *Kollar*, Analecta II, col. 183 ff. und 213 ff.

273 Historia Austrialis, *Kollar*, Analecta II, col. 410; Europa, *Freher – Struve* II, S. 130/131 (letzteres in fast wörtlicher Übereinstimmung mit der „Germania“); Commentarii, S. 91; vgl. auch *Adolph Friedrich Riedel*, Zur Beurteilung des Aeneas Silvius als Geschichtsschreiber nach seinen Berichten über den Markgrafen Albrecht von Brandenburg, Monatsberichte der k. Preußischen Akademie der Wissenschaften, Berlin 1867, S. 549–571.

König Ladislaus, dessen Tod ihm kurz vor der Beendigung der „Germania" gemeldet wurde. Durch seine Tätigkeit in der Reichskanzlei war er seinem wechselvollen Schicksal verbunden. Die Redensarten der „laudatio" verbergen kaum die Erschütterung über seinen unerwarteten und frühzeitigen Tod [274]. Zuletzt seien noch die Grafen von Moers erwähnt, die ebenfalls mit Lob bedacht werden. Dietrich von Moers, der Erzbischof von Köln, erscheint auch in den „Commentarii" und in der „Europa" in vorteilhaftem Licht [275].

Die Kultur und Bildung hat Aeneas auf die Dauer vorurteilsfrei und in der richtigen Relation zu Italien gesehen. Zwar wurde von ihm immer die Lehrmethode der Wiener Universität kritisiert, doch bestritt er nicht, daß es an ihr namhafte Gelehrte gab. Wir haben gehört, wie sich sein politisches Weltbild an deutschen Autoren formte, wie er für seine Geschichtsschreibung Impulse von Otto von Freising empfing. Wie kein zweiter Italiener war er mit dem Stand der Bildung in Deutschland vertraut und bejahte er manche ihrer positiven Seiten. Es geschah also aus ehrlicher Überzeugung, wenn er in der „Germania" auf die berühmten Gelehrten hinweist, die in der Gegenwart und früher an deutschen Universitäten wirkten, und er Otto von Freising und Albertus Magnus sogar namentlich nennt [276]. Wenn er aber behauptet, das Studium der Literatur und aller schönen Künste stehe in Blüte, so ist dies eine etwas selbstgefällige Überschätzung, zu der ihn sein erfolgreiches Werben für die „studia humanitatis" verleitet haben mag. Er kann hier nicht die „artes liberales" gemeint haben, deren Unvollständigkeit er ja an der Wiener Universität getadelt hatte. Mit den Lebensgewohnheiten, Umfangsformen und Charaktereigenschaften der Deutschen konnte er sich zeitlebens nur mühsam abfinden, was mehrere Urteile zu verschiedenen Anlässen bestätigen. Allein die Gastfreundschaft wird ihm als Bischof und einflußreichem Mann am Hofe reichlich zuteil geworden sein, so daß er sie mit gutem Gewissen in der „Germania" betonen konnte.

In der Beurteilung der politischen Macht Deutschlands unterscheidet sich Aeneas äußerlich in nichts von seiner früheren Auffassung. Er sieht die Grundlagen der möglichen Macht eines geeinten Deutschland und mißt diese an der gegenwärtigen Zerrissenheit. Während aber früher Unzufriedenheit mit dieser Diskrepanz im Hintergrund stand, klingt es diesmal fast wie ein Frohlocken, denn durch den Hinweis auf die selbstverschuldete Uneinigkeit konnte der Vorwurf der Ausbeutung durch die Kurie entkräftet werden.

Aeneas besaß also ein recht differenziertes Deutschlandbild. Obwohl es jeweils bestimmten Rücksichten, persönlichen Zielen und rhetorischen Gesetzen unterworfen war und in Einzelheiten je nach der Lebenslage schwankte, läßt es doch einheitliche Züge erkennen. Wie die Gegenüberstellung mit den anderen Schrif-

[274] *Widmer*, S. 67 f. und 72 f.; *Voigt* II, S. 11 ff.

[275] Commentarii, S. 300; Europa, *Freher – Struve* II, S. 127; In libros Antonii Panormitae poetae de dictis et factis Alphonsi regis memorabilium commentarius II, 40 (Opera omnia, S. 483).

[276] Germania, S. 26 und 31. Vgl. auch oben, S. 96.

ten lehrt, hat es sich in der „Germania" nicht wesentlich geändert. Hinter den durch die Beweisführung bedingten Verfälschungen in der Bewertung und hinter der Tarnung durch die „laudatio" gegenüber dem italienischen Leser verbirgt sich keinesfalls ein abschätziges Bild. Was Aeneas mißfiel, verschwieg er weitgehend, was er loben wollte, kam seiner bisherigen Einstellung entgegen. Von einem Bruch gegenüber seiner früheren Sicht kann nicht die Rede sein. Es blieb bei der Ablehnung der Sitten und Charaktereigenschaften und bei der freundlichen Einstellung zu den Städten mit ihren Bauten und freiheitlichen Verfassungen sowie zu einzelnen deutschen Gelehrten und den Anfängen einer humanistischen Bewegung.

In der Darstellung Deutschlands hat Aeneas seine Kenntnisse über Deutschland souverän zusammengefaßt, die er im Laufe einer langen Auseinandersetzung mit ihm gewonnen hatte. Er besitzt kritischen Abstand zu den geläufigen italienischen Stereotypen und versteht es, sie für seine Zwecke zu manipulieren. Wir sehen ihn in jeder Hinsicht gut unterrichtet, allerdings nicht durchgehend auf Grund persönlicher Erfahrung, sondern zum Teil durch gezielt eingeholte Informationen, da er die Gebiete östlich und nördlich der Rhein-Main-Linie nicht aus eigener Anschauung kannte [277]. Es bleibt ungeklärt, wer seine Informanten waren.

Die „Germania" ist in vieler Hinsicht ein neuartiges und wegweisendes Werk. Indem Aeneas einer literarisch gebildeten Öffentlichkeit die erste umfassende Darstellung Deutschlands in neuerer Zeit zugänglich machte, hat er die Geographie oder beschreibende Länderkunde entscheidend bereichert und zugleich unzählige deutsche und italienische Humanisten zur Nacheiferung angespornt [278]. Es ist ihm nicht zuletzt geglückt, eine literarische Rarität zu schaffen, die kein Vorbild kennt und in unüblicher, höchst origineller Weise verschiedene rhetorische Formen der Darstellung: den Dialog, die „laudatio", die geographische Beschreibung und Elemente der Stadtbeschreibung in sich vereint. Und schließlich: wer findet nicht an seiner listigen Beweisführung Vergnügen, wer möchte die Tarnung seiner wahren Ansicht durch rhetorische Kunstgriffe missen, womit er seine Leser hinter das Licht zu führen suchte, um der höchsten Würde der Christenheit einen Schritt näher zu kommen?

[277] Vgl. oben, S. 90.

[278] Die Kenntnis der „Germania" ist bei Augustinus Patricius nicht auszuschließen, dessen Bericht über die Legation des Kardinals Todeschini-Piccolomini von 1471 mehrere Anklänge verrät (vgl. unten, im Kap. Patricius, S. 165). Sehr wahrscheinlich lag sie Pandolfo Collenuccio bei der Abfassung seiner „Descriptio seu potius summa rerum Germanicarum" vor (vgl. oben, Anm. 249). Zur Aufnahme bei den deutschen Humanisten vgl. *Paul Joachimson*, Geschichtsauffassung und Geschichtsschreibung in Deutschland unter dem Einfluß des Humanismus, 1. Teil (= Beiträge zur Kulturgeschichte des Mittelalters und der Renaissance, ed. Walter Goetz VI), Leipzig 1910, S. 32 ff.; *Ulrich Paul*, Studien zur Geschichte des deutschen Nationalbewußtseins im Zeitalter des Humanismus und der Reformation (= Historische Studien 298), Berlin 1936; *Widmer*, Enea Silvio Piccolomini Papst Pius II, S. 91 ff.

Die „Europa“

Die Entstehungszeit der unter dem Titel „Europa“ bekannten Schrift fällt in die erste Hälfte des Jahres 1458 [279]. Im April sandte Aeneas eine erste Fassung dem Kardinal Antonio de la Cerda zur Begutachtung zu [280]. In den Monaten darauf erweiterte und überarbeitete er sie zu der uns überlieferten Fassung. Es hat den Anschein, als wäre er noch vor seiner Wahl zum Papst am 18. August damit zu Ende gekommen [281]. Zwei Verweise auf die „Historia Austrialis“ und die im Juni beendete „Historia Bohemica“ bezeugen, daß er noch in den Wochen vor der Wahl an ihr gearbeitet hat [282]. Die überlieferte Fassung ist ebenfalls nicht abgeschlossen und

[279] Die „Europa“ ist in den Kodices Urb. lat. 405, fol. 245 v–365 v, zusammen mit der „Historia Austrialis“, fol. 1 r–183 v, und der „Epistola ad Joannem episcopum Varadiensem de conventu Ratisponensi“, fol. 183 v–245 r (vgl. auch Anm. 178), und Vat. lat. 3888 der Biblioteca Vaticana (von der Hand des Augustinus Patricius, vgl. Kap. Patricius, S. 165 und Anm. 31) überliefert, ferner in der Abschrift für Johann Hinderbach im cod. Gentilotti 56 der Biblioteca Comunale Trient (ehemals cod. 785 des K. K. Staatsarchivs in Wien; vgl. *Bayer*, Die Historia Friderici III Imperatoris, S. 19, Anm. 2). Der cod. Urb. lat. 405 ist in dem Zeitraum zwischen der Abfassung der Dedikation an den Kardinal de la Cerda („Ex urbe IV. Kl. Aprilis MCCCCLVIII“) und der Wahl des Aeneas zum Papst am 18. August 1458 geschrieben, denn im Titel der „Historia Austrialis“ auf fol. 1 r heißt es: „Aeneae Silvii Picolominei Senensis sancte Sabine Cardinalis Austrialis Historiae liber primus incipit.“ Höchstwahrscheinlich handelt es sich um eine Abschrift von dem Autographen. Der Text der „Europa“ beginnt wie folgt (fol. 246 r im Anschluß an den Widmungsbrief): „Incipit liber VIIII de rebus Europeis. Quae sub Federico tertio eius nominis imperatore apud Europeos et, qui nomine christiano censentur, insulares homines gesta feruntur memoratu digna mihique cognita tradere posteris quam brevissime libet.“ Der Titel im Cod. Gentilotti 56 lautet hingegen: „Opera domini Pii papae II. Universalis descriptio partium Europae et gestorum in ea suo tempore.“ Zur frühesten Druckausgabe der „Europa“ vgl. *Hain*, Repertorium Bibliographicum, I, Nr. 257; zur Entstehung und Form: *Voigt* II, S. 333–334; der Vollständigkeit halber seien auch erwähnt: *Hermann Müller*, Enea Silvio de' Piccolominis literarische Tätigkeit auf dem Gebiete der Erdkunde und dessen Einfluß auf die Geographen der Folgezeit (Diss. Erlangen), Fürth 1903; *Alfred Berg*, Enea Silvio de' Piccolomini (Papst Pius II.) in seiner Bedeutung als Geograph (Diss.), Halle 1901.

[280] Widmung an den Kardinal de la Cerda bei *Freher – Struve* II, S. 83.

[281] Vorausgesetzt, daß cod. Urb. lat. 405 in einem Zuge geschrieben wurde. Vgl. auch *Voigt* II, S. 332/333.

[282] Europa, *Freher – Struve* II, S. 108: „Austriam describere hoc loco necessarium existimamus, de qua propriam historiam edidimus“, S. 124: „Sed omnia haec in historia, quam de Bohemis his diebus edidimus, conscripta sunt. Ibi quoque de situ regionis et gentis maribus pro captu nostro Mentionem fecimus.“ Nach *Voigt* II, S. 331, hatte Aeneas die „Historia Bohemica“ im Juni 1458 vollendet. Der Abschluß der „Historia Austrialis“ (Aeneas kann sich hier nur auf die dritte und endgültige Redaktion beziehen) fällt nach *Kramer*, Untersuchungen, S. 42, auf das Frühjahr oder den Sommer 1458. Aeneas hat also die Verweise auf die beiden Werke noch eingefügt, nachdem er bereits eine erste Fassung der „Europa“ an den Kardinal Antonio de la Cerda, an den auch die „Germania“ gerichtet war, gesandt hatte. Dies spricht für eine danach erfolgte Überarbeitung und Erweiterung. Eine Untersuchung über die Entstehung, die handschriftliche Überlieferung und den Text der „Europa“, ähnlich den Arbeiten von Bayer und Kramer über die „Historia Austria-

erweckt infolge der ungleichmäßigen Behandlung der einzelnen Länder und Provinzen den Eindruck eines Entwurfs für ein ursprünglich geplantes umfangreicheres Werk [283].

In der „Europa" ging Aeneas im Gegensatz zur „Germania" von dem Grundsatz einer möglichst vielfältigen objektiven Sachinformation des Lesers über die dargestellten Länder aus. Er schuf damit ein wissenschaftliches Werk, das in der Geographie der Zeit einen wichtigen Platz einnimmt. Der Stil ist schlicht und der sachlichen Wiedergabe der Fakten angepaßt, wenngleich die Schilderung zeitgeschichtlicher Ereignisse aus dem eigenen Erleben manchmal in einen Plauderton abgleitet [284]. Der Aufbau entspricht, wiederum im Gegensatz zur „Germania", dem der „Italia illustrata", das heißt, ein jedes Land oder eine jede Provinz wird als eine Einheit für sich gesondert dargestellt. Abgeschlossen wirkt die Darstellung der Mehrzahl der italienischen und deutschen Provinzen sowie die der osteuropäischen Länder, fragmentarisch hingegen ausnahmslos die der westeuropäischen Länder.

Die Thematik der „Europa" ist uneinheitlich und von der Absicht mitbestimmt, den Wissensstand der antiken und zeitgenössischen Autoren über die betreffenden Länder zu erweitern. Im Vordergrund stehen zeitgeschichtliche Mitteilungen, auf die sich die Darstellung Italiens und der westeuropäischen Länder beschränkt. Im Falle Italiens ist dies offenbar mit Rücksicht auf die „Italia illustrata" geschehen, in der alle weiteren Themen der Länderbeschreibung bereits in nicht leicht zu überbietender Weise ausgeschöpft waren. Die Darstellung Deutschlands und der osteuropäischen Länder sprengt jedoch den Rahmen des zeitgeschichtlichen Konzepts und erreicht annähernd die für die beschreibende Länderkunde der Renaissance beispielhafte Themenvielfalt der „Italia illustrata".

In der Darstellung Deutschlands wird der von einem wissenschaftlichen Interesse geleitete Vorsatz, neue Kenntnisse hinzuzugewinnen, besonders deutlich. Über das zeitgenössische Deutschland fehlte ja ein der „Italia illustrata" vergleichbares Werk. Die einzige humanistische Gesamtdarstellung war die „Germania", deren Sachmitteilungen jedoch durch die Erfordernisse der Beweisführung eingeschränkt waren und die deshalb nicht die unzureichende Kenntnis Deutschlands in der geographischen Literatur ersetzen konnte. Bei der Begründung für die ausführliche Behandlung der sächsischen Städte spart Aeneas sogar nicht mit Kritik an den antiken Autoren: „Wir taten dies, weil die alten Autoren wenig über Deutschland gehandelt und geradezu wie Träumer die deutschen Verhältnisse berührt haben, als läge dieses Land außerhalb des Erdkreises." [285] Freilich wollte

lis" und von Kramer über die „Commentarii" (*Hans Kramer*, Untersuchungen über die Commentarii des Papstes Pius II., Mitteilungen des Österreichischen Instituts für Geschichtsforschung 48, 1934, S. 58–91), steht noch aus.

283 Vgl. auch *Voigt* II, S. 332/333, und Anm. 282, oben.

284 Zum Beispiel die Charakterisierung des Grafen von Goerz, *Freher – Struve* II, S. 107.

285 Ebd., S. 122.

er in der „Europa“ keinesfalls solche Dinge wiederholen, die er bereits in früheren Werken ins einzelne gehend dargestellt hatte. Dementsprechend sind die zeitgeschichtlichen Nachrichten über Kärnten und Österreich in weiten Teilen nur eine Zusammenfassung der Darstellung in der „Historia Austrialis“. Auch die Mitteilungen zur Geographie Österreichs sowie zum Stadtnamen und Stadtbild Wiens können nur als Auszüge aus den bekannten Beschreibungen in demselben Werk gewertet werden. Bei Böhmen und Österreich wird der Leser zu seiner vollständigen Orientierung sogar ausdrücklich auf die „Historia Austrialis“ und die „Historia Bohemica“ verwiesen [286]. In den Städteskizzen und Fürstenporträts sind mehrfach Passagen der „Germania“, zumeist in verkürzter Form, wiederzuerkennen [287].

In der Darstellung Deutschlands gehören Hessen, Bayern, Schwaben, das Elsaß und die Schweiz zu den Teilen des Werkes, die am unvollständigsten behandelt sind und am ehesten Züge eines Entwurfs tragen. Diese Provinzen werden meist nur durch eine knappe zeitgeschichtliche Betrachtung beleuchtet. Bei den ausführlicher beschriebenen Provinzen sind die zeitgeschichtlichen Mitteilungen in der Regel von einer topographischen Bestimmung der Lage und von geographischen Angaben begleitet, die auch wechselweise Bemerkungen über das Klima, die Fruchtbarkeit, die Agrikultur, die Bodenschätze und die landschaftlichen Eigenarten einbeziehen. Aus dem Rahmen fallen die Skizzen der sächsischen und thüringischen Städte. Hier wird die „Germania“ an Reichhaltigkeit der Mitteilungen bei weitem übertroffen. Annähernd eingehend werden sonst nur noch Wien und die Städte Frankens gekennzeichnet. Bei den anderen Provinzen fehlt eine vergleichbare Beschreibung der Städte. In vielen Fällen wird ferner als Vorbemerkung zu den zeitgenössischen Ereignissen des Ursprungs und der Frühgeschichte der Völkerschaften gedacht. Die Darlegung der Geschichte der Franken ist jedoch so umfangreich, daß sie weit über die Erfordernisse einer Vorbemerkung hinausgeht. Von kultur- und rechtsgeschichtlichem Interesse sind die Ausführungen über die Feme in Westfalen, über einen bodenständigen Lehnsbrauch in Kärnten, über die ungewöhnliche Bestrafung der Diebe in Klagenfurt und

[286] Vgl. Anm. 282.

[297] Über Breslau (Germania, ed. *Schmidt*, S. 59 – Europa, S. 112); über Lübeck (Germania, S. 54 – Europa, S. 120); über Utrecht (Germania, S. 58 – Europa, S. 125); über Soest und die Soester Fehde (Germania, S. 54/55 – Europa, S. 126); über Würzburg (Germania, S. 28 – Europa, S. 129); über Frankfurt (Germania, S. 55 – Europa, S. 129); über Forchheim (Germania, S. 55 – Europa, S. 130); über Salzburg (Germania, S. 52 – Europa, S. 132); über Nürnberg (Germania, S. 55 – Europa, S. 130); über die Grafen von Moers (Germania, S. 31 und 61 – Europa, S. 127); über Albrecht Achilles (Germania, S. 63 – Europa, S. 131). Die laudatio der „Germania“ klingt noch in folgendem Passus über Bayern und seine Städte nach: „Ea nunc Germanica gens est sermone utens teutonico: neque deserta regio (ut Strabo tradit, quod suo fortasse tempore fuit), nunc cultissima est, magnas ac ambitiosas civitates habens, et oppida nobilissima, quorum splendorem nescimus tota Europa, quae vincere possint.“

über den seltsamen Brauch zur Entsühnung eines Verbrechers in Halberstadt [288]. Die Fürstenporträts verraten den Sinn des Aeneas für die Individualität einer Persönlichkeit und sind in der Bewertung an kein einheitliches Schema gebunden. Dem Lob der Tugenden des Albrecht Achilles steht der Einblick in die rohe und launenhafte Lebensweise des Grafen Heinrich von Goerz gegenüber [289].

Die Darstellung Deutschlands ist das Ergebnis einer guten Kenntnis der antiken Geographen und Historiker, einzelner mittelalterlicher Geschichtsschreiber, darunter Otto von Freising, aus dessen „Chronik" eine Partie in der Darstellung der Frankengeschichte kompiliert wurde [290], mündlicher Informationen und eigener Anschauung und Erfahrung. Da eine Untersuchung über den Text der „Europa" und dessen Vorlagen noch aussteht, vermag keine vollständige Auskunft über die im einzelnen herangezogenen Werke erteilt zu werden. Unter den antiken Autoren stehen wiederum Ptolemäus und Strabo im Mittelpunkt. Mindestens an einer Stelle, die mit der „Germania" des Aeneas übereinstimmt, sind die Annalen des Tacitus wiederzuerkennen [291]. Auf dessen „Germania" wird jedoch mit keinem Wort angespielt. Dies ist als Bestätigung der Annahme anzusehen, daß sie Aeneas bei der Abfassung seiner „Germania" nicht unmittelbar vorlag, denn sonst wäre es nicht zu erklären, daß er sie wenige Monate später nicht mehr benutzt hat [292].

Die persönliche Kenntnis und Erfahrung wirkt sich besonders bei den zeitgeschichtlichen Nachrichten und den Fürstenporträts aus, bei den geographischen Angaben, den Bemerkungen über das Klima, die Fruchtbarkeit, die Agrikultur und die Bodenschätze sowie bei den Städteskizzen jedoch weniger, als man annehmen möchte, da Aeneas die ausführlich beschriebenen Provinzen östlich und nördlich der Rhein-Main-Linie nie selbst betreten hat und er die Darstellung der ihm wohlvertrauten Provinzen vielfach unvollendet ließ. Es wäre interessant zu wissen, wer seine Informanten über die Provinzen östlich und nördlich der Rhein-Main-Linie waren. In Betracht kommen hauptsächlich deutsche Kleriker, die an der Kurie weilten, oder italienische Kurialbeamte, die Deutschland im

288 *Freher – Struve* II, S. 106–107, S. 107, S. 126, S. 120 (zitiert in der Reihenfolge der Anführung).

289 Albrecht Achilles: *Freher – Struve* II, S. 130–131; Heinrich Graf von Goerz, ebd., S. 107. Zu dem letzteren vgl. auch: In libris Antonii Panormitae poetae de dictis et factis Alphonsi regis memorabilibus commentarius, Opera omnia, S. 475.

290 Europa, *Freher – Struve* II, S. 128, vom Beginn des ersten Absatzes (Principes eo tempore Francis fuere Priamus et Anthenor ...) bis zur Mitte des folgenden Absatzes (... Qua ex re dixisse Regem ferunt: Martinum bonum auxiliatorem esse, negotiatorem carum.) ausschließlich nach Otto von Freising, Chronik, lib. IV, 32. Andere Stellen der „Chronik", z. B. lib. I, 25, dienen nur zu einzelnen Bemerkungen über die Frankengeschichte.

291 *Freher – Struve* II, S. 124, zu den beiden Friesen Malorigines und Veritus (vgl. „Germania", deutsche Ausgabe, S. 117); Tacitus, Annales, XIII, 54.

292 Vgl. *Perret*, Recherches (zit. oben unter Anm. 242), S. 149 f.

Auftrag der Kurie bereist hatten [293]. Obwohl die „Europa“ nicht in der geplanten Gestalt ihren Abschluß gefunden hat, ist ihre Darstellung Deutschlands doch umfassender und weitaus reichhaltiger an Einzelmitteilungen als die der „Germania“.

[293] Als Informant über Sachsen und Thüringen käme der Kollektor Marinus de Fregeno in Frage, der 1479 selbst eine kleine Beschreibung Deutschlands verfaßt hat, die den Abschnitten über Sachsen und Thüringen in der „Europa“ überraschend ähnelt (vgl. Kap. Marinus de Fregeno). Marinus de Fregeno wurde von Aeneas als Papst Pius II. besonders begünstigt (vgl. *Klaus Voigt,* Der Kollektor Marinus de Fregeno und seine „Descriptio provinciarum Alamanorum“, Quellen und Forschungen aus italienischen Archiven und Bibliotheken 48, 1968, S. 148–206, hierzu S. 162). Seit dem Frühjahr 1457 zog Marinus durch die Kirchenprovinz Magdeburg, wo er in der folgenden Zeit auf Grund der von ihm ausgestellten Ablaßbriefe an mehreren Orten nachzuweisen ist (ebd., S. 159). Um die Jahreswende 1457/1458 wurde er von Kalixt III. unter Androhung der Exkommunikation nach Rom zurückgerufen. Über einen Aufenthalt zu diesem Zeitpunkt in Rom ist zwar im einzelnen nichts bekannt, doch möchte man annehmen, daß er der Zitation Folge geleistet hat (ebd., S. 159). In diesem Fall wäre er zur Abfassungszeit der „Europa“ in Rom gewesen. Folgende Partie aus dem Abschnitt über Sachsen muß auf die Information eines guten Kenners zurückgehen, der durchaus ein Kollektor gewesen sein könnte: „Brandeburgenses in duas Marchias dividuntur, quarum altera vetus, altera nova vocatur. Veterem Marchiam perlabitur Albis fluvius, in cuius littore Stendalum est oppidum et Gardelevum et Soltvedelum et Osterburgium. Novam Marchiam intersecat fluvius Odera, haud multo inferior Albi, in cuius ripa Francofordia est, dives emporium, et Lubicensis civitas (was natürlich falsch ist). Spreva quoque fluvius eandem provincaim irrigat aequandus Tiberi. Berlinum in eius littore iacet“ etc. (*Freher – Struve* II, S. 119). Die Vermutung, Marinus de Fregeno sei einer der Informanten für die „Europa“ gewesen, könnte evtl. durch sein im Staatsarchiv Dresden erhaltenes Einnahmenregister, aus dem das genaue Itinerar ersichtlich wäre, Bestätigung finden.

XII. Petrus Antonius Finariensis

Lobrede auf die Stadt und die Universität Heidelberg

Petrus Antonius Finariensis aus Finale an der ligurischen Küste war einer der wenigen Italiener, die in Deutschland heimisch wurden, hier eine angesehene Stellung erlangten und nicht mehr nach Italien zurückkehrten [1]. Sein Leben tritt erstmals in den Blickpunkt, als er 1464 aus dem burgundischen Dôle an die Universität Basel berufen wurde, wo er Vorlesungen in Poetik hielt und 1465 zum Dr. leg. promovierte [2]. Sein Aufenthalt in Basel war aber nur ein Zwischenspiel, denn schon im Juni desselben Jahres wurde er an der Universität Heidelberg immatrikuliert [3]. Er hatte bereits seit längerer Zeit Verbindung zu dem kleinen Humanistenkreis an der Heidelberger Universität aufgenommen und seinen Ortswechsel mit einer Lobschrift auf Kurfürst Friedrich I. von der Pfalz vorbereitet [4]. Es ist zweifelhaft, ob er überhaupt eine Lehrtätigkeit an der Universität angetreten hat, da diese ihm aus Geldmangel das zugesagte Gehalt nicht bewilligen konnte und keine weiteren Tatsachen auf eine Lehrtätigkeit schließen lassen [5]. Seine materielle Unsicherheit gab seiner Schriftstellerei Auftrieb. Er umwarb systematisch den kurpfälzischen Hof mit Briefen und kleineren Traktaten, die beharrlich um das Thema der Fürstentugend kreisten, und versuchte zugleich, sich mit Widmungen bei den Herzögen Johann von Kleve und Karl dem Kühnen einzuschmeicheln [6]. Einer dieser Traktate enthält eine bemerkenswert tolerante Charakteristik der Völker, unter denen auch die Deutschen auftreten. Ähnlich wie bei Aeneas Silvius wird hier betont, daß sich deren gute Anlagen infolge der politischen Zerrissenheit ihres Landes nicht auswirken könnten und deshalb das Imperium daniederliege [7]. Es ist als ein Erfolg seines literarischen Werbens zu

[1] Als Humanist tritt er stets unter dem Namen Petrus Antonius Finariensis auf. In der geistlichen Laufbahn nannte er sich hingegen Petrus Antonius de Clapis; vgl. *Ritter*, Petrus Antonius Finariensis, S. 102, und unten Anm. 9.

[2] Die Matrikel der Universität Basel, ed. *Hans Georg Wackernagel*, Band I, 1460–1529, Basel 1951, S. 43, Nr. 4; *Bonjour*, S. 95; *Ritter*, Petrus Antonius Finariensis, S. 91/92. *Giovanni Busino*, Italiani all' Università di Basilea dal 1460–1601, Bibliothèque d'humanisme et Renaissance 20, 1958, S. 497–526 (S. 512), bringt leider nichts über seinen Werdegang bis zur Berufung nach Basel.

[3] Die Matrikel der Universität Heidelberg von 1386–1662, ed. *Gustav Toepke*, Teil 1 (1386–1553), Heidelberg 1884, S. 314; *Ritter*, Petrus Antonius Finariensis, S. 92 f. Zum Wirken des Petrus Antonius in Heidelberg vgl. auch *Ritter*, Die Heidelberger Universität, S. 116, 232, 461 ff., 464 und 515.

[4] *Ritter*, Petrus Antonius Finariensis, S. 93 f.

[5] Ebd., S. 94 und 102. Ritter bleibt den Beweis für eine tatsächlich ausgeübte Lehrtätigkeit an der Universität schuldig, vgl. Anm. 15.

[6] Ebd., S. 93 ff.

[7] Biblioteca Vaticana, Cod. Pal. lat. 870, fol. 175 v: „Ferocem Germanorum gentem et natura armisve munitam, usu belli asperam, a civili cultu abhorrentem, suis finibus con-

deuten, daß er vor der versammelten Universität und in Gegenwart Kurfürst Friedrichs eine Lobrede auf die Stadt und die Universität Heidelberg halten durfte, die als Zeugnis der Sicht eines Italieners in unseren Interessenkreis gehört. In welchem Jahr und zu welchem Anlaß die Rede stattfand, liegt im dunkeln. Sie wurde 1499 von Johannes Gallinarius, der offenbar den Heidelberger Humanisten um Jakob Wimpfeling nahestand, wiederentdeckt und im Druck herausgegeben. Zufällig ist ein einziges Exemplar der sicher nur in geringer Auflage erschienenen Ausgabe erhalten geblieben [8]. Über die weitere Laufbahn des Petrus Antonius wissen wir, daß er es zuerst zum Kantor, dann zum Domprobst in Worms und auch zum Kanzler der Universität Heidelberg brachte [9]. Er begab

tentam, intra se odio fluctuantem neque alta sublimave aggredientem, honesta satis religione preditam, litteras mediocriter callentem, tam artibus, si qui sunt, qui eas noscunt, optime eruditam, nobilitate prestantem ordineque equestri ac militari pulcherrime dotatam nunc vides, ad quam quidem Karoli magni nomine tum peringens virtus Imperatoriam maiestatem attulit, cuius quidem preclaras res gestas (fol. 176 r), si posteri ratione incepta perseverassent imitari, uti corona excelsaque maiestate regali, ita virtutum prestantia ceteras nationes longe anteirent ..."

[8] Vgl. das Literaturverzeichnis sowie *Ritter*, Petrus Antonius Finariensis, S. 101. Das einzige überlieferte Exemplar befindet sich in der Universitätsbibliothek Freiburg im Breisgau.

[9] Die geistliche Laufbahn des Petrus Antonius Finariensis in Deutschland ist noch kaum erforscht. 1469 werden ihm anläßlich einer Gesandtschaft an die Kurie im Namen Kurfürst Friedrichs I. zwei Kanonikate übertragen („Petro Antonio de Clapis, legum doctori, ambassiatori Frederici comitis Palatini Rheni ad sedem apostolicum destinato ac idioma, quod Maguntin. et Spiren. Civitatum et dioec. incolae loquuntur, non perfecte intelligenti vel loquenti nihilominus duos canonicatus: unum Spiren. alterum beatae Mariae ad gradus Maguntin. confert"), vgl. *Theodor J. Scherg*, Palatina aus dem Vatikan (1464–1484), Mitteilungen des Historischen Vereins der Pfalz, XXXII, Speyer 1912, S. 109–190, hierzu S. 128, Nr. 52, 1. Aug. 1469; weitere Dokumente zu weniger wichtigen Pfründverleihungen an ihn, ebd. S. 127, Nr. 51, und S. 133, Nr. 67. Nach einem weiteren Gesandtschaftsaufenthalt an der Kurie forderte Kaiser Friedrich III. in einem Schreiben vom 29. Februar 1477 den Dekan und das Kapitel des Domstifts zu Speyer auf, dem Petrus de Clapis wegen Beleidigung und übler Nachrede an der Kurie die Pfründen zu entziehen, falls er nicht die Beschuldigungen widerlege oder sich nicht in angemessener Weise entschuldige (vgl. Monumenta Habsburgica, 1. Abt: Das Zeitalter Maximilians I. 3. Bd., ed. *Joseph Chmel*, Wien 1858, S. 598). Das kaiserliche Gebot scheint ihm jedoch nicht weiter geschadet zu haben, denn wenig später, am 4. Dez. 1478, bezeichnete er sich in einem inhaltlich bedeutungslosen Schreiben an Kurfürst Albrecht Achilles (bei *Felix Priebatsch*, Politische Korrespondenz des Kurfürsten Albrecht Achilles, II (= Publicationen aus den preußischen Staatsarchiven LXVII), Leipzig 1897, S. 436, Nr. 456) als „Petrus Antonius de Clapis protonotarius et cantor Wormaciensis". 1484 hielt er sich als Orator Berthold von Hennebergs, des Elekten von Mainz, zum dritten Mal an der Kurie auf, wo er als Kustode beim Konklave Innocenz' VIII. „pro natione Germanica" in Erscheinung trat. Hierbei wurde er auch als „prepositus Wormaciensis" bezeichnet (Johannis Burckardi liber notarum, ed. *Enrico Celani*, Rer. It. Script. XXXII, 1, vol. 1, S. 20). Eine weitere Gesandtschaft nach Rom für Berthold von Henneberg als Erzbischof von Mainz ist für 1493 anläßlich eines Rangstreits mit dem Orator des Erzbischofs von Köln bezeugt (Johannis Burckardi liber notarum, ebd., vol. I, S. 413. Auch hier wird er als „prepositus Wormaciensis" angeführt). Um die Jahrhundertwende tritt in Köln ein

sich im Namen Kurfürst Friedrichs I. und des Elekten von Mainz, Berthold von Henneberg, auf mehrere Gesandtschaften nach Rom [10]. Es überrascht nicht, daß in so angesehenen und einträglichen Ämtern sein literarischer Eifer erlosch. Er starb 1512 oder im Jahr zuvor, wie aus einer Eintragung in den Akten der Heidelberger Artistenfakultät ersichtlich ist [11].

Die Lobrede des Petrus Antonius auf die Stadt und die Universität Heidelberg war ihrem Thema nach ein Novum in Deutschland [12]. Die Zusammensetzung des Auditoriums bot alle Voraussetzungen, sie zu einem Ereignis für den sich ankündigenden Humanismus in Heidelberg werden zu lassen. Doch leider vermochte es Petrus Antonius auf Grund seines bescheidenen Talentes nicht, die Chance zu nützen. Wie gern hätte man einen Mann mit der Beobachtungsgabe und dem Einfühlungsvermögen eines Aeneas Silvius an seiner Stelle gesehen! Die Rede ist

Petrus Antonius de Clapis auf. Vgl. Die Matrikel der Universität Köln, ed. *Hermann Keussen*, Bd. 2 (1476–1559), Bonn 1919, Nr. 430, 200. Die Zusammenstellung der biographischen Daten bei Keussen enthält unter anderem folgende Angaben: „Prepositus s. Marie ad Gradus: Petrus Antonius de Clapis, gen. Breitstein, dr. leg., cl. Januensis d., protonotarius apostolicus; ... 1504 dr. leg.; rec. substitus vicecancellarius; ... 1513, 30. 12., ordinarius iuris civilis; 1515, assessor rectoris“, etc. 1532 wurde er Rektor der Universität Köln (*Keussen*, Matrikel, Bd. 2, Nr. 575, 576). Der Angabe „clericus Ianuensis“ nach war er so gut wie sicher gebürtiger Italiener. Eine Identität der beiden Personen ist freilich ausgeschlossen, da das Ableben des Humanisten Petrus Antonius Finariensis in der Stellung als Kanzler der Universität Heidelberg für 1511 oder 1512 sicher verbürgt ist (vgl. Anm. 11). Vermutlich handelt es sich bei dem Kölner Petrus Antonius de Clapis um einen Verwandten, dem der erstere die Wege in Deutschland geebnet hatte.

[10] Vgl. Anm. 9.

[11] *Ritter*, Petrus Antonius Finariensis, S. 103.

[12] Man bedenke, daß es selbst Aeneas Silvius nur zu einer Disputation vor der Wiener Universität gebracht hat, bei der allerdings König Friedrich III. zugegen war (vgl. *Alphons Lhotsky*, Die Wiener Artistenfakultät 1365–1497 (= Festgabe der Österreichischen Akademie der Wissenschaften zur 600-Jahrfeier der Universität Wien), Wien 1965, S. 139 ff.). Möglicherweise hat die Rede des Petrus Antonius auf ähnliche Lobschriften deutscher Humanisten ausgestrahlt. Zwischen 1485 und 1490 verfaßte Konrad Wimpina ein breit angelegtes Lobgedicht auf Leipzig und seine Universität (Alme universitatis studii lipzensis et urbis liptzg descripcio per M. Conradum de Wimpina, sine loco et anno, M. Brandis; *Hain*, Repertorium Bibliographicum 16 205, vgl. *Gustav Bauch*, Geschichte des Leipziger Frühhumanismus mit besonderer Rücksicht auf die Streitigkeiten zwischen Konrad Wimpina und Martin Mellerstadt, in: Beihefte zum Zentralblatt für Bibliothekswesen 22, Leipzig 1899, S. 13) und um 1505/06 Publius Vigilantius Axungia aus Straßburg eine Beschreibung in der Form der „laudatio“ auf Frankfurt an der Oder und seine Universität (Descriptio Franckphordiane urbis ad Oderum et gymnasii litterarii introductionis ceremoniarumque observatarum, in: Akten und Urkunden der Universität Frankfurt an der Oder, ed. *Georg Kaufmann* und *Gustav Bauch*, Heft 6, Breslau 1906). *Gustav Bauch*, Die Universität Erfurt im Zeitalter des Frühhumanismus, Breslau 1904, S. 76/77 vermutet, daß Axungia mit dem am 19. Juni 1500 an der Universität Heidelberg immatrikulierten Georgius Schmerlin identisch ist. Sollte die Annahme Bauchs zutreffen, wäre es sehr wohl denkbar, daß Axungia die 1499 in Heidelberg erschienene Lobrede des Petrus Antonius kannte.

nicht mehr als eine Aneinanderreihung der gängigsten Themen und Topoi des Städtelobs, die nur selten mit typischen und schon gar nicht mit originellen Beobachtungen angefüllt sind und daher zum großen Teil ebensogut für jede beliebige andere Stadt gelten könnten. Kulturgeschichtlich interessante Neuigkeiten darf man deshalb kaum erwarten. Der Stil ist unbeholfen und bemüht sich vergebens um Eleganz und rhetorischen Schwung. Dies zeigt allein schon die mißglückte Schachtelung der Satzglieder in den Perioden. Die Anordnung der Themen ist unübersichtlich, ja selbst die bekannte Trennung von Beschreibung des Stadtbildes und Sittenschilderung ist außer acht gelassen. Alle diese Unvollkommenheiten vermögen einem doch nicht die Lektüre dieser frühesten, überhaupt bekannten Darstellung Heidelbergs zu verleiden [13].

Petrus Antonius leitet seine Rede mit einem langatmigen Lob auf den Glaubenseifer der Heidelberger ein, das sich an manchen Stellen zu einer allgemeinen Preisung der christlichen Religion ausweitet. Nachdem er auch der Frömmigkeit des Klerus ihren Platz zugewiesen hat, beginnt er mit dem eigentlichen Lob auf die Stadt [14]. Hierin steht, wie so oft, das Klima an erster Stelle. Niemandem könne es

[13] Nach *Ritter*, Petrus Antonius Finariensis, S. 101, handelt es sich um die früheste Darstellung Heidelbergs.

[14] Das Lob der Stadt soll im folgenden vollständig wiedergegeben werden: „Quamobrem, cum in hoc florentissimo oppido tanta sit divinae religionis observatio, tanta supernorum meritorum gratia, factum est, ut ipse deus optimus maximus cum omnibus rebus humano usui necessariis affluentissimum abundantissimumque esse constituerit. Et ut ab bis incipiamus, quae humana corpora tuta et in bonam valitudinem conferunt: quam suavi, quam dulci, quam delicato aere hoc oppidum sit ornatum, nemo vestrum est, quem latere possit. Est enim quoddam aer ipse humanae naturae nutrimentum adeo quidem magnum et necessarium, ut existimem populum illum esse mancum, qui amoenitate aeris careat et eo privatus sit. Quam autem in florentissimo loco sita sint Heydelbergensis oppidi moenia, si quispiam diligens ac rectus existimator intelligere cupit, quocumque voluerit, animo et cogitatione se convertat circumspiciatque has tres mundi partes, Asiam scilicet, Europam et Africam, quanta optimarum rerum multitudine nonnullis civitatibus Heydelberga antecellat, facile iudicabit. Quamquam enim Asiaticae urbes aromatibus et nonnullis rebus ceteras praestant, tamen reliquarum rerum, quibus hoc oppidum abundat, tanta saepenumero penuria afficiuntur, ut detrimento dolere potius quam commodo Asiaticos oporteat. Quod si orientalem plagam diligenter advertimus et a mari Illyrico ad Aegyptum usque discurrere volumus, inveniemus Cretenses frumenti copia carere, Zyprianos aere pestifero contaminatos videbimus, Rhodum sterilitate agrorum pollutam et infecundam esse cognoscemus. Graeciam vero Peloponesus, Mahumetanos, Indos, Aegyptiacos caloris magnitudine et aere intemperato quotidie oppressos dicemus. Cum autem Norbenses, Gallos, Vascones, Hispanos reliquasque meridianas oras peragraveris, altera frumento egens, altera vino carens se tibi offeret. Neque eas, quas (cum sol ad occasum it) visitat, regiones praetereo, quae, quantum hoc uno oppido multiplici fructuum genere inferiores infelicesque sint, eius, qui vidit, iudicium, expecto. Nunc autem ad septentrionem oculos convertamus et, quae cum Heydelberga oppida comparanda inveniemus, doceamus. Est enim adeo egregie constitutum oppidum, saluberrimo aere refertum, nobilissimo Neccari fluvio munitum, dulcissimis fontibus, vino, frumento, reliquorumque fructuum copia adeo abundantissimum, ut audeam huc loci dicere, nullum aut pauca cum hoc vestro Heydelbergensi oppida comparari posse. Est autem pulcherrimis uberrimisque collibus circumsaeptum, planicie decora et speciosa decoratum.

verborgen bleiben, wie mild, wie sanft, wie köstlich die Heidelberger Luft sei. In beliebter Manier ruft der Redner sodann die drei Erdteile als Zeugen dafür an, daß es Heidelberg an nichts fehle. Auf Kreta herrsche Mangel an Getreide, auf Cypern sei die Luft verpestet, auf Rhodos der Boden gänzlich unfruchtbar, in der Türkei, in Indien und in Ägypten die Hitze unerträglich. „Heidelberg aber genießt alle Vorzüge der Lage. Es hat die gesündeste Luft, ist durch den stattlichen Neckar abgeschirmt, besitzt die reinsten Quellen, Wein, Getreide und alle anderen Naturprodukte in solcher Fülle, daß ich hier, an diesem Ort, zu sagen wage, keine oder nur wenige Städte sind eurem Heidelberg vergleichbar.“ Als Beweis dafür sieht es der Redner außerdem an, daß die Stadt von den schönsten und fruchtbarsten Hügeln umgeben sei und doch zugleich am Ausgang einer schönen und anmutigen Ebene liege. Er glaubt, es nicht in Worte fassen zu können, welchen Ruhm Heidelberg seinen Kirchen und Heiligenreliquien verdanke. Auch herrschten hier gepflegte Sitten und gebe es sowohl besonnene als auch kriegerische und im Waffenhandwerk tüchtige Männer und gute Waffenschmiede. Abrupt greift er dann ein anderes Thema auf: die verkehrsgünstige Lage. Gallien, Burgund, Lothringen, Flandern und andere nördlich gelegene Provinzen seien bequem auf dem Land- oder Flußweg zu erreichen, zumal der Nek-

Ecclesiis autem et reliquiis sanctorum, quantum sit inclita, non facile edixero. In hoc autem oppidum, quantum oportet quantumque decet quantumque opus est, Phoebus suos emittit radios. In hoc mores cultiores, viri prudentes, bellicosi, in armis strenui officinarumque cum liberalibus artibus eruditi. Quam autem in commodo loco sit positum, nunc videamus. Quis enim, me Hercle, est, qui, si ab hoc oppido Galliam, Burgundiam, Lothringiam, Flandriam reliquasque inferiores provincias petere cupiat, quanta cum commoditate itineris et navigandi facilitate in eas devolare possit, omnes optime tenent. Quo quidem iure optimo factum fuit, ut ille excelsus ac litterarum summus amator Rupertus senex princeps optimus eum, in quo universitas non sine quadam diligenti maturitione vocaretur, elegerat. Intelligebat enim tamquam sapientissimus nonnullis christianis nationibus in hoc praeclarissimum oppidum expeditissimum iter patere. Neque praetereundum Neccari amoenissimi fluvii commoditatem esse duco, qui, quanta utilitatem Heydelbergensibus nedum finitimis offerat, cum habeat in Rhenum exitum, declarat hincinde frequens navium concursus, qui ad amplificanda principis vectigalia (quae rei publicae nervos esse duximus) necessarius plurium esse videtur. Hoc est enim, inquam, oppidum, in quo (ut Cleobolus inquit) cives vituperationem magis metuunt quam leges. Oppidanorum autem quanta sit unitas edocet nonnullarum civitatum crebra fluctuatio, quae tamquam in alteri tempestatum cymba fluctibus oppressa quotidie versantur. In hoc autem nullae sunt dissensiones seditionesve domesticae, nulla odia, nulla bella neque videmus neque sentimus. Delectat enim vos, o Heydelbergenses viri optimi, id quod iamdudum Cicero dixit: nullam esse domum tam stabilem, tam firmam civitatem, quae non odiis et dissidiis funditus possit everti. Itaque amicitiae atque caritatis vinculo convicti, in pace, in concordia vitam ducitis. Maiores enim minoribus se quadam humanitate aequales constituunt. Minores vero maiores natu et quadam dignitate praeditos honorant, observant, venerantur et aeque ac si ex eodem parente nati essent, se invicem diligunt. O summam oppidi felicitatem! O civium iucundam amicitiam! Quamobrem deus ille optimus maximus, qui solo nutu omnia gubernat, vos tuetur, servat et ab omni discrimine vos semper defendat.“ (Der Text wurde der Schreibweise des klassischen Lateins angepaßt.)

kar die Verbindung zum Rhein herstelle. Mit Recht habe Kurfürst Ruprecht deshalb die Stadt als Sitz einer Universität gewählt. Die Schiffahrt auf dem Nekkar bringe zudem den Vorteil mit sich, daß durch die Zölle die Einnahmen des Landesherrn vermehrt würden. Nunmehr schwenkt der Redner zum sozialen Gefüge der Stadt über. Während andere Städte – er dachte sicher zuerst an die italienischen – von inneren Streitigkeiten heimgesucht seien, „sehen und hören wir in dieser nichts von Spaltungen, Familienfehden, Haßentladungen und Kämpfen". Die Stände lebten in beglückender Eintracht miteinander. Es muß wie Musik in den Ohren des Kurfürsten geklungen haben, als er hierzu im einzelnen folgendes vernahm: „Die Höheren begeben sich durch ihre Menschenliebe mit den Niederen auf eine Stufe. Die Niederen ehren, schätzen und verehren die von Geburt aus Höheren und durch Würde Ausgezeichneten, und so lieben sie sich gegenseitig, als stammten sie von einem gemeinsamen Vater ab." Schließlich kommt die Universität mit dem Lob an die Reihe. Freilich ist es mehr ein Lob der einzelnen Wissenschaften, die fakultätsweise aufgeführt werden, als bestimmter individueller Merkmale der Universität. Mit wohlklingenden Worten gefällt sich der Redner darin, den Ruf der Gelehrten zu beteuern, was die erhoffte Wirkung auf das Auditorium nicht verfehlt haben dürfte. Er stellt allerdings nur den Theologen Jodocus Eichmann aus Calw und den kurfürstlichen Leibarzt Heinrich Kräuwel aus Münsingen namentlich heraus [15]. Dies hatte seinen guten Grund, denn beide gehörten zu den Förderern des Humanismus in Heidelberg und waren wohl als einzige Petrus Antonius näher bekannt [16]. Zum Abschluß wendet er sich ausgiebig dem Landesfürsten zu, dem er erklärlicherweise alle nur erdenklichen Tugenden andichtet. Hierbei wollen wir ihn denn allein fortfahren lassen.

[15] Jodocus Eichmann findet in dem einleitenden Lob auf den Glaubenseifer der Heidelberger Erwähnung. Die Bemerkungen über Heinrich Kräuwel sind bereits von *Ritter*, Die Heidelberger Universität, S. 515, Exkurs 9, II, vollständig veröffentlicht. Die Tatsache, daß Petrus Antonius nicht mehr Gelehrte anführt, bestärkt den Verdacht, daß er überhaupt nicht an der Universität wirkte, vgl. Anm. 5.
[16] *Ritter*, Petrus Antonius Finariensis, S. 93.

XIII. Augustinus Patricius

„De legatione Germanica", Tagebuch der Legation des Kardinals Francesco Todeschini-Piccolomini zum Reichstag von Regensburg 1471

Als die Türken die habsburgischen Erblande Kärnten, Steiermark und Krain bedrohten, berief Friedrich III. für Ende April 1471 einen allgemeinen Reichstag nach Regensburg ein, auf dem über Maßnahmen zum Türkenkrieg beraten werden sollte [1]. Auf die Bitte des Kaisers hin ernannte Paul II. den Kardinal von Siena, Francesco Todeschini-Piccolomini, der später als Pius III. den päpstlichen Stuhl bestieg, zum Legaten [2]. Der Nepot Pius' II. galt als einer der besten Kenner der deutschen Verhältnisse an der Kurie [3]. Er hatte einen Teil seiner Kindheit in Österreich verbracht und hier auch die Landessprache erlernt. Seine Lehrer waren Johannes Tröster aus Amberg und Nikolaus Kreul aus Wartenberg in Schlesien gewesen [4]. In seiner im Konzept überlieferten, aber nicht gehaltenen Begrüßungsansprache an den Kaiser hob er hervor, er sei glücklich, sein Deutschland wiederzusehen, dem er für die eigene Erziehung viel verdanke und nach dem er sich seit seiner Kindheit zurückgesehnt habe [5]. Als Sekretäre begleiteten ihn auf der Legation zwei Vertraute Pius' II., Augustinus Patricius, der zugleich das Amt eines Zeremoniärs ausübte, und Johannes Antonius Campanus [6]. Patricius verfaßte ein gewissenhaftes, gründliches und sachliches Legationstage-

[1] Zum Reichstag von Regensburg, der unter dem Namen „Großer Christentag" in die Geschichte einging, vgl. die Studie von *Reissermayer*, ferner *Strnad*, S. 227 ff. und *Ludwig Pastor*, Geschichte der Päpste II 3/4, Freiburg 1904, S. 436 ff.

[2] *Strnad*, S. 227/228.

[3] Zu seinem Verhältnis zu Deutschland, *Strnad*, S. 228; *Schlecht*, S. 307. Vgl. auch Patricius, De legatione Germanica, cod. Vat. lat. 3842, fol. 25 r, bzw. *Freher – Struve* II, S. 291.

[4] *Strnad*, S. 118 f.; *Schlecht*, S. 308.

[5] Ein deutscher Auszug des Konzepts der Begrüßungsansprache bei *Strnad*, S. 237–238, und *Schlecht*, S. 311–312.

[6] *Strnad*, S. 229 f. Über die Teilnahme des Sekretärs Francesco Todeschini-Piccolominis, Antonio Lolli aus San Gimignano, des Verfassers des Konzepts der geplanten Begrüßungsansprache, ist nichts bekannt (Biographische Daten über ihn bei *Strnad*, S. 333 f.). Dafür ist jedoch die Teilnahme des Auditors der Rota, Bartolomeus de Belencinis, verbürgt (vgl. *Charles Lefebvre*, L'auditeur de Rote Barthélemy de Belencinis et les „Manualia" de ses causes, Etudes d'histoire du droit canonique dédieés à Gabriel Le Bras, I. Paris 1965, S. 203–213, hierzu S. 207). Ab Regensburg schlossen sich auch Lorenzo Roverella, Bischof von Ferrara, der zunächst als Nuntius nach Ungarn entsandt worden war und von dort mit den ungarischen Oratoren auf dem Reichstag eintraf (vgl. Cod. Vat. lat. 3842, fol. 69 r; *Hausmann*, S. 184, 420 und 525), und der mailändische Gesandte Antonio de Romagnano an (vgl. *Hausmann*, S. 166, 363 und 547). Weitere nachweisbare Teilnehmer waren ein nicht näher zu identifizierender Montanus (vgl. Campani epistolae et poemata, ed. *Menckenius*, lib. VI, ep. 1, S. 344; *Hausmann*, S. 363) und zwei Bedienstete des Campanus Spellanus und Sirenula (vgl. Campani epistolae et poemata, ed. *Menckenius*, lib. VI, ep. 1, S. 345; *Hausmann*, S. 165).

buch, während Campanus mit einer Reihe meist eilig hingeworfener, betont subjektiver Briefe hervortrat.

Die Legation dauerte etwas über neun Monate, und zwar genau vom 18. März bis 27. Dezember, den Daten des Ein- und Auszugs in Rom[7]. Über alle Einzelheiten ihres Verlaufs sind wir durch das Legationstagebuch des Patricius bestens unterrichtet. Die Hinreise folgte der bekannten Route durch das Etschtal und über den Brenner, führte dann ostwärts durch das Inntal und erreichte schließlich über Landshut ihr Ziel Regensburg[8]. Sie verlief ohne nennenswerte Zwischenfälle, benötigte aber in Folge häufiger, zum Teil mehrtägiger Unterbrechungen dreiundvierzig Tage[9]. Als Höhepunkte vermerkt Patricius aufwendige Empfänge bei den Herzogen Sigismund von Tirol in Innsbruck und Ludwig dem Reichen in Landshut[10]. Schon unterwegs war die Nachricht überbracht worden, Friedrich III. werde durch Kämpfe in den Erblanden festgehalten, so daß er nicht rechtzeitig auf dem Reichstag eintreffen könne[11]. Als der Legat am 1. Mai in Regensburg Einzug hielt, war er einer der ersten am Ort, da sich die Fürsten zurückhielten, solange der Kaiser auf sich warten ließ[12]. Bis zu dessen Ankunft verstrichen noch zwei volle Monate, die von den Abgesandten des Papstes mit der Erledigung zweitrangiger Geschäfte überbrückt wurden[13]. Als die Verhandlungen dann durch die Anwesenheit des Kaisers in Gang kamen, wurde die Beratung des Türkenkrieges durch die zur Lösung anstehenden inneren Querelen des Reichs verzögert[14]. Erst nach einer Rede des Legaten, in der er die Fürsten eindringlich an den Türkenkrieg erinnerte, trat Friedrich III. nach besten Kräften für ihn ein[15]. Das Ergebnis der mühseligen, von unzähligen Einzelinteressen durchkreuzten Verhandlungen blieb trotzdem mager genug. Das Reich fand sich bereit, 10 000 Mann für einen Türkenfeldzug aufzubringen. Außerdem wurde für vier Jahre ein allgemeiner Landfrieden erklärt, der die Verzettelung der Kräfte im Innern vereiteln sollte[16]. Am 3. August traf die Botschaft vom Tode Papst Pauls II. ein[17]. Der Kardinal verließ Regensburg jedoch erst am 21. August nach Beendigung des Reichstags und begab sich an der Seite Friedrichs III. nach

[7] *Strnad*, S. 228 und 248.

[8] Zur Route und zum Verlauf der Reise, *Strnad*, S. 230 ff.; *Kramer*, S. 554 ff.

[9] *Strnad*, S. 230.

[10] Empfang bei Sigismund von Tirol: Cod. Vat. lat. 3842, fol. 29 r; *Dengel*, S. 223; *Strnad*, S. 233. Empfang bei Ludwig dem Reichen: Cod. Vat. lat. 3842, fol. 31 v ff.; *Strnad*, S. 236.

[11] Cod. Vat. lat. 3842, fol. 29 v.

[12] Cod. Vat. lat. 3842, fol. 34 r, v.

[13] Es handelte sich vor allem um die Lösung des Albrecht Achilles vom Kirchenbann. Cod. Vat. lat. 3842, fol. 36 r–37 v; *Kramer*, S. 558.

[14] Ausführlich dargestellt von Patricius (Cod. Vat. lat. 3842, fol. 40 r ff.) Vgl. auch *Reissermayer* II, S. 11 f., 13 ff., 53 ff., 56 ff., 110 ff und *Ludwig Pastor*, Geschichte der Päpste II, 3/4. Auflage, S. 436 ff.

[15] Cod. Vat. lat. 3842, fol. 51 v und 57 v.

[16] *Strnad*, S. 244.

[17] Cod. Vat. lat. 3842, fol. 63 r.

Bamberg, um die Reliquien Heinrichs II. zu verehren[18]. Auf dem Rückweg schlug er in Nürnberg die Straße nach Würzburg ein[19]. Auf der Kadolzburg wurden er und seine Begleiter von Markgraf Albrecht Achilles bewirtet[20]. Der Aufenthalt in Würzburg zog sich über zwei Monate hin. Patricius gibt an, der Kardinal habe sich hier um seine Dompropstei gekümmert, die ihm seinerzeit von Pius II. verliehen worden war[21]. Am 18. November wurde die Reise nach Heidelberg fortgesetzt. Die letzten Stationen nördlich der Alpen waren Speyer, Hagenau, Straßburg, Schlettstadt, Breisach, Basel und Luzern[22]. Nach der Fahrt über den Vierwaldstättersee überquerten die Reisenden den St. Gotthard. Der strapaziöse, durch Schneefälle und Lawinen erschwerte Übergang ist von Patricius in eindrucksvoller Weise festgehalten worden[23]. In einer Schlußbetrachtung seines Legationstagebuches lobt er die dem Kardinal und seinem Gefolge überall zuteilgewordene ehrenvolle und herzliche Aufnahme und den harmonischen Verlauf der Reise[24].

Patricius stammte aus Siena. Sein Lebensweg hat nichts Ungewöhnliches an

[18] *Strnad*, S. 245 ff. Es hat nicht den Anschein, als sei der Kardinal von Sixtus IV. abberufen worden. Zur Frage der Abberufung sind die Bemerkungen von Patricius (Cod. Vat. lat. 3842, fol. 74 r; *Hausmann*, S. 543) zu beachten, die sich auf den Aufenthalt in Würzburg beziehen: „Qui (der Kardinal Todeschini-Piccolomini), cum nunc in provincia tam diu commoraturus esset, quam diu a novo pontifice mandata susciperet, a quo per nuntios et litteras veniam discedendi expostulaverat, huc potissimum se contulit, ut rebus prepositure sue consuleret, quam nunquam antea viderat, tum etiam, ut nulli provincialium esset gravius.“ Erst gegen Ende des Aufenthalts in Würzburg erhielt der Kardinal die Mitteilung des Papstes, nach Rom zurückkehren zu dürfen (Cod. Vat. lat. 3842, fol. 78 v; *Hausmann*, S. 559). Zum Aufenthalt in Nürnberg und Bamberg: Cod. Vat. lat. 3842, fol. 69 r und 71 v, 72 r; *Hausmann*, S. 533 f. und 535, 537.

[19] Cod. Vat. lat. 3842, fol. 73 r; *Hausmann*, S. 540.

[20] Cod. Vat. lat. 3842, fol. 73 r; *Hausmann*, S. 541.

[21] Aufenthalt in Würzburg vom 20. Sept. bis 19. Nov. Eine Übersicht über die wichtigsten Daten der Reise bei *Kramer*, S. 654, Anm. 3. Zur Propstei vgl. Anm. 18. Vgl. auch *Frank-Rutger Hausmann*, Reinhard von Weitnau und Johann von Henneberg. Neue Quellen zum Abtwechsel im Kloster Fulda am 17. 3. 1472, Fuldaer Geschichtsblätter 44, 1968, S. 81–104.

[22] Cod. Vat. lat. 3842, fol. 79 r ff.; *Hausmann*, S. 560 ff. Der letztere weist auch auf einen Brief im Cod. 1077 der Biblioteca Angelica in Rom, fol. 138 v, hin, der die Beschreibung der Reise von Würzburg nach Hagenau enthält (ebd., S. 560, Anm. 1).

[23] Cod. Vat. lat. 3842, fol. 82 ff.; *Hausmann*, S. 568 ff.; *Kramer*, S. 563, Anm. 3. Eine weitere, ähnlich reichhaltige Beschreibung einer St. Gotthard-Überquerung in süd-nördlicher Richtung befindet sich in dem jüngst veröffentlichten Reisebericht eines unbekannten Autors von 1545; vgl. *Detlef Heikamp*, Die Schweiz und Deutschland 1545, Italienische Reisebeschreibung, in: Munuscula discipulorum, Kunsthistorische Studien, Hans Kauffmann zum 70. Geburtstag 1966, ed. Tilmann Buddensieg und Mathias Winner, Berlin 1968, S. 95–115. Verweise auf die weitere Reiseliteratur des St. Gotthards bei *Heikamp*, S. 103, Anm. 16; vgl. ferner *Aloys Schulte*, Geschichte des mittelalterlichen Handels und Verkehrs zwischen Westdeutschland und Italien mit Ausschluß von Venedig I, S. 455 ff., und *Attilio Simioni*, Un umanista milanese, Piattino Piatti, Archivio Storico Lombardo Ser. IV, vol. II, Anno XXXI, Milano 1904, S. 5–50, 227–301; hierzu S. 35 ff.

[24] Cod. Vat. lat. 3842, fol. 81 r, v; *Hausmann*, S. 566–567; Kramer, S. 555, Anm. 2.

sich[25]. Der intelligente, tüchtige und offenbar auch redliche Kuriale gewann durch seine Sachkenntnis und Dienstbeflissenheit fast immer die Gunst der jeweils Mächtigen, so daß er es nach und nach zu mehreren Pfründen und 1484 zum Bischof von Siena brachte. Von 1467 bis zu seinem Tode 1495 war er mit wenigen Unterbrechungen päpstlicher Zeremonienmeister. Soviel bekannt ist, unternahm er vor der Legation des Kardinals Todeschini-Piccolomini nur eine größere Reise, und zwar 1467 nach Süditalien, von der er einen Reisebrief hinterließ[26]. Für seine geistige Entwicklung war die Begegnung mit Pius II. entscheidend, der ihn als Kapellan und Privatschreiber an seine Seite zog und in die Piccolomini-Familie aufnahm. Nach dem Tode Pius II. diente er dessen Nepoten. Mit seinen beiden Förderern teilte er die Vorliebe für die Klassiker und Humanisten, die er als Stilvorbilder verehrte und denen er wie Aeneas Silvius in der Historiographie und Geographie nacheiferte. Er sammelte kundig antike Inschriften und schuf eine für die Zeit mustergültige Bibliothek, in der viele zentrale Werke der Klassik und des Humanismus vertreten waren. Aus seiner Berufssphäre erwuchs das „Caeremoniale“, ein Handbuch für die künftigen Zeremonienmeister, in welchem die zeremoniellen Bräuche des päpstlichen Hofes zusammengefaßt waren. Seine historischen Schriften, meistenteils Kompilationen, sind von geringerer Bedeutung. Eine 1467 anläßlich des zweiten Romzugs Friedrichs III. entstandene Gelegenheitsschrift fand unter dem Titel „De adventu Friderici III Imperatoris“ Verbreitung.

Das wichtigste und interessanteste weltliche Werk des Patricius ist das Tagebuch der Legation des Kardinals Todeschini-Piccolomini zum Reichstag von Regensburg. Es ist ein gründlicher, breit angelegter, bis in die Einzelheiten reichender Bericht, der den Verlauf der Legation vom Tage des Aufbruchs bis zur Rückkehr nach Rom wiedergibt. Dem eigentlichen Legationstagebuch sind ein Widmungsbrief an den Kardinal Ammanati-Piccolomini, ein weiteres Mitglied der Piccolomini-Familie und Förderer der Humanisten[27], und eine einleitende Zusammenfassung der Vorgeschichte des Reichstags und der Gründe für seine Einberufung vorangestellt. Das Legationstagebuch selbst umfaßt in chronologischer Darstellung den Bericht über die Hinreise, die Vorgänge auf dem Reichstag und die Rückreise. Es vereint also zwei Hauptthemenbereiche, die in manchen Abschnitten miteinander verwoben sind: die politische Berichterstattung und die Reiseschilderung. Der Titel „De legatione Germanica“ ist durch die Überschrift

[25] Zur Biographie und zu den Schriften des Patricius vgl. die eingehende Studie von *Avesani*, S. 3–31. Der Name erscheint in der italienischen Form als Patrizi. Die lateinische Form Patricius geht aus der Überschrift in Cod. Vat. lat. 3842, fol. 23 r, hervor.

[26] *Avesani*, S. 8.

[27] Cod. Vat. lat. 3842, fol. 22 v; *Freher – Struve* II, S. 288. Über den Kardinal Ammanati-Piccolomini vgl. *Giuseppe Calamari*, Il confidente di Pio II, Cardinale Jacopo Ammanati-Piccolomini 1422–1479, 2 Bde., Roma – Milano 1932; *Frank-Rutger Hausmann*, Die Benefizien des Kardinals Jacopo Ammanati-Piccolomini, Römische Historische Mitteilungen 13, 1971, S. 27–80.

in der von Patricius selbst durchgesehenen Handschrift verbürgt[28]. Zu Unrecht wird bisweilen die in dem Widmungsbrief an den Kardinal Ammanati-Piccolomini auftretende Bezeichnung „lucubratiunculae" als Titel angeführt. Es handelt sich hier aber nur um einen Bescheidenheitstopos, dem sonst keine weitere Bedeutung zukommt[29].

Die politische Berichterstattung überwiegt gegenüber der Reiseschilderung, die nur etwa ein Drittel des Tagebuchs einnimmt. Zwischen beiden bestehen auffallende Unterschiede in der Auffassung und der Form der Darstellung, wodurch die Schrift ein Moment der Uneinheitlichkeit erhält. Die politische Berichterstattung ist eine nüchterne, zweckmäßige Zusammenstellung der Vorgänge unter Betonung der Handlungen des Legaten, im Stil schmucklos und mit Formeln des Kanzleilatein durchsetzt. Man kann sie am ehesten mit einem Protokoll vergleichen, das Nebensächliches mit Wesentlichem vereint. Als politische Information und historische Quelle für den Reichstag von Regensburg ist sie instruktiv und lesenswert. Hier äußert sich der Kuriale, der Legationssekretär, der den Gepflogenheiten geschäftlicher Aufzeichnungen verhaftet bleibt. Die Reiseschilderung zeigt hingegen den Humanisten am Werk, der die Beherrschung der darstellerischen Mittel und die Kenntnis von Klassikern unter Beweis stellen möchte. Aber auch der Gegenstand übte auf Patricius einen Reiz aus, wie er selbst zur Begründung seiner Schrift ausführt: „Denn Deutschland ist heute, mehr als man es sich bei uns vorstellt, stattlich und schön. Es unterscheidet sich wesentlich, was die Verhältnisse und die Lebensweise der Bewohner anbelangt, vom antiken Deutschland, das Caesar, Strabo, Tacitus und andere beschreiben. Es gibt nämlich sehr viele Städte, die an Glanz unseren italienischen Städten kaum nachstehen, ja ihnen manchmal sogar überlegen sind." [30] Der Reiseschilderung liegt als literarische Gattung das Reisetagebuch in der Form des Itinerars zugrunde. Kennzeichnend für die humanistische Einstellung des Verfassers ist, daß es die Themenvielfalt der geographischen Beschreibung übernimmt: topographische und etymologische Erörterungen nehmen neben Städte- und Landschaftsbildern, Charakterskizzen und der Kennzeichnung sozialer Lebensformen einen breiten Raum ein.

Das Legationstagebuch steht in der literarischen Tradition der Spätwerke des Aeneas Silvius. Patricius war mit den „Commentarii", der „Asia" und der

[28] Cod. Vat. lat. 3842, fol. 23 r: „De legatione Germanica Fr. Piccolominei Cardinalis Senesis. A. Patricius Senensis." Zur persönlichen Durchsicht vgl. die Beschreibung des Kodex bei *Avesani*, S. 68 f., Nr. 37, der Randglossen des Patricius nachweisen kann.

[29] Cod. Vat. lat. 3842, fol. 22 v; *Freher – Struve* II, S. 288/289: „Atqui, cum mecum cogitarem, cuinam potissimum dicarem has meas lucubratiunculas quamvis tenues, tu solus occurristi, qui sine invidia gentilis tui Cardinalis Senensis res gestas perlecturus videris et meam hanc insulsam incomptamque narrationem pro tua innata mansuetudine et consueta in me indulgentia aequo animo esses laturus." Vgl. die gegenteilige Auffassung von *Dengel*, S. 215, und *Strnad*, S. 230.

[30] Cod. Vat. lat. 3842, fol. 22 v; *Freher – Struve* II, S. 288.

„Europa“ vertraut, die er alle drei eigenhändig kopiert hatte [31]. Den größten Einfluß haben die „Commentarii“ ausgeübt [32]. Diese Autobiographie ist ein auf Objektivität bedachter, sprachlich schlichter Rechenschaftsbericht über die diplomatische und politische Tätigkeit, der sich aber auch vielseitigen Eindrücken von Reisen aufschließt, die in Landschaftsbeschreibungen, Städtebildern, Charakterskizzen und Darstellungen von Zeremonien ihren Niederschlag finden. Also auch in den „Commentarii“ ist eine politische Berichterstattung mit Themen der Reiseschilderung verbunden, die denen des Legationstagebuchs nahekommen. Patricius gibt schließlich selbst einen Hinweis, indem er für seine Schrift die Bezeichnung „commentarii“ wählt [33]. Die „Europa“ wird mehrmals von ihm zitiert und ist vor allem als Vorbild für die etymologischen und topographischen Erörterungen anzusehen [34]. Offen bleibt die Frage, ob auch die „Germania“ des Aeneas für den Inhalt von Bedeutung war. Sie befand sich weder in der Bibliothek des Patricius noch unter den von ihm kopierten Werken, muß aber im Kreis des Kardinals Todeschini-Piccolomini bekannt gewesen sein [35]. In den Städtebildern gibt es trotz wesentlicher Gemeinsamkeiten in der Auffassung und in den Topoi kaum wörtliche Anklänge [36]. Für die Kenntnis sprechen aber das angeführte Lob der Städte im Widmungsbrief und eine Bemerkung über die Räte der Fürsten [37]. Außer diesen Werken des Aeneas darf die Kenntnis der „Italia illustrata“ des

[31] *Avesani*, S. 74; S. 75, Nr. 1; S. 76, Nr. 3; S. 77, Nr. 5.
[32] Zu den „Commentarii“ vgl. *Gerhart Bürck*, Selbstdarstellung und Personenbildnis bei Enea Silvio Piccolomini (= Basler Beiträge zur Geschichtswissenschaft 56), Basel 1956, 33/34.
[33] Cod. Vat. lat. 3842, fol. 22 v. Zum Begriff des „commentarius“ in der humanistischen Literatur, *Bürck*, S. 10 ff.
[34] Cod. Vat. lat. 3842, fol. 73 v; *Hausmann*, S. 542, 530 ff. (Hinweis auf die von Otto von Freising übernommene Darstellung der Frühgeschichte der Franken.) Für die topographischen und etymologischen Erörterungen wäre auch der Caesarkommentar des Raimundus Marlianus zu überprüfen (vgl. Kap. Aeneas Silvius, Anm. 242).
[35] Avesani weist kein Exemplar der „Germania“ im Besitz des Patricius nach. Der Autograph in der Bibliotheca Vaticana, cod. Vat. lat. 3886, ist aber vom Kardinal Todeschini-Piccolomini durchgesehen worden. Vgl. Aeneas Silvius Piccolomini, Germania, ed. *Adolf Schmidt*, Köln 1962, S. 2.
[36] Vgl. z. B. die Bemerkungen über Nürnberg und Straßburg, unten S. 167.
[37] Cod. Vat. lat. 3842, fol. 24 v; *Freher – Struve* II, S. 290: „Gaudent (die Räte) rerum mutatione et in contentionibus atque discordiis principum crescunt, procurant assiduo novis artibus, ut principibus suis libertatem parare videantur et a reverentia non solum apostolicae sedis, quam durum atque asperum iugum appellant, sed etiam Romani Imperii eos nituntur avertere. Cogitaverunt igitur ii tales iam pridem imperium Friderico Caesari abrogare illudque, quando alius animo et viribus potentior in Germania non videretur, Georgio heretico Bohemorum regi deferre, reverentiam deinde summo pontifici eius nomine polliceri, Imperii confirmationem et coronam petere, quae si non darentur, nationi interdicere, ne amplius Romano pontifici auscultaret.“ Die Stelle ist ein bemerkenswertes Beispiel für die kuriale Polemik gegen die Verfechter einer deutschen pragmatischen Sanktion. Sie bezieht sich offenbar auf die Pläne Georg Podiebrads von 1469, Karl den Kühnen zum König zu erheben (vgl. *Adolf Bachmann*, Deutsche Reichsgeschichte im Zeitalter Friedrichs III. und Max I., 2. Bd., Leipzig 1894,

Biondo vorausgesetzt werden, wenngleich inhaltliche Parallelstellen fehlen [38]. Von den antiken Geographen beherrschen, wie bei Aeneas, Strabo und Ptolemäus das Feld [39]. Die „Germania" des Tacitus wird neben der zitierten Stelle aus dem Widmungsbrief nur einmal inhaltlich ausgewertet [40]. Auch hier die für Aeneas kennzeichnende Zurückhaltung! An zwei Punkten geht die Darstellung auf mittelalterliche Autoren zurück [41]. Mündliche Informationen kommen für die Beschreibung von Städten und Landschaften nicht in Betracht.

Aus dem Datum des Widmungsbriefs geht hervor, daß das Legationstagebuch spätestens am 5. Januar (1472) abgeschlossen war, das heißt, 10 Tage nach der Ankunft in Rom [42]. In diesem Zeitraum muß also das unterwegs angefertigte Konzept zu der endgültigen Fassung ausgearbeitet worden sein. Ohne ein Konzept wären die vielen inhaltlichen Einzelheiten wie Daten- und Entfernungsangaben, Details der Zeremonien und politischen Verhandlungen kaum mehr gegenwärtig gewesen. Ein Teil der endgültigen Ausarbeitung, zumal der Berichterstattung über den Reichstag, kann natürlich bereits während der längeren Aufenthalte, etwa in Regensburg selbst oder in Würzburg, erfolgt sein. Für die Reiseschilderung ist dies hingegen weniger wahrscheinlich, es sei denn, Patricius hätte die vielfach zitierten Werke antiker, mittelalterlicher und zeitgenössischer Autoren mit sich geführt.

Die politische Berichterstattung bietet prägnante Mitteilungen über den Status der Reichsstädte, die Städtebünde, die Stellung der Kurfürsten und die Beschaffenheit der Regalien. Besondere Aufmerksamkeit verdient eine kritische Äuße-

S. 280 ff., und *Karl Rausch*, Die burgundische Heirat Maximilians I., Wien 1880, S. 35 ff.). Die abenteuerliche Konstruktion einer Verschwörung der Räte scheint auf Gregor Heimburg gemünzt zu sein, der bis zum Tode Georg Podiebrads in dessen Diensten stand (vgl. *Paul Joachimson*, Gregor Heimburg, Historische Abhandlungen aus dem Münchner Seminar I, Bamberg 1891, S. 250 ff.). Patricius spricht im übrigen in seinem Legationstagebuch an anderer Stelle ausführlich über die an den Legaten herangetragene Bitte Heimburgs um Lösung vom Kirchenbann, vgl. fol. 72 v (*Hausmann*, S. 539). Die Tendenz der Äußerungen des Aeneas Silvius in der „Germania" ist dieselbe (vgl. Aeneas Silvius, Germania, ed. *Schmidt*, S. 32, 73, 74).

[38] Die Benutzung der „Italia illustrata" ist erst 1488 in einer der kleineren Schriften des Patricius nachzuweisen, *Avesani*, S. 27.

[39] Nur an einer Stelle findet sich ein Hinweis auf Polybios, Cod. Vat. lat. 3842, fol. 26 v.

[40] Ebd. fol. 31 r; fol. 22 v (Widmungsbrief); *Freher – Struve* II, S. 288. Benutzung der „Germania" des Tacitus auch im Caesarkommentar des Raimundus Marlianus von 1470; Erwähnung in einem Brief des Kardinals Todeschini-Piccolomini vom Dezember 1470 an seinen Lehrer Johannes Tröster; inhaltliche Auswertung in der nicht gehaltenen Reichstagsrede für den Türkenkrieg des Johannes Antonius Campanus von 1471 (vgl. Kap. Aeneas Silvius, Anm. 242).

[41] Cod. Vat. lat. 3842, fol. 39 r–v (Darstellung der Entstehung des Kurfürstenkollegs). Die Vorlage konnte nicht ermittelt werden; fol. 71 v; *Hausmann*, S. 536 (Zum Bamberger Dom nach Leo Cassinensis, Chronica Montis Casinensis).

[42] Cod. Vat. lat. 3842, fol. 22 v; *Freher – Struve* II, S. 289: „Romae Nonis Ianuariis anno salutis MCCCCLXXI". Die Datierung erfolgt nach dem in Siena gebräuchlichen Stil (Jahresanfang 25. März nach dem unsrigen).

rung über die Fürsten, in der es heißt, sie zögen sich bei Verhandlungen, selbst wenn es um die belanglosesten Dinge gehe, immer erst zur Beratung zurück, bevor sie öffentlich antworteten [43]. Nach der mehrmonatigen Erfahrung im Umgang mit den Fürsten ist diese Feststellung durchaus glaubwürdig. War der Grund für ihr Verhalten Mißtrauen, Uneinigkeit, Taktik gegenüber den Repräsentanten der Kurie oder einfach eine Gewohnheit? – Leider erfahren wir darüber nichts Genaueres.

Die Natur- und Städtebeschreibungen beschränken sich auf skizzenhafte Aufzeichnungen der allgemeinen Merkmale. Die Naturbeschreibungen enthalten knappste Angaben über den Charakter der Landschaft (gebirgig, hügelig, eben, bewaldet), die Bodenbeschaffenheit, die Bodenschätze und den Anbau von Obst, Wein und Feldfrüchten. Über Franken heißt es zum Beispiel: „Sehr lieblich anzuschauen ist Franken. Hügel, flache Felder und Täler wechseln miteinander ab, und der Boden bringt alles hervor, was in Deutschland nur angebaut werden kann ... Weingärten gibt es in solcher Fülle, daß man behaupten kann, das Land sei Bacchus heilig. Ich erinnere mich nicht, jemals in einem Zug derart viele Weingärten gesehen zu haben wie in der Gegend von Würzburg." [44] Die Städtebilder fassen ähnlich wie in der „Europa" und der „Germania" die auffallendsten optischen Eindrücke und geläufige Eigenschaften wie Größe, Volkreichtum, Stärke der Befestigung, Schönheit der geistlichen und weltlichen Gebäude zusammen, denen sich häufig die Topoi der „laudatio" hinzugesellen. Im Lob Nürnbergs glaubt man die „Germania" wiederzuerkennen. Man hört unter anderem von der Burg mit ihrem „königlichen Giebel" – ein Lieblingstopos des Aeneas [45] –, dem doppelten Mauerring mit dem Graben und der das Stadtbild bestimmenden Pegnitz. Die Angabe, Nürnberg habe nicht weniger Einwohner als Florenz, dürfte auf einer Fehleinschätzung beruhen [46]. Auch die Struktur der Beschreibung Straßburgs erinnert an die „Germania". Nach dem austauschbaren Lob der allgemeinen Merkmale fällt der Blick auf die „sanften und schiffbaren Flüsse" Breusch, Ill und Rhein. Der Dom erhält das Prädikat „sehr schön", und vom Kanonikerkolleg heißt es wie bei Aeneas, es nehme nur Angehörige des Adels auf [47]. Die Skizzen Regensburgs, Würzburgs, Heidelbergs, Speyers und Basels liefern meist einen ansprechenden Überblick über die Lage, enthalten aber kaum wissenswerte Mitteilungen. Vielleicht am charakteristischsten für die Städtebilder

[43] Cod. Vat. lat. 3842, fol. 77 r; *Hausmann*, S. 556: „Nunquam enim Germani principes, et qui tractatibus intersunt, respondent, nisi prius consultaverint, etiam ad minima queque." Über den Status der Reichsstädte und die Städtebünde: fol. 34 r–v; *Kramer*, S. 561, Anm. 1. Über die Stellung der Kurfürsten: fol. 39 v. Über die Beschaffenheit der Regalien: fol. 54 r.

[44] Ebd. fol. 73 v; *Hausmann*, S. 541.

[45] Fol. 70 v; *Hausmann*, S. 534: „ ... arx est munitissima ac regali fastigio constructa". Vgl. Kap. Aeneas Silvius Anm. 252.

[46] Fol. 69 v–70 r; *Hausmann*, S. 533–534.

[47] Fol. 80 r; *Hausmann*, S. 562.

ist die Nachzeichnung der Stadtanlage von Bamberg, das Patricius übrigens als einziger Italiener beschreibt: „Bamberg liegt teils auf dem Berg, teils in der Ebene. Auf dem Berg befinden sich die Bischofspfalz, die Basilika und die Häuser der Priester. In der Ebene wohnt das Volk. Die Regnitz, die unweit von Nürnberg die Pegnitz in sich aufnimmt und von ihr den Namen herleitet, fließt durch die Stadt hindurch und ist von der Stadtbrücke an schiffbar. Kurz hinter der Stadt mündet sie in den Main.“ [48]

Einen Höhepunkt des Legationstagebuches bildet die Beschreibung des herzoglichen Badehauses in Hall in Tirol. Seine ausgeklügelten Interieurs, die der Phantasie eines Barockarchitekten zur Ehre gereicht hätten, stellten für Patricius als Italiener etwas Ungewöhnliches dar. Doch lassen wir ihn selbst zu Wort kommen: „Außerdem gibt es hier mit erstaunlichem Geschick erbaute Bäder. Kaltes und warmes Wasser steigt von unten bis nach ganz oben empor. Das Badehaus ist im Innern vollständig mit Tannen- und Fichtenholz ausgetäfelt. Die Bedienungsräume und Badebecken sind ebenfalls aus Holz. Zudem ist hier für allerhand Verstellungskünste gesorgt, die Lachen hervorrufen sollen. So kann es geschehen, daß beim Durchschreiten der Baderäume plötzlich der Boden unter den Füßen weicht und man ins Wasser fällt. Andere, die in einem Badebecken sind, werden unversehens von emporgeschleuderten Wasserstrahlen von allen Seiten naßgespritzt, wie von einem Regenguß. Jemand, der sich an die Zwischenwände anlehnt, um über sie hinweg den Badenden im benachbarten Becken zuzuschauen (die Zwischenwände der größeren Becken sind ziemlich hoch), verliert plötzlich den Halt, weil die Wand weggezogen wird, und stürzt kopfüber in das Becken. Wer sich im Badebecken aufhält, kann sich auch unverhofft im Trockenen wiederfinden. So ist mit feiner Erfindungsgabe alles zur Erheiterung getan.“ [49] Diese reichhaltige, amüsante Schilderung des Badehauses in Hall ist ebenso einzigartig wie Poggios geistreicher Brief über die Badener Bäder. Beide Male sind es italienische Reisende, denen wir detaillierte Kenntnisse über das Badeleben im spätmittelalterlichen Deutschland verdanken.

Bemerkungen über die Sitten des Volks kommen nur im Zusammenhang mit den Städtebeschreibungen vor. Am interessantesten ist die Beurteilung der Frauen in Regensburg: „Die Frauen sind umgänglicher als die Männer. Die Mädchen laufen nämlich in der Stadt umher, wenn sie ihre Einkäufe machen, und unterhalten sich auch gern mit Auswärtigen. Ein Händedruck, eine Umarmung oder ein Kuß bedeutet für sie dasselbe wie für unsere Mädchen eine Begrüßung von fern. In allen anderen Dingen bewahren sie größere Keuschheit, als man glauben möchte.“ [50] Verglichen etwa mit den heftigen Äußerungen des Aeneas in der Beschreibung Wiens, kommt hier die gegenüber Italien freiere Stellung der Frau unverzerrt zum Ausdruck. Von den Einwohnern Regensburgs hört man außer-

[48] Fol. 72 r; *Hausmann*, S. 537.
[49] Fol. 30 r; *Dengel*, S. 226; ein Literaturverweis bei *Strnad*, S. 234, Anm. 100.
[50] Fol. 23 v.

dem, sie seien roh und arm. Es wird auch eine einleuchtende Begründung dafür gegeben: sie seien größtenteils Handwerker und besäßen kein eigenes Land, da unmittelbar vor den Toren das Territorium der Herzoge von Bayern beginne [51]. Eine lebhafte Abneigung verspürte Patricius gegenüber der Sprache. Er brach ein Verzeichnis der auf dem Reichstag vertretenen Städte ab, da es ihm schwerfiel, wie er behauptet, ihre Namen „wegen des allzu barbarischen Klangs“ niederzuschreiben [52]. Hier erliegt er einmal einem Stereotypurteil.

Kaum ein zweiter, aus persönlicher Erfahrung urteilender Italiener hat die Fürsten und den Adel so entschieden kritisiert wie Patricius. Sowohl die weltlichen als auch die geistlichen Fürsten, führt er in dem einleitenden Überblick über die Vorgeschichte des Reichstags aus, gäben sich dem Lebensgenuß und der Muße hin, sobald einmal das Kriegshandwerk ruhe, und wollten von den beschwerlichen und schwierigen Problemen der Staatsführung nichts wissen, die sie ihren Räten überließen [53]. Das letztere dürfte allerdings nur in manchen Fällen zutreffen. Anläßlich der Beratung des Reichstags analysiert er scharfsinnig den hemmenden Einfluß des niederen Adels auf das Zustandekommen des allgemeinen Landfriedens. Der niedere Adel sei derart verarmt, daß er außer „kahlen Burgen auf steilen Felsen und an unfruchtbaren Örtlichkeiten“ nichts besitze und daher auf den Kriegsdienst bei den Fürsten angewiesen sei, weshalb er allein schon den Gedanken an Frieden verabscheue [54]. Den geistlichen Fürsten begegnet er mit größten Vorbehalten, da sie sich in ihrer Aufmachung in nichts von den weltlichen unterscheiden. Sie lassen ihr Haar wachsen, ohne sich sonderlich um die Tonsur zu kümmern, tragen auf Reisen ein Schwert am Gurt, kurze Kleidung und eiserne Harnische, die sie selbst bei Einzügen in den Städten nicht ablegen. Dort zeigen sie sich öffentlich in Talaren und in meist dunkelfarbenen, manchmal aber auch purpurnen Seidenkleidern. Die schlichte Leinenkleidung oder das weite Pallium der Bischöfe trägt keiner von ihnen. Sie unterhalten Musikanten, Taschenspieler und Wahrsager, wie es an weltlichen Höfen üblich ist. „Nichts zeugt bei ihnen für Frömmigkeit oder für die Würde des Bischofsamtes.“ [55] Patricius übt hier dieselbe Kritik, die Aeneas bereits in der „Germania“ und in den „Commentarii“, jedoch wesentlich rücksichtsvoller, ausgesprochen hatte [56]. Sie

[51] Fol. 23 v; *Kramer*, S. 561, Anm. 2.

[52] Fol. 70 r–v: „... et alique plereque civitates, quorum nomina ob nimiam barbariem exprimere non possum“. Vgl. Kap. Aeneas Silvius, S. 143 und Anm. 260.

[53] Fol. 24 r; *Freher – Struve* II, S. 290. Ähnlich lautet auch das Urteil über den Pfalzgrafen Friedrich, fol. 79 v, *Hausmann*, S. 562: „Homo alioquin tetricus et bellicis laboribus quam conviviis aut voluptatibus deditus ...“

[54] Fol. 58 r; *Kramer*, S. 559, Anm. 3 von S. 558.

[55] Fol. 38 v; *Kramer*, S. 557, Anm. 3.

[56] Aeneas Silvius, Germania, ed. *Schmidt*, S. 40, 70; Pii secundi pontificis maximi commentarii rerum memorabilium ..., Francofurti 1614, S. 300: „Induunt loricas et thoraces et galeas episcopi Germaniae et pro necessitate ecclesiarum aliquando tanquam reges bella gerunt intersuntque proeliis. An id deceat, non asserimus. Moribus multa tribuas, necesse est: qua sunt in una provincia sanctae leges, saepe in altera damnantur.“

ist bezeichnend für die Sicht eines Italieners, dem der kriegsmäßige Aufzug der geistlichen Fürsten ungewohnt war. In einer anderen Stelle wird die Kritik auch auf den adligen Ordensklerus ausgedehnt, der in seinem Äußeren selten, in seiner Lebensweise nie ein Zeichen von Frömmigkeit aufweise [57]. Dieser negative Befund steht nicht im Widerspruch zu der Beurteilung der Frömmigkeit in anderen Berichten, die sich im allgemeinen auf das Volk bezieht.

Anschaulich und lebendig ist das Schauspiel des Einzugs Friedrichs III. in Regensburg wiedergegeben. Zuerst wird die Begrüßungszeremonie skizziert, die sich am fünften Wegstein vor den Toren der Stadt abspielte. Am Einzug nahmen nach dem Zeugnis des Patricius über 5000 Reiter teil. „Alle waren mit Überwürfen bekleidet, das heißt mit kurzen, raffiniert aufgeschlitzten Kleidungsstücken, so daß die Waffen unter diesen hervorfunkelten. Die Bayern, die Mainzer, die Eichstätter und die Speyrer konnte man in roten, die Brandenburger und Trierer in schwarzen, die aus dem Gefolge des Kaisers und die Gesandten der Städte in mehreren Farben erblicken. Vor jeder Gruppe ritten auf ungewöhnlichen großen Pferden je zwei Paare jugendlicher Waffenträger mit Lanzen, die sie senkrecht vor sich in die Höhe hielten, und mit den in Deutschland gebräuchlichen Helmen auf dem Kopf. Die Lanzen waren mit denselben Farben wie die Kleidung bemalt, und an ihrer Spitze flatterte ein Wimpel. Den Waffenträgern folgten alle übrigen zu Pferde. Sie trugen ebenfalls Lanzen und Helme oder auch kleinere Wurflanzen, die sie waagerecht unter der Achsel hielten, im Gegensatz zu den jugendlichen Waffenträgern, die sie lotrecht hielten. Die funkelnden Waffen unter den Überwürfen und über den Häuptern, die im Winde spielenden Fahnen und Wimpel waren schön anzusehen.“ [58]

Eine abschließende Gegenüberstellung des Legationstagebuches mit den entsprechenden Werken des Aeneas macht deutlich, daß Patricius weder dessen Beobachtungsgabe noch dessen Niveau als humanistischer Schriftsteller erreicht. Die Städte- und Landschaftsbilder sind thematisch eng begrenzt und bieten kaum originelle Einzelheiten. Eine Ausnahme bildet die Beschreibung des Badehauses von Hall, die auch Aeneas kaum besser hätte gelingen können. Andererseits spricht aber zugunsten des Patricius, daß er gewissenhaft und zuverlässig berichtet und seine Beurteilung nicht von persönlichen Absichten leiten läßt. Dies erlaubt ihm gegenüber den geistlichen und weltlichen Fürsten eine hier bei Aeneas kaum anzutreffende Freiheit der Kritik. Die Grundtendenz der Beurteilung ist dieselbe wie bei Aeneas. Der Anblick von Städten und Landschaften wird freundlich aufgenommen. Nur ausnahmsweise fällt eine kritische Bemerkung, etwa wenn es über Würzburg heißt, die Straßen seien schlammig und über Plätzen und Gassen liege der Geruch der gedüngten Weinberge [59]. Die Lebensweise des Volkes in den Städten bedenkt Patricius sowohl mit Lob als auch mit Tadel. Dem Adel, zu-

[57] Cod. Vat. lat. 3842, fol. 76 r; *Hausmann*, S. 554.
[58] Fol. 37 v–38 r; *Kramer*, S. 556, Anm. 2.
[59] Fol. 80 r; *Hausmann*, S. 562.

mal den geistlichen Fürsten, stellt er ein schlechteres Zeugnis aus als Aeneas. Insgesamt kommen beide zu einer negativen Einschätzung der Sitten.
Die Objektivität des Legationstagebuchs entspricht der literarischen Gattung des „commentarius". Patricius betont eigens im Widmungsbrief, er habe äußerste Sorgfalt darauf verwandt, „die Wahrheit und Reihenfolge der Gegenstände zu erfahren, die auf dem Reichstag verhandelt wurden". Nur ganz selten zeigt er Voreingenommenheit, zum Beispiel wenn er mit Aeneas von den Intrigen der Räte der geistlichen und weltlichen Fürsten gegen den Römischen Stuhl spricht oder seinen Widerwillen gegen den „barbarischen Klang" der Sprache kundtut[60]. Seine Objektivität dürfte nicht zuletzt auch darauf zurückzuführen sein, daß er den Kardinal Todeschini-Piccolomini als Leser erwartete, der als Kenner Deutschlands seine Mitteilungen überprüfen konnte. In der Tat hat der Kardinal das Legationstagebuch später gründlich studiert[61].

[60] Vgl. Anm. 37 und 52.
[61] *Avesani*, S. 69.

XIV. Johannes Antonius Campanus

Briefe und Gedichte vom Reichstag zu Regensburg von 1471

Der Poet und Literat Johannes Antonius Campanus, der als zweiter Sekretär des Kardinals Francesco Todeschini-Piccolomini neben Patricius zum Reichstag von Regensburg gekommen war, galt vielen Gelehrten bisher als enfant terrible unter den italienischen Berichterstattern. „Ausgeprägter, bis ins Kindische streifender Haß gegen die Deutschen", „gründlichster Verächter der Deutschen", „übler Schmäher Deutschlands" — so und ähnlich lauten die Verdikte. Was mag die Gelehrten derart erschüttert haben, daß sie sich in so drastischer Weise gegen seine Äußerungen verwahren mußten?[1]
Die Heimat des Johannes Antonius Campanus war, wie bereits sein Beiname verrät, Campanien, wo er 1429 in der Gegend von Capua in ärmlichen Verhältnissen geboren wurde[2]. Seinen nicht alltäglichen Aufstieg verdankte er einzig seiner Be-

[1] Ein Überblick über die deutsche Reaktion auf die Äußerungen des Campanus bei *Hausmann*, Erläuterungen und Ergänzungen, S. 528 f. Bereits im 15. Jahrhundert waren sie Anlaß zu einer Polemik der deutschen Humanisten Jost Galtz von Ruffach und Conrad von Leonberg, die sich in schroffer Form gegen die als Beleidigung der Deutschen empfundenen Worte des Campanus wandten; vgl. *Schlecht*, Zur Geschichte des erwachenden deutschen Bewußtseins.
[2] Als Grundlage des biographischen Abrisses dient die Studie *Hausmanns*, Römische Historische Mitteilungen 12, S. 125 ff., der an Hand neuen Materials die ältere Biographie Lescas in vielen Punkten ergänzen konnte.

gabung, worauf er zeitlebens stolz war [3]. Im Alter von fünfzehn oder sechzehn Jahren ging er nach Neapel. Hier schlug er sich als Hauslehrer durch und hörte vermutlich Vorlesungen bei Laurenzo Valla. Seit 1455 war er öffentlicher Lektor für Rhetorik in Perugia. Vier Jahre später, auf dem von Pius II. zur Vorbereitung des Türkenkrieges einberufenen Kongreß von Mantua, fand er Zugang zum gesellschaftlichen Leben der Kurie. Bald danach gewann er das Vertrauen des Papstes, der ihm wahrscheinlich schon in Mantua beim Vortrag von Liedern und Gedichten zugehört und daran Gefallen gefunden hatte. Seit 1461 verbrachte er die meiste Zeit in Rom im Kreise der Humanisten an der Kurie, woran auch seine Erhebung zum Bischof von Cotrone 1462 und zum Bischof von Teramo im Jahr darauf nichts änderte. Während eines Sommeraufenthalts Pius' II. in Tivoli weilte er an seiner Seite. Erwähnenswert ist für den Zeitraum bis zu seiner Entsendung nach Deutschland seine Mitarbeit an den Klassikerausgaben des in Rom tätigen deutschen Druckers Ulrich Han. Mit seiner Aufgeschlossenheit für den Buchdruck stand er unter den zeitgenössischen Humanisten so gut wie allein da. Nach seiner Rückkehr aus Deutschland war er nacheinander Gouverneur von Todi, Foligno und Città di Castello. Einen zornigen Brief, den er an Sixtus IV. richtete, als päpstliche Truppen entgegen seinem Willen Città di Castello belagerten, verzieh ihm der Papst trotz seiner späteren Bußfertigkeit nicht mehr [4]. Er verlor sein Amt als Gouverneur und lebte von nun an bis zu seinem Tode 1477 meistenteils zurückgezogen in seinem Bistum Teramo.

Campanus hatte mit Aeneas Silvius seiner geistigen Veranlagung, seinen Interessen und seiner Lebensauffassung nach vieles gemein. Wie dieser in seiner Jugend war er ein lebensfroher Poet, der die Vergnügungen der Geselligkeit genoß und den Geliebten in Versen huldigte [5]. Gleich Aeneas ragte er als Historiker, Redner und Verfasser eines vielseitigen Epistulars hervor, ohne jedoch in einer dieser Disziplinen an ihn heranzureichen [6]. Beide waren feinfühlige Stilisten und teilten die Neigung zu Natur- und Städtebeschreibungen. Eine Eigenschaft unterschied Campanus jedoch von Aeneas: seine Vorliebe für bizarre Wortspiele, in die er seine Ironie und seinen Spott kleidete. Bereits in Perugia verfaßte Campanus eine Beschreibung des Trasimenischen Sees, dessen landschaftliche Schönheit er nicht zu rühmen vergaß [7]. Später, als er die Werke des Aeneas kannte, eiferte er ihm mit einer gelungenen Beschreibung seines Bischofssitzes Teramo nach [8]. Auf

[3] Am bezeichnendsten ist hierfür *Menckenius*, lib. II, in ep. 31, S. 101.
[4] Vgl. unten Anm. 11.
[5] *Lesca*, S. 181 ff; *Ellinger*, S. 83 ff.
[6] *Lesca*, S. 107 ff.
[7] In Opera, Tom. II.
[8] *Menckenius*, I, ep. 4. Vorbild waren vor allem die Städte- und Landschaftsbeschreibungen der „Commentarii". Auch Anklänge an die „Laudatio Florentinae urbis" des Leonardo Bruni sind nicht zu verkennen. (Lob der Lage zwischen den Extremen Meeresküste und Hochgebirge. Es ist weniger wahrscheinlich, daß dies auf die zweite Beschreibung Basels des Aeneas zurückgeht, da in italienischen Sammlungen keine einzige Hand-

Grund der zahlreichen Gemeinsamkeiten ist es erklärlich, daß er den Papst als seinen geistigen Mentor ansah und nach dessen Tode sein Biograph wurde [9]. In der Einstellung zum Lebensgenuß zeigt sich jedoch das Trennende in ihrem Charakter. Während Aeneas um seiner Karriere willen das Lebensgefühl seiner Jugend unterdrückte und auf die Verlockungen Italiens verzichtete, blieb Campanus sich stets selbst treu und setzte auf sein Glück und seine Gönner [10]. Nach seinem Eintritt in den geistlichen Stand verwarf er zwar in einem Brief, wie seinerzeit Aeneas, seine frühere Lebensweise, doch blieb es bei der literarischen Geste [11]. Während Aeneas seine eigentlichen Ansichten zu verbergen trachtete, sprach Campanus stets unbekümmert aus, was ihn bewegte, was ihm mißfiel. Hie spontanes, ehrliches, kindliches Gefühl, da Berechnung und unnachsichtige Selbstüberwindung! Campanus schien oftmals nicht zu bedenken, daß er mit seiner Offenheit gegen seine unmittelbaren Interessen verstieß. In dem genannten Brief an Sixtus IV. verglich er die Belagerung von Città di Castello mit dem Wüten der Türken und bezichtigte ihn der Verletzung christlicher Pflichten [12]. Damit sprach er tollkühn das Richtige aus, doch von seiner Stellung als Gouverneur her gesehen war es eine Torheit.

Zum Charakter des Campanus gehörten Unruhe, Ungeduld, Stimmungsschwankungen und Aggressivität, die sich auch in seinen vom Gefühl getragenen Urteilen entluden, so daß sie häufig mit grober Einseitigkeit, Dramatisierung und Übertreibung einhergingen. Dies mögen zwei Beispiele belegen. Nachdem er in Perugia lange Zeit erfolgreich gewirkt und die Gunst der mächtigsten Familien erlangt hatte, teilte er einem Freund seinen Entschluß mit, demnächst die Stadt zu verlassen, denn hier herrsche „die offenkundige Barbarei". Er erinnere sich nicht, je einen Menschenschlag gesehen zu haben, der den schönen Künsten und den humanistischen Studien derart feindlich gegenüberstand [13]. Die Verächtlichmachung war für ihn häufig ein psychischer Schutz, der ihn den Schmerz über eine erlittene Schlappe leichter ertragen ließ. Als er bei Sixtus IV. in Ungnade gefallen war und in Teramo Zeit fand, über sein Geschick nachzudenken, kam er zu dem Ergebnis: „... quis me beatior? Libertatem agnosco meam. Inter spatiandum cardinales et pontificem excaco, decaco, incaco ... per cetera felix sum, cardinalis sum, pontifex maximus sum." [14] Seine Offenheit war, wie man sieht,

schrift davon vorhanden ist, vgl. Kap. Aeneas Silvius, Anm. 162.) Zu beachten sind ferner die Beschreibungen Cotrones (ebd., I, in ep. 2, S. 20), Tivolis, Roms, Neapels und Veronas (I, ep. 6–9).

[9] Pii II vita, Opera, Tom. V.

[10] Vgl. z. B. unten S. 178.

[11] *Menckenius,* I, ep. 5; *Hausmann,* Römische Historische Mitteilungen 12, S. 168.

[12] Ebd., IX, ep. 4: „Si S. V. aliter non constituat, quid est hoc aliud, quam perturbatio, quam saevitia Turcorum, non Christiana, non sacerdotalis, non quae sapiat Salvatorem?" (S. 483); seine Reue in IX, ep. 8; vgl. auch *Lesca,* S. 99 f.

[13] *Menckenius,* II, in ep. 31, S. 101.

[14] Ebd., IX, in ep. 43, S. 530.

weder respekt- noch rücksichtsvoll. Der Leser wird hieran später seine Beurteilung Deutschlands messen können.
Wie viele Humanisten idealisierte Campanus die Antike auf Kosten der Gegenwart. Er tat es aber wiederum, seiner Neigung zu Extremen gemäß, in besonders drastischer Weise. In Verona beklagte er auf der Durchreise nach Deutschland, daß die Arena, die einst für die öffentlichen Spiele errichtet worden sei, jetzt den „Schändlichkeiten des Alltags" offenstehe. Man weiß nicht genau, worauf er damit im einzelnen anspielen wollte [15]. Als er 1455 mit einer Legation Perugias zu Kalixt III. zum ersten Mal nach Rom kam, war er von dem Anblick, der sich ihm bot, tief enttäuscht. Er glaubte nur noch einen Schatten des alten Rom wiederzuerkennen [16]. Die Bewohner erinnerten ihn eher an Barbaren als an Römer: „Die einen sind Köche, die anderen Schneider, Kuppler, Taugenichtse und Tagediebe. Sie sind es, die heute auf dem Capitolinischen Hügel herrschen, die in den Häusern der Gracchen, Scipionen und Caesaren wohnen und ihre berühmten Statuen und Büsten mit Schmutz, Gestank, Rauch, Küchenausdünstung und ganz allgemein mit aller Art von schmutzigen, kotigen Widerwärtigkeiten verunstalten, unansehnlich machen, zerstören". Die Priester erschienen ihm in diesem Brief als die einzigen, die Roms Ehre retteten [17]. In einem zweiten, zur selben Zeit entstandenen Brief vergleicht er sie jedoch, vermutlich im Hinblick auf ihre Gier nach Pfründen, mit Fischen, die in einem schmutzigen Strudel schwimmen [18]. Die angeführten Äußerungen weisen auf eine weitere Eigenart des Campanus hin: Seine Überempfindlichkeit gegenüber Schmutz und Gerüchen. In einem satirischen Gedicht auf das „kurzweilige Rom" entdeckt er in ihm nur Mist und Schmutz [19]. Überall in seinem Werk kann man den Topoi begegnen, die ihre Entstehung jener Überempfindlichkeit verdanken.
Die Gesandtschaft nach Deutschland war die erste Reise, die ihn über die Grenzen Italiens hinausführte. Das erste Mal in seinem Leben mußte er sich mit der Eigenart eines fremden Landes vertraut machen, das seinem antiken Ideal noch weniger entgegenkam als seine Heimat. Sein Bild von Deutschland dürfte bis dahin vornehmlich von dem des Aeneas Silvius geprägt gewesen sein, dessen Schriften er zum großen Teil kannte [20]. Aeneas war, wie wir uns erinnern, zu einem differenzierten und ausgereiften Bild gelangt, das allerdings die Ablehnung der Lebensgewohnheiten mit einschloß. Die Motive, weshalb Campanus dem Kardinal Todeschini-Piccolomini als Sekretär zum Reichstag von Regensburg folgte, sind nicht genau bekannt. Er war zwar im Sinne seines Gönners Pius II. ehrlich von der Notwendigkeit des Türkenkrieges überzeugt, hoffte aber sicher

[15] Ebd., I, in ep. 9, S. 49.
[16] *Lesca*, Appendix, S. 207.
[17] *Menckenius* I, in ep. 7, S. 46/47.
[18] *Lesca*, Appendix, S. 207.
[19] *Menckenius*, lib. VII (carmina), 25.
[20] Zur Kenntnis der Schriften des Aeneas vgl. vor allem *Menckenius*, I, ep. 1.

zugleich auf Vorteile in Italien nach der Rückkehr [21]. Aus beiden Gründen lag es in seinem Interesse, möglichst schnell und erfolgreich dorthin zurückzukehren. Nun verlief aber der Reichstag ganz entgegen seinem Wunsch: die Ankunft des Kaisers ließ bekanntlich volle zwei Monate auf sich warten. Nachdem er endlich eingetroffen war, schleppten sich die Verhandlungen hin und führten zu dem für die Kurie unbefriedigenden Ergebnis [22]. Zudem kam Campanus persönlich nicht zur Geltung, da er aus unbekannten Gründen die von ihm vorbereitete Rede für den Türkenkrieg nicht halten konnte [23]. Für seine Beurteilung Deutschlands fielen demnach drei Voraussetzungen besonders ins Gewicht: der Verzicht auf die Annehmlichkeiten der vom höheren Klerus in Italien gepflegten Geselligkeit, die Enttäuschung über die ausgefallene Rede und die Verzögerung der Heimreise infolge der zähflüssigen Verhandlungen.

Seine Berichterstattung erfolgte ausschließlich in Briefen, die in der Mehrzahl an seine Freunde und Gönner gerichtet waren, so daß er seine gewohnte Offenheit nicht zu zügeln brauchte. Es sind oft knappe, telegrammartige Abrisse von äußerst subjektiver Prägung und großer stilistischer Intensität. In diesen intimen, knappen Briefen wird die Maxime Ciceros: „Schreib, was dir in den Mund kommt" auf die Spitze getrieben, indem Campanus seinen Gedankenfluß unbedacht dem Gefühl überläßt [24].

In Deutschland mußte er sich erstens mit einer ungewohnten Kost abfinden, der die Landesprodukte zugrunde lagen. Er vermißte Öl, Feigen, Mandeln, Saubohnen und Lorbeer, ja selbst Äpfel, da sie erst sehr spät reif würden und es manche Sorten überhaupt nicht gebe. Als Zumutung empfand er das „ungesalzene und klebrige" Schwarzbrot. Milch fand er reichlich vor, Fleisch jedoch weniger, als er erwartet hatte. Mit dem Angebot an Fischen und Krebsen aus der Donau war er zufrieden, doch als Feinschmecker fügte er hinzu, er zöge manche Arten des Tibers vor. Zum Wein gab er an, daß er aus Oberdeutschland stamme und nur selten aus Italien eingeführt werde. Der lange Weg mache ihn keineswegs

[21] Vgl. unten, S. 178. Seine ehrliche Überzeugung von der Notwendigkeit des Türkenkrieges erhellt aus zahlreichen Briefen aus Deutschland; vgl. *Hausmann*, Erläuterungen und Ergänzungen, S. 525; *Lesca*, S. 73.

[22] Vgl. *Strnad*, S. 239 und S. 243 f.

[23] Die Rede in Opera, Tom. III. Sie wurde auch separat gedruckt: „Oratio domini Jo. Ant. Campani Episcopi Aprutini in conventu Ratisponensi ad exhortandos principes Germanorum contra Turcos et de laudibus eorum ..." (Rom, Stephan Planck, zwei Ausgaben um 1487 und 1488/89), vgl. Gesamtkatalog der Wiegendrucke VI, Nr. 5940–5941. Das Lob der Deutschen galt vor allem der Kriegstüchtigkeit und war gänzlich von der erhofften Wirkung abhängig, weshalb wir uns nicht um es zu kümmern brauchen. Zur Rede vgl. *Hausmann*, Erläuterungen und Ergänzungen, S. 527; *Lesca*, S. 136 ff. und *Amelung*, S. 65 f. *Hausmann*, ebd., konnte nachweisen, daß sie, entgegen der bisherigen Annahme, gar nicht gehalten wurde. In ihr wurde die „Germania" des Tacitus ausgewertet (vgl. *Jacques Perret*, Recherches sur le texte de la „Germania", Paris 1950, S. 151/152, Anm. 5, und im Kap. Aeneas Silvius, Anm. 242).

[24] Die Briefe aus Deutschland umfassen das 6. Buch der Ausgabe des Menckenius; Zur chronologischen Anordnung vgl. *Hausmann*, Erläuterungen und Ergänzungen, S. 37 ff.

billiger [25]. Der deutsche Wein war für seine Begriffe unerträglich sauer: „Auf jeden Becher hin, den ich trinke, kommen mir die Tränen.“ [26] Mit dem Klima vermochte er sich überhaupt nicht anzufreunden. Als er Mitte Mai die erste Rose fand, war es für ihn ein Anlaß, die späte Blüte zu beklagen [27]. Mitte Juni fror er, so daß er von dem Gedanken gepeinigt wurde, noch bis zum Winter in Deutschland ausharren zu müssen [28]. Die Eintönigkeit der Donauebene mit ihrem bisweilen wolkenlosen Himmel erzeugten in ihm, der eine aufgelockerte, sanfte Hügellandschaft liebte, das Gefühl der Verlorenheit und Trostlosigkeit [29]. Seine bekannte Aversion gegenüber Schmutz und Gerüchen gab ihm immer wieder Grund zum Klagen. So schrieb er zum Beispiel: „Es gibt nichts vergleichbar Schmutziges wie Deutschland. Anzuschauen sind alle Dinge angenehm, aber wehe, wenn man sie anfaßt oder gar an ihnen riecht!“ [30] Mit der Anerkennung der optischen Merkmale machte er das einzige Zugeständnis, von dem er nur in einer Ausnahme abweicht [31]. Diese Anerkennung bestätigt eine Bemerkung über die Häuser in Regensburg: „Die Häuser sind außen schmuckvoller als innen. Ein großer Teil ist mit Bretterwerk verkleidet, sowohl zum Schutz gegen den Winter als auch zur Schönheit.“ [32] Manches muß Campanus speziell an Regensburg verdrossen haben. Die Stadt war offenbar dem Zulauf – es waren über 10 000 Pferde zusammengekommen – zum größten seit langer Zeit abgehaltenen Reichstag nicht gewachsen [33]. Nachdem dieser nach Nürnberg verlegt worden war, schien er erleichtert aufzuatmen, so daß er sagen konnte, dies sei „die schönste und reichste Stadt Deutschlands“. [34]

Lebhafter werden seine Klagen, sobald er auf die Geselligkeit zu sprechen kommt. Schon die Art der Speisen war für ihn schwer zu ertragen [35]. Es widerte ihn an, daß sie auf schmutzigen Tischtüchern serviert wurden, so daß er bitterböse bemerkte, solche Tischtücher könnten einem schon Tantalusqualen beim Essen bereiten [36]. Unerfreulich fand er auch, daß sich die Tafeln stundenlang hinzogen, vom Mittag bis zum Abend und vom Abend bis in die Nacht hinein [37]. Die eintönigen, geistlosen Zechgelage entlocken ihm den Ausruf: „Hier gibt es kein anderes Leben als Trinken.“ [38] Wenn er an die unterhaltsamen Gespräche, an

[25] Sämtliches bei *Menckenius*, VI, in ep. II, S. 357.
[26] Ebd., in ep. 1, S. 335; ähnlich in ep. 9, S. 355.
[27] In ep. 2, S. 346.
[28] In ep. 7, S. 252.
[29] In ep. 1, S. 334; vgl. die Beschreibungen Teramos und Cotrones (zit. Anm. 8).
[30] In ep. 46, S. 396; ähnlich in ep. 1, S. 334 und 335, sowie in ep. 9, S. 355.
[31] In ep. 1, S. 334.
[32] In ep. 11, S. 357.
[33] In ep. 12, S. 365; vgl. auch *Strnad*, S. 241.
[34] In ep. 38, S. 392.
[35] In ep. 1, S. 335: „Nec unam cibariorum censeas esse molestiam“.
[36] In ep. 1, S. 335.
[37] In ep. 1, S. 344.
[38] In ep. 2, S. 347.

die improvisierten Reden, an den Vortrag von Gedichten, Liedern und Musik bei Tisch in Italien dachte, blieb ihm nur der Seufzer übrig, daß in Deutschland die Musen keine Heimstätte hätten [39]. Ein solches Land mußte für ihn der Inbegriff der Unkultur sein. „Hier fehlt es an allen Lustbarkeiten, an allem Urbanen, und sollte es doch so etwas geben, so liegt es an der Sprache, daß ich es nicht begreife." [40] Ein sensibler Mensch könnte es seiner Ansicht nach hier nicht lange aushalten [41]. Den humanistischen Studien war er kaum begegnet, was ihn zu dem pauschalen Urteil verleitete: „Hier herrscht eine ungeheure geistige Barbarei. Nur wenige kennen die Literatur, niemand Eleganz." [42] In den Bibliotheken, die er in der Hoffnung auf einen Fund durchschürfte, fielen ihm zwar die gut bewachten Bücherschätze auf — man hatte seit Poggios Zeiten gelernt —, aber es war für ihn zugleich bezeichnend, daß ihm nur Bände mit Poesie ausgehändigt wurden, auf die man geringeren Wert legte [43]. Schließlich bekannte er unmutig: „Ich, der ich die ‚Wunder' unserer Zeit nicht nur hasse, sondern auch abschrekkend finde, habe nie in meinem Leben unter widerlicheren Umständen zugebracht." [44] Deutschland bedeutete für ihn die tiefste Erniedrigung seines antiken Lebensideals.

Natürlich litt er unter Heimweh: „Wir alle träumen des Nachts von Italien, bisweilen sagen wir uns: danken wir Gott, daß er es uns vergönnte, in Italien geboren und aufgezogen worden zu sein und dort unser Leben zu verbringen."[45] Je länger sich die Verhandlungen hinzogen, desto ungeduldiger wurde er, desto lebhafter wurden die Klagen über sein Heimweh: „O Heimat der Sonne, des heiteren Himmels, der Götter, Italien! Wann, wann wird es soweit sein!" [46] Einen gewissen Trost fand er im Versemachen nach dem beliebten Muster von Ovids „Tristien". Wie dieser war er ja auch an die Donau verschlagen, wobei ihm der Unterschied zwischen Regensburg und Tomis, zwischen dem eigenen vorübergehenden Aufenthalt und der lebenslangen Verbannung Ovids nichts besagte [47].

[39] In ep. 1, S. 335.
[40] In ep. 11, S. 357.
[41] In ep. 23, S. 389.
[42] Als Ausnahme erschienen ihm der Erzbischof von Mainz (in ep. 3, S. 348). Auf dem Reichstag waren auch Johannes Hinderbach, der Schüler des Aeneas, und Martin Mayer, dessen Korrespondent und der Schüler Heimburgs anwesend. (Vgl. *Patricius,* De legatione Germanica, Cod. Vat. lat. 3842, fol. 39 v/40 r (Hinderbach), 33 r, 59 v (Mayer). Auch die Anwesenheit des Dr. Johannes Tröster, des Lehrers Francesco Todeschini-Piccolominis, kommt in Betracht. (Vgl. *Paul Lehmann,* Dr. Johannes Tröster, ein humanistisch gesinnter Wohltäter bayrischer Büchersammlungen, Historisches Jahrbuch der Görres-Gesellschaft LX, 1940, S. 646–663, hierzu S. 653.)
[43] Lib. IX, in ep. 45, S. 533. Dieser Brief ist erst nach der Rückkehr nach Italien entstanden und als Fazit seiner Eindrücke aufschlußreich.
[44] Lib. VI, in ep. 2, S. 346.
[45] In ep. 9, S. 355.
[46] In ep. 15, S. 369/370; ähnlich in ep. 8, S. 353, ep. 11, S. 356, ep. 44, S. 395.
[47] Eine Imitation einer berühmten Stelle von Ovids Tristien ist der am 7. Okt. 1471 in Würzburg datierte und an Gentile Becchi gerichtete Brief mit einer Aufzählung aller

Jetzt konnte er sich wenigstens in die theatralische Identifikation mit seinem antiken Idol hineinsteigern und den Freunden in Rom damit imponieren. Als sich seine Hoffnung auf einen günstigen Ausgang des Reichstages verringerte, begann er, seine Freunde zu bedrängen, daß sie sich bei dem Kardinal Bessarion für seine Rückberufung einsetzten. Höchst eindringlich rief er einem von ihnen zu: „Cura, ut revocer! I, adi, circumi, ambi, vexa, infesta, disjice omnia. Cura, ut revocer! Cura, ut revocer!“ [48] Mit anderen Worten: spinne Intrigen an, wo Du kannst, damit ich nach Hause komme! Schließlich wandte er sich an Bessarion selbst und bat ihn, er möge seine Rückberufung mit der Verleihung einer Dignität verbinden, damit nicht der Anschein einer unehrenhaften Abberufung erweckt werde [49]. Verständlicherweise bewirkte er damit nicht das geringste und mußte bis zum bitteren Ende ausharren.

Bei einer solchen Grundstimmung konnten Unmutsausbrüche nicht ausbleiben. Einer der charakteristischsten lautet: „Nicht nur die Sitten, sondern allein schon der Name Deutschland widert mich an.“ [50] Manchmal wußte er sich nur durch Spott von seinem Überdruß zu befreien. Er vermeine hier unter Toten zu leben, gab er in Anknüpfung an ein abgegriffenes Wort des Ovid zum besten und spann den Gedanken wie folgt weiter: „Vielleicht meinst Du, es sei doch sehr schön, daß Tote leben: — herrlich fürwahr, aber es kommt mir eher so vor, daß ich hier lebend sterbe, denn die Herumlaufenden stinken. Als Tote würden sie wenn sie stänken, nicht herumlaufen. Mein Glück ist zwiespältig: Pech für die Nase, Glück für die Ohren! Denn während ich alles rieche, verstehe ich doch niemanden.“ [51] Dies ist eines der für ihn typischen Wortspiele, in denen er schon allein um des Effekts willen von der Wahrheit abweicht. Nachdem er Deutschland und mit ihm seine schrecklichen Gerüche endlich hinter sich gelassen hatte, rächte er sich noch einmal aus sicherem Abstand auf die schon bekannte charmante Art, die seinem reizbaren ästhetischen Empfinden so sehr widersprach: „Accipe Campani, sterilis Germania, terga! Accipe nudatas, barbara terra, nates!“ [52]

Freunde in Italien (*Menckenius*, lib. VI, ep. 1; vgl. *Hausmann*, Erläuterungen und Ergänzungen, S. 154 ff.). Das Vorbild Ovids verrät schon dessen namentliche Nennung: „Barbara tellus, ut te quoque, Naso recondet“ (ebd., S. 335). Eine weitere Erwähnung Ovids in lib. VI, ep. 23, S. 389. Hausmann hat das Vorbild Ovids nicht erkannt und verweist auf eine Elegie des Porcelli mit dem Titel: „Porcelli Pandoni Elegia Divo Pio II. Pont. Max. De illustribus Poetis et Oratoribus sui temporis“, die ihrerseits auf das Vorbild Ovids zurückgehen dürfte. Vor Campanus hatten sich Benedictus de Pileo und Aeneas Silvius Piccolomini zur literarischen Überhöhung ihres Heimwehs von Ovid inspirieren lassen (vgl. Kap. de Pileo, S. 53, und Kap. Aeneas Silvius, S. 95).

[48] In ep. 18, S. 373.

[49] In ep. 29, S. 384.

[50] In ep. 1, S. 334.

[51] In ep. 2, S. 346.

[52] Lib. VIII (carmina), 1, S. 185; weitere Gedichte mit Beziehung zum Deutschlandaufenthalt, lib. VII, 1 und VIII, 2.

In den Mitteilungen über die politischen Vorgänge auf dem Reichstag dringt Campanus nicht bis zu einer ernsthaften Analyse der Machtverhältnisse vor. Seine Urteile unterliegen auch hier seiner Stimmung, die entsprechend dem Verlauf des Reichstags schwankte. Solange der Kaiser noch nicht eingetroffen war, setzte er alle Hoffnung auf ihn, da sein Name in Deutschland große Geltung habe [53]. Nachdem er dann sein halbherziges Taktieren in der vordringlichen Türkenfrage längere Zeit hatte beobachten können, war seine Enttäuschung um so größer. Am meisten ärgerten ihn die Trägheit und Entschlußlosigkeit des Monarchen. So spottet er, wie gewohnt, mit sympathischer Respektlosigkeit: „Der Kaiser ist mit geschlossenen Augen besten Willens. Es gibt nichts noch so Schallendes, nichts noch so Lärmendes, wodurch er aufgeweckt würde, keine noch so ernste und wichtige Angelegenheit, die er nicht zu erledigen vorgäbe. Wenn er einst so gut kämpfen wird (gegen die Türken!), wie er jetzt schnarcht, leben wir!“ [54] Bisweilen weicht der Spott über den Kaiser der Einsicht, daß im Grunde „die schwierigen Zeitumstände“ an seiner Erfolglosigkeit schuld waren [55], die dann auch mit der zweimal wiederkehrenden Bemerkung „Germania factiosa“ treffsicher charakterisiert werden [56]. Also auch Campanus sah die geschwächte Zentralgewalt als den grundsätzlichen Mißstand an. Hören wir zum Schluß seine Meinung über den deutschen Adel, die er in einer Mischung von Spott und Ungeschminktheit zusammenfaßt: „Ungeheuer weit ist Deutschland, ungeheuer mächtig und enorm adlig, aber alles in allem ist es eine einzige Räuberhöhle, und im Adel genießt der größere Räuber den größeren Ruhm.“ [57]

Summa summarum ist Campanus als Beobachter des spätmittelalterlichen Deutschland nicht sonderlich ernst zu nehmen, denn er kapselt sich gegen die Eindrücke seiner Umwelt ab und entflieht in die vertrauten, intuitiv die Verbundenheit mit den Freunden in Italien betonenden Stereotype, von deren Schatz bekanntlich viele Berichterstatter seit Petrarca gezehrt haben [58]. Es wäre aber mehr als verfehlt, ihn deshalb als „Schmäher, Hasser, Verächter Deutschlands“ anzuprangern. Sein kindliches Bocken, seine „disinvoltura“ bieten eher Anlaß zum befreienden Lachen, zumal ihm bisweilen in ihrer Kürze effektvolle, köstliche Wendungen glücken. Es hat sich zudem gezeigt, daß eine offene und drastische Redeweise ein allgemeiner Zug seines Charakters war. Nicht nur deutsche Zustände stießen auf seine Abwehr, wenngleich hier der Grad seines Widerwillens der stärkste war. Man vergesse nicht, daß er zu den wenigen Humanisten gehörte, die die Einführung des Buchdrucks in Italien begrüßten und mit deutschen

[53] Lib. VI, in ep. 5, S. 350, und in ep. 4, S. 349.
[54] In ep. 15, S. 370; ähnlich in ep. 16, S. 371: „Caesar immotus ad omnia“, in ep. 22, S. 376: „cunctatio Caesaris“, „Sed nescio, an umquam incalescit“, ebd., S. 377: „Sed facile est Caesari decernere, exsequi Federico difficile“ und weitere.
[55] In ep. 27, S. 382.
[56] In ep. 4, S. 349 und ep. 5, S. 350.
[57] In ep. 6, S. 351/352.
[58] Vgl. auch *Hausmann*, Erläuterungen und Ergänzungen, S. 527 ff.

Druckern zusammenarbeiteten. In den Briefen vom Reichstag zu Regensburg begegnet uns erneut der bekannte Bruch in der Beurteilung. Die Ablehnung gilt ausschließlich den Lebensumständen, den Sitten, der Kultur und der Bildung. Über die optischen Merkmale hören wir dagegen wenig, aber kaum etwas Negatives. Bei der Bildung konstatierte Campanus das weitgehende Fehlen der humanistischen Richtung – das Wirken des Aeneas hatte nur wenige Spuren hinterlassen –, und dies war für ihn gleichbedeutend mit unverbesserlicher Barbarei.

XV. Ambrosio Contarini

Bericht über die zweimalige Durchreise durch Deutschland im Reisetagebuch der Gesandtschaft zum Schah von Persien Usun Hassan 1474–1477

Als die Handelsinteressen Venedigs durch die Expansion der Türken zunehmend bedroht waren, entschloß sich die Signorie zu einem kühnen diplomatischen Vorstoß. Sie schickte Gesandtschaften zum Schah von Persien, die ihn zum Bündnis gegen den gemeinsamen Feind bewegen sollten [1]. Eine dieser Gesandtschaften wurde dem Patrizier Ambrosio Contarini übertragen [2]. Die für ihn vorgesehene Reiseroute war ebenso ungewöhnlich wie die Mission selbst. Da die Türken das Mittelmeer kontrollierten, hielt es die Signorie für besser, die Gesandtschaft den Landweg durch Deutschland, Polen, Rußland und das Tartarenreich nehmen zu lassen. Nach der Rückkehr verfaßte Contarini einen breiten Reisebericht in venezianischem Dialekt und in der Form des Itinerars. Da er den Schwerpunkt seiner Berichterstattung verständlicherweise auf die fernen, Neugier weckenden Reiche legen wollte, ging er nur eilig mit einigen allgemeinen Bemerkungen auf den Verlauf seiner Reise durch Deutschland ein.

Der Tag der Abreise von Venedig war der 23. Februar 1474 [3]. Zur Gesandtschaft gehörten Contarini, sein Kanzler und Kapellan Stefano Testa, ein Dolmetscher und zwei Diener. Ein jeder von ihnen war ohne Unterschied des Standes mit grobem Tuch „alla todesca“ gegen die Kälte ausgestattet. Das mitgeführte Geld hatten sie in ihre Kleidung eingenäht. In Conegliano trafen sie einen Deutschen mit

[1] Vgl. *Guglielmo Berchet*, La Repubblica di Venezia e la Persia, Torino 1865. Eine Liste der zum König von Persien und in andere Teile des Orients entsandten venezianischen Oratoren bei *Donazzolo* im Anhang.

[2] Vgl. *Di Lenna*, S. 16 ff., und *Berchet*, S. 16 ff., sowie Dok. XIV, XV, XVI; Biographische Daten zu Contarini bei *di Lenna*, S. 7 ff. und 52 ff.

[3] Die Datierung erfolgt in dem Reisetagebuch nach venezianischem Stil (Jahresanfang am 1. März nach dem unsrigen). Als Ramusio die Sammlung der „Navigationi et viaggi“ veröffentlichte, war dieser Stil noch im Gebrauch. So ist es zu erklären, daß er in der Überschrift 1473 als Reisebeginn ansetzt. Der Bericht über die Hinreise durch Deutschland bei *Ramusio* II, fol. 112 v–113 r, der über die Rückreise fol. 125 r–v.

Namen Sebastian, der sie bis kurz hinter Augsburg, „terra bellissima", begleitete. Am 10. März erreichten sie mit einem neuen Führer Nürnberg, das mit demselben Prädikat bedacht wird. In Nürnberg schlossen sie sich einer Gesandtschaft des Königs von Polen an, mit der sie sich in einem Zug von 60 Reitern in Richtung Frankfurt an der Oder bewegten [4]. Von der Strecke notierte Contarini, er habe „manchmal in sehr schönen Dörfern, aber meistens in Städten und befestigten Orten, unter denen es viele schöne, starke und erwähnenswerte gibt", übernachtet. Er wolle darüber aber nicht ausführlicher berichten, da Deutschland ohnehin fast jedem aus eigener Anschauung oder vom Hörensagen her bekannt sei [5]. Lebhafter und reichhaltiger wird das Tagebuch von Polen an, wo Contarini vor allem Posen gefiel, er aber auch einen Unterschied gegenüber Deutschland „hinsichtlich der Herbergen und aller anderen Dinge" festzustellen glaubte. Über Kiew schlugen sich die fünf Venezianer nach der Genueser Kolonie Kaffa auf der Krim durch, von wo sie ein Schiff in die Gegend des heutigen Batum brachte. Durch Mengrelien und Georgien und über die Stadt Tabris stießen sie dann nach Innerpersien vor. Hier trafen sie endlich den Schah an, der sie nach kurzem Aufenthalt mit schroffen Worten verabschiedete, so daß ihre Mission zu ihrem Unglück erfolglos blieb. Zurück mußten sie den Umweg über das Kaspische Meer nehmen, da die Krim mittlerweile von den Türken besetzt worden war. Wolgaaufwärts und durch das Tartarenreich gelangten sie nach Rußland, wo Moskau eine eingehende Schilderung erfährt. Als die Reisenden nach drei Jahren am 9. März 1477 wieder in Frankfurt an der Oder eintrafen, konnten sie von Glück reden, daß sie durchgekommen waren. Die hinter ihnen liegenden Gefahren und Entbehrungen können infolge der mangelhaften Ausrüstung kaum mit denen einer modernen Expedition verglichen werden. Einer der Diener war unterwegs an der Pest gestorben. Einmal waren sie überfallen worden und hatten

[4] Es waren die Gesandten Kg. Kasimirs von Polen, Paul Jaschyenzky und Stanislaus Cwroswanky, beim Kaiser und bei Kurfürst Albrecht Achilles; vgl. *Felix Priebatsch*, Politische Korrespondenz des Kurfürsten Albrecht Achilles I (= Publicationen aus den K. Preußischen Staatsarchiven 59), Leipzig 1894, S. 575/576, Nr. 696; S. 582 in Nr. 711; S. 641, Nr. 808.

[5] Ähnlich äußerte sich ein Jahrzehnt später Josafa Barbaro, der ebenfalls einen Reisebericht über eine Gesandtschaft nach Persien verfaßte und auf nahezu derselben Route wie Contarini über Rußland, Polen und Deutschland nach Venedig zurückkehrte: „Usciti della Polonia, a quattro giornate troviamo Frankfort, città des Marchese di Brandinburg, et entriamo nell'Alemagna, della qual non dirò altro per esser luogo domestico et inteso da molti" (*Ramusio* II, S. 98 r; zur Reise Barbaros vgl. *Donazzolo*, S. 28–32). Unbeachtet ist bisher auch die 1432 erfolgte Durchreise der Gefährten des Pietro Quirini geblieben, der als erster Italiener über Norwegen berichtete, nachdem ihn ein Schiffbruch dorthin verschlagen hatte. Die Stelle über die Durchreise lautet: „... ci partimmo da gli altri otto nostri conpagni essi andando a Londra, et noi verso Venetia per via di Rostock fingendo di andar per il perdono a Roma, et dopo molti affanni et disagi, passando monti, valli, fiumi, quando a piè, quando a cavallo, con l'aiuto di Dì, arrivammo a Venetia adì 12 di ottobre 1432, sani et salvi." (*Ramusio* II, fol. 155 r; zur Reise Quirins vgl. *Donazzolo*, S. 26–27).

sich nur mit knapper Not wieder loskaufen können, ein andermal wären sie beinahe bei einem Flußübergang ertrunken. Furcht vor Wegelagerern, Nahrungsmangel, extreme klimatische Bedingungen, Ungewißheit der Heimkehr gehörten zur täglichen Not. In Frankfurt kehrten sie bei demselben Wirt ein wie auf der Hinreise, der sehr erstaunt war, sie wiederzusehen, und sich ihrer besonders annahm. Auf der Weiterreise nach Süden bemerkte Contarini „einen ständig besser werdenden Anblick von unbefestigten und befestigten Orten". Über Jena erreichten die Venezianer Nürnberg, wo sie sich vier Tage ausruhten, „was allerdings auch nötig war", und das Fest Incarnatio domini begingen. Stets angetan von den Städten, kamen sie wieder durch Augsburg und gelangten schließlich über Trient nach Venedig, wo sie am 10. April eintrafen. Am Schluß seines Berichts begründet Contarini seine sparsame Berichterstattung über Deutschland damit, daß es „ein uns benachbartes und nahestehendes Land" sei [6]. Dieses unalltägliche Bekenntnis, das manch ein italienischer Reisender sicherlich nicht geteilt hätte, da er mehr das Trennende als das Gemeinsame sah, ist auf dem Hintergrund der Reise in abgelegene Gebiete verständlich, die dem eigenen Kulturbewußtsein weitaus ferner standen.

[6] Ramusio II, fol. 125 v.

XVI. Benedetto Dei

Aufzeichnungen über die Reise nach Frankreich, Flandern, den Niederlanden, Deutschland und der Schweiz von 1476 bis 1477

In der Handschriftensammlung der Nationalbibliothek in Florenz befindet sich eine Mappe mit Briefen und verschiedenartigen anderen Aufzeichnungen des Benedetto Dei. Darunter fällt ein loses Blatt auf, das ehemals vierfach gefaltet war, so daß es in einem Kästchen auf Reisen mitgeführt werden konnte. Alle Anzeichen sprechen für einen Autograph. In gefaltetem Zustand steht auf der Vorderseite die Aufschrift: „El paese che benedetto dei a cierchato in ponente." Sonst war das Blatt ursprünglich nur einseitig beschrieben. Die Art der Aufzeichnungen ist merkwürdig. Ein wie eine Überschrift wirkender vorangestellter Satz gibt Auskunft darüber, daß es sich um Notizen über eine Reise in den Jahren 1476 bis 1477 handelt. Gleitet man mit den Augen das Blatt abwärts, so erkennt man, daß jede der insgesamt 35 Zeilen bis auf die zwei letzten mit „sono istato" beginnt.

Beim gründlicheren Lesen, oder vielmehr beim kniffligen, nicht immer zum Ziel führenden Entziffern wird deutlich, daß jede Zeile eine knappe Mitteilung über ein bestimmtes Ereignis einer Reise durch Frankreich, Flandern und Deutschland enthält [1].

Der aus dem Florentiner Adel stammende Benedetto Dei war ein Mensch voller Unrast, der es an keinem Ort und in keiner festen beruflichen Stellung längere Zeit aushielt und sich an keine Frau binden konnte [2]. Vor seiner Reise nach Frankreich, Flandern, den Niederlanden und Deutschland war er erstaunlich weit herumgekommen. Er kannte fast jeden Winkel Italiens, war 1468 zum ersten Mal in Frankreich gewesen und hatte rund sieben Jahre im Orient zugebracht [3]. Auf seinen Reisen übte er teils Handelsgeschäfte aus, teils war er als politischer Informant oder, besser gesagt, als Spion der Medici am Hofe des Sultans in Stambul tätig. Mit Lorenzo de' Medici stand er im Briefwechsel. Im Alter ist er nacheinander in Diensten mehrerer lombardischer Höfe anzutreffen, die er ebenfalls mit Informationen versorgte. Von den bedeutenden geistigen Strömungen seiner Zeit blieb er unberührt, beherrschte er doch kein Latein. Zum Zeitvertreib und zum Vergnügen stellte er chronikartige Aufzeichnungen zusammen, die weitgehend persönliche Erinnerungen an seine Reisen und seinen Aufenthalt im Orient enthalten und sowohl der Form als auch dem Inhalt nach aus seiner Berichterstattung als politischer Informant hervorgegangen sind. Die schematische Anordnung seiner politischen Informationen, in denen jeder Abschnitt stereotyp mit denselben Worten, wie etwa „noi vi mandiamo a dire che" oder „nuove venute" anhebt, kehrt auch in seinen privaten Aufzeichnungen wieder [4]. So beginnt jeder Abschnitt in fast allen seinen Reiseaufzeichnungen mit „sono istato" oder in seiner liebenswürdigen, ganz der mittelalterlichen Tradition verhafteten Beschreibung von Florenz mit „Florentie bella" [5]. Man möchte vermuten, daß die schematische Anordnung letztlich auf Eintragungen in Geschäftsbüchern der Handelsgesellschaften zurückgeht. Außerdem hat sich Dei als Dichter versucht und der Nachwelt ein stattliches Epistular von über 200 Briefen hinterlassen.

Die Aufzeichnungen des eingangs beschriebenen Blattes sind die Hauptquelle für seine Reise von 1476 bis 1477. Zwei Abschnitte in seinen anderen chronikartigen Notizen fassen noch einmal das Wesentliche zusammen und unterrichten ergän-

[1] Der Text des Blattes aus Cod. Magl. II, II, 333, fol. 37 r mit der Überschrift auf fol. 37 v wird im Anhang, S. 253 f., vollständig mitgeteilt. Das Format des Blattes beträgt 29,2 × 22,2 cm. Die Rekonstruktion des Textes stößt an einigen Stellen auf unüberwindliche Schwierigkeiten. Ausgelassene Worte oder Satzteile sind mit Punkten gekennzeichnet. Die Datierung erfolgt nach florentinischem Stil (Jahresbeginn 25. März nach unserem Jahresanfang).

[2] Zur Biographie und zu den Schriften Deis vgl. die Darstellung *Pisanis*.

[3] Zu den Reisen und seiner Tätigkeit im Orient, *Pisani*, S. 8 ff.; *Babinger*, S. 310 ff.

[4] *Pisani*, S. 61 f.

[5] Teile seiner Reiseaufzeichnungen bei *Pisani*, S. 91 f. (im Anhang); die Beschreibung von Florenz ebd., S. 85 ff.

zend darüber, daß sich die Reise auch auf die Niederlande erstreckt hat [6]. Ganz augenscheinlich handelte es sich um eine Geschäftsreise, deren Auftraggeber verborgen bleibt. 1476, höchstwahrscheinlich im Frühjahr, brach Dei in Mailand auf und begab sich über Casale di Monferrato, Susa, die Dauphiné und Grenoble zunächst nach Lyon, wo er die Filialen der großen Florentiner Handelshäuser der Medici, der Pazzi, der Masi, der Portinari, der Doni und der Falconieri aufsuchte. Von Lyon kam er nach Paris, das er als patriotischer Florentiner ohne Bedenken schlechtmachte: „Ich war in Paris", lautet die entsprechende Zeile, „und habe die Stadt voller Schmutz, voller häßlicher Häuser und häßlicher Mauern und zu drei Vierteln im Elend gesehen." [7] Nach einem Abstecher in die Gegend von Orléans reiste er durch die Picardie nach Flandern weiter. Unterwegs sah er „viele verbrannte und zerstörte Städte und Dörfer", die der Krieg Ludwigs XI. gegen Burgund zurückgelassen hatte. In Cambrai beeindruckte ihn die „große Kirche", die nicht ihresgleichen habe. Am 10. September 1476 traf er in Brügge ein, von wo aus er eine Rundreise durch Flandern und die Niederlande unternahm. In Brügge, Gent und Antwerpen besuchte er zwei Messen und verkehrte er in den Kontoren der Medici, der Pazzi, der Portinari und der Cambi. Während seines Aufenthalts geriet er mitten in die das Staatsgefüge erschütternde burgundische Krise hinein. Einigen der sich überschlagenden Ereignisse dürfte er als Augenzeuge beigewohnt haben. Nach Art seiner politischen Informationen notierte er die Schwerpunkte des Geschehens: die Zunftaufstände in

[6] Es sind folgende zwei Stellen: „Sono istato a Brugia e'n Anversa e a Ghuanto e 'n Borghognia e a Lilla e a Mellina e a Tornai e a Colognia e a Maghonza e per lo Reno e per tutto" (Archivio di Stato di Firenze, ms. 119, fol. 52 v; *Pisani*, S. 92); „Sono istato a Astorlicchi e a Basilea e nell'Urliense e nel Borbonese e a Chanbrai e a Lusanna e a Duai e per Olanda e per Silanda e pertutto ponente (ebd., fol. 53 r; *Pisani*, S. 94). Die Bezeichnung „Astorlicchi" (= Österreicher, in geographisch nicht festumrissener Bedeutung) ist aus Dantes „Divina Comedia" übernommen, die Dei kannte (*Pisani*, S. 54; Divina Comedia, Inferno, canto 32, verso 26: Lesarten: „Austerich, Osteriche, Austerlicchi"). Damit ist freilich mitnichten erwiesen, daß Dei, wie *Pisani*, S. 22, behauptet, auch nach Wien gekommen ist. Sie bezieht sich dabei offenbar irrtümlicherweise auf einen Vermerk über die Frankreichreise von 1468, welcher der Stadt Vienne im Rhônetal gilt („Sono istato alla città di Vienna e veddi la sepoltura di Pilato e per memoria vi cacai sù essendo in una vigna di campagna ..."; zitiert nach Biblioteca Riccardiana Florenz, cod. 1853, c. 13 r). Auch steht es im Gegensatz zur Ansicht Pisanis, S. 22, nicht fest, daß Dei auch bis nach England gelangte. Die entsprechende Zeile in Cod. Magl. II, II, fol. 37 r: „Sono istato al tempo che monsignore di chlarenza fratello derre d'inghilterra fu messo in prigione per traditore", scheint nur die in Flandern erhaltene Neuigkeit wiederzugeben. Von grundsätzlicher Bedeutung für die Bewertung von Mitteilungen Deis über Flandern, Deutschland und die Schweiz sind die Bemerkungen *Schultes*, S. 342, 445, 593, 595, die sich jedoch nur auf Cod. Monac. ital. 160 stützen, der einen Teil der „Chronik" enthält, deren die Reise betreffende Stellen oben aufgeführt sind. Den im Anhang wiedergegebenen Text aus Cod. Magl. II, II, 333 kannte Schulte nicht.

[7] Bereits 1468 war sein Eindruck ähnlich: „... che quei palazzi, che hanno tanta fame, per Dio, in Italia non s'adoperebbono a riporre dello stame, o legne o sermenti, che ben sono cose da sassi" (*Pisani*, S. 20).

Gent und Brügge, die Hinrichtung des burgundischen Kanzlers Guillaume Hugonet und des Bischofs von Tournai Gui de Brimeu, Seigneur de Humbercourt, in Gent (am 3. April 1477), die Einnahme der Bourgogne, der Picardie und von Arras durch die Franzosen, die Niederlage des burgundischen Heeres bei Tournai und den Tod ihres Anführers, des Herzogs von Geldern (am 27. Juni 1477) sowie manch eine weitere wissenswerte Neuigkeit. Auch gibt er an, den Einzug Maximilians, des künftigen Römischen Königs, in Brügge (am 16. April 1477) und dessen Hochzeit mit der Erbfolgerin Maria von Burgund (am 26. November 1477) miterlebt zu haben. Nicht lange danach dürfte er zur Rückreise nach Italien aufgebrochen sein, auf der er zum ersten Mal mit Deutschland in Berührung kam. Die erste von ihm erwähnte Station war Köln, wo er nach altem Pilgerbrauch den Dreikönigsschrein mit einem Gegenstand, und zwar mit einer Silbergabel berührte, auf die sich die Wunderkraft der Reliquie übertragen sollte [8]. Dann ging es am Rhein entlang bis nach Mainz, wobei er streckenweise, vielleicht auch nur zum Übersetzen, das Boot benutzte. Die meist umständlich zu besorgenden Geleitbriefe veranlaßten ihn, herzhaft zu schimpfen. Bis Basel hatte seine Verdrossenheit eher noch zugenommen, denn er machte folgende Eintragung: „Ich war in Basel und kam durch Deutschland und durch Tausende von Stuben mit tölpelhaften, schmierigen und mit grobem Zeug bekleideten Deutschen." Auch in der Schweiz, wo er alle Städte und sogar den Genfer See besucht haben will, dürfte sich seine Stimmung nicht gebessert haben, spricht er doch nur despektierlich von „Tölpeln, Felsen und Wildnissen". Mitten im Winter überschritt er gemeinsam mit seinem Reisebegleiter Accerito Portinari den St. Gotthard und gab dabei zehn Scudi für die Wegführer aus [9]. Wahrscheinlich war er bis zum Jahresende wieder in Mailand, wo er seine Aufzeichnungen abschloß [10].

Die eigenwillige knappe Form der Aufzeichnungen ließ es nicht zu, daß Dei eine vielleicht vorhandene Beobachtungsgabe entfalten konnte. Die abschätzigen Bemerkungen über Deutschland stehen bei ihm nicht allein da, hat er sich doch

[8] Dasselbe tat auch Giovanni Aurispa anläßlich seines Besuches von 1433 in Köln: „... vidi ... le tre mage et multe cape de virgine: tutte queste reliquie et multe altre ho io facto toccare a uno anello, la quale io ve mando incluso in questa litera: ve prego tegnatelu caro et cum devotione" (vgl. *Remigio Sabbadini*, Biografia documentata die Giovanni Aurispa, Noto 1890, S. 65; zu Aurispa vgl. Kap. Verstreute und kursorische Aufzeichnungen, S. 230).

[9] Vgl. *Schulte*, S. 445, sowie: Personaggi celebri attraverso il Gottardo, Bollettino storica della Svizzera italiana XIV, 1882, S. 1–5, 113–115, 169–180 (zu Dei, S. 4).

[10] Das späteste aus Deis Aufzeichnungen ersichtliche Datum ist die Hochzeit Maximilians mit Maria von Burgund am 26. November 1477. Die Angabe steht im Widerspruch zu der Titelzeile: „L'anno 1476 a l'anno 1477 d'ottobre tornato in 'talia salvio". Entweder hat sich Dei in der Titelzeile geirrt oder aber er hat seine Anwesenheit bei der Hochzeit Maximilians wissentlich falsch angegeben. Bei der Jahresangabe in der Titelzeile ist zu beachten, daß es sich um den florentinischen Stil handelt (Jahreswende 25. März).

über andere Länder und Völker häufig in ähnlicher Weise geäußert. Von Bedeutung sind seine Angaben über die florentinischen Handelshäuser in Frankreich und Flandern. Mittlerweile fällt es nicht mehr schwer, die Einwirkung der italienischen Stereotype zu durchschauen. Die schmierigen und schmutzigen Kleider eines Deutschen waren ein Lieblingsthema burlesker Gedichte [11].

[11] *Peter Amelung,* Das Bild des Deutschen in der Literatur der italienischen Renaissance (1400–1559) (= Münchner romanistische Arbeiten XX), München 1964, S. 166.

XVII. Marinus de Fregeno

„Descriptio provinciarum Alamanorum" von 1479

Marinus de Fregeno, der Verfasser einer kenntnisreichen Beschreibung Deutschlands mit dem Titel „Descriptio provinciarum Alamanorum", stammte aus der Ortschaft Fergino in der Diözese Spoleto [1]. Er war über zwei Jahrzehnte, von einer längeren Unterbrechung abgesehen, Nuntius und Kollektor für Dänemark, Schweden und Norwegen, die Kirchenprovinzen Magdeburg und Lemberg, die baltischen Lande sowie die Diözesen Bamberg und Münster. Im April 1457 setzte im Auftrag Kalixts III. seine Tätigkeit in der Kirchenprovinz Magdeburg ein, wo er in den folgenden zwei Jahren in der Mark Brandenburg, in den Wettinischen Landen und in Hessen anzutreffen ist. Nachdem er sich auf Geheiß Pius' II. zum Kongreß von Mantua begeben hatte, wandte er sich den skandinavischen Reichen zu. Lübeck blieb jedoch sein Stützpunkt an der deutschen Ostseeküste, wo er den Winter 1463/64 verbrachte. Danach zog er durch Schweden und spätestens 1465 durch die baltischen Lande und Polen. Von 1465 an bis zum Antritt des Pontifikats Sixtus' IV. schweigen die Quellen über sein Wirken als Kollektor. Der neue Papst betraute ihn sofort wieder mit seinen früheren Aufgaben. Von 1471 bis 1474 werden Schleswig, Holstein, Lübeck, Hamburg, Kiel und Stralsund im Zusammenhang mit seiner Tätigkeit genannt. Seit 1474 hielt er sich in Dänemark auf, wo er eine wichtige Rolle bei der Klosterreform und in der Kirchenpolitik König Christians I. spielte, der ihn im Sommer 1478 als Orator an die Kurie

[1] Diesem Kapitel liegen weitgehend die Ergebnisse meines Aufsatzes in Quellen und Forschungen 48 zugrunde. Soweit die Darstellung nur eine Zusammenfassung der Ergebnisse ist, soll auf eine Zitierung der Quellen verzichtet werden. Ein die wichtigsten Quellen und Darstellungen umfassendes Literaturverzeichnis ebd., S. 157, Anm. 20. Hinzuzufügen sind zwei Einblattdrucke mit Ablaßbriefen des Marinus, Lübeck 1475 und Rostock 1476 (vgl. Katalog over det kongelige Biblioteks Inkunabler, København 1938, Nr. 2656 und 2657). Im folgenden soll versucht werden, die „Descriptio" in den Zusammenhang mit den anderen italienischen Berichten zu stellen, wobei jetzt erst manch eine formale und inhaltliche Eigenart zum Ausdruck kommt.

sandte. Bislang hatte er erst eine Anzahl kleinerer Pfründen erworben. Jetzt, während seines Aufenthalts an der Kurie, schlug für ihn die große Stunde: Sixtus IV. erteilte ihm am 16. November die Provision für das Bistum Kammin.

Das Wirken des Marinus ist lehrreich für die Praktiken des Ablaßwesens. Wiederholt kam es zu Auseinandersetzungen mit den Landesherren, die sich Anteile an den Einkünften des Ablaßverkaufs zusichern ließen und später behaupteten, die Abmachungen seien nicht eingehalten worden. Im Sommer 1458 trug Kurfürst Friedrich der Sanftmütige von Sachsen dem Bischof von Meißen auf, Marinus bei Chemnitz gefangen zu setzen, nachdem ihm Unregelmäßigkeiten bei der Verrechnung der Einnahmen gemeldet worden waren, von denen er sich die Hälfte für den Krieg gegen Georg Podiebrad von Böhmen ausbedungen hatte. Marinus gelang es jedoch, sich aus der Gefangenschaft auf Schloß Leisnig zu befreien und nach Hessen zu entweichen. Der zweite Schlag traf ihn, wenn man der Lübecker Ratschronik trauen darf, in Dänemark. Der König ließ ihm 8000 Mark, die er mit sich führte, abnehmen und weitere 4000 lübische Mark, die sich bereits in Lübeck befanden, dort konfiszieren. Daraufhin fand sich Marinus bereit, dem König ein Drittel der in seinen Landen gesammelten Beträge auszuliefern. Während Marinus bei diesen beiden Vorkommnissen Rückhalt an der Kurie hatte, zumal unter dem ihm zugetanen Pius II., wandelte sich seine Lage unter Paul II., der 1465 Anschuldigungen Gehör schenkte und den Gnesener Domkustos Albertus de Gaii beauftragte, ihn und seine Begleiter aufzuspüren und ins Gefängnis werfen zu lassen. Später wurden in Lübeck im Namen des Königs von Dänemark und eines Bevollmächtigten der Kurie zwei von Marinus deponierte Schiffskisten mit Silber und Bargeld beschlagnahmt. Als Begründung wurde wiederum angegeben, er habe es versäumt, den zugesagten Anteil an den König zu entrichten. Offenbar blieb er nur kurze Zeit oder kam überhaupt nicht in Haft, denn schon bald hört man ihn in einem Brief seine Gegner verwünschen, denen er „die Rache der Exkommunikation" und die „Vernichtung durch die göttliche Wahrheit" verheißt, und die Absicht äußern, der an ihn ergangenen Zitation nach Rom Folge zu leisten [2]. Es scheint, als habe ihm Paul II. seine Ämter entzogen. Seine Tätigkeit unter Sixtus IV. verlief ohne Zwischenfälle. Von seinem immensen Fleiß zeugt die Tatsache, daß er, soweit die Register darüber Auskunft geben, in den zwei Jahrzehnten die beachtliche Summe von 18 182 Goldflorenen nach Rom überwies – und dies trotz der wiederholten Behinderung durch die Landesherren! Die in Rom eingetroffenen Beträge waren allerdings in der Regel bei den großen römischen und Florentiner Bankhäusern bereits seit langem verpfändet ... War es nun die persönliche Habgier des Marinus, die zu den vielen Zwischenfällen führte, oder war es sein Ehrgeiz, sich durch übergroßen Eifer an der Kurie unentbehrlich zu machen und dadurch Pfründen zu erhaschen? – Eine eindeutige Antwort hierauf wird man nicht erbringen können. Für das erstere

[2] Acta pontificum Svecica I: acta cameralis II (1351–1492) (= Diplomatarium Svecanum. Appendix), Holmiae 1957, Nr. 1362.

spricht eine Art Kollektorennepotismus, denn Marinus nahm auch Verwandte mit nach dem Norden, die sicherlich nicht leer ausgehen wollten. Aber wahrscheinlich war das eine wie das andere der Fall.

Mit der Providierung zum Bischof von Kammin standen Marinus neue Kämpfe und Demütigungen bevor. Zunächst hatte er sich gegen einen in dem Stift herrschenden Konkurrenten durchzusetzen. Nachdem er Ende März in Pommern eingetroffen war, erreichte er es mit Unterstützung des Herzogs Bogislaw X. doch, daß ihn das Kapitel hinnahm. Lange sollte er sich nicht seines Amtes erfreuen können, denn schon bald schloß sich der überwiegende Teil des höheren Stiftsklerus gegen ihn zusammen und verfaßte eine Beschwerde und Appellation an den Papst, in der ihm nicht nur rechtliche Verfehlungen zur Last gelegt wurden, sondern auch mangelndes Verständnis für die Probleme seiner Diözese und die Landessitten. Es lohnt sich, einen Passus des Schriftstücks zu hören, um das Mißtrauen verstehen zu können, das dem von der Kurie providierten Fremden entgegengebracht wurde. Er spreche nicht die Landessprache, heißt es, habe keine Erfahrung in den weltlichen Belangen, beachte nicht die einheimischen Sitten, sei weder durch Frömmigkeit noch durch Bitten zu einem Zugeständnis zu bewegen, sei kaltherzig gegenüber dem Klerus, treffe keine Vorsorge im Hinblick auf die Gefahren für die Vasallen und die Bewohner der Städte in der Diözese, „der nur das zu tun für gut hält, was er sich engstirnig selbst vorgenommen hat, der nicht in der Lage ist, Gastlichkeit und freundschaftlichen Umgang mit den Menschen dieser Gegend zu pflegen, der sein Hirtenamt gänzlich vernachlässigt und nur von Habgier beherrscht ist“, und so fort [3]. Am 4. April 1481 wurde Marinus sogar förmlich von seinem Kapitel abgesetzt, nachdem er drei Wochen zuvor auf dem Marienfriedhof in Greifswald beinahe von einer aufgebrachten Menge gesteinigt worden wäre [4]. Er gab aber den Kampf deshalb noch nicht auf und eilte nach Rom, um an der Kurie sein Recht zu suchen. Hier starb er am 7. Juli 1482.

Seine „Descriptio provinciarum Alamanorum“ entstand während des Aufenthalts an der Kurie und ist an den spanischen Kardinal Auxias de Podio gerichtet, der von Sixtus IV. zum Legaten a latere in Deutschland ernannt worden war [5]. Die Abfassung fällt in den Zeitraum zwischen dessen Ernennung am 21. April 1479

[3] Zitiert nach *Wehrmann,* S. 143.

[4] Ebd., S. 144.

[5] Zur Gesandtschaft des Auxias de Podio vgl. *Vladimiro Zabughin,* Giulio Pomponio Leto, I, Roma 1909, S. 193 ff. Zu den Begleitern des Auxias de Podio zählten Giovanni Battista Capranica, Bischof von Fermo, und Julius Pomponius Laetus, der sich unterwegs von der Gesandtschaft trennte und seine „szythische Reise“ zum Schwarzen Meer antrat, von der er erst 1480 nach Rom zurückkehrte. Capranica, auch unter dem Namen „il Pantagato“ bekannt, war wie Laetus Mitglied der Römischen Akademie (vgl. *Giuseppe Calamei,* Il confidente di Pio II, Card. Jacopo Ammanati-Piccolomini (1422–1479), I, Roma 1932, S. 336). Es ist sehr wahrscheinlich, daß Marinus zu diesen Humanisten Kontakt hatte und über sie seine „Descriptio“ an den Kardinal herantragen ließ.

und dessen Abreise aus Rom am 17. Mai. Man wird nicht fehlgehen in der Annahme, daß Marinus, dessen Bestätigung als Bischof durch das Kapitel damals noch ungewiß war, die Fürsprache des Legaten bei Herzog Bogislaw X. von Pommern und Kurfürst Albrecht Achilles von Brandenburg zu erhalten hoffte, die Einfluß auf das Kamminer Kapitel hatten.

Die „Descriptio“ des Marinus ist die dritte Beschreibung Deutschlands nach der „Germania“ und der „Europa“ des Aeneas Silvius, in der Deutschland als Ganzes und als eine Einheit in geographischer, ethnischer, kultureller und politischer Hinsicht dargestellt wird. Das Schema der Anordnung ist klar und übersichtlich. Es sind insgesamt vier thematisch in sich geschlossene und voneinander abgehobene Teile erkennbar, die von den an den Empfänger gerichteten kurzen Vor- und Schlußbemerkungen eingerahmt sind. Der erste Teil enthält eine Aufführung der wichtigsten Fürsten und eine knappe Beschreibung ihrer Territorien sowie am Anfang einige grundsätzliche Mitteilungen zur Reichsverfassung. Der zweite ist den Städten vorbehalten, bei denen zumeist die verfassungsrechtliche Stellung und bisweilen die optischen Merkmale hervorgehoben werden. Im dritten sind nochmals die Fürsten und die Städte an der Reihe, jetzt aber ausschließlich unter dem Aspekt ihrer politischen Macht und ihres Verhältnisses zur Zentralgewalt, das heißt zum Kaiser. Der vierte gliedert sich in zwei Unterteile auf. Der erste davon handelt über die Sitten in Deutschland, der zweite ist eine Belehrung über den Umgang mit den deutschen Fürsten. Dem ersten bis dritten Teil liegt im Prinzip die Einteilung der geographischen Beschreibung zugrunde, wie wir sie von der „Italia illustrata“ des Flavio Biondo oder von der „Europa“ des Aeneas Silvius her kennen. Die Darstellung behandelt nacheinander die einzelnen Provinzen und setzt jeweils mit dem südlichen Deutschland ein, schreitet über das nordöstliche und nordwestliche fort und schließt mit den am Rhein gelegenen Provinzen ab. Die Reihenfolge lehnt sich an keine bekannte Vorlage an. Der vierte Teil ist eine lockere Aneinanderreihung verschiedener Beobachtungen und praktischer Ratschläge für den Legaten und hat mit einer geographischen Beschreibung nichts gemein. Allerdings sind im ersten und zweiten Teil bereits einzelne Bemerkungen über die Sitten der Bewohner einer bestimmten Provinz oder einer bestimmten Stadt eingestreut.

Der Inhalt der Beschreibung dient dem praktisch-politischen Zweck der Information des Legaten. Im ersten bis dritten Teil steht daher die Kennzeichnung der inneren Herrschafts- und Machtverhältnisse im Vordergrund. Das bedeutete konkret die Kennzeichnung der Fürsten und ihrer Territorien sowie der Städte. Bei einer solchen Themenstellung mußte die Darstellung von der geographischen Beschreibung ausgehen, deren thematische Variationsbreite es ohne weiteres zuließ, das Hauptgewicht auf die Herrschafts- und Machtverhältnisse zu legen. Freilich hatte Marinus auch Sinn für die Eigengesetzlichkeit einer geographischen Beschreibung, weshalb er hin und wieder in ganz knappen Formulierungen typische Beobachtungen über die verschiedenen Provinzen und Städte, über ihre Bewohner und über den Charakter einzelner Fürsten einflocht, die zur einseitigen politischen Information nicht nötig gewesen wären und erheblich zur Belebung der Darstellung beitragen.

Der erste Teil behandelt die Fürsten und ihre Territorien. Ihre Macht wird in den meisten Fällen genauer begründet, bisweilen aber auch nur beteuert. Als Momente der personalen Macht werden die verfassungsrechtliche Stellung im Reich, der Titel, die dynastischen Verbindungen und nicht zuletzt die individuelle Befähigung des Fürsten vorgebracht. Die Macht eines Territoriums wird durch die Ausdehnung, den Volkreichtum, den Besitz von Städten, die Herrschaft über Vasallen, die militärische Stärke, aber auch durch den wirtschaftlichen Reichtum belegt, wozu die jeweils erwähnten Silberminen gehören. Auch Erbteilungen, Familienzwiste, innere Konflikte und Verwicklungen mit den Nachbarn, die zur Schwächung der Position eines Fürsten beitragen, kommen in den Blick. Deshalb muß häufig auf zeitgeschichtliche Ereignisse zurückgegriffen werden, ohne welche die jüngste Entwicklung des Territoriums nicht verständlich wäre. So hört man etwa ausführlicher vom Brixener, vom Kölner und vom Mainzer Kirchenstreit. Besondere Beachtung gilt stets der Stellung des Fürsten zum Römischen Stuhl, wobei sich die Bewertung allerdings in Worten wie „apostolicae sedi devotus – mediocriter devotus – parum devotus – non devotus" erschöpft. Reizvoll sind die erwähnten Beobachtungen über die einzelnen Provinzen und deren Bewohner. Über das Rheinland heißt es, es bringe viel Wein hervor, habe viele bedeutende Bischofsstädte und auch viele gut befestigte, schmuckvolle Städte ohne Bischofssitz. Die ganze Gegend sei mit Burgen und Dörfern dicht besetzt. Die Einwohner seien überall umgänglich, unaufdringlich, von rascher Auffassungsgabe und durch gute Sitten ausgezeichnet, jedoch wie man befürchten müsse, dem Apostolischen Stuhl wenig ergeben [6]. Etwas Verwunderung löst folgende Mitteilung über Westfalen aus: „Dieses Land ist nicht sonderlich fruchtbar, weshalb es geschickte und tüchtige Bewohner hat, die über ganz Deutschland verstreut sind. Wo immer etwas angepflanzt wird, wachsen Weiden." [7] Thüringen stellt sich als Land „reich an Getreide, Wein und Sandyx" (einer rotblühenden Staude zur Farbgewinnung) vor [8]. Bei der Beurteilung der Fürsten kommen negative und positive Seiten gemäß ihren individuellen Zügen zu Worte. Albrecht Achilles gilt Marinus als kluger, scharfsiniger, umsichtiger und im Kriegführen erfahrener Fürst [9]. Von den Herzogen von Bayern hört man hingegen, sie seien zwar gute Christen, jedoch hochmütig und grobschlächtig. „Unter ihnen war der erwähnte Herzog Ludwig (Ludwig IX., der Reiche, von Bayern-Landshut), solange er lebte, recht stolz, und falls der erwähnte Herzog Georg den Sitten seines Vaters nacheifern sollte, was ich annehme, so wird er hochmütig und ein Tyrann sein." [10] Ein schlechtes Zeugnis erhalten die Her-

[6] Descriptio provinciarum Alamanorum, Zeile 314–318.
[7] Descriptio, Zeile 294–297.
[8] Descriptio, Zeile 136–137.
[9] Descriptio, Zeile 95–97.
[10] Descriptio, Zeile 80–82.

zoge von Mecklenburg, die wenig friedfertig seien und häufig in benachbarte Gebiete einfielen: „Ich sehe nicht,“ heißt es im einzelnen, „was ich sonst Gutes über sie sagen sollte, als daß sie ihre Soldaten zur Ausübung des Waffenhandwerks und zum Rauben gut im Schuß haben.“ [11] Kaum glimpflicher kommt Herzog Friedrich II. von Braunschweig weg: „Er ist ein heftiger Mann, einem Räuber ähnlicher als einem Fürsten, jedoch mannhaft und ein tüchtiger und umsichtiger Feldherr.“[12] Hierzu muß man wissen, daß die Herzoge von Mecklenburg einst eine dem Troß des Marinus verlorengegangene Geldkiste nicht zurückgegeben und der Braunschweiger sogar einen Geldtransport mit seinen Einnahmen ausgeraubt hatte.

Die Darstellung der Städte im zweiten Teil ist weitgehend eine nach Provinzen geordnete Aufzählung. In den meisten Fällen werden die Städte nur mit einem Adjektiv wie „insignis, mediocriter insignis, amplum, potens, nobilis, ignobilis“ bedacht, das den Grad ihrer Bedeutung und ihrer Macht anzeigen soll. Aufmerksam wird stets zwischen civitas, einer Stadt mit einem Bischofssitz, und oppidum, einer gewöhnlichen Stadt, unterschieden. Nur im Falle Wiener Neustadts, seit 1469 Bischofssitz, durchbricht Marinus die Regel, offenbar, weil er falsch informiert war. Häufig wird auch die Stellung als freie Reichsstadt hervorgehoben, wobei die Angaben nicht immer exakt sind. Braunschweig, Magdeburg und Halle etwa besaßen zwar wichtige Privilegien, können aber nicht als Reichsstädte bezeichnet werden. In einer Vorbemerkung wird im übrigen grundsätzlich das Wesen der Reichsstädte und der von ihnen gebildeten Städtebünde erläutert. Knappe skizzenartige Beschreibungen über optische Merkmale sind selten. Die ausführlichste gilt Lübeck: „Westlich vom Herzogtum Mecklenburg, acht lateinische Meilen von der Ostsee entfernt, an der Trave liegt Lübeck, eine ziemlich große, sehr ansehnliche, sehr reiche und gänzlich den Lebensfreuden hingegebene Stadt mit einem Bischofssitz. Hier herrschen die Frauen über die Männer und kommen alle Arten von Waren aus ganz Deutschland, Flandern, England, Rußland, Schweden, Dänemark und Norwegen zusammen. Die Einwohner sind schwatzhaft, jeglichem Klerus und zumal der Römischen Kirche feindlich gesinnt, obendrein alkoholsüchtig, lasziv und von grober Natur.“ [13] Die freiere Stellung der Frau wird hier geringschätzig in eine Beherrschung der Männer verdreht.

Das Fazit des dritten Teils, in welchem das Verhältnis der Fürsten und der Städte zum Kaiser untersucht und daraus dessen Machtstellung abgeleitet wird, fällt überraschend zugunsten Friedrichs III. aus, wobei den dynastischen Verbindungen zu großes Gewicht beigemessen wird. Ein historischer Vergleich mit früheren Zeiten wird nicht geführt.

Der ergiebigste Teil ist auf jeden Fall der vierte. Da sind zunächst die Nachrichten über die Frömmigkeit, über die der Kollektor aus seiner Erfahrung wie kein

[11] Descriptio, Zeile 226–229.
[12] Descriptio, Zeile 259–260.
[13] Descriptio, Zeile 431–437.

zweiter zu urteilen berufen war. Der Ernst der Frömmigkeit ist auf dem Hintergrund italienischer Zustände gesehen. Die Deutschen gingen regelmäßig täglich zur Messe. Während des Meßamts in der Kirche umherzulaufen, zu reden, zu lachen oder gar vor dessen Beendigung zu essen, sei verpönt. Die Fasten würden in Süddeutschland weniger streng eingehalten, in Norddeutschland hingegen sorgfältig. Diese Feststellung sollte im Hinblick auf die Reformation nicht übergangen werden. Genaue Ratschläge erhält der Legat für sein Verhalten beim Almosenspenden: es stehe einem Fürsten oder Prälaten nicht zu, Brot oder andere Nahrungsmittel auszuteilen, da fast jeder Bürger mindestens einmal täglich Brot, mit Fleisch vermischt, als Almosen darbringe. Es sei daher angemessener, ein paar kleine Geldstücke zu geben. An den meisten Orten bäten fast nur Scholaren um Almosen, die abends und morgens in Scharen erschienen und, wenn sie etwas erhielten, ihre Schicksalsgenossen herbeiwinkten. Zutreffend ist die Mitteilung, daß in den Städten die angesehenen Bürger um des Erwerbs willen Herbergsbesitzer seien. Weitere instruktive Beobachtungen und Ratschläge über den Umgang in den Wirtshäusern und Herbergen gesellen sich hinzu. Vor allem der Ratschlag, man solle den Wirtsleuten nicht mit Knausrigkeit begegnen, da es von ihrem Urteil abhänge, wie die Fremden in der Stadt behandelt würden, scheint gerechtfertigt zu sein. Bei der Abrechnung gehe es im allgemeinen korrekt zu, „auch wenn man von einem Italiener mehr als von einem Deutschen nimmt". Nachdrücklich wird davor gewarnt, in Gegenwart eines Deutschen ein schimpfliches, beleidigendes oder anstößiges Wort zu benutzen, da sich häufig des Italienischen Kundige in die Gesellschaft der Fremden mischten, um sie auf Grund eines solchen Wortes überführen oder sie ganz allgemein aushorchen zu können. Die Bemerkungen über die Gastgeschenke der Städte bieten grundsätzlich nichts Neues. Den Hinweis jedoch, den Überbringern ein der Größe des Geschenks angemessenes kleines Trinkgeld zu geben, dürfte man anderswo nicht finden. Wohlmeinend ist das Urteil über den geselligen Umgang: Streit und laute Wortgefechte in der Öffentlichkeit – man denkt unwillkürlich an die Erhitzbarkeit und das Temperament der Südländer – würden als lächerlich empfunden. „Sie lieben das heitere Gespräch und loben den Liebenswürdigen". Bei ihrer Behandlung sei der rechte Mittelweg einzuschlagen. Sie sähen es gern, wenn man ihre guten Seiten lobe, womit man bei ihnen mehr erreiche als mit Strenge. Wirksam seien bei ihnen vor allem Vernunftargumente, zumal wenn man zugleich menschlich und gütig auftrete. Von den Ratschlägen über den Umgang mit den deutschen Fürsten werfen einige ein bezeichnendes Licht auf die kurialen Praktiken. Man beachte die Bemerkung, mit den deutschen Fürsten sei im allgemeinen schwer eine Übereinkunft zu erzielen, da sie argwöhnten, hintergangen zu werden. Sollten sich bei den Verhandlungen mit einem Fürsten Schwierigkeiten einstellen, so empfiehlt Marinus, es sei vorteilhaft, einen Kleriker, der einiges Ansehen genießt, zu ihm zu schicken, der an seine Frömmigkeit appellieren und ihm allerhand Belohnungen des Apostolischen Stuhles in Aussicht stellen solle. Es galt gewissermaßen, die Frömmigkeit suspekt zu machen, falls man in kirchenpolitischen Fragen, und damit war in der Regel Geld gemeint, auf Unnachgiebigkeit stieß. Die in einem solchen Vorgehen gelegene Erpressung sollte man als einen der Gründe für die Reformation in Betracht ziehen, in der sich die Frömmigkeit auf sich selbst berief und auf die innere Instanz des Gewissens zurückzog.

Die „Descriptio provinciarum Alamanorum" stammt aus der Feder eines gescheiten, vielseitig belesenen Dilettanten, der einige Impulse des Humanismus in sich aufgenommen hat. Der erste bis dritte Teil lehnt sich, wie zum Teil bereits erwähnt, sowohl im formalen Aufbau als auch hinsichtlich seiner anschaulichen Bemerkungen über die Landschaft, den Anblick der Städte, die Sitten der Bewohner sowie über die Charakterzüge der Fürsten an die von den Humanisten gepflegte geographische Beschreibung an, wobei man hauptsächlich an die „Europa" des Aeneas Silvius denkt. Die in das Schema und die Thematik der geographischen Beschreibung eingebettete zentrale Darstellung der Herrschafts- und Machtverhältnisse ist nicht typisch humanistisch. Man möchte die Verbindung von politischer Berichterstattung und humanistischer Thematik mit dem Legationstagebuch des Augustinus Patricius vergleichen, wenngleich in diesem die humanistische Komponente in einer profunden Bildung des Verfassers wurzelte, die man bei Marinus vergeblich sucht. Der vierte Teil „de moribus in Alamanea" weist auf die mittelalterliche Tradition der Fürstenspiegel hin, die bekanntlich vom Humanismus weitergeführt wurde. Wer Lust hat, mag mit etwas Ironie von einem „Legatenspiegel" sprechen. Dieser vierte Teil bildet eine selbständige, in sich abgeschlossene Einheit, die sich wie in der „Germania" des Aeneas Silvius an die geographische Beschreibung anschließt. Stilistisch und auch grammatikalisch steht die Beschreibung auf einem niedrigen Niveau. Es begegnet einem das übliche spröde, den humanistischen Stilidealen spottende Kanzleilatein. Trotzdem sollte man die Leistung des Marinus nicht zu niedrig ansetzen. Im Gegensatz zur „Europa" besteht seine „Descriptio" aus einem Guß. Zudem sprechen eine geschickte Verarbeitung der Informationen und die im ganzen recht abwechslungsreiche, durch die vielen bildhaft-anschaulichen Einsprengsel belebte Darstellung zu seinen Gunsten.

Marinus stützt sich in seiner Beschreibung ausschließlich auf seine eigene Kenntnis und auf mündliche Erkundigungen, die er nach seinen eigenen Worten bei an der Kurie weilenden deutschen Klerikern eingeholt hat. Obwohl die Beeinflussung durch den Humanismus untrüglich ist, läßt sich doch nirgends die Benutzung humanistischer Vorlagen oder Quellen belegen. Weder mit der „Europa" noch mit der „Germania" bestehen wörtliche oder annähernd inhaltliche Übereinstimmungen. Man möchte aber meinen, daß Marinus im Laufe seines Lebens irgendwann zumindest die „Europa" kennengelernt hat, zumal der Verdacht begründet ist, daß er oder jemand aus seiner Umgebung der Informant für die Kapitel über Sachsen und Thüringen in der „Europa" gewesen ist, da Aeneas diese Provinzen nicht aus eigener Anschauung kannte [14]. Die Kapitel über Sachsen

[14] Vgl. Kap. Aeneas Silvius, Anm. 293.

und Thüringen beziehen nämlich mehr als andere Teile der „Europa“ Mitteilungen über die Macht- und Herrschaftsverhältnisse ein und sind in der Gesamtauffassung der Beschreibung des Marinus auffallend ähnlich. Spuren antiker Autoren fehlen, was Marinus fernerhin von den Humanisten trennt. Auch eine Auswertung von Karten ist nicht nachzuweisen.

Der Informationswert des ersten bis dritten Teiles ist nicht sehr hoch, wenngleich zu beachten bleibt, daß hier die früheste italienische Darstellung Norddeutschlands aus der Sicht eines Augenzeugen vorliegt. Einige kleinere Irrtümer fallen nicht ins Gewicht. In der Beurteilung ist das Bemühen um Objektivität sichtbar, obwohl bisweilen persönliche Motive – etwa bei dem Seitenhieb auf die Herzoge von Mecklenburg und den Herzog von Braunschweig – mitspielen. Die Charakterskizzen der Fürsten sind sowohl untereinander als auch in sich selbst in Lob und Tadel ausgewogen, was kennzeichnend für die „Europa“ und für die Personenbildnisse des Aeneas Silvius überhaupt war [15]. Wo ein immanenter Maßstab hervortritt, wie etwa bei der Einschätzung der einzelnen Fürsten zum Römischen Stuhl, sollte man sich nicht auf ihn verlassen, da Marinus nur Sachsen, Thüringen, Hessen, die Mark Brandenburg und die Küstengebiete der Ostsee persönlich kannte und sonst auf seine Informanten angewiesen war, deren Bewertung er, wie sich bisweilen zeigt, übernommen hat. Die Eigenständigkeit in der Beurteilung der Sitten möchte man darauf zurückführen, daß Marinus von den humanistischen Stereotypen und Topoi frei war und ähnlich wie Aeneas Silvius durch seinen langen Aufenthalt im Ausland Abstand zum heimischen Milieu gefunden hatte. Da es sich hier um eine zusammenfassende, generelle Beurteilung handelt, im Gegensatz etwa zu Poggios Badener Brief, dessen Begeisterung von einem einmaligen Erlebnis geprägt war, sind die positiven Züge um so bemerkenswerter. Auf Grund der langjährigen intensiven Erfahrung im Umgang mit den Deutschen dürfte Marinus seine Ansicht nicht unüberlegt ausgesprochen haben. Es ist die wohlwollendste Beurteilung der Sitten, die uns bisher begegnet ist.

Die freundliche Einstellung zu den Sitten ist eine echte Überraschung. Hätte man sie aus dem Munde eines so umstrittenen, in so viele Skandale, wenn das Wort erlaubt ist, verwickelten Mannes erwartet? Vollends, wie reimt sich seine in der „Descriptio“ zutage tretende Einstellung zu den Deutschen mit den Vorwürfen des Kamminer Stiftsklerus und gar mit der versuchten Steinigung auf dem Marienfriedhof in Greifswald zusammen? Sollte er wirklich nicht in der Lage gewesen sein, die einheimischen Sitten zu beachten und „Gastlichkeit und freundschaftlichen Umgang“ mit den Pommern zu pflegen? – Sicherlich hat sich im Laufe der Jahre manch eine extreme Seite im Charakter des Marinus etwas abgeschliffen. Dies bezeugt schon die Tatsache, daß seit jener Order Pauls II. von

[15] Zur Personendarstellung bei Aeneas Silvius vgl. *Gerhart Bürck*, Selbstdarstellung und Personenbildnis bei Enea Silvio Piccolomini (Pius II.) (= Basler Beiträge zur Geschichtswissenschaft 56), Basel 1956, S. 82 ff.

1465, ihn gefangennehmen zu lassen, keine Aufsehen erregenden Zwischenfälle mehr über seine Tätigkeit bekanntgeworden sind. Als er in der Stunde seines Sturzes jene Rachedrohungen gegenüber seinen Gegnern ausstieß, traten seine Hartherzigkeit und Verbitterung am ausgeprägtesten hervor. In der „Descriptio" fällt die Spannung zwischen dem Ratschlag der milden und gütigen Behandlung der Deutschen und den Listen und Druckmitteln auf, die er für den Umgang mit den deutschen Fürsten empfiehlt. Vielleicht waren es gerade solche Praktiken, die ihn bei dem Kamminer Klerus in Verruf brachten. Für die Zwiespältigkeit seines Charakters in den letzten Lebensjahren gibt es einen Zeugen, der ihn geschätzt und ihm vertraut hat: den Kurfürsten Albrecht Achilles, der als ein guter Menschenkenner gilt. 1480 schrieb er, nach seiner ersten Begegnung mit Marinus, als dieser zur Besitznahme seines Bistums nach Pommern eilte, an seinen in der Mark Brandenburg residierenden Sohn Johann: „Er erbeut sich groß für sein Person." [16] Nachdem sich Marinus bei seiner Reise nach Rom im Jahr darauf erneut bei ihm vorgestellt hatte, tat er Johann nochmals seine Meinung kund: „Er ist weysz und redlich, er hat sich aber selber gar lieb." [17] Eigenliebe, Selbstüberschätzung und prahlerisches Auftreten, die eher für innere Unsicherheit zeugen, gingen demnach mit einem bedachten und abgeklärten Urteil einher. Das „redlich und weysz" des erfahrenen Albrecht Achilles bürgt zumindest dafür, daß Marinus Habgier und Eigennutz vom Verstand her zu kontrollieren wußte. Danach möchte man die Anschuldigungen des Kamminer Stiftsklerus, deren Haltlosigkeit, soweit sie rechtliche Verfehlungen betrafen, bereits nachgewiesen worden ist [18], nunmehr auch im Hinblick auf die Persönlichkeit des Marinus weitgehend als unbegründet ansehen und die versuchte Steinigung in Greifswald als die Eruption eines tiefeingewurzelten archaischen Fremdenhasses deuten.

[16] *Felix Priebatsch*, Politische Korrespondenz des Kurfürsten Albrecht Achilles II (= Publikationen aus den preußischen Staatsarchiven 67), Leipzig 1897, Nr. 647.
[17] *Adolph Friedrich Riedel*, Codex diplomaticus Brandenborgensis III, 2, Berlin 1860, Brief vom 10. Okt. 1481, Nr. 217, S. 268.
[18] *Wehrmann*, S. 142 ff.

XVIII. Paulus Sanctoninus

Reisetagebücher über Kärnten, Steiermark und Krain von 1485 bis 1487

Paulus Sanctoninus war lange Zeit Kanzler oder, besser gesagt, Schreiber am Sitz des Patriarchen von Aquilea in Udine[1]. 1469 wird er zum ersten Mal in dieser Stellung erwähnt, die er fortan, abgesehen von einer längeren Unterbrechung von 1494 bis 1506, bis zu seinem Tode um 1510 innehatte. Seine Freundschaft und sein Briefwechsel mit dem Polyhistor Marcus Antonius Coccius Sabellicus, den er aus den Tagen von dessen Lehrtätigkeit in Udine kannte, spricht für seine Aufgeschlossenheit gegenüber den von Venedig ausgehenden humanistischen Strömungen. Alles, was wir über seine Bildung und seine literarische Tätigkeit wissen, verdanken wir den drei Reisetagebüchern, die er in den Jahren 1485–87 in Begleitung des Bischofs Pietro Carlo von Caorle, der als Vikar „in pontificalibus" die Pflichten des an der Kurie weilenden Patriarchen Marco Barbo wahrnahm, auf drei Visitationsreisen in die Archidiakonate der Diözese Aquilea in Kärnten, Steiermark und Krain verfaßte.
Die erste der drei Reisen dauerte vom 29. September bis zum 11. November 1485 und führte in die südwestlichen, zur Diözese Aquilea gehörigen Teile Kärntens[2]. Nach der Überquerung des Plöckenpasses stiegen der Bischof und seine Gefährten nach Mauthen im Oberen Gailtal hinab. Von hier gelangten sie über den beschwerlichen Gailbergsattel nach Oberdrauburg und nach Lienz im Drautal. Nach Mauthen zurückgekehrt, schlugen sie den Weg durch das Lesach- und das Pustertal nach Toblach an der Grenze zur Diözese Salzburg ein. Von Toblach ging es auf derselben Route wieder zurück nach Mauthen und von hier aus weiter durch das Obere Gailtal nach Hermagor. Durch das Gitschtal und am Weißensee vorbei kamen sie hinter Greifenburg zum zweiten Mal ins Drautal, das sie bei Oberdrauburg in Richtung Udine wieder verließen. Die zweite Reise vom 25. August bis zum 1. Oktober 1486 galt Krain und den auf der ersten Reise ausgelassenen Teilen der Diözese Aquilea in Kärnten. Die wichtigsten Stationen im Savetal waren Škofia Loka, Kranj und Tržič. Nachdem die Reisegesellschaft mit großer Mühe den Loiblpaß überwunden und anschließend das Rosental durchquert hatte, traf sie zu einem längeren Aufenthalt in Villach ein, von wo aus der Bischof sternförmig die kleineren Orte der Umgebung aufsuchte. Die Rückreise verlief über Tarvisio, den Predilpaß, Boveč, Kobarid und Cividale. Die dritte Reise begann am 7. Mai 1487 und hatte die Oststeiermark zum Ziel. Sie berührte unterwegs wiederum Škofia Loka und kreuzte das Savetal nördlich unweit von Ljubljana. Die Visitationen in der Oststeiermark beschränk-

[1] Zur Biographie des Paulus Sanctoninus, insbesondere zu seinem Wirken in Diensten verschiedener Patriarchen und deren Vikare, vgl. *Vale*, S. 1 ff. (Einleitung).
[2] Die Datierung der Reisen ergibt sich aus den Datenangaben des Itinerars.

ten sich entsprechend den Diözesangrenzen auf das Gebiet zwischen Celje, Maribor und der Grenze nach Ungarn. Am 8. Juni war Sanctoninus wieder in Udine angelangt.
Die Tagebücher von diesen drei Reisen sind eine Liebhaberarbeit, die ausschließlich der persönlichen Erinnerung und der Unterrichtung von Freunden diente [3]. Dies bestätigt das Fehlen einer Zueignung. Die Mitteilungen stammen nahezu vollständig aus der eigenen Anschauung, aus der „Lust am Schauen", die für Sanctoninus sicher kaum weniger als für Petrarca bedeutete, betont er doch ausdrücklich an einer Stelle, daß er „nur um des Sehens willen" einen Abstecher von Villach zum Kloster Arnoldstein machte [4]. Die mündliche Information spielte nur eine untergeordnete Rolle. Quellen und Vorlagen wurden überhaupt nicht benutzt. Der Form des Itinerars nach stehen die drei Reisetagebücher in der venezianischen Tradition der Reiseberichterstattung, die aus dem Mittelalter stammt und erst gegen Ende des 15. Jahrhunderts Elemente des Humanismus aufgenommen hat [5]. Kennzeichnend ist hierfür die uneinheitliche Anhäufung verschiedenartigster Mitteilungen ohne Scheidung des Wesentlichen vom Unwesentlichen. Die vollständige Beschreibung von zehn Mählern und die unvollständige von weiteren vierzig besagt genug dazu. Aber humanistischer Einfluß macht sich doch in dreierlei Weise bemerkbar. Die Reisetagebücher sind nicht, wie man annehmen möchte, in Volgare, sondern in Latein abgefaßt, das jedoch kaum an humanistische Stilmuster heranreicht und den Kanzlisten verrät. Am Ende des ersten und dritten sowie in der Mitte des zweiten Reisetagebuchs ist ein zusammenfassender Rückblick eingeschoben, der das Schema des Itinerars verläßt und die Hauptmerkmale des durchreisten Gebiets und seiner Bewohner herausarbeitet. Mehrmals fällt der Blick auf antike Grabsteine, deren Inschriften in Celje, dem römischen Celeia, sogar sorgfältig kopiert werden [6]. Die drei Reisetagebücher stellen zusammen den umfangreichsten Bericht eines Italieners bis zum Ende der Epoche Friedrichs III. dar. Infolge ihrer ausführlichen, detailreichen, genauen und objektiven Darstellung sind sie eine schätzenswerte kirchen- und kulturgeschichtliche Quelle für die besuchte Region. Der für die venezianische Tradition bezeichnende Mangel an gestaltender Auswahl wird durch die Frische und Spontaneität der Aufzeichnungen wettgemacht. Besonders attraktiv sind die häufigen Vergleiche mit Italien. Bisweilen weiß Sanctoninus recht witzig zu erzählen, etwa über das Übernachten, wenn ihn Flöhe peinigten oder das Bett zu

[3] Vgl. *Vale*, S. 118; der Cod. Vat. lat. 3795 ist, wie *Vale*, ebd., nachweisen kann, ein Autograph. Eine Stelle in den Briefen des Sabellicus an Sanctoninus (vgl. Marci Antonii Cocii Sabellici opera omnia, Basileae 1560, Tom. III, S. 355, 356, 359, 360, 362, 385, 394, 407) könnte eine Anspielung auf die Reisetagebücher sein (S. 362): „Volucres, quae ex Carnica ora huc vestro ingenio advolarunt, nunciant tantam esse istic melopeponum annonam, ut non sit opus naves conducere, quas eiusmodi hortensibus deliciis onustas ad vos primis etesiis mittamus."

[4] Zweites Reisetagebuch, ed. *Vale*, S. 202.

[5] Vgl. Kap. I, S. 17.

[6] Ausführlich interpretiert von *Mercati*, Una visità a Cilli.

eng war, über die Freuden und Nöte der Gelage und über die Bravourstückchen eines trunksüchtigen Priesters aus Österreich, der als Orts- und Sprachkundiger den Bischof auf der ersten Reise begleitete.

Die Beurteilung in den Reisetagebüchern ist weitgehend freundlich und wird nur vereinzelt durch kritische Bemerkungen abgelöst. Der Grund hierfür läßt sich leicht erraten. An der ländlichen Oberschicht, den Burgpräfekten aus dem Ritterstand, Äbten und Ortspfarrern, gemessen, war der Bischof eine hochgestellte Persönlichkeit, die es zu ehren galt. Jeder Pfarrer und jeder Abt versuchte ihn verständlicherweise bei seiner Visitation für sich einzunehmen und behandelte ihn dementsprechend gastlich und zuvorkommend. So war auch für Sanctoninus, der als zweitwichtigster Mann nach dem Bischof oftmals in die Ehrungen miteinbezogen wurde, eine angenehme Atmosphäre geschaffen, in der er sich wohl fühlte, was sich auf seine Einstellung gegenüber der fremden Umwelt auswirken mußte.

Im Bericht des Sanctoninus nimmt erwartungsgemäß der Alltag der Visitationen einen breiten Raum ein. Sehr abwechslungsreich war der Tageslauf in den zum Teil entlegenen Alpentälern nicht. Der Bischof zog mit seinen Begleitern von Ort zu Ort, weihte vormittags, wenn er noch nüchtern war, Kirchen, Chöre, Altäre und Kapellen, firmte die meist in Scharen herbeigeeilten Gläubigen, die fast alle zum ersten Mal in ihrem Leben einen Bischof erblickten [7], visitierte gelegentlich ein Kloster und verbrachte einen guten Teil der übrigen Zeit an der Tafel, die von den Burgpräfekten, Äbten und Pfarrern bereitet wurde. Welchen Aufwand man dabei walten ließ, zeigt sich an den bereits genannten an die fünfzig mehr oder weniger vollständigen Schilderungen üppiger Mähler. Die Einkehr in den Burgen vermittelte Sanctoninus einen Einblick in die Lebensweise des niederen Adels, von der er ein repräsentatives Bild entwirft, das auch für andere Gebiete gelten dürfte. Er bildet die Burgen in ihren architektonischen Grundzügen ab, fängt auffällige Standesbräuche ein und skizziert die individuellen Züge einzelner Persönlichkeiten – ihr Aussehen, ihre Kleidung, ihren Charakter. Aufmerksam ging er der Kultur in den Alpentälern nach: der Ausstattung der Kirchen, ihren Wand- und Altargemälden, dem Chorgesang, den Tischmusikanten, den Possenreißern und den Büchern, die er im Besitz der Plebane und Klöster vorfand. Auch die Merkmale der Landschaft und des Anbaus interessierten ihn. Von den Städten beschreibt er Oberdrauburg, Lienz, Hermagor, Škofia Loka, Kranj, Villach, Tarvisio, Celje und eine Anzahl kleinerer Orte mehr oder weniger ausführlich. Manchmal wendet er sich anmutigen Details zu, etwa wenn er die herbstliche Blüte eines Rosengartens in Mauthen erwähnt [8]. Für die Sitten des Volkes sind vor allem die beiden rückblickenden Zusammenfassungen am Ende des ersten und dritten Reisetagebuchs ergiebig. Wie zu erwarten, fehlt es nicht an Mitteilungen über kirchenrechtliche Verhältnisse und den Lebenswandel

[7] Erstes Reisetagebuch, S. 150.
[8] Erstes Reisetagebuch, S. 126.

des Klerus, der durch die Visitationen ja überprüft und gehoben werden sollte. Eine köstliche Episode soll nicht übergangen werden: Während der Bischof im Nonnenkloster Velesovo im Savetal darauf gedrungen hatte, daß künftig keine Männer mehr Zutritt hätten, ließ er sich im Kloster Studenice vor versammeltem Kapitel von einer der jüngeren und schöneren Nonnen, wie Sanctoninus ausdrücklich vermerkt, den Kopf waschen ...[9]
Von den Städtebeschreibungen ist die reichhaltigste und umfangreichste die Beschreibung Villachs[10]. Bezeichnend für die in den Reisetagebüchern fortwirkende mittelalterliche Tradition ist das Fehlen der bekannten Dreiteilung in Beschreibung des Stadtbildes, Darstellung der Verfassungszustände und Schilderung der Sitten, wenngleich keines dieser Grundthemen unangesprochen bleibt. Die eigentliche Stadtbeschreibung schließt sich erst an einen nahezu vollständigen Bericht über die Stadtpfarrkirche St. Jakob und eine Schilderung zeremonieller Bräuche an. In St. Jakob bewunderte Sanctoninus den „wahrhaft engelgleichen" Knabenchor, der von einem festbesoldeten Chormeister geleitet wurde, und die Malereien des einheimischen Malers Thomas, über den er nach einer persönlichen Begegnung schrieb: „Er ist von niedriger Statur, friedfertiger Miene und geraden Sinnes, aber wenig begütert, da er häufig, wie man sagt, seine Arbeiten kostenlos ausführt, da es sich hierzulande nicht gehört, Schulden gerichtlich einzutreiben." Besonders beeindruckt war Sanctoninus in Villach von der Frömmigkeit, womit er bekanntlich unter den italienischen Berichterstattern nicht allein dasteht: „Die Italiener sollten sich schämen", ruft er aus, „und über ihre Leichtfertigkeit und mangelnde Hingebung bestürzt sein. Frömmigkeit und Demut mögen sie bei den Barbaren lernen!" Die Stadtbeschreibung setzt, wie gewöhnlich, mit einem Überblick über die Lage ein, der die Anordnung der Stadt und der Vorstädte beiderseits der Drau festhält. Die Größe wird mit Pordenone verglichen. Zur Verfassung heißt es, die Stadt werde von Konsuln und einem Stadtrichter verwaltet, die zusammen dreizehn an der Zahl seien und jährlich von den Bürgern gewählt würden, während man über die Stände: Adlige, Kaufleute und Handwerker, nur formelhaftes Lob hört. Nach einer Aufzählung der zu Gebote stehenden Lebensmittel fällt der Blick unvermutet auf das Aussehen der Gebäude. Sie seien sehr schön, bequem und weitläufig gebaut, zudem sehr hoch, hätten Höfe und Obstgärten, so daß sie an Bequemlichkeit den besseren italienischen Häusern nicht nachständen. Daran knüpfen einige Mitteilungen über das Heiliggeistspital und die Kirche St. Margareten an, in der eine Pala des Meisters Thomas hervorgehoben wird. Die günstige Verkehrslage, auf Grund derer sich viele Kaufleute, „und zwar reiche", angesiedelt hätten, bildet einen weiteren Gesichtspunkt der Darstellung, bevor sie mit einer Beschreibung der Mauern abbricht.

[9] Zweites und drittes Reisetagebuch, S. 186 und 246 f.
[10] Zweites Reisetagebuch, S. 192 ff. (Bericht über Villach; die eigentliche Stadtbeschreibung, S. 197 f.).

Nachdem bereits die Neugier des Lesers auf die Mähler und Gerichte gelenkt worden ist, wird nunmehr auch Genaueres darüber zu erfahren sein. Man sollte jedoch stets darauf achten, daß es sich um Gastmähler der Oberschicht handelte, von denen die Bauern nicht zu träumen wagten. Bezeichnend hierfür ist die Stelle, daß anläßlich eines Picknicks im Freien der Gastgeber den Bischof und die anderen ermahnte, alles aufzuessen, damit nichts von dem „üppigen und unverhofften Schmaus" für die im Kreis herumstehenden und zuschauenden „hungrigen" Bauern zurückbliebe [11]. Bei den Mahlzeiten wurden bis zu zehn Gänge aufgetischt, so daß sie bis zu zweieinhalb Stunden dauerten. Am häufigsten waren Fleischspeisen: Geflügel, Wildbret, Rind-, Kalb-, Lamm-, Hammel- und Ziegenfleisch. Das Geflügel wurde gebraten, gebacken oder im eigenen Saft geschmort. Bemerkenswert sind hierbei die Zusammenstellungen: Gamspfeffer und Hühnermägen, Brathühner und Lammlende, Hasenpfeffer und Hühnerleber, Rind- und Hühnerfleisch vermischt in fetter Suppe und so fort. Eine kaum minder große Rolle spielten Fischgerichte mit Forellen, Äschen, Rutten, Aalruten, seltener mit Hechten, Karpfen, Neunaugen oder eingesalzenem Donaulachs. Beliebt waren auch Krebse. Fische und Krebse waren meist gerade erst gefangen worden und wurden bisweilen vor den Augen der Gäste ins siedende Wasser geworfen. Abwechslungsreich war die Art, sie anzurichten. Man hört von in Wein gekochten Forellen, von einer Eierspeise mit Krebsen, von Krebsen und Neunaugen in Kräutersoße, von gestoßenem Krebsfleisch, in Butter herausgebacken, mit Zwiebeln, Eingesottenem und Gewürzen versetzt, oder von Fischen in mit Mandeln versetztem Aspik. Eine Fülle von Mehl- und Eierspeisen, darunter Knödel, Krapfen, Pfannkuchen und verschiedenartiges Gebäck, wurden zubereitet. Es gab etwa mit Honig übergossene Krapfen, die mit saurer Milch gereicht wurden, mit süßem Rahm überzogene Nudeln, Pfannkuchen mit Salbeiblättern, gesalzen, oder mit Apfelfüllung, überzuckert. Die Mehlspeisen wurden häufig zusätzlich mit Safran gefärbt. Regelmäßig kamen auch Kraut mit Speck oder Würstchen auf den Tisch. An Gemüsen werden ferner Rüben und Zwiebeln genannt. Man pflegte vielfach auf für unsere Begriffe recht ungewöhnliche Art zu würzen. Wie wäre es mit einem Hahn vom Rost, mit Zimt- und Gewürznelkenstückchen gespickt? Oder mit gestoßenem Hühnerfleisch mit einer Beimischung von Zimt und Wacholder? Manche Speisen muten uns heute fremdartig an: die gebratenen Krähen, das Fleisch vom jungen Bären, das Eichhörnchen in Kräutersoße oder der unterwegs gefangene Hamster, den der Bischof offenbar als besondere Delikatesse vor den Augen seiner neidischen Begleiter verzehrte. Meistens gab es zum Essen Weißbrot, das mehrmals als vorzüglich bezeichnet wird. Auch der Wein, der aus Italien eingeführte und der einheimische, findet häufig Beifall. Wenn er aber scharf, sauer oder bitter war, was gelegentlich vorkam, hielt Sanctoninus nicht mit Kritik zurück. Bei manchen Gängen setzten die Italiener aus, entweder weil sie ihren Magen vor schweren Speisen bewahren wollten oder weil das

[11] Drittes Reisetagebuch, S. 237.

Essen einfach zu reichlich war. Nach der ersten Reise war Sanctoninus froh, daß er sich endlich von den „vielen überflüssigen und unmäßigen Speisen" erholen konnte. Doch über das folgende, auf Burg Finkenstein bei Villach gereichte Menü war er mit Recht hell begeistert: „Wir nahmen zu mehreren Platz, da wurde als erster Gang schon Mandelmilch und Suppe aufgetragen, in der aufgeweichtes frisches Weißbrot in kleinen Brocken schwamm. Als zweiter Gang folgten frische gesottene Fische, als dritter Gemüse mit gebackenen Forellen, als vierter Suppe von ausgelösten Krebsen in Wein mit Gewürznelken versetzt, als fünfter Feigen in Wein, und zwar in bestem Rebolio (aus Friaul) gekocht und mit herumschwimmenden Mandeln gewürzt, als sechster gekochter Reis, mit Mandelcreme überzogen und in der Mitte Mandelkerne eingesteckt, eine Speise, die auf deutsch „Weltmutter" heißt. Das siebente Gericht waren mehrere Forellen, in Wein gesotten, von bestem Geschmack; achtens Krebse in Fülle von wunderbarer Größe, in Wein gesotten; neuntens Bäckereien (Plätzchen) von der Größe zweier Hostien, die zuerst in einer Schüssel mit Rosinen zu einem Teig verarbeitet, dann in die Backpfanne gelegt und schließlich, mit Staubzucker überpudert, auf Tellern dargereicht wurden. Sie waren süß und herzhaft. Als Nachtisch wurden Birnen verschiedener Sorte, frische Äpfel und Nüsse gereicht." [12]

Die Speisen geben Auskunft über den Handel der Zeit. Eingeführt wurden Wein, Reis, Hirse, gesalzener Donaulachs, Mandeln, Feigen und Rosinen, dazu die Gewürze: Safran, Salbei, Zimt, Gewürznelke, die über Venedig aus dem Orient kamen. Es dürfte kein Zufall sein, daß die Speisen in der Gegend von Villach denen im Gail-, Lesach- und oberen Drautal an Raffinement und Abwechslungsreichtum überlegen waren, denn die Haupthandelsstraße zwischen Venedig und Wien verlief über Villach.

Die Reisetagebücher fordern vielfach zu einem Vergleich mit den Urteilen anderer italienischer Berichterstatter heraus. Nehmen wir zum Beispiel die Mitteilungen über den niederen Adel, der bei den Italienern in der Regel ein schlechtes Zeugnis erhält, soweit er nicht von vornherein mit der Assoziation „Räuber" abgestempelt wird. Das von Sanctoninus Berichtete trägt demgegenüber positive Züge, wobei man die formelhafte „laudatio" in den Personenbildnissen nicht überbewerten sollte. Wie objektiv er auch hier war, belegt unter anderem eine Szene, in der ungeschminkt das rüpelhafte Betragen des Grafen von Goerz zum Ausdruck kommt. Als der Bischof den Dienern des Grafen die Firmung erteilte, forderte ihn dieser auf, den Firmlingen eine kräftige Ohrfeige zu versetzen. Da der Bischof nicht darauf einging, vollzog der Graf die Handlung auf der Stelle selbst und stob dann mit dem Ausruf „Nit gut pischolf" wütend aus der Kirche [13]. Recht einprägsam sind die zahlreichen Burgenbeschreibungen, die als bequem und praktisch ausgestattete Gebäude erscheinen. Gelungen ist vor allem die Beschreibung von Burg Lengberg im Drautal: „Die Burg wird von einer nicht

[12] Zweites Reisetagebuch, S. 214; die Übersetzung lehnt sich an *Egger*, S. 121 f. an.
[13] Erstes Reisetagebuch, S. 139; zum Grafen von Goerz ferner S. 144.

sehr ausgedehnten Mauer umschlossen, hat dafür aber einen Maueranger und ein Vorwerk. Sie ist auf einem für das Leben der Bewohner sehr bequemen Hügel erbaut, da aller Bedarf ohne Mühe zugeführt werden kann. Sie liegt unter einem höheren Berg, der den Hügel überragt. Die Mauern der Burg selbst sind dick und sehr hoch, so daß sie nur äußerst schwierig durch Belagerungsmaschinen gebrochen werden könnten. Die innere Einteilung ist vorzüglich, und es gibt in den oberen und unteren Geschossen schöne Wohnzimmer, die für Sommer und Winter hergerichtet sind. Man kann daher das Talent des edlen Ritters nur bewundern, und zwar vor allem darin, daß er offenbar die Sachkundigkeit erfahrener Baumeister übertroffen hat. In der Burg befindet sich auch ein Springbrunnen, dessen Wasser in einen hölzernen Trog zurückfällt. Dort kann man viele Fische, und zwar keineswegs alltägliche, auf ihre Weise spielen sehen. Innerhalb der Burg hat der Präfekt für verschiedenartige Befestigungskünste gesorgt, falls einmal ein feindlicher Angriff abgeschlagen werden muß. Er hat auch eine Sonnenuhr oder vielmehr einen Stundenmesser angebracht, um besser und praktischer seine Geschäfte regeln und sie nach der Zeiteinteilung durchführen zu können. Am Fuße der Burg liegen einige mit verschiedenen Obstbäumen bestandene Grundstücke und liebliche Wiesen, die einen schönen Teich voller vorzüglicher Fische umgeben. Im Teich ist ein Holzhaus erbaut, in welchem der tüchtige Ritter bisweilen, wie man hört, vor der Sommerhitze ausweicht. Es ist von seiner Hand und auf seine Kosten erbaut, zu seiner und seiner Freunde Erquikkung.“ [14]

An manchen Stellen möchte man gern die Reisetagebücher der „Germania“ des Aeneas gegenüberstellen. Die Quantitätsangaben, die in dieser fehlen, sind bei Sanctoninus durch die Häufigkeit bestimmter gleichartiger Mitteilungen gegeben, so daß man bei der Ausführlichkeit der Tagebücher einigen Aufschluß gewinnt. Aeneas hatte, wie man sich entsinnt, von dem häufigen Silbergerät in den Gasthäusern und von den kostbaren Geräten in den Kirchen, den mit Perlen und Gold bedeckten Reliquien, der schmuckvollen Ausstattung der Altäre und Kleidung der Priester und dem Reichtum der Sakristeien gesprochen [15]. In der Tat berichtet Sanctoninus mehrmals von Silberbechern und seltenen Kristallgläsern mit Verzierungen, denen er im allgemeinen jedoch nur bei Adligen begegnet ist [16]. Nur in einem Fall erwähnt er sie bei einem Pfarrer, in keinem Fall in einem Gasthaus [17]. Was die Kirchenschätze anbelangt, so stimmt er weitgehend mit Aeneas überein. Zweimal betont er bei einer Pfarrkirche, ihre Ausstattung wäre einer Kathedralkirche würdig [18].

[14] Reisetagebuch, S. 140/141; zur Übersetzung vgl. *Egger*, S. 36/37.
[15] Vgl. Kap. Aeneas Silvius, S. 140.
[16] Reisetagebücher, S. 128, 141, 209.
[17] Erstes Reisetagebuch, S. 140.
[18] Erstes Reisetagebuch, S. 163 (Hermagor); Zweites Reisetagebuch, S. 183 (Kranj); dasselbe dürfte der Beschreibung nach auch für St. Jakob in Villach gelten, ebd. S. 193 ff.

XIX. Petrus Ranzanus

Exkurse über den Donaulauf, Wien und Wiener Neustadt in der „Epitome rerum Hungaricarum"

Petrus Ranzanus stammte aus Palermo [1]. Obgleich er im Alter von 16 oder 17 Jahren in den Dominikanerorden eintrat, seit 1456 Ordensprovinzial für Sizilien und seit 1476 Bischof von Lucera war, verschmähte er gleich Ambrogio Traversari nicht den Umgang mit Humanisten, ja selbst nicht mit Männern wie Carlo Marsuppini, Laurenzo Valla, Francesco Filelfo und Panormita, die wegen ihrer skeptischen, kritischen, polemischen oder als amoralisch empfundenen Haltung mit der Kirche in Konflikt geraten waren. Während seiner Studienjahre und später als Ordensprovinzial bereiste er weite Teile Italiens und kam sogar bis nach Frankreich. Seine Vorliebe galt neben der Theologie der Geschichtsschreibung und der Geographie. Sein Hauptwerk, die „Annales", eine enzyklopädische Darstellung der Weltgeschichte in acht Bänden oder fünfzig Büchern, bezeugt seine große Belesenheit in diesen Fächern. Leider ist der vierte Band, der unter anderem eine historisch-geographische Darstellung Deutschlands enthielt, verloren gegangen [2]. Wir hätten sonst die dritte größere Darstellung Deutschlands nach der „Germania" und der „Europa" des Aeneas besessen, auf denen sie vermutlich auch aufgebaut war. 1488 entsandte König Ferdinand von Neapel Ranzanus an den Hof des Ungarnkönigs Mathias Corvinus in Wien, in dessen Umgebung er sich die folgenden drei Jahre hindurch aufhielt [3]. Während dieser Zeit legte er den Grundstein zu einem Werk über die ungarische Geschichte, der „Epitome rerum Hungaricarum", die er jedoch nicht mehr abschließen konnte, da ihn 1492, nicht lange nach seiner Rückkehr nach Italien, der Tod überraschte [4].

Die geographischen Exkurse der „Epitome rerum Hungaricarum" sind hinsichtlich der Ausschöpfung der antiken Autoren und dem Bedürfnis nach Erweite-

[1] Die biographische Übersicht hält sich an die beiden Arbeiten von Termini. Als Variationen des Namens nennt *Termini*, Pietro Ransano, S. 7: Ranzano, Ransano, Razzano, Rozzano und Ranzani.

[2] *Termini*, Pietro Ransano, S. 111 f. und 122.

[3] Für die Kenntnis seines Aufenthaltes in Ungarn und Österreich sind nach wie vor die Mitteilungen des Antonius Bonfinis ausschlaggebend: Antonii Bonfinii Historia Pannonica (zit. im Literaturverzeichnis zu Bonfinis), ed. *Widenfeldt – de Berges*, S. 471 a (Dec. IV, lib. 8) und S. 475 b (Dec. IV, lib. 8). Ranzanus hielt die Totenrede für Mathias Corvinus.

[4] Im Juni 1492 erscheint folgende, noch nicht beachtete Eintragung in den Registern der Universität Ferrara: „Petrus Ranzanus de Panormo, ord. Carmelitarum (?) theologia". Vgl. *Giuseppe Pardi*, Titoli dottorali conferiti dallo studio di Ferrara nel sec. XV e XVI, Lucca 1901, S. 90. Zur Bewertung der „Epitome rerum Hungaricarum" vgl. *Termini*, Pietro Ransano, S. 136–141.

rung des Wissens durch eigene Anschauung und mündliche Information von humanistischem Geist geprägt [5]. Die einleitende umfangreiche Beschreibung Ungarns, deren Wert besonders in der nahezu vollständigen Aufzählung der Städte sowie der Kennzeichnung der Stände- und Nationalitätenstruktur des Landes besteht, soll nur am Rande erwähnt werden [6]. Kaum geringere Beachtung verdient die in der Geschichte der Geographie bislang eingehendste Beschreibung des Donaulaufs [7]. Die Mitteilungen des Ptolemäus, Plinius, Aristoteles, Pomponius Mela und Solinus sind in vorzüglicher Weise durch mündliche Informationen ergänzt und an Hand von ihnen kritisch zur Diskussion gestellt. Wie bei fast allen Geographen der Zeit nehmen etymologische und topographische Erörterungen einen breiten Raum ein. Mit besonderer Sorgfalt sind die Städte von der Quelle bis zur Mündung zusammengestellt. Lassen wir einmal die von Ranzanus aufgezählten schwäbischen und bayrischen Donaustädte an uns vorüberziehen: Ulm, Leipheim, Gundelfingen, Lauingen, Dillingen, Höchstädt, Donauwörth, Neuburg, Ingolstadt, Vohburg, Kelheim, Regensburg, Donaustauf, Straubing, Deggendorf, Vilshofen, Passau. Nicht minder dicht ist die Aufzählung der österreichischen Donaustädte von Linz an flußabwärts. Es sind jeweils die Entfernungen von der einen Stadt zur nächstfolgenden auf der Flußstrecke vermerkt und mehrmals Erörterungen zur Etymologie der Stadtnamen eingeschoben. Ein Regensburger würde wahrscheinlich lächeln, wenn er folgende abenteuerliche Serie von Namen, die laut Ranzanus unter Regensburger Bürgern im Umlauf waren, und ihre Deutung kennenlernte: Ratispona, Regensburgh, Quadrata, Tiberina, Hiataspolis, Regenopolis und Imbripolis [8]! Die Anführung anschaulicher Merkmale der Städte fällt in der Regel fort, da Ranzanus kein Augenzeuge war. Es wird jedoch nicht darauf verzichtet, gelegentlich auf die eine oder andere Tatsache hinzuweisen, die der Stadt in der Gegenwart oder der Vergangenheit Bedeutung verliehen hat, wie zum Beispiel auf das Episkopat des Albertus Magnus in Regensburg und auf die Universität in Ingolstadt.

Dem Exkurs über die österreichischen Städte, und besonders über Wien und Wiener Neustadt [9], liegen die erste Fassung der Beschreibung Wiens des Aeneas und dessen knappe Aufzeichnungen über Wiener Neustadt in dem Brief an Gio-

[5] Wie großen Wert er auf die eigene Anschauung oder ersatzweise auf mündliche Informationen legte, bezeugt folgende erwähnenswerte Stelle in der Beschreibung Ungarns: „Fateor, me non ea vel cura vel diligentia totas peragrasse Pannonias, ut ea de re, quam hoc loco scripturum me polliceor nimis exactam possim dare notitiam. Mihi tamen ita ipse consului, ut ex Hungaris hominibus aliquot mihi adhiberem, qui essent locorum periti, a quibus acciperem ac perdiscerem nomina situmque locorum, de quibus institui meminisse“; *Schwandtner*, Script. rer. Hung. I, S. 329.

[6] *Schwandtner*, Script. rer. Hung. I, S. 326–336.

[7] *Schwandtner*, Script. rer. Hung. I, S. 336–341.

[8] „Ratisponae multa esse indita nomina, indigenae affirmant“, ebd. S. 338.

[9] Ebd., S. 402–403.

vanni Campisio vom Juni 1444 zugrunde [10]. Ranzanus hebt ausdrücklich hervor, er habe beide Vorlagen in den „Epistolae“ des Papstes vorgefunden, die er sicherlich aus einem der beiden Nürnberger Wiegendrucke Anton Kobergers von 1481 und 1486 kannte, in denen zum ersten Mal die erste Fassung der Beschreibung Wiens, verkürzt und losgelöst von der „Historia Austrialis“, erschienen war [11]. Leider hat Ranzanus dem von Aeneas Berichteten nur in wenigen Fällen eigene Beobachtungen hinzugefügt und über Wien und Wiener Neustadt hinaus keine weiteren österreichischen Städte beschrieben, obwohl er auf Grund seines längeren Aufenthalts in Österreich ohne weiteres dazu in der Lage gewesen wäre. Er verglich die Mitteilungen des Aeneas jedoch kritisch mit der eigenen Anschauung und traf danach unter ihnen eine bewußte Auswahl. Über Wiener Neustadt gibt er die Aufzeichnungen des Aeneas wieder, jedoch nicht ohne in einem Zuge deren Unvollständigkeit zu kritisieren: Aeneas habe zwar die Vorzüge der Lage und der Fruchtbarkeit des Bodens angeführt, doch die Schönheit der Stadt, „die auf jeden Fall groß ist“, außer acht gelassen [12]. Die Beschreibung Wiens lehnt sich eng an die Vorlage des Aeneas an, ist jedoch ihr gegenüber beträchtlich gekürzt. Die Auswahl der Themen ist nach dem Grundsatz erfolgt, „nur das Lobenswerte, nicht jedoch das Tadelnswerte“ an Wien festzuhalten [13]. Deshalb fällt der gesamte Abschnitt über die Sitten fort, der durch Übertreibungen und Verzerrungen gekennzeichnet war. Auch die Aufzählung der Bettelorden mit dem Seitenhieb auf ihren Reichtum und die einseitigen Äußerungen über die Lehrmethode der Universität und den Lebenswandel der Studenten sucht man vergebens. Im ersten Fall dürfte dem Dominikaner die Ansicht des Aeneas unliebsam, im zweiten zu voreingenommen gewesen sein. Alle weiteren Themen sind in der Mehrzahl ohne Kürzungen in derselben Reihenfolge wie bei Aeneas erhalten geblieben. Hier hat Ranzanus einfach aus der Vorlage exzerpiert und nur geringfügige stilistische Veränderungen vorgenommen. Bei der Ableitung des Stadtnamens von dem Fluß Wien unterschied er sich von der Auffassung des Aeneas und traf er das Richtige [14]. An eigenen Beobachtungen fügte er im ganzen

[10] *Wolkan* I, 1, ep. 148; vgl. auch im Kap. Aeneas Silvius, S. 125.

[11] Vgl. Kap. Aeneas Silvius, Anm. 178.

[12] „... Haec in loci solique laudem vir doctissimus scripsit. Sed urbis pulchritudinem, quae plane magna est, praetermisit“, *Schwandtner*, Script. rer. Hung. I, S. 402.

[13] „... de Vienna neque ea, quae digna sunt laude, neque ea, quae merito sunt vituperanda, subticuit. At vero ego, ex sua illa tam egregia urbis descriptione, ea tantum, quae sunt laudis, non quae sunt vituperationis, attingam“, ebd., S. 402. Zur Beschreibung Wiens vgl. auch *Müller*, Wiens höfisches und bürgerliches Leben, S. 696.

[14] Aeneas hatte den Namen Wien von „Flavianum“ bzw. den „arae Flavianae“ des Ptolemäus hergeleitet und sich gegen die (heute im übrigen gültige) Auffassung ausgesprochen, daß der Name der Stadt von dem des Flusses herstamme (vgl. Kap. Aeneas Silvius, S. 115 und Anm. 186 mit der weiteren Literatur zur Geschichte des Stadtnamens). *Müller*, Wiens höfisches und bürgerliches Leben, S. 696, unterstellt, daß Ranzanus die Auffassung des Aeneas gekannt und sie bewußt verworfen habe. Dies war in der Tat nicht der Fall, da Ranzanus die Erörterung des Aeneas über den Stadtnamen in der Veröffentli-

nur drei hinzu. Da er die Darstellung des Donaulaufs in der Beschreibung Österreichs, die in den Nürnberger Wiegendrucken fehlt, nicht kannte, vermerkte er zusätzlich, daß die Donau im Osten an der Stadt vorbeifließe und die Umgebung landschaftlich reizvoll gestalte [15]. Die Beschreibung der Kirchenarchitektur schien ihm bei Aeneas zu allgemein gehalten. Er wollte es deshalb nicht versäumen, die Schönheit der vielfarbigen Scheiben der für die Lichtverhältnisse im Innern günstigen hohen und breiten Kirchenfenster, die architektonisch kunstvoll emporgeführten Gewölbe und die hohen Dachfirste zu erwähnen [16]. Die Wiener Gotik hat also nach Aeneas ihren zweiten Verehrer gefunden, wie der von dessen Auffassung unbeeinflußte Zusatz zu erkennen gibt. Die dritte selbständige Beobachtung ist eine Ausschmückung des Bildes der in die Stadt hineinrollenden, mit Lebensmitteln beladenen Wagen. Aeneas hatte bei der Aufzählung der Lebensmittel auch das Brot angeführt, ohne jedoch bestimmte Eigenschaften zu erwähnen. Ranzanus setzte hinzu: „Brot verschiedener Form, verschiedener Art und verschiedener Größe." [17] Fragt man im Rückblick nach der inneren Einstellung des Ranzanus zu den österreichischen Städten, so erhellt aus zahlreichen Äußerungen nur die Antwort: sie war positiv.

chung der ersten Fassung der Beschreibung Wiens in den Nürnberger Inkunabeln nicht zugänglich war, da sie hier erst mit der Kennzeichnung der Stadtbefestigung einsetzt (vgl. Anm. 178 zum Kap. Aeneas Silvius). Dasselbe würde übrigens auch für den Fall gelten, daß Ranzanus die erste Fassung der Beschreibung Wiens in einer Handschrift der Briefe und kleineren Traktate vor sich hatte (vgl. Anm. 181 zum Kap. Aeneas Silvius). Um so bemerkenswerter ist es, daß er an anderer Stelle (*Schwandtner*, Script. rer. Hung. I, S. 339) anführt, Wien hätte einstmals „Flavianum" geheißen. Da er diese Angabe allem Anschein nach einer mündlichen Information verdankt, kann man darauf schließen, daß diese Auffassung im damaligen Wien geläufig war.

[15] *Schwandtner*, Script. rer. Hung. I, S. 402: „Ab oriente eam praeterfluit Danubius, qui urbis agrum, suo decursu, undique reddit amoenissimum."

[16] Aeneas (*Kollar*, Analecta II, col. 9): „Sanctis coelum tenentibus ipsique maximo Deo templa dicata et ampla et splendida, secto lapide constructa, perlucida et columnarum ordinibus admiranda"; Ranzanus (*Schwandtner*, Script. rer. Hung. I, S. 402): „Deo ac sanctis eius dicata templa, ampla sunt ac splendida, secto erecta lapide, vitreisque et varii coloris, longis latisque fenestris pellucida, et columnarum mira arte laboratarum ordinibus, altissimis praeterea, mireque artificiose testudinatis, tectorum culminibus admiranda."

[17] Aeneas (col. 12): „Pistus, panis, carnes, pisces, volatilia sine numero afferuntur"; Ranzanus (S. 403): „Panis diversae formae diversaeque materiae ac magnitudinis, carnes, pisces, volatilia, sine numero afferuntur."

XX. Antonius Bonfinis

Beschreibungen Österreichs, Wiens, Wiener Neustadts und anderer österreichischer Städte

Im September 1486 machte sich Antonius Bonfinis von Recanati in den Marken auf, um die Gunst des als Mäzen italienischer Humanisten bekannten Königs von Ungarn Mathias Corvinus zu gewinnen, der seit Juni 1485 in Wien residierte, nachdem er die Stadt erobert hatte, und sich gerade zu neuen Kriegszügen in Niederösterreich rüstete. Bis zum Zeitpunkt seines Aufbruchs enthält der Lebenslauf des Bonifinis nichts Ungewöhnliches [1]. Er wurde im zweiten Viertel des fünfzehnten Jahrhunderts in Ascoli Piceno oder in Patrignone in den Marken geboren. Als Lehrer wird häufig Enoch d'Ascoli genannt, doch ist dies durch keine Quelle verbürgt [2]. Er wird aber in einem der Zentren des Humanismus studiert haben, da er über Griechischkenntnisse verfügte [3]. Bis 1478 lehrte er in Ascoli Piceno, danach war er Leiter der humanistischen Schule von Recanati [4]. Seine Antrittsrede als Schulleiter, ein Lob auf die Stadt Recanati, bleibt den gebräuchlichsten rhetorischen Topoi verhaftet [5]. Eine 1477 vor dem Herzog von Urbino Federico da Montefeltro gehaltene Rede und ein Panegyrikus auf den heiligen Flavian von 1483 sind kaum origineller [6]. Die Biographen sprechen von

[1] Fundierte biographische Studien über Antonius Bonfinis stehen noch aus. Die Angaben der Biographen sind zu einem guten Teil widersprüchlich, ungenau und unkritisch. Vor allem die Arbeiten von Giulio Amadio entbehren der nötigen fachlichen Voraussetzungen. Sie sind jedoch für das Wirken Bonfinis in den Marken nicht zu übergehen, da allein Amadio Zugang zu den Quellen der Lokalgeschichte hatte. Der biographische Abriß dieser Arbeit kann nicht allen Fehlern und Widersprüchen der Biographen bis an die Wurzeln nachgehen und ist daher in dem Bewußtsein geschrieben, möglicherweise Fehler und Ungenauigkeiten übernehmen zu müssen.
Als Variationen des Namens werden Antonius de Bonfinis, Antonius Bonfinis, Bonfinius und Bonfinus genannt. Als Antonius Bonfinis bezeichnet er sich jedoch selbst (Rerum Ungaricarum Decades, Dec. IV, lib. 7, *Widenfeldt – de Berges*, S. 463 b; die entsprechende Stelle ist unter Anm. 11 zitiert), weshalb wir diesem Namen den Vorzug geben wollen.

[2] Als Geburtsjahr wird in der Regel 1427 angegeben, *Fógel*, *Iványi*, *Juhász*, Introductio, S. V. Zur Herkunft vgl. *Amadio*, La patria di Antonio Bonfini, passim. *Tóth*, Analecta Bonfiniana, S. 187, bestritt die von Amadio behauptete Herkunft aus Patrignone und nahm statt dessen Ascoli Piceno an. *Amadio*, La vita e l'opera, S. 1–29, stellte dem jedoch neue Argumente zugunsten von Patrignone entgegen. Zu Enoch d'Ascoli als Lehrer des Bonfinis vgl. *Amadio*, La vita e l'opera, S. 69, und Tóth, Analecta Bonfiniana, S. 188.

[3] Bereits 1478 muß er über gute Griechischkenntnisse verfügt haben, denn in der in diesem Jahr gehaltenen Lobrede auf Recanati (ed. *Amadio*) zitiert er die „Ars rhetorica" des Hermogenes.

[4] *Amadio*, La vita e l'opera di Antonio Bonfini, S. 71 f. und S. 65.

[5] Ed. *Amadio*, vgl. Literaturverzeichnis.

[6] Ed. *Amadio*, vgl. Literaturverzeichnis.

einem verlorengegangenen Werk „De mirabilibus Italiae et Germaniae", das uns lebhaft interessiert hätte. Aber auf welchen glaubwürdigen Zeugen mögen sie sich berufen? [7]

Bonfinis hatte seine Begegnung mit Mathias Corvinus gut vorbereitet und wahrscheinlich auch mit Freunden unter den italienischen Humanisten an dessen Hof abgesprochen [8]. Vor seiner Abreise verfaßte er eigens eine Schrift „Libellus de Corvinae domus origine", in der er nach Humanistenbrauch das Geschlecht des Königs auf die römischen Imperatoren zurückführte [9]. Spätestens in Hainburg, wenn nicht gar schon in Ungarn, wo der König das Heer sammelte, schloß er sich seinem Feldzug an [10]. Mitte Dezember etwa fand im Feldlager bei Retz die erste Begegnung mit dem König und dessen Gemahlin, Beatrice von Aragon, statt, wobei er ihnen die stattliche Zahl von sechs Büchern überreichte, fast sein ganzes bisheriges Werk! Drei davon, das genannte „Libellus" und die Herodian- und Hermogenesübersetzungen, waren dem König selbst gewidmet, zwei, das „Symposion de virginitate et pudicitia coniugali" und eine ursprünglich als Bittschrift an die Stadt Recanati abgefaßte „Historia Asculana", der Königin und ein Bändchen mit Epigrammen dem Sohn des Königs Johannes Corvinus [11]. Der er-

[7] Vgl. das Verzeichnis der Werke bei *Fógel, Iványi, Juhász,* I, Introductio, S. IX ff.

[8] Im „Symposion de virginitate et pudicitia coniugali" (Symposion Timeron sive Antonii Bonfinii de pudicitia coniugali et virginitate dialogi III, Basileae, ex officina Oporiniana, 1572), das zu den von ihm 1486 in Österreich dem König und der Königin überreichten Werken gehörte (aufgeführt in Dec. IV, lib. 7, *Widenfeldt – de Berges,* S. 463 b; vgl. Anm. 11), ist er über einzelne Vorgänge am Hofe des Mathias Corvinus unterrichtet und kritisiert er eine Schrift des dort lebenden Galeotto Marzio, vgl. *Amadio,* La vita e l'opera, S. 163/164. Einen Überblick über die italienischen Humanisten am ungarischen Hof bieten *Fraknói, Fógel, Gulyás, Hoffmann,* Biblioteca Corvina, in der Einleitung; *Eugenio Koltay-Kastner,* L'umanesimo italiano in Ungheria, La Rinascità, II/5, Firenze 1939, S. 10–55; *Wilhelm Fraknoi,* Mathias Corvinus König von Ungarn 1458–1490, Freiburg/Breisgau 1891, S. 222, Anm. 1.

[9] Die Schrift selbst ist verloren. Ein Auszug in den Rerum Ungaricarum Decades, Dec. III, lib. 9 (ed. *Fógel, Iványi, Juhász,* III, sent. 192 ff.), vermittelt einen ausreichenden Eindruck von ihr. Zur Herleitung des Stammbaums bis auf antike Geschlechter vgl. *Jacob Burckhardt,* Die Kultur der Renaissance in Italien, 18. Aufl. ed. W. Goetz, Leipzig 1928, S. 171 f.

[10] In der Vorrede zur Philostratübersetzung, *Kollar,* Analecta II, col. 815, gibt sich Bonfinis als Augenzeuge des Heerzuges in Niederösterreich aus. Er will Hainburg, Laa, Retz und Eggenburg mit eigenen Augen gesehen haben: „Hamburgum captum vidimus, in Danubii ripa situm ..." und „Confractam Lavam, Retiam Engeburgamque spectavimus ..." Zu den Feldzügen des Mathias Corvinus vgl. *Fraknói,* S. 189 ff.; zu Bonfinis Aufenthalt im Feldlager, *Verrua,* Umanisti ed altri „studiosi viri", S. 49; zum Datum der Abreise vgl. *Amadio,* La vita e l'opera, S. 94 ff.

[11] Dies geht aus dem eigenen Bericht des Bonfinis in Dec. IV, lib. 7 (*Widenfeldt – de Berges,* S. 463 b) hervor, in welchem es heißt: „Paucis ante diebus Antonius Bonfinis, civis Asculanus, e Picenti agro, Corvini regis nomine succensus, Rhetiam venit, ubi cum regem et Beatricem adivisset, varia librorum, quae nuper ediderat, volumina detulit" etc. Diese Mitteilung widerspricht nicht der Darstellung in der Vorrede zur Philostratübersetzung, da ja „Rhetiam venit" nicht unbedingt so zu verstehen ist, als wäre er erst in

hoffte Erfolg stellte sich bald ein. Am Neujahrstag 1487 durfte Bonfinis in der Wiener Residenz vor dem König und dem versammelten Hofstaat eine Rede halten. Nachdem er geendet hatte, ließ der König seine Werke hereintragen und an die Vornehmen seines Hofes zum Lesen verteilen. Zugleich berief er ihn zum Vorleser der Königin Beatrice und betraute ihn mit der Übersetzung der Sophistenviten des Philostrat ins Lateinische [12]. In den folgenden Monaten hielt sich Bonfinis in der Nähe der Königin im Feldlager auf und wurde Augenzeuge der fast halbjährigen Belagerung von Wiener Neustadt und des Einzugs nach der im August erfolgten Übergabe [13]. In der panegyrischen Vorrede zu der um diese Zeit wohl schon beendeten Philostratübersetzung hat er dieses eher für die Standhaftigkeit der Wiener Neustädter rühmliche Ereignis in den grellsten rhetorischen Farben in einen Triumph der Kriegskunst und staatsmännischen Klugheit des Königs umgewandelt [14]. Bald darauf beauftragte ihn dieser mit der Übersetzung des Werkes „De architectura" des Averulino, genannt Filarete, aus dem Italienischen ins Lateinische, das ihn für seine Bauvorhaben interessierte [15]. Wann er ihm die Abfassung einer Darstellung der ungarischen Geschichte übertrug, ist unbestimmt, doch geschah es wahrscheinlich erst in der Zeit nach der Überreichung der Philostratübersetzung [16]. Die nächsten zwei Jahre dürfte er sich am Hofe des Königs abwechselnd in Österreich und Ungarn aufgehalten haben und mit der Sammlung des Materials und der Abfassung eines Teiles der „Rerum Ungaricarum Decades" beschäftigt gewesen sein [17]. Nach seiner vorzüglichen Unterrichtung über alle Vorgänge zu schließen, befand er sich im Januar 1489 an der Seite des Königs in Wien und begleitete ihn bald danach auf dem

Retz zum Heer des Königs gestoßen. Hier fand nur die erste Begegnung statt. Warum *Fógel, Iványi, Juhász,* Introductio S. VI, den 20. Dezember als Datum der Begegnung nennen, bleibt unerfindlich, da Bonfini doch dieses Datum für den Einzug des Mathias Corvinus in Wien angibt, Dec. IV, lib. 7 (*Widenfeldt – de Berges,* S. 463 b). Zu den überreichten Werken vgl. das Werkeverzeichnis bei *Fógel, Iványi, Juhász,* Bd. I, S. IX. Die Hermogenesübersetzung erschien 1538 in Lyon im Druck: Hermogenes Tarsensis ... de arte rhetorica praecepta. Aphtonii ... praeexercitamenta. A. Bonfino ... interprete. Apud S. Gryphium, Lugduni 1538 (vgl. auch *Paul Oscar Kristeller,* Iter Italicum II, Italy, Orvieto to Volterra, London 1967, S. 470).

[12] Auch dies ist dem Bericht in Dec. IV, lib. 7 (*Widenfeldt – de Berges,* S. 463 b) zu entnehmen.

[13] Vgl. Vorrede zur Philostratübersetzung, *Kollar,* Analecta II, col. 826/827 und passim.

[14] *Kollar,* Analecta II, col. 809–828 (vgl. Literaturverzeichnis); die Übersetzung selbst wurde zweimal gedruckt: Flavii Philostrati de vitis sophistarum libri duo, A. Bonfino interprete. Ex aedibus Schurerianis, Straßburg 1516. Die spätere Ausgabe erschien 1563 in Basel. Vgl. auch *Kristeller,* Iter Italicum II, S. 316.

[15] Antonii Averulini Florentini de architectura libri XXV ex italico idiomate ab Antonio Bonfine in latinum traducti ... Venedig, Biblioteca Marciana, Cod. Mss. latini, Cl. XIII, 2 (2796); vgl. Dec. IV, lib. 7 (*Widenfeldt – de Berges,* S. 461 b). Die Übersetzung war verhältnismäßig verbreitet, vgl. *Kristeller,* Iter Italicum II, S. 227, 330, 404, 417, 418

[16] Vgl. *Fógel, Iványi, Juhász,* Bd. I, Introductio S. VI, Anm. 29.

[17] Ebd., vgl. auch Anm. 21.

Schiff nach Buda [18]. Nach dem unerwarteten Tod des Mathias Corvinus im April 1490 behielt ihn Wladislaus II., mit dessen Thronbesteigung die Glanzzeit des Humanismus am ungarischen Hof abbrach, als Hofhistoriograph bei sich und erhob ihn sogar in den erblichen Adelsstand [19]. Anfang 1492 konnte Bonfinis dem König bereits die ersten vier Dekaden seines Geschichtswerkes überreichen [20]. Gegen Ende des Jahres begab er sich nach Italien, wo er von Dezember 1492 bis August 1493 in Ferrara anzutreffen ist [21]. Auf der Reise suchte er in Venedig den Historiker Marcus Antonius Coccius Sabellicus auf, den einzigen Gelehrten, zu dem er zeitlebens nachweislich Kontakt gepflegt hat. Von Ferrara aus entspann sich zwischen beiden ein reger Briefwechsel, der hauptsächlich um die Erziehung von Sabellicus' Sohn in Ferrara kreiste. Leider sind nur die Briefe des Sabellicus erhalten [22]. 1496 erlitt Bonfinis in Ungarn einen Schlaganfall, der seine Arbeit an der fünften Dekade, der Darstellung der jüngsten ungarischen Geschichte unterbrach [23]. Wie es scheint, ist er nie mehr ganz davon genesen, denn es gelang ihm in den verbleibenden Lebensjahren nicht mehr, die fünfte Dekade zu vollenden. 1498 erbat Sabellicus in einem Brief an ihn Auskünfte über die ungarische Geschichte [24]. 1502 soll Bonfinis angeblich noch einmal nach Italien zurückgekehrt

[18] Dies geht aus Dec. IV, lib. 8 (*Widenfeldt – de Berges*, S. 471 a ff.), hervor. Vgl. *Fógel, Iványi, Juhász*, Introductio, Bd. I, S. VII.

[19] *Tóth*, Analecta Bonfiniana, S. 182.

[20] Vgl. die Anfang 1492 geschriebene Praefatio zu den vier ersten Dekaden (*Fógel, Iványi, Juhász*, I, sent. 21, und Introductio S. VI, Anm. 29).

[21] Dies ist der einzige nachweisbare Aufenthalt des Bonfinis in Italien seit seinem Aufbruch im Herbst 1486 an den Hof des Mathias Corvinus (vgl. *Giovanni Mercati*, Ultimi contributi, S. 1 ff., die einzige fundierte Studie zur Biographie des Bonfinis überhaupt). *Fógel, Iványi, Juhász*, Bd. I, Introductio S. VII, nennen insgesamt vier Aufenthalte in Italien, unter denen der von Mercati nachgewiesene sogar fehlt. Der erste soll vom 11. Januar bis zum 11. Mai 1488 gedauert und Bonfinis nach Recanati geführt haben. Diese Angabe bezieht sich auf einen Feuilletonartikel von *G. Foglia*, Un umanista italiano alla corte d'Ungheria, in: Corriere d'Italia, 16. April 1927. Foglia behauptet, er stütze sich auf bisher unveröffentlichte Quellen, worauf man sich jedoch nicht verlassen sollte. Auch *Amadio*, La vita e l'opera, beruft sich auf ihn, während *Tóth*, Analecta Bonfiniana, S. 188, auf *Ulysse Chevalier*, Notre Dame de Lorette, Etude historique sur l'autenticité de la Santa Casa, Paris 1906, S. 222, verweist, wo jedoch auch keine Quelle genannt ist. Der zweite und dritte Aufenthalt soll nach Fógel, Iványi und Juhász um den Dezember 1488 und den Juli 1489 stattgefunden haben. Doch für beide Fälle fehlen wiederum sichere quellenmäßige Belege. Offenbar bezieht sich die Angabe dieser Aufenthalte auf die Erwähnung der Anwesenheit des Bonfinis bei einem Exorzismus im Heiligtum von Loreto. Der Versuch *Amadios*, Vita e l'opera, S. 218 f., die Anwesenheit des Bonfinis bei dem Exorzismus als einen Beweis für eine vorübergehende Rückkehr nach Italien zu deuten, ist nicht überzeugend. Es ist viel eher wahrscheinlich, daß der Exorzismus vor der Abreise von 1486 stattfand. Für den angeblichen vierten Aufenthalt im Jahre 1502 sind ebensowenig sichere Anhaltspunkte gegeben.

[22] Es sind im ganzen 12 Briefe; vgl. Marci Antonii Coccii Sabellici opera omnia, Basileae 1560, S. 363, 365–366, 368, 371–374, 378–379, 383 und 430; *Mercati*, Ultimi contributi, S. 1 ff.

[23] *Fógel, Iványi, Juhász*, Introductio S. VIII.

[24] *Mercati*, Ultimi contributi, S. 3.

sein[25]. Als sein Todesjahr wird wechselweise 1502, 1503 und 1505 genannt. Doch verdient die Mitteilung seines Bruders Mathäus, eines Rhetorik- und Poetiklehrers in Rom, er sei 1502 gestorben, das meiste Vertrauen[26].
Die „Rerum Ungaricarum Decades", das Hauptwerk des Bonfinis, spiegeln das Vorbild des Titus Livius wider. Nicht nur die Dekadeneinteilung, sondern auch die Belebung der Darstellung durch Reden und Dialoge der Akteure, die im übrigen für die humanistische Geschichtsschreibung kennzeichnend ist, gehen auf ihn zurück. Das Werk ist mit Ausnahme des über die zeitgenössische Geschichte handelnden Teils das Ergebnis einer tüchtigen Kompilation aus Werken antiker, mittelalterlicher und humanistischer Autoren[27]. Zu den letzteren zählen Flavio Biondo, Aeneas Silvius und Petrus Ranzanus, dessen „Epitome rerum Hungaricarum" jedoch nur sehr sparsam benutzt worden ist, da Bonfinis offenbar auf die gemeinsamen Quellen zurückgehen wollte[28]. Die eigentliche Bedeutung der „Rerum Ungaricarum Decades" beruht auf der Schilderung der zeitgeschichtlichen Ereignisse in Ungarn und Österreich, die Bonfinis seit seiner Ankunft Ende 1486 zum Teil als Augenzeuge miterlebt hat. Hier erhält sein Werk den Rang einer vorzüglichen Quelle für die Geschichte des Mathias Corvinus und seines Nachfolgers Wladislaus' II. Nichts erinnert mehr an die Vergötterung des Mathias Corvinus in der Vorrede zur Philostratübersetzung. Bonfinis bewährt sich als ein auf Abstand bedachter Historiker, der die Leistungen und Schwächen des Königs gegeneinander abwägt – was nach dessen Tode, als er auf die Gunst des Wladislaus angewiesen war, wahrscheinlich sogar von Vorteil war. Neben der Schilderung der aktuellen Ereignisse offenbaren die „Decades" Sinn für die Beschreibung von Städten und Bauwerken.
Zur Beschreibung der kleineren österreichischen Städte bietet häufig die Darstellung der Kriegszüge des Königs Anlaß. Der Leser soll sich ein Bild von den Städten machen können, die von dem König belagert und schließlich durch Erstürmung oder freiwillige Übergabe erobert wurden. Die Skizzen der niederösterreichischen Städte Laa, Retz und Eggenburg, deren Einnahme Bonfinis 1486 selbst miterlebt hat, beschränken sich daher nahezu ganz auf die Kennzeichnung der

[25] Vgl. Anm. 21.
[26] *Fógel, Iványi, Juhász*, Introductio S. VIII.
[27] *Tóth*, Bonfini in Unghera, S. 26 ff.
[28] Dies wurde bereits von Johannes Sambucus in der Einleitung zur „Epitome rerum Hungaricarum" behauptet (*Schwandtner*, Rer. Ung. Script. I, S. 322); vgl. *Battistrada*, Il rinascimento e il regno di Mattia Corvino ..., S. 63. Ein über längere Partien durchgeführter Textvergleich zwischen der „Epitome" und den „Decades" hat ergeben, daß Bonfinis in der Tat die Vorlage des Ranzanus benutzt hat. Die Übereinstimmung ist freilich nur in einem Passus evident, nämlich in der Erörterung der Gründe für den Kriegszug des Mathias Corvinus in Österreich (*Schwandtner*, Rer. Ung. Script. I, S. 403–404 – Rer. Ung. Dec. IV, lib. 4, *Widenfeldt – de Berges*, S. 425 b–426 a). Die Abweichungen des Bonfinis sind im wesentlichen stilistischer Natur und entsprechen der bei ihm üblichen stilistischen Überarbeitung der kompilierten Vorlagen.

Lage und der Befestigungswerke [29]. Ausschließlich von derselben Warte aus sind auch Hainburg, Pruck an der Leyta, Kornneuburg, Tulln und Krems gesehen, die von den Feldzügen zwischen 1482 und 1484 betroffen waren [30]. Klosterneuburg wird hingegen gänzlich außerhalb des militärischen Aspekts gewürdigt [31]. Nach der üblichen Kennzeichnung der Lage erfährt man Einzelheiten über die Kirche des hl. Leopold mit dessen Grab und das Augustinerchorherrenstift, das „für die Größe seiner baulichen Anlage, die Vortrefflichkeit der Refektorien und Schlafgemächer“ sehenswert sei. Besondere Beachtung an den Stiftsgebäuden finden „ein prachtvoller Erker und Glasmalereien mit religiösen Motiven“ sowie die reichhaltige Bibliothek, „wo es viele aus italienischen Städten fortgeraffte Bücher zu sehen gibt“ [32]. Auch die Gartenanlagen mit ihren „freundlichen Bäumen und einem rechteckigen Fischteich“ werden nicht vergessen. Ein Blick auf die Lage der Vorstadt am Berghang bildet den Abschluß. Bonfinis hatte Klosterneuburg aus der eigenen Anschauung kennengelernt, als er im Spätherbst 1486 den König auf der Rückkehr von dem niederösterreichischen Feldzug nach Wien begleitete [33].

Wiener Neustadt ist im ganzen zweimal von Bonfinis beschrieben worden, und zwar in der Vorrede zur Philostratübersetzung sowie in den „Rerum Ungaricarum Decades“ jeweils innerhalb der Schilderung der Belagerung und Einnahme durch Mathias Corvinus, der Bonfinis ja beigewohnt hat [34]. Im Grunde liegen zwei Fassungen einer Beschreibung vor. Die Fassung der Vorrede zur Philostratübersetzung ist die frühere. Sie dient einzig der Veranschaulichung der Kampfhandlungen während der Belagerung und bietet in locker verbundenen Mitteilungen einen Überblick über die Lage, die Befestigungsanlagen und die Bodenbeschaffenheit. Die Kenntnis der letzteren ist für den Leser insofern wichtig, als die Belagerung durch das quellenreiche, sumpfige Umland erschwert wurde. Die Fassung der „Decades“ läßt allenthalben die Vorlage der ersten Fassung durchblicken. Die aus ihr übernommenen Beobachtungen sind jedoch um einige neue ergänzt. An die Stelle der locker verbundenen Mitteilungen tritt nunmehr eine übersichtlich angeordnete Darstellung. Auch die Fassung der „Decades“ steht vorrangig unter dem Aspekt der Verteidigungsfähigkeit der Stadt. Sie hebt mit der Kennzeichnung der Lage an und geht dann zu den aus der ersten Beschrei-

[29] Laa: Dec. IV, lib. 7 (*Widenfeldt – de Berges*, S. 462 a); Retz: ebd., S. 462 b; Eggenburg: ebd., S. 463 a.

[30] Hainburg: Dec. IV, lib. 6 (*Widenfeldt – de Berges*, S. 450 a); Pruck: ebd., S. 452 a; Kornneuburg: Dec. IV, lib. 5, ebd., S. 433 b; Tulln: ebd., S. 433 b; Krems: ebd., S. 433 b.

[31] Klosterneuburg: ebd., S. 433 a.

[32] Dies war eine beliebte Mutmaßung unter den italienischen Humanisten, die nach Deutschland kamen. Vgl. z. B. *Jo. Antonius Campanus*, Epistolae et Poemata, ed. Menkenius, Lipsiae 1707, lib. IX, ep. 45, S. 532.

[33] Dec. IV, lib. 7 (*Widenfeldt – de Berges*, S. 463 b).

[34] *Kollar*, Analecta II, col. 816; Dec. IV, lib. 8 (*Widenfeldt – de Berges*, S. 465 a). Zwei verstreute Bemerkungen über die Bauweise der Häuser in Wiener Neustadt ebd., S. 465 b und 467 a.

bung bekannten Beobachtungen über die Bodenbeschaffenheit des Umlandes über. Erst im Anschluß daran wendet sie sich dem Stadtbild zu. Während Bonfinis die Stadt in der ersten Fassung von dem Standort der Belagerer aus im Aufriß sieht, erblickt er sie nunmehr im Grundriß: „Die Stadt hat die Form eines Vierecks und demgemäß vier Tore. Wenn man sich mitten auf dem Hauptplatz aufstellt und im Kreis herumblickt, kann man alle vier Tore sehen. An jedes Tor schließt sich eine Vorstadt an, deren Gebäude sich nicht erheblich von denen der Stadt unterscheiden. Die Mauer ist durch einen dreifachen Graben geschützt und mit zahlreichen Türmen bewehrt. An jeder Ecke des Mauervierecks und vor jedem Tor steht außerhalb des Grabens ein Wehrturm nach Art eines kleinen Kastells, der mit einer Besatzung und vielfältigen Befestigungswerken versehen ist." Den Ausklang bildet die Beschreibung der außerhalb des Mauervierecks gelegenen, ehemaligen Residenz Friedrichs III. und des von ihm in unmittelbarer Nähe angelegten Tiergartens.

Der Höhepunkt in den Stadtbeschreibungen der „Rerum Ungaricarum Decades" ist die Beschreibung Wiens [35]. Bonfinis kannte sowohl die Beschreibung Wiens des Aeneas in der ersten Fassung als auch deren gekürzte, inhaltlich kaum veränderte Wiedergabe in der „Epitome rerum Hungaricarum" des Petrus Ranzanus [36]. Es ist anzunehmen, daß er erst durch Ranzanus auf die Beschreibung des Aeneas in den „Epistolae" hingewiesen wurde. Ihm dürfte demnach ebenso wie Ranzanus nur die verkürzte Beschreibung in den Nürnberger Inkunabeln Anton Kobergers von 1481 und 1486 vorgelegen haben [37]. Es hat den Anschein, als habe er sich bewußt von beiden Vorlagen absetzen und einen eigenen Weg beschreiten wollen. Er hielt sich zwar streng an die Themenfolge des Aufbaus in der Beschreibung des Aeneas, prüfte aber deren Einzelbeobachtungen sorgfältiger als Ranzanus an der eigenen Anschauung. Manche von ihnen hieß er gut und übernahm er, die meisten jedoch vervollkommnete er im Sinne seiner Kenntnis der Dinge oder ersetzte er durch eigene Beobachtungen [38]. Seine Beschreibung ist im ganzen kürzer als die des Aeneas. Die Darstellung der Stadtbefestigung, der Bürgerhäuser und der Kirchen ist zwar ausführlicher, dafür sind aber die Mitteilungen über die Klöster, die Universität, die Sitten und die allgemeinen Rechtsbräuche sehr gerafft und die Bemerkungen über die Zufuhr an Waren aus dem Umland und die Weinernte überhaupt fortgelassen. Die Leistung des Bonfinis als selbständiger

[35] Dec. IV. lib. 5 (*Widenfeldt – de Berges*, S. 431 b–432 b). Eine Übersetzung der wichtigsten Passagen bei *Müller*, Wiens höfisches und bürgerliches Leben, S. 693–694. Hinzuzuziehen sind ferner die Mitteilungen über die von Mathias Corvinus nach der Eroberung vorgenommenen baulichen Veränderungen und Verschönerungen (Dec. IV, lib. 7, ebd., S. 461 a). Die Einleitung zur Averulinübersetzung (vgl. Anm. 15) ist hingegen unergiebig.

[36] Es sei denn es hätten ihm nur einzelne Teile der „Epitome rerum Hungaricarum" vorgelegen. Vgl. oben Anm. 28.

[37] Vgl. im Kap. Ranzanus, S. 205.

[38] Ein alle Aspekte umfassender Vergleich der Beschreibung des Bonfinis mit der des Aeneas bei *Müller*, S. 692 ff.

Beobachter sollte, zumal im Hinblick auf Ranzanus, nicht unterschätzt werden. Erst die Darstellung der Stadtverwaltung und der Sitten lehnt sich eng an die Beschreibung des Aeneas an, ohne jedoch gänzlich auf eigene Beobachtungen und Deutungen zu verzichten. Ein Blick auf das Umland von Wien am Anfang und am Schluß der Beschreibung geschieht selbständig. Rhetorisch verlieh Bonfinis der zweckmäßigen, schmucklosen und bündigen Berichterstattung des Aeneas eine andere Färbung, indem er zahlreiche Wendungen der „laudatio" einführte – stereotype Redensarten und Vergleichungen, die ihn als zweitrangigen Humanisten entlarven. Der Anspruch, das berühmte Vorbild rhetorisch zu überflügeln, bewirkte nur das Gegenteil. In dieser Hinsicht war Ranzanus, der bescheiden exzerpierte, der Überlegene.

Die Beschreibung Wiens setzt überraschend innerhalb der Schilderung der Eroberungszüge des Mathias Corvinus in Österreich ein. Sie wird mit der Feststellung eröffnet, Wien könne mit Recht „zu den schönsten Städten der Barbaren" gezählt werden. Ein Blick auf die Lage der Stadt am Donauufer erfaßt auch den niederen Werd, eine von der Donau vor den Mauern der Stadt gebildete Insel. Er sei von Obstbäumen bestanden und ein beliebter Erholungsort der Wiener. Die Jugend treffe sich hier zu Reigenspielen und zu Picknicks. Der niedere Werd nahm demnach für die Wiener die Rolle der von Aeneas in Basel geschilderten Spielwiesen ein. Bonfinis ist der einzige Zeuge im ganzen Mittelalter dafür [39]! Die Beschreibung der Stadtbefestigung hält die wichtigsten Merkmale fest, so daß sich ein Stadthistoriker auch ohne anderweitige Nachrichten ein gutes Bild von ihr machen könnte. Es wird über die Mauer, den Graben, die Wälle, den Laufgang, die Schießscharten und recht eingehend über die Türme berichtet. Die anschließende Behauptung, die Gebäude der Vorstädte wetteiferten mit denen der Stadt an Schönheit, ist sicher eine Übertreibung. Sie beruht auf einem Topos, der schon von der Beschreibung Wiener Neustadts her bekannt ist [40]. Die Bauweise der Bürgerhäuser ist ausführlicher, übersichtlicher und präziser dargestellt als bei Aeneas, wobei Bonfinis die Erfahrung der Averulinübersetzung zustatten kam: „Ein jedes Haus hat einen vorderen und einen hinteren Trakt. Im Innenhof befinden sich gedeckte Gänge (Altanen), welche die von den benachbarten Bergen kommende Kälte abhalten sollen. Die Häuser haben ansehnliche, mit Tannenholz getäfelte Speisesäle, in deren einer Ecke ein Ofen steht. Die Fenster sind alle aus Glas und zum Schutz gegen Diebe mit Eisengittern versehen. Die anderen Räume des Hauses sind heizbare Stuben und Schlafzimmer für die Hausbewohner und für Gäste. An der Straßenfront befinden sich Erker und Kaufläden. Die Stadt ruht auf Schwibbögen, denn unterhalb der ebenen Erde liegen Gewölbe und Weinkeller von bemerkenswerter Größe. Das Maßwerk der Fenster

[39] Ebd., S. 726.

[40] Beschreibung Wiens (Dec. IV. lib. 5, *Widenfeldt – de Berges*, S. 432 a): „Suburbia circum maxima et ambitiosa effunduntur. Urbem haud aliter ac arcem regiamve complectuntur et cum urbana pulchritudine certant"; Beschreibung Wiener Neustadts (ebd., lib. 8, S. 465 a): „Suburbium cuique (portae!) suum est, urbanis assimile aedificiis".

und die Fenstergläser sind so prunkvoll und aufwendig, daß es antiker Prachtentfaltung gleichzukommen scheint. In den Fenstern singen und zwitschern Vögel, so daß man bei einem Spaziergang durch die Stadt durch einen klingenden lieblichen Wald zu schreiten vermeint" [41]. Die Bemerkung über die Vögel in den Fenstern ist von Aeneas übernommen, jedoch ohne die unfreiwillig komische Vergleichung. Im Abschnitt über die Kirchen erwähnt Bonfinis von sich aus den Stephansdom und Maria am Gestade, deren Aeneas ja erst in der zweiten Fassung seiner Beschreibung gedacht hat. Bei der Kennzeichnung des Turmes von St. Stephan tritt deutlich seine eigene Anschauung hervor: „Vom Turm aus kann man nicht nur die ganze Stadt, sondern auch das ganze Umland und näher zuliegende Österreich erblicken. Er ist octogonal und endet pyramidenförmig in einer Kugel." Die Priesterkollegien und die Universität werden nur in einer Aufzählung gestreift. Von den Klöstern bleibt allein das Schottenkloster übrig. An den Häusern des Adels will Bonfinis häufig die Wappen der aus Oberitalien vertriebenen Geschlechter: der Scaliger, der Carrara und anderer, gesehen haben. Die Einwohnerzahl wird von ihm nicht anders als von Aeneas in der ersten Fassung seiner Beschreibung auf 50 000 beziffert, doch beruft er sich dabei auf eine „Schätzung vor Kriegsbeginn". Ob er damit die Kommunikantenzahl des Aeneas meinte? Neu und wichtig ist seine Angabe von 7000 Studenten. Die Darstellung der Stadtverfassung und der Sitten weicht nur in einigen, kurz zu betrachtenden Ausnahmefällen von der des Aeneas ab. Zu ihnen gehört zunächst die unterschiedliche Darstellung und Deutung der Metzeleien und Straßenschlachten. Hier glückt Bonfinis eine prägnantere Kennzeichnung der daran Beteiligten, wenn er ausführt, es seien „einmal Studenten und Volk (academici et plebei), ein andermal Bauern und Stadtbewohner (rustici et urbani)" gewesen. Aeneas spricht hingegen in der ersten Fassung seiner Beschreibung von Handwerkern, Studenten und Hofleuten als den Kontrahenten. Aeneas' Darstellung ist jedoch in anderer Hinsicht überlegen. Während er keine Ursache für die Zusammenstöße nennt und es damit dem Leser nahegelegt, sie auf soziale Konflikte zurückzuführen, verharmlost Bonfinis den sozialen Hintergrund, indem er ausdrücklich Weingenuß für die Zusammenstöße verantwortlich macht [42]. Eigene Beobachtungen stehen auch hinter der Erwähnung der in Wien üblichen „ungeheuren Strafen" und der Teilnahme der Frauen am Erwerbsleben, worüber wir in der Beschreibung Österreichs noch einzelnes vernehmen werden. Mit einem Blick auf die „Wein- und Obstgärten, gefälligen Landhäuser, kunstfertig errichteten Gebäude, Vogelzwinger, Fischteiche und Tiergehege" des Umlandes klingt die Beschreibung aus.

Die Beschreibung Österreichs der „Rerum Ungaricarum Decades" ist von der Wiens getrennt [43]. Ohne die Kenntnis des ersten Teiles der in den Nürnberger

[41] Zur Interpretation vgl. *Müller*, S. 697 ff.

[42] Zur Interpretation vgl. ebd., S. 705 ff.

[43] Dec. IV, lib. 4 (*Widenfeldt – de Berges*, S. 430 a–b).

Inkunabeln fehlenden Beschreibung Österreichs des Aeneas mußte Bonfinis mit der Vorlage des Ranzanus vorliebnehmen, die ihm zwar bei der Darstellung des Donaulaufs behilflich war, ihm jedoch zur Geographie Österreichs wenig bieten konnte [44]. Vielleicht aus diesem Grunde ist der überwiegende Teil seiner Beschreibung Österreichs ein Sittenbild. Da es von keiner Vorlage beeinflußt ist, sind seine Beobachtungen besonders aufschlußreich. Zunächst wird von dem Wohlstand der Bauern berichtet, die ein Leben wie die Stadtbewohner führten. Das soziale Gefälle zwischen Stadt und Land trat nach der Einschätzung des Bonfinis also im damaligen Österreich kaum in Erscheinung. Sodann hört man von dem „bewundernswerten Fleiß“ von Männern und Frauen in den Gewerben. Wie manch einem anderen italienischen Reisenden im spätmittelalterlichen Deutschland mißfiel Bonfinis die Teilnahme der Frauen am Berufsleben. Der Handel – gemeint ist offenbar der Kleinhandel – werde sehr viel häufiger von Frauen als von Männern ausgeübt. Aber auch die Selbständigkeit der Frauen im Haushalt stieß auf seine Abwehr. So kommt es auch ein wenig zu Übertreibungen: „Ohne zu erröten besuchen sie, mit einem Häubchen bedeckt, die Märkte. Stolz schreiten sie einher und fordern den Männern stille Ehrerbietung ab. Sie sorgen für den Haushalt und die Einkäufe auf dem Markt. Den Männern überlassen sie nichts außer dem Weinrausch, der Schlemmerei und den politischen Geschäften. Sie unterziehen sich auch den übrigen männlichen Aufgaben und huldigen den Lebensfreuden nicht wenig.“ Die anschließenden Äußerungen über die Lebensweise des Volkes knüpfen zwar an die Beschreibung Wiens des Aeneas an, ohne jedoch deren Einseitigkeit zu übernehmen. Das Volk sei zwar dem Wein ergeben und gebe an den Festtagen aus, was es die Woche über verdient habe, sei jedoch tüchtig im Handwerk, so daß alles, was man verlange, vorhanden sei. Am Schluß fällt noch ein Blick auf den Adel. Seine Kriegstüchtigkeit wird ebenso betont wie sein üppiger und allen Freuden und Genüssen zugewandter Lebensstil.

Bonfinis erweist sich in seinen Beschreibungen als ein zuverlässiger Berichterstatter, der seinen Vorlagen gegenüber kritisch und selbständig ist, aufmerksam beobachtet und sowohl im Lob als auch im Tadel maßvoll bleibt. Die Exaktheit und Anschaulichkeit seiner Mitteilungen machen sie besonders wertvoll. Seine Einstellung gegenüber den österreichischen Städten war ähnlich wie die des Ranzanus positiv. Dafür gibt es eine bestimmte Erklärung. Als er die „Decades“ abfaßte, befand er sich wechselweise in Österreich und in Ungarn, so daß er bei der Darstellung der österreichischen Verhältnisse stets die ungarischen vor Augen hatte [45]. Wie er den Unterschied zwischen den beiden Ländern bemaß, geht sehr deutlich aus seiner Darlegung der Gründe hervor, weshalb Mathias Corvinus den

[44] Der erste Teil der Beschreibung Österreichs war ja in den Nürnberger Inkunabeln von 1481 und 1486 noch nicht enthalten, vgl. Anm. 178 im Kap. Aeneas Silvius.
[45] Der Auffassung von *Müller*, S. 693, Bonfinis habe „der stete, wenngleich oberflächliche Hinblick auf Italien“ geleitet, ist nicht zuzustimmen.

Krieg gegen Österreich begonnen habe: „Zur Steigerung der Begierde auf diesen Krieg“, heißt es, „trug die Schönheit Österreichs, die Vielzahl seiner überaus reichen und ansehnlichen Städte bei. Er wußte, daß Österreich der Hort des Überflusses und der Lebensgenüsse war ... Nun sah er, daß der Besitz Österreichs nach einem herbeigeführten Krieg den Mangel an Städten des bäuerlich-armen Ungarn leicht aufwiegen könnte“ [46]. Bei der Darstellung der Sitten scheute Bonfinis sich im Gegensatz zu Ranzanus nicht, auch Einseitigkeiten und Übertreibungen von Aeneas zu übernehmen, wobei er jedoch in der Regel auf deren Abschwächung bedacht war. Im ganzen zeigt seine Beurteilung der Sitten eine bemerkenswerte Ausgewogenheit von Lob und Tadel. Man sollte es ihm nicht zum Vorwurf machen, daß er in mancher Hinsicht, zum Beispiel bei der Beurteilung der Stellung der Frau, festgeprägte italienische Stereotype nicht zu überspringen vermochte.

[46] Dec. IV. lib. 4 (*Widenfeldt – de Berges*, S. 427 b).

XXI. Andrea de' Franceschi

Tagebuch der venezianischen Gesandtschaft von 1492

Am 8. Februar 1492 wählte der Senat der Serenissima vier Oratoren. Zwei von ihnen sollten zu Friedrich III. und dessen Sohn, dem Römischen König Maximilian I., gehen und zwei zu Wladislaus II., König von Ungarn, um die Monarchen zu einem jüngst miteinander abgeschlossenen Frieden zu beglückwünschen [1]. Als Oratoren zu Friedrich III. und Maximilian I. fiel die Wahl auf Giorgio Contarini, Graf von Zaffo und Paolo Pisani, einen Patrizier mit humanistischen Neigungen, dem eine bedeutendere politische Laufbahn bevorstand [2]. Diese bestellten Giorgio de Federicis zum Gesandtschaftssekretär, dem sich ein Neunzehnjähriger als Koadjutor anschloß: Andrea de' Franceschi [3]. Er stammte aus dem niederen Adel und war sechs Jahre zuvor in die Kanzlei einge-

[1] Vgl. *Medin*, Gli scritti umanistici di Marco Dandolo, Appendice II, Documenti I, II, S. 403–405. Die Oratoren zu Kg. Wladislaus waren Marco Dandolo und Paolo Capello, ebd. Doc. II.

[2] Biographische Angaben zu Giorgio Contarini und Paolo Pisani mit Literaturverweisen bei *Donazzolo*, I viaggiatori veneti minori, S. 61–63. Weitere Literatur zu Pisani bei *Medin*, S. 352. Ein Brief Pisanis an Marco Dandolo, ebd., Appendice I, Doc. XIV, S. 382 f. Zu Pisani ferner *Medin*, S. 335, 339, 352 ff.

[3] Geht aus der Überschrift des Reisetagebuches hervor, die im Literaturverzeichnis vollständig wiedergegeben ist.

treten[4]. Die Angehörigen des niederen Adels hatten keinen Zugang zu den höchsten Staatsämtern und -gremien, die nur einer festgelegten Zahl von Patrizierfamilien offenstanden, konnten aber in der Kanzleilaufbahn bis zum einflußreichen Grancancelliere aufsteigen[5]. Die Republik legte Wert darauf, daß die Anwärter auf höhere Kanzleiämter eine gründliche Erfahrungsschule durchliefen. Wer nicht auf mehreren Gesandtschaften von der niederen Stellung eines Koadjutors bis zum Gesandtschaftssekretär seinen politischen Blick, seine Menschenkenntnis und sein Verständnis für die Eigenarten fremder Länder und Völker ausgebildet hatte, konnte nicht in die begehrte Stellung eines Kanzleisekretärs aufrücken[6]. Soweit wir wissen, nahm Andrea de' Franceschi 1492 zum ersten Mal an einer Gesandtschaft teil. Durch die Abfassung eines Reisetagebuches konnte er seine Beobachtungsgabe schärfen und sich zugleich für weitere Aufgaben empfehlen. Nichts deutet darauf hin, daß ihn die Oratoren mit der Abfassung beauftragt hätten[7].

In Venedig mit seiner reichen literarischen Tradition der Volgare-Reisebeschreibungen war es nichts Ungewöhnliches, daß ein so junger Mann als Verfasser eines Reisetagebuches auftritt. Denken wir nur an Marino Sanuto, den bekannten Chronisten, der 1483 als Siebzehnjähriger anläßlich einer Inspektionsreise seines Vetters Marco Sanuto auf die Terraferma ein „Itinerarium Terrae Firmae" schrieb. Dieses bietet eine akkurate Bestandsaufnahme der Örtlichkeiten und Festungsbauten, der lokalen Verwaltung und Wirtschaft sowie eingehende Ausführungen zur geschichtlichen Entwicklung der einzelnen Städte und Regionen in ihrem Verhältnis zur Serenissima. Den Umständen der Reise gemäß war die

[4] *Gradenigo,* Memorie, fol. 57 r–v; im Auszug auch bei *Donazzolo,* S. 61, Anm. 1, und *Simonsfeld,* Miscellanea di Storia Veneta, S. 279, Anm. 1.

[5] *Willi Andreas,* Staatskunst und Diplomatie der Venezianer im Spiegel ihrer Gesandtenberichte, Leipzig 1943, S. 57.

[6] Beispielhaft ist hierfür der Lebensweg des Andrea de' Franceschi, vgl. unten S. 224 f.

[7] Das „Itinerario di Germania" ist in drei Kodices überliefert. Der einzig vollständig erhaltene befindet sich in der Biblioteca Trivulziana in Mailand, cod. 161 (vgl. *Simonsfeld,* Misc. di Storia Veneta, Ser. II, Tom IX, 1903, S. 278). Zwei weitere Kodices, in denen der Bericht über die Reichenau und Konstanz fehlt, in Venedig, Biblioteca Marciana, cod. 1795, cl. VII ital. (7679), sec. XVIII (vgl. *Joseph Valentinelli,* Regesten zur deutschen Geschichte aus den Handschriften der Markusbibliothek in Venedig I, München 1864, Nr. 588, S. 196, und *Simonsfeld,* Misc. di Stor. Venet., S. 277) und Museo Civico Correr, Cod. Cicogna 1629 (vgl. *Donazzolo,* S. 63, der den Kodex in der Marciana nicht aufführt). Simonsfeld, der Herausgeber des „Itinerario", kannte nur die ersten beiden Kodices. Der Cod. Cicogna 1629 steht, einer flüchtigen Überprüfung nach zu urteilen, dem Kodex in der Marciana nahe. In beiden fehlt die nur in dem Kodex der Trivulziana erhaltene Partie mit dem Bericht über die Reichenau und Konstanz, der in deutscher Übersetzung von Simonsfeld in der Zeitschrift für die Geschichte des Oberrheins N. F. XVIII, 1903, S. 158–160, veröffentlicht wurde. Die in der Zeitschrift für Kulturgeschichte N. F., 1895, S. 241–283, erschienene Übersetzung, die allein auf dem Kodex der Marciana beruht, ist verhältnismäßig fehlerreich, möglicherweise deshalb, weil dem Herausgeber der Mailänder Kodex noch nicht bekannt war.

Schrift kulturellen Merkmalen gegenüber weniger aufgeschlossen [8]. De' Franceschis Tagebuch war dagegen Zeuge einer Reise in ein unbekanntes Land, das den Reiz des Fremdartigen ausübte und zum Vergleichen mit der gewohnten Umgebung einlud. Unbefangen und mit jugendlicher Freude am Schauen schildert es die Ereignisse der Reise, fängt den Anblick der Landschaft, Städte, Dörfer und Menschen ein und bringt allen Bereichen der Kultur, vor allem aber der Musik und der Baukunst, lebhaftes Interesse entgegen. Unter den uns bekannten Reisetagebüchern in der Form des Itinerars kommt es der Schilderung Andrea Gataris am nächsten, die es jedoch in jeder Hinsicht übertrifft. In das Volgare mischen sich manchmal, wie in den frühen venezianischen Relationen, formelhafte lateinische Brocken, über deren Herkunft sich die Forschung noch im unklaren ist [9]. Die Darstellung ist sachlich und objektiv, wie in fast allen Reiseschilderungen dieses Typs. Es werden sowohl positive als auch negative Seiten hervorgehoben. Hin und wieder fehlt es der Formulierung an Klarheit, was aber stellenweise auf die fehlerhaften Abschriften zurückzuführen sein mag. Als Informationsweisen kommen ausschließlich die persönliche Anschauung und die mündliche Erkundigung in Betracht. Vergleicht man die Aufzeichnungen de' Franceschis mit den niveauvollen Tagebüchern des Augustinus Patricius und Paulus Sanctoninus, so schneiden sie nicht schlecht ab: die Vielseitigkeit der Interessen und die Objektivität stehen keinem von beiden nach. Die Dichte und Ausgewogenheit der Darstellung ist Sanctoninus überlegen, nur an Ausführlichkeit reicht sie nicht an ihn heran.

Die Reiseroute führte zum Teil durch Gebiete, die in keinem anderen italienischen Bericht beschrieben worden sind. Der Grund hierfür war das zweifache Ziel der Gesandtschaft: die Residenzen Friedrichs III. in Linz und Maximilians I. in Straßburg. Am 7. Juni brachen die Gesandten in Venedig auf. Nach zehn Tagen erreichten sie Trient, wo sie Gast des Bischofs waren. Am 23. waren sie in Innsbruck, am 25. in Hall [10]. Hier bestiegen sie samt Pferden, Gepäck und Proviant ein Floß und glitten dann in angenehmer Fahrt auf dem Inn hinab. Zwischen Hall und Schwaz zählten sie vier, zwischen Schwaz und Rattenberg drei „prächtige Holzbrücken". Bevor sie am dritten Tag nach Passau kamen, übernachteten sie in Kufstein und Ötting. In Wasserburg speisten sie und besichtigten die Stadt. Von Passau ging die Fahrt donauabwärts nach Linz weiter, wo sie

[8] Sie ist in zwei Fassungen überliefert: 1. Fassung: Frammento inedito dell'itinerario in terraferma di Marino Sanuto ed. *Rinaldo Fulin*, Archivio Veneto XXII, Venezia 1881, S. 1–48; 2. Fassung: Itinerario di Marin Sanuto per la terraferma Veneziana nell' anno MCCCCLXXXIII, ed. *Rawdon Brown*, Padova 1847. Vgl. *Guglielmo Berchet*, I diarii di Marino Sanuto, Prefazione (Einleitungsband), Venezia 1903, S. 17 f.

[9] *Willi Andreas*, Die venezianischen Relationen und ihr Verhältnis zur Kultur der Renaissance, Leipzig 1908, S. 5.

[10] Einige Interpretationen zur Reise über die Brennerroute bei *Oskar von Rodlow*, Die Brennerstraße im Altertum und Mittelalter (= Prager Studien aus dem Gebiet der Geschichtswissenschaft VII), Prag 1900, S. 158 ff.

am 1. Juli eintrafen. Hier mußten sie zu ihrem Verdruß über einen Monat bleiben. Die häufige Eintragung „nihil" unter einzelnen Daten gibt zu erkennen, wie sehr sie sich in der kleinen Stadt, „so groß wie der Markusplatz", langweilten. Die einzige Abwechslung boten die zahlreichen Turniere. Die Audienz bei Friedrich III. fand in dem für ihn bekannten schlichten Rahmen statt. Er saß auf einem goldbestickten Kissen und hatte die Beine mit einem ebensolchen Tuch bedeckt, das sein Beinleiden verbergen sollte. Sein Gesicht verrate einen sehr frommen Menschen, der ganz und gar des Kaisertums würdig sei, befand der Neunzehnjährige. Am 7. August war für die Venezianer der Tag des Aufbruchs gekommen. Nach dreitägigem Ritt erreichten sie Salzburg, wo sie der Erzbischof luxuriös bewirtete. Ihr ständiger Begleiter war hier der Bischof von Chiemsee, Georg Altdorfer. Er führte sie auch in seine Wohnung, wo er ihnen Bilder und Holzschnitzereien deutscher Meister und eine Münzsammlung mit antiken Stükken zeigte. Auf der Weiterreise gelangten sie am 16. August nach München, das von de' Franceschi als erstem Italiener beschrieben wird. Auf dem Wege nach München beobachteten sie viel Wild. Hin und wieder machten sie sich einen Spaß daraus, auf die bis zu sechzig Stück starken Rudel loszusprengen und sie auseinanderzujagen. In Memmingen und Ulm wurden sie vom Bürgermeister und von Angehörigen des Rats aufgesucht, die ihnen ihre Ergebenheit gegenüber der Signorie von Venedig – ihrem Handelspartner! – versicherten und die üblichen Gastgeschenke: Wein, Fische und Pferdefutter, überreichten. Württemberg mit seinen Hügeln und Weinbergen wurde von de' Franceschi freudig begrüßt. Hier kamen die Gesandten durch Geislingen, Göppingen, Esslingen, Cannstatt und Pforzheim. Bei Ettlingen betraten sie die Oberrheinische Ebene, der sie südwärts nach Straßburg, ihrem zweiten Ziel, folgten, wo sie am 28. August anlangten. Von den Sehenswürdigkeiten der Stadt und ihren reichhaltigen Geschäften war de' Franceschi offensichtlich beeindruckt. Die Audienz bei Maximilian I. vollzog sich auf merklich höherem Niveau als bei Friedrich III. Als Paolo Pisani seine Rede beendet hatte, verlangten die Anwesenden eine schriftliche Kopie und Maximilian schlug ihn spontan zum Ritter. Er lud die Venezianer auch als Zuschauer zu einem festlichen Ausritt des Hofes ein. Da durften sie dann Seine Majestät in prunkender Rüstung auf einem Schimmel mit blinkendem Pferdeharnisch ausgiebig bestaunen! An dem Zug von etwa 600 Bewaffneten in Maximilians Gefolge fiel de' Franceschi auf: „Sie schritten mit einer kaum glaublichen Ordnung einher, so daß niemals einer die Reihe verließ und sie immer gleichmäßig und einheitlich beisammenblieben ..." [11]. Nach vier Tagen machten sich die Gesandten wieder auf und zogen auf „schlechtesten Wegen" das Kinzigtal empor durch den Schwarzwald. Auf dieser Route waren sie die ersten Italiener, die Aufzeichnungen hinterlassen haben. Nach mühsamem Ritt über Hornberg, Villingen, Geisingen, Donaueschingen und Engen breitete sich bei Radolfszell der Bodensee vor ihnen aus. Auf einem Boot setzten sie zur Reichenau über, die sie als den

[11] Itinerario, S. 320.

schönsten Ort in Deutschland empfanden. Erinnerte sie die Insellage an Venedig und kamen sie deshalb zu diesem Urteil? Die Mönche zeigten ihnen die Reliquien in der Hauptkirche und führten sie durch ihren Konvent und den Klostergarten. Auf einem Boot gelangten sie anschließend nach Konstanz, das sie drei Tage aufnahm, und danach über den Bodensee nach Bregenz. Von hier aus ging es auf dem schnellsten Weg nach Italien weiter. In den Graubündner Hochtälern schienen de' Franceschi die Menschen „wie die Wilden, ohne jeglichen zivilisatorischen Komfort" zu leben [12]. Nach der Überschreitung des Septimers atmeten die Venezianer sichtlich auf und waren froh, trotz ihrer gut verlaufenen, durch die Jahreszeit begünstigten und abwechslungsreichen Reise, als sie im Val Bregaglia wieder italienischen Boden betraten. Am 25. September trafen sie nach einem längeren Aufenthalt in Mailand in Venedig ein.

Das Bild der Städte im Reisetagebuch de' Franceschis ist durchgehend freundlich. Da häufen sich Prädikate wie „magnifico, bellissimo, nobilissimo, ornatissimo, dignissimo, delectevole", in denen sich nun keinesfalls Übertreibung, sondern die heitere, bejahende Redeweise der Volgaretexte ausdrückt. Nur zweimal werden mit dem Topos „deserto" negative Seiten berührt [13]. Deutlich äußert sich de' Franceschis Enttäuschung über Linz, das er sich als Residenzstadt gewiß prächtiger vorgestellt hatte. Es sei mit wenigen vornehmen „palazzi" ausgestattet und weise fast gar keine Gewerbe auf [14]. Die Städtebilder treffen fast immer die wesentlichen Merkmale, sind abwechslungsreich und bieten gute Einzelbeobachtungen. So hört man in München, Ulm und Straßburg von den breiten, mit kleinen Kopfsteinen gepflasterten Straßen [15]. Vielfach werden die reichlichen Trinkwasser spendenden Brunnen erwähnt. Eine Rarität ist die fast regelmäßige Nennung der Wirtshausnamen, in denen bis heute das Mittelalter fortlebt: „Zum Adler", „Zum Lamm", „Zum Löwen", „Zur Sonne", „Zur Krone", „Zum Ochsen", „Zum Fisch" und so fort. Lebhaftes Interesse riefen der Handel und die Gewerbe wach. In Ulm berichtet de' Franceschi über das Bleichen des Barchentleinens in der Blau, deren weichem Wasser die besten Tücher ihrer Art in ganz Deutschland zu verdanken seien [16]. Wenn er in Straßburg hervorhebt, es gebe „Geschäfte jeglicher Art mit Tüchern, Leinenstoffen und unzähligen anderen Dingen", dann trifft er den Grundzug der Straßburger Kaufleute, die ihre Waren lieber in prächtigen Läden auslegten, als in die Ferne zu ziehen [17]. Er be-

[12] Itinerario, S. 328: „Vivono tutti da homeni selvatici senza commodità"; vgl. *Schulte*, Geschichte des mittelalterlichen Handels und Verkehrs I, S. 385/386. Die von de' Franceschi in den Alpentälern erwähnte Zweisprachigkeit Italienisch – Deutsch ist von Schulte mißverstanden worden. Die Venezianer hielten das Rätoromanische für einen italienischen Dialekt, da es eine italienische Hochsprache noch nicht gab, und fanden daneben das Deutsche vor.

[13] Itinerario, S. 304, 326 (Waging/Oberbayern und Maienfeld/Schweiz).

[14] Ebd. S. 296.

[15] Ebd. S. 305, 309, 321.

[16] Ebd. S. 309; vgl. *Schulte* I, S. 603 und 647.

[17] Ebd. S. 321; vgl. *Schulte* I, S. 603 und 665.

achtet im übrigen stets den Status einer Stadt, das heißt, ob es sich um eine landesherrliche oder um eine Reichsstadt, um eine Stadt mit oder ohne Bischofssitz handelte. Unter den italienischen Berichterstattern, zu denen so gute Kenner wie Aeneas Silvius und Marinus de Fregeno zählen, ist er der einzige, der den Unterschied zwischen einer Reichsstadt und einer freien Reichsstadt erläutert: Die ersteren seien verpflichtet, dem Kaiser eine gewisse Steuer zu zahlen und im Kriegsfall eine Anzahl von Bewaffneten zu stellen, die letzteren aber nur zur Stellung der Bewaffneten [18]. Man erkennt, wie gut er sich erkundigt hat.

Wie sieht nun de' Franceschi einzelne Kunstwerke, zumal Meisterwerke der Baukunst in den Städten? Wie wirkte auf ihn als Italiener der Renaissance die Gotik, der er in Deutschland begegnete? Andrea Gatari war sich in seiner minuziösen Abbildung des Basler Doms des Eigentümlichen der Gotik nicht bewußt geworden. Das Gegenteil traf für Aeneas Silvius und Petrus Ranzanus zu, die bestimmte Merkmale der donauländischen Hallengotik schätzten. De' Franceschi steht wiederum Gatari näher, wenngleich er das Charakteristische besser erfaßt und deutlicher heraushebt. Am Ulmer Münster faszinierten ihn die ungewöhnlichen Ausmaße und der noch nicht fertiggestellte Turm, der sehr hoch sei und ganz aus „durchbrochener und plastischer Steinmetzarbeit" bestehe [19]. Bemerkenswert sein Vergleich, das Straßburger Münster sei weniger groß als das Ulmer, dafür aber sehr viel aufwendiger und kostspieliger erbaut! Im einzelnen führt er zum Straßburger Münster aus: „Der Turm ist ganz durchbrochene Arbeit, so daß er von der einen zur anderen Seite hin durchsichtig ist. Ähnlich wie der Turm besteht die Kirche im Innern aus plastischer Steinmetzarbeit. Auch der Eingang ist auf diese Weise hergestellt, und zwar mit unzähligen Figuren und durchbrochenen Kapitellen, die alle aus Tuffstein sind wie die ganze Kirche." [20] Auch wenn man nicht wüßte, daß hier das Straßburger Münster gemeint ist, könnte man doch ohne weiteres, vor allem an der Kennzeichnung des Turmes, das gotische Bauwerk ausmachen. Auch bei der Innenausstattung der Kirchen stößt de' Franceschi bisweilen auf das Entscheidende. So entgeht ihm im Ulmer Münster nicht das bereits 1474 beendete Chorgestühl Jörg Syrlins, das sich ihm in derselben Weise wie dem heutigen Beschauer darbot. Er erwähnt hier auch die Existenz zweier Orgeln, einer großen und einer kleinen [21]. Bei der Beschreibung des Salzburger Domschatzes und der Reliquien der Reichenau verharrt er im Üblichen [22]. Der Anblick des Hauptaltars in der Pfarrkirche von Landsberg am Lech weckte in ihm eine kindliche Assoziation: „Der Hauptaltar hat ein geschnitztes Altarbild, eine edle Arbeit mit Figuren, die ungemein natürlich wirken. Auf den Flügeltüren der Pala ist ein Passionsbild. Einer der darauf

[18] Ebd. S. 311; vgl. auch die Anmerkung *Simonsfelds* zum deutschen Text, Zeitschrift für Kulturgeschichte, N. F. II, S. 262.
[19] Itinerario, S. 310.
[20] Ebd. S. 321.
[21] Ebd. S. 310.
[22] Ebd. S. 302, 324.

Abgebildeten, der Christus am Strick zieht, ähnelt ganz und gar dem Patrizier Giacomo Bembo in Venedig ...“ [23]

Besonderen Wert haben die Ausführungen de' Franceschis über die Musik im spätmittelalterlichen Deutschland. Seine Aufmerksamkeit galt ausschließlich den Tischmusikanten und Spielleuten. Bereits in Klausen erhielt er einen ersten Eindruck: „Während die Oratoren Abendbrot aßen, erschienen zwei Musikmeister mit fünf Jungen, die musikalisch ausgebildet waren. Sie trugen verschiedene Lieder vor, von denen eines wie Trompeten in der Schlacht klang. Man hat nie etwas Lieblicheres gehört, denn einige der Jungen, vor allem der kleinste von ihnen, sangen mit einer ungewöhnlich klaren Stimme wie eine Zither und mit bewundernswertem Gleichklang. Deshalb hatten alle Zuhörer grenzenloses Vergnügen an ihrem Gesang, und dies um so mehr, als die Jungen mit ihren Musikmeistern völlig übereinstimmten, ohne daß sie in ein Blatt sehen mußten.“ [24] In Linz spielten einmal die Trompeter, ein andermal die Pfeifer des Kaisers zu Tisch auf. Auch einige Frauen stellten sich hier ein und unterhielten die Gesandten mit Gesang und Flötenspiel [25]. In Trient wird eine Ribebenspielerin genannt, die gemeinsam mit einem Flöte spielenden Possenreißer auftrat [26]. In Salzburg trat ein Sänger auf, der sich mit der Laute begleitete [27]. Auch die Wirtstochter einer Herberge in Ulm trug mit Gesang und Flötenspiel zur Kurzweil der Gäste bei [28]. In Straßburg wiederum erschien ein Possenreißer, der zugleich ein Stimmkünstler war und mit seinem komischen Gesang die Zuhörer zum Lachen brachte [29]. Hier fanden sich auch die Hofmusikanten in der Herberge ein, unter denen eine Musikerfamilie mit einer kleinen Orgel hervortrat. Doch folgen wir dem musikgeschichtlich bemerkenswerten Bericht von Anfang an: „In die Herberge kamen die Musikanten des Königs, und zwar zuerst vierzehn Trompeter mit Kesselpauken, die alle auf einmal spielten, danach Tambours, Lautenspieler des Königs, aber vor allem Flötenspieler, Possenreißer, Trickkünstler und Fiedler sowie weitere Flötenspieler mit andersartigen vorzüglichen Flöten. Unter den Musikanten befanden sich auch drei Brüder, nämlich zwei Kinder und einer von sechzehn Jahren, mit ihrem alten Vater, die eine Orgel mitbrachten, deren Pfeifen sämtlich aus Holz gefertigt waren. Sie wies außerdem Stahlsaiten auf, die mit denselben Tasten wie die Pfeifen zu bedienen waren. Dann zog der alte Vater den Blasebalg und brachte zu gleicher Zeit die Orgelpfeifen und die Saiten zum Erklingen, indem er dieselben Tasten anschlug. Dann zogen die Jungen an der Seite der Pfeifen ein Register heraus, woraufhin nur noch die Pfeifen ertönten, herrlich mitzuerleben! Das ganze Instrument war mit Einlegearbeiten, darunter feinsten

[23] Ebd. S. 307.
[24] Ebd. S. 287.
[25] Ebd. S. 296, 298.
[26] Ebd. S. 284.
[27] Ebd. S. 303.
[28] Ebd. S. 311.
[29] Ebd. S. 316.

Rosetten, versehen. Der jüngste der Brüder spielte die Orgel, der mittlere eine sehr wertvolle Laute mit einer in blauer und anderen Farben eingelegten Schalldecke und der älteste eine kleine Viole, und so spielten alle drei zusammen mit solcher Süße und Sanftheit, daß die Natur keine vollkommenere Harmonie hervorbringen könnte. Die Laute, die kleine Viole und die Orgel stammen von der Hand des Vaters, der auch seine Söhne unterrichtet hat, was eine sehr schöne Sache ist. Jetzt spielte der Vater die Orgel, und die Jungen zogen die Blasebälge, wobei er die Pfeifen und die Saiten auf einmal erklingen ließ. Manchmal spielte er nur die Pfeifen, indem er eine Taste herauszog. Dann setzte er aus, und die Saiten klangen allein, so daß er mit dieser lieblichen Variationsmöglichkeit die Sinne aller Zuhörer gefangennahm, die vor Vergnügen wie gebannt dasaßen und fassungslos waren." [30]

Die Sitten der Bewohner beschäftigten de' Franceschi nicht sonderlich – ausgenommen die der Frauen. Ihre freiere Stellung im Vergleich zu Italien betrachtete er nicht mit Argwohn oder moralischen Vorbehalten wie manch ein anderer seiner Landsleute, sondern notierte er schlicht als Tatsache. Am Fronleichnamstag mischten sich die Venezianer in Brixen unter die Einheimischen, die in ihren Häusern Tanzfeste abhielten. Hier beobachtete er, wie ein jeder Tänzer seine Partnerin nach dem Tanz an ihren Platz zurückführte, „wo er sie umarmt und mit größter Sinnlichkeit an sich drückt". Einige Männer forderten nach einem Gästen gegenüber üblichen Brauch die Fremden auf, mit ihren Frauen zu tanzen [31]. Als Gesamteindruck von den Frauen in Brixen nahm de' Franceschi mit, sie seien im allgemeinen lasziv, denn man dürfe die Mädchen selbst auf der Straße ansprechen, sie berühren und ihnen sagen, was einem gefalle. „Dies gilt nicht nur für die Bürger der Stadt, sondern in noch viel größerem Maße für Fremde." [32] Ob der Grund hierfür in dem internationalen Verkehr auf der Brennerstraße zu suchen ist? In vielen Städten hebt de' Franceschi die Schönheit der Frauen hervor. Über die bereits erwähnte musizierende Wirtstochter in Ulm befand er, sie sei sehr schön, tugendsam, „e finalmente è lascivissima" – ein Dreiklang, der offenbar seinem Frauenideal entsprach [33]. Die Lebensweise der Deutschen wird von ihm übrigens nicht generell getadelt. Erst in den Schweizer Hochtälern fühlte er sich bekanntlich von der Ärmlichkeit der Lebensbedingungen abgestoßen [34].

Es verwundert kaum, daß de' Franceschi, der schon in jungen Jahren eine so lebhafte Anschauungsgabe und so vielseitige geistige Interessen entfaltete, später zum höchsten Staatsamt gelangte, das ihm seiner Herkunft aus dem niederen Adel nach in Venedig offenstand, zum Grancancelliere. Sein Aufstieg vollzog sich wie gewöhnlich über mehrere Gesandtschaften, an denen er als Sekretär teil-

[30] Ebd. S. 318/319.
[31] Ebd. S. 288.
[32] Ebd. 288/289.
[33] Ebd. S. 311.
[34] Vgl. Anm. 12.

nahm. So begleitete er 1500 Oratoren nach Ungarn, 1505 und 1510 nach Rom, 1512 nach Alexandria und Kairo und 1513 nach Konstantinopel[35]. Nach der Rückkehr aus Konstantinopel verkaufte er in Venedig ein Gewand „aus scharlachrotem, golddurchwirktem Samt“, das ihm der Sultan als Geschenk überreicht hatte[36]. Von 1515 bis 1517 hielt er sich mit Unterbrechungen am Sitz der Kurie auf, wo ihm auch selbständige Verhandlungen mit dem Papst und mit Kardinälen anvertraut wurden[37]. Nach 1518 konzentrierte sich seine Tätigkeit weitgehend auf die Kanzlei. Schon 1503 war er zum „secretarius ducalis“ ernannt worden[38]. 1519 wurde er Sekretär des mächtigen „Consiglio de' Dieci“, dessen Beratungen streng vertraulich waren[39]. Bei der Wahl zum Grancancelliere von 1524 und zum Vizekanzler von 1527 wurde sein Name vorgeschlagen. Es gelang ihm jedoch beide Male noch nicht, sich durchzusetzen[40]. Bei der Wahl zum Grancancelliere am 14. September 1529 aber fiel die Mehrheit der Stimmen auf ihn, und zwar mit der beachtlichen Differenz von 1038 : 317 zum nächstfolgenden Kandidaten[41]. Er hatte das Amt bis zu seinem Tode am 13. Januar 1552 inne. Er wurde in SS. Giovani und Paolo beigesetzt, wo ein Epitaph an ihn erinnert[42].

Andrea de' Franceschi vertritt den Typ des umfassend gebildeten Venezianers in hohen Staatsdiensten. Zahlreiche Gelehrte zählten zu seinen Freunden oder verkehrten mit ihm in der Kanzlei, die auch in Venedig ein Sammelbecken für Humanisten war. Mit dem Historiker Battista Egnazio, der ihm 1535 seine griechische Arrianausgabe widmete, war er von Jugend an befreundet[43]. In seinem Testament bestimmt er für ihn einen „in Goldbrokat gebundenen kleinen griechischen Homer aus der Werkstatt des Aldo Manuzio“[44], und Paolo Ramusio

[35] Ungarn 1500: Sanuto, Diarii, III, col. 119, 1001, 1159/1160, 1179, 1453; IV, col. 858. Rom 1505: ebd. VI, col. 170, 280, 284. Rom 1510: ebd. X, col. 398. Alexandria und Kairo 1512: Testament des Andrea de' Franceschi (vgl. Anm. 44), fol. 1 r; Sanuto, Diarii, XV, col. 174, 198, 201, 207, 264; Konstantinopel 1513: Testament fol. 1 r; Sanuto, Diarii, XVI, col. 312, 434; XVII, col. 37, 107, 159, 451, 538.

[36] Sanuto, Diarii, XVII, col. 541.

[37] Ebd. XX, col. 62; XXI, col. 371, 374, 589; XXIII, col. 584; XXIV, col. 86, 94.

[38] Ebd. V, col. 64, 375. Von einer allgemeinen Entlassung der Sekretäre 1518 war er als einer der wenigen nicht betroffen, ebd. XXVI, col. 475.

[39] Ebd. XXVI, col. 632, 648. Zu verschiedenen Amtshandlungen als Sekretär des „Consiglio de' Dieci“ vgl. in den folgenden Bänden passim.

[40] Ebd. XXXVI, col. 476; XLV, col. 603.

[41] Ebd. LI, col. 548/549. Zu Amtshandlungen als Grancancelliere Mitteilungen in den folgenden Bänden passim.

[42] *Gradenigo*, Memorie, fol. 58 r, 59 r, wo das Epitaph wiedergegeben ist.

[43] *Degli Agostini*, Notizie istorico-critiche II, S. 545/546.

[44] Testament, fol. IV v. Das Testament des Andrea de' Franceschi ist ein für die Lebensweise und Kultur eines in hohen Staatsämtern stehenden Venezianers lesenswertes Dokument. Es befindet sich im Archivio di Stato di Venezia, Archivio Notarile/Testamenti, Busta 1210, Nr. 582. Es ist eigenhändig am 1. März 1535 geschrieben und enthält 5 Kodizills jeweils vom 1. März (dem venezianischen Jahresanfang) 1538, 1541, 1545, 1549 und 1551. Die notarielle Beglaubigung erfolgte am 7. Februar 1552 (1551 nach venezianischem Stil). Das Testament ist auf Pergament geschrieben und bildet ein Heftchen mit

hielt nach seinem Tode die Leichenrede [45]. Aus der Widmung der Arrianausgabe und dem Besitz des Homer dürfen wir schließen, daß er über Griechischkenntnisse verfügte. Nur so ist es verständlich, daß er zeitweilig das Amt des Präfekten der Bibliothek von S. Marco innehatte [46]. Er legte eine Sammlung alter Ge-

einem Format von 16 × 11 cm und 24 fol. (Die Kodizills beginnen auf fol. XI r.) Zur eigenhändigen Niederschrift de' Franceschis vgl. fol. XI r: „Ego Andreas Franciscus Magnus Venetiarum Cancellarius manu propria scripsi." Auch sämtliche Kodizills stammen von seiner Hand, was jeweils vermerkt ist. Im folgenden sollen die interessantesten Ausschnitte wiedergegeben werden, auf die sich auch die weitere Darstellung stützt. (Fol. IV v) „Ulterius perché ab adolescentia ho amato sempre il Reverendo D. Joan Baptista Egnatio, et reverito per la virtù sua eximia in litteris, in signo de amor voglio che'l habia in dono il mio Homero Graeco picolo à stampa de Aldo, ligato tuto à la damaschina d'oro, et miniato cum l'arma de D. Daniel (fol. V r) Gallicinio, che za melo lassò per testamento. Et apresso che'l habia uno altro libro latino deli mei qual più li piacerà. Similiter à M. Raphael Pencino mio antiquo et carissimo compare (se'l sarà vivo) che'l habia et godi in vita sua il mio clavicimbano, et post eius obitu retorni quello in li mei residuarii. Item che Miser Bernardino D'Arzenta mio compare honorandissimo habia in dono in signo de amor le mie due tacè de charte lavorate d'oro, et a la damaschina cum la sua scatola de corame. Et praeterea che M. Franceso Grifaloni come fratello mio dilectissimo sempre, habia il mio horolo (fol. V v) gio solare marmoreo in dono cum la sua cassa de albedo, per memoria dei facti nostri (fol. VIII r). „Demum io me retrovo hora haver aquistato, per gratia de Dio, in vestimenti de panni, scharlati, et seda, tapezarie, razzi et spaliere lozi et fornimenti de casa, et quadri et peltri, et altri lavori de rame, bacilli et ramini damaschini, et drapi de lino, mantili fini et altri mobeli, taze sei de argento cum la arma nostra, et altri argenti, et suppellectile assai per il valor il tuto de communi amici estimando de ducati (fol. VIII v) millecinquecento et più ultra ... Ultra medaglie de oro due, et d'argento LXII, et ultra li mei libri gravissimi. Pertanto de tute le mie robe soprascripte, pagati prima et satisfacti tuti i legati et debiti che de sopra explico, voglio che Hieronymo di Franceschi mio dulcissimo sempre et amantissimo nepote, et fiolo de M. Augustino predicto habia et possede in vita sua, et vadi in li suoi posteri il retracto mio secundo facto de mano de Ticiano. Item una medaglia de oro de Hadriano (fol. IX r). Item una testa grande marmorea havuta de Grecia, et praeterea doi dei mei razzi à figure, et dui de li mei tapedi da cassa che à lui piacerà. Et che'l tuto el godi et conservi lui et sui heredi in memoria mia et del amor et charità ch'io li hò sempre portato. Praeterea lasso al sopranominato M. Hieronymo Canal et a sui heredi in signo de l'affectione li porto, la mia venere marmorea, che hebi da M. Paulo Zotarello rarissimo mio amico, et quatro libri deli mei che più piacerà al dicto M. Hieronymo. Tuto il resto veramente de le robe mie mobile, argenti et altre massarizie de qualunque sorte siino, et (fol. IX v) tuti i danari contadi (se ne serano pagati perhò prima tuti li legati antenominati et non altramente) et tuti altri beni mei scripti et non scripti et debitori et ogni altra cosa mia. Item il mio primo retracto depento de mano de Ticiano, la medaglia d'oro de Lysimacho, la testa marmorea che stà sempre sopra la tavola mia, et tute altre medaglie, et tuti libri, et demum ogni altra cosa mobile de casa mia, voglio et ordino che siino de Piero di Franceschi fiol che fù de M. Bartholamio et Zuan Alvise, Marco Antonio, et Sebastian sui fratello, et etiam de Christina loro sorella (se però lei non fusse, o maridata, o (fol. X r) monaca al tempo dela mia morte).

45 *Cicogna*, Delle iscrizioni veneziane II, S. 332.

46 *Maria Luxoro*, La biblioteca di San Marco nella sua storia (= Collana di monografie delle biblioteche d'Italia I), Firenze 1954, S. 58. Wird bestätigt durch die Bemerkung auf S. 3 des Vorworts zu Philonis Judaei scriptoris eloquentissimi gravissimique libri qua-

setze und Traktate an, betrieb biographische Studien und dürfte auch selbst musiziert haben, denn seinem Testament zufolge gehörte ihm ein Clavicembalo [47]. Das auf seiner Reise durch Deutschland bekundete Interesse für Musik und Musikinstrumente war also nicht zufällig. Er sammelte antike Münzen und Medaillen und umgab sich in seinem Haus mit antiken Skulpturen. Die im Testament erwähnten Prachtstücke waren „ein großer Marmorkopf aus Griechenland“, „ein Marmorkopf, der immer auf meinem Tisch steht“ und „eine Venus aus Marmor“ [48]. Seine Wohnung war dem Brauch der Zeit gemäß mit Boden- und Wandteppichen ausgeschmückt. Eine stattliche Garderobe, wertvolle Möbel und einen umfangreichen Hausrat hatte er zum Teil zur Geldanlage angeschafft [49].

Wir erfahren aus dem Testament de' Franceschis, daß er vor 1535 zweimal von Tizian porträtiert wurde. Die beiden Porträts befanden sich bis zu seinem Tode in seiner privaten Bildersammlung und gingen danach in den Besitz seiner Angehörigen über [50]. Ganz sicher ist das eine der beiden mit dem in den Künstlerviten des Carlo Ridolfi erwähnten identisch [51]. Die kunstgeschichtliche Forschung ist bisher auf acht de' Franceschi-Bildnisse gestoßen. Die zwei am meisten beachteten befinden sich heute in Washington und Detroit und wurden in der Mehrzahl Tizian selbst zugeschrieben. Sie zeigen de' Franceschi als Grancancelliere in venezianischer Amtstracht. Dem graumelierten Haar und ausgeprägten Gesichtszügen nach zu urteilen, sind beide Porträts ungefähr im selben Lebensalter entstan-

tuor, quorum primus est de mundi fabricatione ... iam primum de Graeco in Latinum conversi Joanne Christophorsono interprete, Antwerpiae (Johannes Verwithagen) 1553 (de' Franceschi war als Präfekt der Bibliothek von S. Marco dem Herausgeber bei der Beschaffung von Handschriften behilflich gewesen). Hiernach *Gradenigo*, Memorie, fol. 60 v.

47 Testament, fol. V r (vgl. Anm. 44).

48 Ebd. fol. IX r, v (vgl. Anm. 44).

49 Ebd. fol. VIII r, v (vgl. Anm. 44).

50 Ebd., fol. VIII r und IX v (vgl. Anm. 44). Als de' Franceschi 1535 sein Testament schrieb, war er 63 Jahre alt. In den Kodizills ist von keinem weiteren Tizianporträt die Rede. Im 2. Kodizill vom März 1541 wird verfügt, daß das ursprünglich für seinen Neffen Hieronymus de' Franceschi vorgesehene Porträt, nachdem dieser gestorben war, nunmehr auf seinen Bruder Augustino de' Franceschi übergehen sollte (fol. XV r). Literatur zu den de Franceschi-Bildnissen: *Bernard Berenson*, While of Tintoretto, Festschrift für Max Friedländer, Leipzig 1927, S. 224–243 (S. 231 ff.), erneut veröffentlicht in italienischer Übersetzung: Ristudiando Tintoretto e Tiziano, Arte Veneta I, 1947, S. 22–36 (S. 29 ff.); *William Suida*, Miscellanea Tizianesca II, Arte Veneta X, 1956, S. 71–81 (76 f.); *Stephan Poglayen-Neuwall*, Tizianstudien, Münchner Jahrbuch der Bildenden Kunst, N. F. IV (1927), S. 59–70 (S. 66 ff.); *Carlo Ridolfi*, Le Maraviglie dell'Arte, ed. Detlev von Hadeln, Berlin 1914, I, S. 153 f., 201; II, S. 178; *Charles Holmes*, The inscription upon Titians portrait of Franceschi, The Burlington Magazine, 55, 1929, S. 159–160; *St. John Gore*, Five portraits, The Burlington Magazine, 100, 1958, S. 351–352.

51 *Ridolfi*, Le maraviglie dell'arte I, S. 201.

den [52]. Die Inschrift auf dem Washingtoner Porträt ist wohl richtig mit „aetatis anno LX“ rekonstruiert worden [53]. Demnach ist es durchaus möglich, daß wir mit den beiden Porträts die von de' Franceschi in seinem Testament genannten vor uns haben. Ein weiteres, ebenfalls Tizian zugeschriebenes Porträt, heute in Indianapolis, zeigt den Grancancelliere im hohen Alter [54]. Das Haar ist nun schlohweiß, der Schädel fast kahl. Die Wangen sind eingefallen. Von einem nach 1535 entstandenen Porträt erwähnt de' Franceschi in den seinem Testament später hinzugefügten Kodizills nichts mehr, was jedoch noch nicht als Beweis gegen die Authentizität des Bildes gewertet werden kann. Die anderen de' Franceschi-Bildnisse befinden sich in einer Zuschauergruppe von Tizians „Tempelgang Mariae“ und in einem historischen Gemälde des Palma il Giovane im Dogenpalast in Venedig. Das Porträt in Detroit diente als Vorlage zu zwei Kopien: zu einer Gestalt in einem Gruppenbild, vermutlich aus der Werkstatt Tizians, und einem Stich des Crescenzio Ricci aus dem 18. Jahrhundert. Das Porträt in Indianapolis wiederum dürfte die Vorlage für eine Kopie eines Tintorettoschülers gewesen sein.

[52] Hierzu dürfte *Berenson*, Ristudiando Tintoretto e Tiziano, S. 31, die richtige Ansicht ausgesprochen haben. Im Gegensatz zu *Holmes*, S. 159, sieht er keinen Altersunterschied bei der auf den beiden Bildern dargestellten Persönlichkeit.
[53] *Holmes*, S. 159.
[54] *Suida*, Miscellanea Tizianesca II, S. 76.

XXII. Verstreute und kursorische Aufzeichnungen. Nachrichten aus zweiter Hand

Neben den dargestellten Berichten sind eine Anzahl interessanter, in verschiedenartigen Schriften verstreuter Mitteilungen über das spätmittelalterliche Deutschland aus der unmittelbaren Sicht italienischer Reisender erhalten. In den Depeschen und Berichten der Gesandten, Oratoren und Legaten finden sich nicht selten Angaben über die Route und Begleitumstände der Reise sowie Beobachtungen zu Zeremonien, Rechts- und Verfassungszuständen und dem höfischen Leben [1]. Stellvertretend für viele dieser geschäftlichen Aufzeichnungen soll nur

[1] Sämtliche italienische Geschäftsdepeschen aus Deutschland im 14. und 15. Jh. durchzusehen, war selbstverständlich nicht möglich. Es sollen jedoch folgende angeführt werden: 1. Der Brief des Legaten Landulfus Maramoldus, Kardinal von Bari, von 1408 an die Pisaner Kardinäle (vgl. Anm. 2). 2. Eine kaum bekannte Depesche des Luccheser Gesandten Giovanni de' Vergiolesi bei Kg. Wenzel in Prag von 1381 (*Salvatore Bongi*, Lettera di Giovanni de' Vergiolesi ambasciatore di Lucca presso Venceslao re de' Romani, Lucca 1869). Außer einer ziemlich unbeholfenen Zusammenfassung des Ver-

an den Rechenschaftsbericht des Legaten Landulfus Maramoldus, Kardinal von Bari, erinnert werden, der 1408 im Auftrag der Pisaner Kardinäle nach Deutschland reiste, um auf dem Reichstag zu Frankfurt die Fürsten für das vorgesehene Konzil zu gewinnen [2]. Der Bericht gibt in der Form des Itinerars den Verlauf der Legation bis Straßburg wieder, hält die Aufnahme des Kardinals in den Städten fest und schildert seine Begegnung mit Herzog Friedrich IV. von Österreich in Freiburg. Da seine Erfolge meist nur an äußeren Dingen, wie an der Art des Empfangs und dem Zulauf des Volks bei den Einzügen und Messen, abzulesen waren, fiel der Bericht ziemlich anschaulich aus, so daß er an manchen Stellen Züge einer Reisebeschreibung annimmt. Hier soll nur eine typische Szene herausgegriffen werden: als der Legat in Schlettstadt auf einem Maulesel von der Kirche zu seiner Unterkunft zurückkehrte, begleiteten ihn sechs Männer, die den Maulesel führten und das Pallium hielten. Bei einem Flußübergang waren sie trotz seiner Bitte, die benachbarte Brücke zu benützen und ihn allein durch den Fluß reiten zu lassen, nicht davon abzubringen, bis zu den Hüften durch das eiskalte Wasser zu waten, um das zeremonielle Geleit einzuhalten. Der Legat wußte

laufs der Gesandtschaft finden sich hier Angaben über die Reichsstädte und die Lebensweise Kg. Wenzels. 3. Die Mitteilungen des Florentiners *Rinaldo degli Albizzi* von seiner Gesandtschaft nach Wien und Ungarn vom Frühjahr 1426 (Commissioni di Rinaldo degli Albizzi per il comune di Firenze, vol. II (1424–1426), Firenze 1869, S. 570–580). Es handelt sich um tagebuchartige Eintragungen, zum Teil in Stichworten, über die Stationen der Reise, die Ausgaben und wichtige Vorkommnisse, ähnlich dem Itinerar von *Gasparus* und *Johannes Danielis* aus Pordenone (vgl. das entsprechende Kap.). Sie sind jedoch sehr viel kursorischer. Weitgehend von der politischen Berichterstattung beherrscht ist der lesenswerte Bericht des *Buonaccorso Pitti* in seinem Memoirenwerk, der „Cronica", über mehrere im Namen der Republik Florenz unternommene Gesandtschaften zu Kg. Ruprecht von der Pfalz in den Jahren 1401/1402 vor dessen mißglücktem Italienzug (Cronica di Buonaccorso Pitti con annotazioni ristampata da Alberto Bacchi della Lega [= Collezione di opere inedite o rare dei primi tre secoli della lingua], ed. R. Commissione pe' Testi di Lingua nelle Provincie dell'Emilia), Bologna 1905. Der Bericht über die Gesandtschaften auf S. 116–130 und als Auszüge in: Deutsche Reichstagsakten III/IV, S. 360–362, und V, S. 57–61. Weitere Dokumente in den genannten Bänden der RTA passim. Zu nennen sind außerdem die Nachrichten über die Reisen des Signore von Padua Francesco Novello da Carrara zu Herzog Stephan III. von Bayern 1389 in der bekannten Chronik des Galeazzo und Bartolomeo Gatari (*Galeazzo e Bartolomeo Gatari*, Cronaca Carrarese, ed. Antonio Medin, Guido Tolemei, vol. I (= Rer. Ital. Script. XVII, 1, S. 388 ff.). Die Darstellung Stefano Ticozzis der Reisen des Francesco Novello (*Stefano Ticozzi*, Viaggi di messer Francesco Novello da Carrara, signore di Padova, e di Taddea d'Este sua consorte in diverse parti d'Europa, 2. vol., Milano 1823–1824) in der Form eines fingierten Briefwechsels ist wissenschaftlich wertlos. Ihr liegt im wesentlichen die Gatarichronik zugrunde.

[2] Deutsche Reichstagsakten VI, S. 349–355; weitere Dokumente zur Legation passim. Zu biographischen Daten und zum Verlauf der Legation vgl. auch *D. Luigi Zanutto*, Il cardinale Landolfo di Bari e la sua legazione in Germania, Udine 1912. Kurzmitteilungen bei *Conrad Eubel*, Hierarchia catholica I², S. 23, Nr. 32. Ende 1403 war Poggio Bracciolini vorübergehend sein Sekretär; vgl. *Ernst Walser*, Poggius Florentinus, Leben und Werke (= Beiträge zur Kulturgeschichte des Mittelalters und der Renaissance 14), Leipzig–Berlin 1914, S. 19.

im übrigen den Vorfall für seine Zwecke auszunutzen, indem er die ihm als kirchlichem Würdenträger entgegengebrachte Reverenz in eine besondere Ergebenheit gegenüber dem Pisaner Konzil umdeutete [3].
Die italienischen Humanisten, die sich auf den Konzilien einfanden oder nach Deutschland auf Büchersuche begaben, standen im regen Briefwechsel mit ihren Freunden in Italien. Doch nahmen sie ihre Funde meist dermaßen gefangen, daß sie den Eigentümlichkeiten des fremden Landes gegenüber gleichgültig blieben. Neben den Berichten Poggios, Brunis, de Pileos, Traversaris und des Aeneas Silvius ist noch ein Reisebrief des Giovanni Aurispa erwähnenswert, der Mitte 1433 in Basel nach der Rückkehr von einer Bibliotheksreise nach Aachen und Köln entstand [4]. Dieser Brief ist in Volgare abgefaßt. Nachdem er zunächst mehrere Handschriftenfunde in Mainz und Köln angezeigt hat, ergeht er sich in einer langatmigen Aufzählung der Reliquien in Aachen und Köln, als handle es sich hierbei um die wichtigsten Sehenswürdigkeiten der beiden Städte. Den Dreikönigsschrein berührte Aurispa mit einem Ring, den er dem Brief an den Freund beifügte, damit er in der Ferne an der Wunderwirkung der Reliquie teilhabe. Die Aufzählung der Reliquien erinnert an mittelalterliche Stadtbeschreibungen.
Es gab noch eine weitere Gruppe italienischer Berichterstatter, deren wir bisher nicht gedacht haben: die Poeten. Sie geben häufig durch ihre Gedichte über das Milieu Auskunft, in welchem sie verkehrten. Zu ihnen zählt der Humiliatenmönch und poeta laureatus Stefanus Surigonus, der 1471/72 an den Universitäten Straßburg und Köln Stilistik und Memorierkunst unterrichtete [5]. Er hatte von

[3] Deutsche Reichstagsakten VI, S. 353.
[4] Bei *Remigio Sabbadini*, Biografia documentata di Giovanni Aurispa, Noto 1890, S. 64–66.
[5] *Hermann Keussen*, Der Humanist Stephan Surigonus und sein Kölner Aufenthalt, Westdeutsche Zeitschrift für Geschichte und Kunst XVIII, Trier 1899, S. 352–369. Die in Deutschland entstandenen Gedichte des Surigonus ebd., S. 359–369; eine unveröffentlichte „Epistola metrica Stephani Surigoni ad Jacobum presbyterum" in Universitätsbibliothek Upsala, C. 919, fol. 148 r. Zur Immatrikulation an der Universität Köln, vgl. Die Matrikel der Universität Köln, ed. *Hermann Keussen,* I (1389–1475), 2. Aufl., Bonn 1928, S. 834, Nr. 333, 1. Zum Wirken in England, Deutschland und Brabant: *Roberto Weiss*, Italian Humanism in Western Europe, Italian Renaissance Studies, ed. E. F. Jacob, London 1960, S. 69–93, zu Surigonus, S. 79 und 84 mit Verweisen auf die Literatur für seine Tätigkeit in England und Brabant.
Zahlreicher sind die italienischen Poeten, die in der Epoche Maximilians I. nach dem Norden gekommen waren. Kaum erforscht ist der Aufenthalt des Hieronymus von Este in Köln und Tier um 1496/97 (Libellus in praeconium urbis Agrippinae et de bello eius conditoris adversus Persas, Coloniae: apud Lyskirchen (Ulricus Zell a. 1496) (vgl. *Ernst Vouillième,* Der Buchdruck Kölns bis zum Ende des fünfzehnten Jahrhunderts, Bonn 1903 (= Publikationen der Gesellschaft für Rheinische Geschichtskunde XXIV), S. 260, Nr. 574). Zur Biographie: *Giacomo Pietrogrande*, Biografie Estensi, Padova 1881, S. 13–19. Zum Aufenthalt in Köln: *Hermann Keussen*, Die alte Universität Köln, Grundzüge ihrer Verfassung und Geschichte, Köln 1934, S. 198. Gute Kenntnisse besitzen wir hingegen über den Poetenkreis an den Höfen Kg. Maximilians I. und Hzg. Sigismunds von Tirol. (Die meisten Gedichte bei *Anton Zingerle,* Beiträge zur Geschichte der

1464 bis 1471 erfolgreich in Oxford gelehrt und dort namhafte Schüler hervorgebracht. Während seines Aufenthalts in Deutschland schrieb er eifrig Gedichte, mit denen er vielfach einflußreiche Gönner und Freunde umschmeichelte. Manche seiner Gedichte sind mehr als formale Spielereien und enthalten eine persönliche Aussage. Man staunt, wie der Mönch im Kölner Bursenviertel gemeinsam mit seinem deutschen Intimus Bernhard vom Loe auf Liebesabenteuer ausging, „nach Landessitte" dem Trunke huldigte und sich dem Würfelspiel hingab [6]. Ob er nun sehr erfolgreich bei den Frauen war, mag man bezweifeln, wenngleich er bisweilen dick auftrug. In einem Gedicht an Bernhard vom Loe schildert er seinen Liebeskummer auf seine Weise. Seine Angebetete, Aleydis, bei der er die Nacht zu verbringen hoffte, war bereits beim Abendbrot aufgestanden und hatte das Haus verlassen. Als Abgewiesener richtet er sich daran auf, daß so viele Frauen begehrt hätten, mit ihm das Bett zu teilen. Da seien Helschin und die süßen Liebesspiele Neschins, die Küsse Trinchins und die „immer sinnenfrohe" Meschin. Aber trotz aller dieser angeblichen Chancen bat er doch seinen Freund am Schluß, er möge Aleydis die Verse zum Lesen geben, wenn er ihr begegnet ...[7] Originell ist sein Gedicht auf Köln, das er allegorisierend als Jungfrau in Gewändern mit den Farben und Emblemen des Stadtwappens auftreten läßt, die Maria um das Heil der Stadt anruft [8]. Bereits nach einem halben Jahr verließ Surigonus Köln wieder und erhielt an der Universität Löwen eine Lehrstelle.

Auch von Giovanni da Capestrano, dem Prediger, der im Sommer 1451 auf Vermittlung des Aeneas Silvius in Wien auftrat, liegen erwähnenswerte Urteile vor. Wien, schrieb er, sei schöner als Florenz. Man entsinnt sich an Ambrogio Traversaris Superlativ! Seine Begleiter berichteten angetan von den prächtigen, überwiegend im gleichen Stil erbauten Häusern und den königlichen Plätzen in Wien. Die Einwohnerzahl freilich wurde von ihnen mit 80 000 bis 100 000 zu hoch eingeschätzt. Man wird sich eher auf die Angabe des Aeneas Silvius, der 50 000 Kommunikanten, und das heißt etwa 60 000 Einwohner, zählt, verlassen dürfen. Eine in Wien veranstaltete „Verbrennung der Eitelkeiten", bei der das Volk auf-

Philologie 1. Teil: De carminibus latinis saeculi XV. et XVI. ineditis, Innsbruck 1880; vgl. ferner: *Karl Grossmann*, Die Frühzeit des Humanismus in Wien bis zu Celtis Berufung 1497, Jahrbuch für Landeskunde von Niederösterreich, N. F., XXII (1929), S. 150–325, hierzu S. 288 ff.; *Alphons Lhotsky*, Quellenkunde zur mittelalterlichen Geschichte Österreichs (= Mitteilungen des Instituts für österreichische Geschichtsforschung, Ergänzungsband 19), Graz–Köln 1963, S. 441 ff.) Zuletzt seien die in Sachsen, zumeist an den Universitäten lehrenden italienischen Poeten genannt wie Priamus Capotius, Fridianus Pighinucius, Ricardus Sbrulius und Jacobus Publicius (vgl. *Gustav Bauch*, Geschichte des Leipziger Frühhumanismus, Beihefte zum Zentralblatt für Bibliothekswesen 22, Leipzig 1899, S. 5, 20 ff.; *Gustav Bauch*, Die Universität Erfurt im Zeitalter des Frühhumanismus, Breslau 1904, S. 53 ff.; *Carl Georg Brandis*, Italienische Humanisten in sächsisch-thüringischen Landen, Zentralblatt für Bibliothekswesen XLVI, 1929, S. 277–296).

[6] *Keussen*, Der Humanist Stephanus Surigonus, S. 364, Nr. 31.

[7] Ebd., S. 367, Nr. 42.

[8] Ebd., S. 365, Nr. 37.

gefordert wurde, Spielbretter, Karten und überflüssige Haare den Flammen zu übergeben, zeigt, daß der Prediger den bescheidensten, wahrscheinlich aber den verbreitetsten Luxus bekämpfte [9].

Die Quellen mit Nachrichten aus zweiter Hand sind bis zum Beginn der Epoche Maximilians I. nicht sehr zahlreich. Es sollen hier nur die bekannten „Vite di uomini illustri" des Florentiner Buchhändlers Vespasiano da Bisticci genannt werden [10]. In der Biographie des Tomaso Parentucelli, der als Nikolaus V. den Stuhl Petri bestieg, wird an die Erfahrung einer Legationsreise durch Deutschland angeknüpft. Man habe dort überall die größte Ehrerbietung gegenüber dem apostolischen Legaten angetroffen, die bis vor Padua angedauert habe, von wo an das Verhalten der Bewohner merklich anders gewesen sei [11]. Eine zweite Stelle handelt über die Zuverlässigkeit der deutschen Bediensteten, die Parentucelli stets den ihm zu hochmütigen italienischen vorgezogen habe. Beides bestätigt die Urteile anderer Italiener [12].

[9] Vgl. *Johannes Hofer*, Johannes Kapistran, Ein Leben im Kampf um die Reform der Kirche, 2. Bde. (= Biblioteca Franciscana 1.2), Heidelberg 1964–1965, zu den Urteilen über Wien: II, S. 10/11; zur „Verbrennung der Eitelkeiten", ebd., S. 21. Vgl. auch *Alphons Lhotsky*, Quellenkunde zur mittelalterlichen Geschichte Österreichs, S. 354.

[10] Vespasiano da Bisticci, Vite di uomini illustri del secolo XV, ed. Paolo d'Ancona und Erhard Aeschlimann, Milano 1951. Unter den Berichten aus zweiter Hand von 1492 bis 1517 ragen hervor: die Beschreibung Deutschlands in den Commentariorum Urbanorum Raphaelis Volaterrani, Basel (Froben) 1544 und 1559, fol. 77 v–82 r, und der Brief des Ludovicus Ticio (Lodovico Tizzone) an Guttus Varonus (Guglielmo Varrone), Kanoniker in Vercelli, über die Deutschen und Maximilian I., in: Biblioteca Nazionale Universitaria di Torino, cod. I. III. 13. (Zur Beschreibung des Kodex vgl. *Ida Maier*, Les Manucrits d'Ange Politien (= Travaux d'Humanisme et Renaissance LXX), Genève 1965, S. 310; *Paul Oskar Kristeller*, Studies in Renaissance Thought and Letters (= Storia e letteratura, Raccolta di studi e testi 54), Roma 1956, S. 163, Nr. 1, S. 311; *Josephus Pasinus*, Codices manuscripti bibliothecae regii Taurinensis athenaei, II, Taurini 1749; zur Persönlichkeit des Verfassers: *Carlo Dionisotti*, Il comune di Desana e la famiglia patrizia dei Tizzoni, Torino 1895; *Onorato Derossi*, Scrittori piemontesi, savoiardi, nizzardi nei catalogi del vescovo Francesco Agostino della Chiesa e del monaco Andreae Rosotto, Torino 1790, S. 86; *Gaspare de Gregory*, Storia della Vercellese letteratura ed arti, parte II, Torino 1820, S. 207–209; zum Empfänger: ebd., parte I, Torino 1819, S. 494–495).

[11] *Da Bisticci*, Vite, S. 31.

[12] Ebd., S. 29.

XXIII. Rückblick

Die Sicht der italienischen Berichte

Die italienischen Berichte von 1333 bis 1492 stammen von 21 Verfassern, die aus den verschiedensten Motiven das spätmittelalterliche Deutschland aufsuchten. Die meisten kamen in geschäftlichem Auftrag. Sie waren Gesandte, Gesandtschaftssekretäre und -begleiter, befanden sich als Sekretäre im Gefolge von Kardinälen und Päpsten auf den Konzilien oder standen in Diensten der Kurie wie der Kollektor Marinus de Fregeno. Andere wiederum versuchten ihr Glück an deutschen Höfen und brachten es hier bisweilen zu einer angesehenen Stellung. Ungewöhnlich ist das Motiv Petrarcas, aus „Freude am Schauen" durch die Lande zu reisen. Die Dauer des Aufenthalts lag zwischen wenigen Monaten und 48 Jahren. Diesen Rekord verzeichnete Petrus Antonius Finariensis, der sich offenbar in Deutschland vollständig einlebte, so daß er nicht mehr nach Italien zurückkehrte. Aber auch die 23 Jahre des Aeneas Silvius oder die 19 Jahre des Marinus de Fregeno sind beachtliche Zeitspannen. Dreiviertel der Berichterstatter waren vom Humanismus geprägt und schrieben in Latein. Nur fünf Berichte sind im Volgare abgefaßt. Die häufigste Form der Mitteilung waren der Brief und das Reisetagebuch. Seltener traten die Stadtbeschreibung, die geographische Beschreibung, die Lobrede, das Gedicht oder Darstellungen auf, in denen sich mehrere literarische Gattungen trafen. Die Kenntnis Deutschlands blieb weitgehend auf bestimmte Gebiete beschränkt. Würde man die Reiserouten und Aufenthaltsorte der Berichterstatter auf einer Karte einzeichnen, so wäre Norddeutschland jenseits der Rhein-Main-Linie fast völlig ausgespart. Allein Marinus de Fregeno und Nicolò di Becari kannten Norddeutschland aus der eigenen Anschauung. Selbst ein so vorzüglicher Kenner der deutschen Verhältnisse wie Aeneas Silvius hat nie die Rhein-Main-Linie nach Norden überschritten. Am reichhaltigsten sind die Nachrichten über die süddeutschen Städte und die Orte an der Brennerstraße. Wien und Basel stehen im Licht der ausführlichen Beschreibungen des Aeneas Silvius, Bonfinis und Ranzanus. Aber auch in Nürnberg, Regensburg, Konstanz, Innsbruck, Passau, Wiener Neustadt und Straßburg wurden von mehreren Berichterstattern wesentliche Merkmale festgehalten.

Die italienischen Berichte weisen ganz unterschiedliche Züge in der Sicht des spätmittelalterlichen Deutschland auf. Wir haben gesehen, wie viele Faktoren für sie bestimmend waren: biographische Tatsachen, die Stereotype und Topoi, die literarische Gattung, die rhetorische Form, das intellektuelle Niveau des Verfassers sowie Zeitpunkt, Zweck, Motive und Umstände der Abfassung. Durch die literarische Gattung wurde der Themenkreis festgelegt, in welchem sich die Sicht entfalten konnte. In der Bewertung unterlag sie manchmal der rhetorischen Form. Sie war vielfach an literarische Assoziationen in Gestalt der Topoi geknüpft, die entweder aus der Erinnerung wiederkehrten oder direkt aus einer

Vorlage entnommen wurden. Die Stereotype galten vor allem den Lebensgewohnheiten und Eigenschaften der Deutschen, wie sie in der Erinnerung an das Auftreten der Söldner, der „lanzechenecchi", in Italien fortlebten. Ein Berichterstatter, der die Stereotype überwand, brauchte deshalb noch nicht zu einer positiven Einstellung zu gelangen. Eine kritische, niveauvolle Sicht setzte sich jedoch von ihnen ab und wußte von Fall zu Fall zu differenzieren. Die Stereotype der optischen Merkmale reichten zur Beschreibung des Anblicks von Städten und Landschaften nicht aus. Die Auswahl und Bewertung richtete sich hier nach ästhetischen Normen. Den objektiven Hintergrund der Sicht bildete in jedem Fall die Kultur der Renaissance mit den ihr eigenen Urteilsnormen und Wertmaßstäben. Eine Auffächerung der Sicht nach der sozialen Herkunft oder Standeszugehörigkeit des Verfassers hat sich in den Berichten unseres Zeitraums erst angedeutet. Im ersten Viertel des sechzehnten Jahrhunderts tritt aber eine Wandlung ein. Bei Berichterstattern aus dem Florentiner Bürgertum und dem Adel Ferraras zeichnen sich deutlich Unterschiede in der Urteilsstruktur ab, die auf die Standeszugehörigkeit zurückzuführen sind. Die mit der Tätigkeit verbundene soziale Stellung des Verfassers beeinflußte dagegen die Sicht auch in unserem Zeitraum erheblich. Es genügt an Aeneas Silvius zu erinnern, dessen Beurteilung, je nach den mit einer Veröffentlichung einhergehenden Erwartungen, in den verschiedenen Lebenslagen schwankte. Die regionale Herkunft fiel bei der Beobachtung und Beurteilung kaum ins Gewicht. Eine typisch florentinische oder typisch venezianische Sicht war nicht zu erkennen. Von Bedeutung waren aber regionale literarische Traditionen, wie zum Beispiel das venezianische Reisetagebuch.

Die Struktur der Sicht tritt an den einzelnen Themenbereichen hervor. Das Bild der Städte und Landschaften ist bis auf vereinzelte ablehnende Äußerungen freundlich. Wenngleich es in diesem Themenbereich kaum Stereotype und Vorurteile gab, ist doch die Einhelligkeit im Hinblick auf die gewöhnlich hohen ästhetischen Ansprüche der italienischen Humanisten erstaunlich. Die Auffassung der fremden Kultur, die Einstellung zu den sozialen Lebensformen oder Sitten, zur Bildung, zur Frömmigkeit, zu künstlerischen und handwerklichen Fähigkeiten und zur sozialen Stellung der Frau bleibt hingegen zwiespältig. Es gab aber nur zwei Berichterstatter, die nicht über die heimischen Stereotype hinauskamen: Johannes Antonius Campanus und Benedetto Dei. Sie fühlten sich emotional abgestoßen und wagten erst gar nicht die Auseinandersetzung mit der ungewohnten Lebensform. Schwankend war die Haltung Petrarcas. Die Überbewertung der Bildung seiner Begleiter in Köln schlug später in plumpe Abwertung um: „Ventris amor, studium gulae, somnus quiesque." Kritische Zurückhaltung, behutsame Anwendung der Stereotype, aber keine Abwertung zeigt sich in den Briefen Decembrios und Brunis. Offener und doch nicht einseitig tritt die Kritik bei Patricius zutage. Negative Urteile finden sich vereinzelt bei de' Franceschi und Bonfinis. Das differenzierteste Bild der Sitten stammt von Aeneas Silvius, obwohl sich seine Einstellung zwischen berechtigten Einwänden und heftiger Ablehnung bewegt. Weitgehend zustimmend sind hingegen, selbst gegenüber der

Geselligkeit und der Lebensweise, die Berichte von de Pileo und Sanctoninus. Die freundlichsten Worte für die Deutschen fand unerwartet Marinus de Fregeno, obwohl er als Kollektor viele Entsagungen und Demütigungen durchzustehen hatte. Die Bewunderung Poggios für die Badesitten hielt dagegen seinen grundsätzlichen Vorbehalten nicht lange stand. Alles in allem überwiegt die Ablehnung der Sitten und Eigenschaften der Menschen gegenüber der positiven Aufnahme. Wenn Ablehnung auftritt, erfolgt sie in der Mehrzahl der Fälle begründet und mit kritischer Distanz. Wir erkennen daran, wie individuell die italienischen Berichterstatter insgesamt beobachteten und urteilten. Es glückte ihnen, sich von den Stereotypen Italiens zu lösen und zu einer persönlichen Sicht zu gelangen.

Häufig übten frühere Berichte unmittelbaren Einfluß auf spätere aus. Petrarcas Jugendbrief über Köln wirkte auf Decembrio ein, Brunis Brief über die Reise zum Konstanzer Konzil auf Traversari, Poggios Badener Brief auf die erste Beschreibung Basels des Aeneas Silvius und dessen erste Fassung der Beschreibung Wiens auf Bonfinis und Ranzanus. Die Kenntnis der wichtigsten Werke des Aeneas lag bei seinen Schülern Campanus und Patricius vor. Beide teilten mit ihm den Bruch in der Beurteilung der optischen Merkmale und der Sitten, wenngleich sie im einzelnen eigene Wege beschritten: Campanus übertrifft Aeneas in der Ablehnung der Lebensgewohnheiten, Patricius notiert wesentlich kritischer als er das Auftreten und den Habitus der geistlichen und weltlichen Fürsten. Vom Kompilieren der Vorlage über die Verwendung einzelner Topoi bis zur vagen Anlehnung aus der Erinnerung sind alle Stufen der Beeinflussung gegeben.

Die italienischen Berichte sind für den Historiker in mehrfacher Hinsicht von Wert. Auf Grund ihrer Thematik und ihrer Anschaulichkeit bieten sie eine ausgezeichnete Einführung in die allgemeinen kulturellen und sozialen Verhältnisse Deutschlands im späten Mittelalter. Wo finden wir zum Beispiel um die Mitte des 15. Jahrhunderts sonst so vollständige Beschreibungen deutscher Städte wie bei den Italienern? Ihre Berichte enthalten auch Mitteilungen, die in anderen Quellen fehlen, weil die einheimischen Chronisten ihre Aufzeichnung meist nicht für nötig hielten. Die Chronistik hielt in der Regel wechselnde Ereignisse fest, verzichtete aber auf die Beschreibung dauernder, als bekannt vorausgesetzter Zustände. Diese Lücke helfen die italienischen Berichte füllen. Denken wir nur an Petrarcas Schilderung des Johannisbrauchs in Köln, an Poggios unnachahmliches Bild der Bäder von Baden, an die Beschreibung des Badehauses in Hall bei Patricius, an die wissenswerten Details in den Stadtbeschreibungen des Aeneas Silvius, an das Bild des niederen Adels in Kärnten, Steiermark und Krain bei Sanctoninus, an die kenntnisreichen Ratschläge des Marinus de Fregeno für den Umgang mit den Deutschen. Unersetzlich ist das mehr oder weniger bewußte Vergleichen und Messen deutscher an italienischen Zuständen. Hier haben wir vor allem in der „Germania" des Aeneas Silvius aufschlußreiche Beispiele kennengelernt: seine geschickt verklausulierte Gegenüberstellung der deutschen und italienischen Städte und Bistümer, sein Gegeneinander-Abwägen der

Herrschaftsverhältnisse der beiden Länder, das ihn zu dem Fazit führte, in Deutschland gebe es größere Freiheit, sowohl in den Reichsstädten als auch unter den Fürsten. Großes Interesse verdient die aus dem Vergleich mit Italien hervorgehende Einschätzung der Stellung der Frau. Sämtliche Urteile, verächtliche, kritische oder schlicht die Tatsachen wiedergebende bezeugen ihre größere Freiheit und Selbständigkeit. Auch die Hervorhebung der Frömmigkeit geschieht oftmals unter direkter Anspielung auf den Gegensatz zu Italien.

Die Grundzüge der Sicht sind im Zeitraum von Petrarca zu de' Franceschi keiner wesentlichen Wandlung unterworfen. Die negative Beurteilung bezieht sich fast ausschließlich auf den Themenbereich der Sitten und bewegt sich von Anfang an in annähernd denselben Bahnen. Extrem negative Positionen – in der ersten Fassung der Beschreibung Wiens des Aeneas Silvius oder in den Briefen des Campanus – sind ebenso selten wie einheitlich positive. Zu Beginn des sechzehnten Jahrhunderts ändert sich dies jedoch. Die Extreme in der Sicht werden größer. Der willkürlichen und maßlosen Ablehnung in einem Brief des Ferrareser Orators Antonio de' Costabili stehen die Idealisierung Machiavellis im „Rapporto delle cose della Magna" und in Francesco Vettoris „Viaggio in Alemagna" gegenüber. Das interessante Phänomen der plötzlich eintretenden Veränderung der Urteilsstruktur müßte im Zusammenhang mit der Sozial- und Ideengeschichte Italiens näher untersucht werden. Andererseits ist bemerkenswert, daß die niveauvollsten Berichte, was Beobachtungsgabe, Urteilsvermögen und künstlerische Gestaltungskraft anbelangt, bereits am Anfang stehen. Petrarca, Bruni, Poggio und Aeneas Silvius wurden hierin bis zum Ende des fünfzehnten Jahrhunderts nicht mehr übertroffen. Der Verlust an Originalität und Differenziertheit der Sicht sowie an künstlerischem Reichtum wird kaum durch die größere Ausführlichkeit in den Details bei Sanctoninus und de' Franceschi und die sichere Beherrschung der Stilmittel und literarischen Gattungen unter dem Einfluß des Aeneas Silvius wettgemacht.

Literaturverzeichnis

Francesco Petrarca

Paul Piur, Petrarcas Briefwechsel mit deutschen Zeitgenossen (= Vom Mittelalter zur Reformation, ed. Konrad Burdach 7), Berlin 1933; *Francesco Petrarca*, Le Familiari. Edizione critica per cura di Vittorio Rossi (Bd. 4: Umberto Bosco) (= Edizione nazionale delle opere di Francesco Petrarca 10–13), Firenze 1933–1942; –, Rime, Trionfi e Poesie latine, ed. *F. Neri*, *G. Martellotti* (= La letteratura italiana 6), Milano 1951; –, Prose, ed. *G. Marellotti*, *P. G. Ricci* (= La letteratura italiana 7), Milano 1955; Francisci Petrarchae poemata minora quae extant omnia – Poesie minori del Petrarca, lat. – ital., ed. *Domenico Rossetti*, 3 Bde., Milano 1829–1834; –, Opera omnia, Basilea (Henrichus Petri) 1554; –, Historia Iulii Caesaris, ed. *C. E. Chr. Schneider*, Lipsiae 1827; *Pétrarque*, Vie de César. Réproduction phototypique du manuscrit autographe Manuscrit Latin 5784 de la Bibliothèque Nationale, ed. *Léon Dorez*, Paris 1906.

Darstellungen (mit Seitenangaben zur Reise von 1333): *Peter Amelung*, Das Bild des Deutschen in der Literatur der italienischen Renaissance (1400–1559) (= Münchner Romanistische Arbeiten 20), München 1964, S. 35–43 und passim; *Arturo Farinelli*, Petrarca und Deutschland in der dämmernden Renaissance (= Veröffentlichungen des Petrarca-Hauses 1. Reihe, Abh. 1), Köln 1933; *Ludwig Geiger*, Petrarca und Deutschland, Zeitschrift für deutsche Kulturgeschichte, N. F. 3, 1874, S. 207–228; *Gustav Koerting*, Petrarca's Leben und Werke (= Geschichte der Litteratur Italiens im Zeitalter der Renaissance 1), Leipzig 1878, S. 89–96; *Edward H. R. Tatham*, Francesco Petrarca the First Modern Man of Letters. His Life und his Correspondence. A Study of the Early Fourteenth Century (1304–1347), 2 Bde., London 1925–1926, Bd. 1, S. 301–313; *Emilio Penco*, Il Petrarca viaggiatore, 2. Ed., Genova 1932, S. 15–17; *Pierre de Nolhac*, Pétrarque et l'humanisme (= Bibliothèque littéraire de la Renaissance, nouvelle série 1–2), 2 Bde., 2. Ed., Paris 1907; *Remigio Sabbadini*, Le scoperte dei codici latini e greci ne' secoli XIV e XV (= Biblioteca storica del Rinascimento, Nuova Serie IV), Neuaufl. Firenze 1967; *Giuseppe Kirner*, Sulle opere storiche di Francesco Petrarca, Pisa 1889.

Nicolò de Becari

„Regulae singulares" in Venedig, Biblioteca Marciana, Mss. Latini Cl. XIV, 127 (4332), p. 105–126. In Zürich, Zentralbibliothek, Cod. Misc. Car. C. 100, fol. 75 r–80 r, sind nur der zweite und dritte Brief der Sammlung, nämlich die beiden an Karl IV. gerichteten, enthalten. Vollständig veröffentlicht ist lediglich der Brieftraktat an Karl IV. (ep. 2 der Sammlung), und zwar bei *Hanno Helbling*, Saeculum Humanum (Istituto italiano per gli studi storici, Napoli), Neapel 1958, S. 152–168. Der Brief an Gaspare de' Broaspini (ep. 4 der Sammlung) ist in Auszügen wiedergegeben bei *Ezio Levi*, Antonio e Nicolò da Ferrara poeti e uomini di corte del Trecento, Atti e memorie della Deputazione ferrarese di storia patria XIX, fasc. 2, Ferrara 1909, S. 45–405 (S. 151–156).

Zur Biographie und schriftstellerischen Tätigkeit Becaris ist die Studie von Levi grundlegend. Zu beachten sind ferner: *Konrad Burdach*, Die Kulturbewegung Böhmens und

Schlesiens an der Schwelle der Renaissance, Euphorion XXVII, 1926, S. 493–521 (S. 507); *Henry Cochin*, Ce que les Italiens pensaient des Allemands au 14e siècle, in: En souvenir de Henry Cochin, Paris 1928, S. 287–300 (S. 297–299). Beide beruhen auf Levi, der erstere, ohne ihn zu nennen. Den Brieftraktat an Karl IV. interpretiert *Robert Folz*, Der Brief des italienischen Humanisten Niccolò dei Beccari an Karl IV. Ein Beitrag zur Kaiseridee im 14. Jahrhundert, Historisches Jahrbuch, ed. Görresgesellschaft, 82, 1963, S. 148–162. Einzelne Bemerkungen zu Becari auch bei *Helbling*, S. 148 ff. und *Paul Piur*, Petrarcas Briefwechsel mit deutschen Zeitgenossen (= Vom Mittelalter zur Reformation VII), Berlin 1933, S. LVII, Anm. 1 und S. 189.

Uberto Decembrio

Die beiden Briefe aus Prag und das nahezu vollständige Werk Decembrios befinden sich in Mailand Biblioteca Ambrosiana, Cod. B. 123 sup. Die Briefe sind unzureichend und fehlerhaft veröffentlicht von *Attilio Hortis*, La città di Praga descritta da un umanista nel MCCCXCIX. – Due lettere di Uberto Decembrio a Coluccio Salutati, Archeografo Triestino, Nuova serie VII, Trieste 1880–1881, S. 439–451.

Eine Zusammenfassung der Forschungsergebnisse über Leben und Werk Decembrios bei *Antonio Zanella*, Uberto Decembrio e un codice bergamasco, Bergomum, N. 1, Bergamo 1962, S. 59–124, Nr. 3, 1963, S. 69–79 und Nr. 1, 1964, S. 57–73. Dadurch wird die längst überholte Studie von *Mario Borsa*, Un umanista vigevanasco del sec. XIV, Giornale Ligustico di archeologia, storia e letteratura XX (Fasc. V–VI), Genova 1893, S. 81–111 und S. 199–215 abgelöst. Für die beiden Briefe aus Prag sind grundlegend *Francesco Novati*, Aneddoti Viscontei. I. Uberto Decembrio e Coluccio Salutati. – II. Il viaggio del Decembri in Boemia e la vera data dell'ambasceria viscontea a Venceslao re de' Romani, Archivio storico lombardo, Anno XXXV, Fasc. XIX, Milano 1908, S. 193–216, und *Alberto Corbellini*, Appunti sull' umanesimo in Lombardia, Bollettino di storia patria, Anno XV, Pavia 1915, S. 327–362, Anno XVI, 1917, S. 109–166, Anno XVII, 1917, S. 5–51. Ferner ist einzusehen: *Konrad Burdach*, Aus Petrarcas ältestem deutschen Schülerkreise (= Vom Mittelalter zur Reformation IV), Berlin 1929, S. 65–66.

Leonardo Bruni

Leonardi Bruni Arretini epistolarum libri VIII ..., ed. Laurentius Mehus, Florentiae 1741; Leonardo Bruni Aretino, Humanistisch-philosophische Schriften, ed. Hans Baron (= Veröffentlichungen der Forschungsinstitute an der Universität Leipzig), Leipzig 1928.

Franz Beck, Studien zu Lionardo Bruni (= Abhandlungen zur Mittleren und Neueren Geschichte 36), Berlin 1912; *Hans Baron*, The Crisis of the Early Italian Renaissance. Civic Humanism and Republican Liberty in an Age of Classicism and Tyranny, 2. Aufl. in einem Band, Princeton 1966; *Hans Baron*, From Petrarch to Leonardo Bruni, Studies in Humanistic and Political Literature, Chicago 1968; *Hans Baron*, Humanistic and Political Literature in Florence and Venice at the Beginnung of the Quattrocento, Cambridge 1955; *Heinrich Finke*, Bilder vom Konstanzer Konzil, Neujahrsblätter der Badischen Historischen Kommission, N. F. VI, Heidelberg 1903; *Peter Amelung*, Das Bild des Deutschen in der Literatur der italienischen Renaissance (1400–1559) (= Münchner Romanistische Arbeiten 20), München 1964.

Benedictus de Pileo

„Liber poenarum“ in Österreichische Nationalbibliothek Wien, cod. (Misc.) 3529, fol. 208—246 v. Der Brief aus Konstanz ebd. fol. 247 r—249 v.

Wilhelm Wattenbach, Benedictus de Pileo, Festschrift zur Begrüßung der 24. Versammlung deutscher Philologen und Schulmänner, Leipzig 1865, S. 99—131; *Ludwig Bertalot*, Benedictus de Pileo in Konstanz, Quellen und Forschungen aus italienischen Archiven und Bibliotheken XXIX, 1938/39, S. 312—316; *Heinrich Finke*, Das badische Land und das Konstanzer Konzil, Festgabe der Badischen Historischen Kommission zum 9. Juli 1917, Karlsruhe 1917, S. 19—70; *Heinrich Finke*, Bilder vom Konstanzer Konzil, Neujahrsblätter der Badischen Historischen Kommission, Neue Folge 6, Heidelberg 1903.

Poggio Bracciolini

Poggii Epistolae, ed. Thomas de Tonellis, 3 vol., Florentiae 1832—1861; — Opera, Argentorati 1513; Les Facéties de Pogge, traduites en français, avec le texte latin, Edition complète, 2. vol., Paris 1878; Die Facetien des Florentiners Poggio, übersetzt von Hanns Floerke, München 1920. Zwei Briefe Poggios aus Konstanz sind veröffentlicht bei *A. Wilmans*, Über die Briefsammlungen des Poggio Bracciolini, Zentralblatt für Bibliothekswesen XXX, 1913, 299—331, 443—463 (S. 459—460), und ein Brief von ihm an Francesco Barbaro von *A. C. Clark*, The Literary Discoveries of Poggio, The Classical Review XIII, 1899, S. 119—130.

Ernst Walser, Poggius Florentinus, Leben und Werke (= Beiträge zur Kulturgeschichte des Mittelalters und der Renaissance, XIV, ed. Walter Goetz), Leipzig—Berlin 1914; *Riccardo Fubini*, Un'orazione di Poggio Bracciolini sui vizi del clero scritta al tempo del concilio di Costanza, Giornale storico della letteratura italiana, CXLII, 1965, S. 24—33; *Remigio Sabbadini*, Le scoperte dei codici latini e greci ne' secoli XIV e XV (= Biblioteca storica del Rinascimento, Nuova Serie IV), 2 vol., Neuaufl. Firenze 1967; *Peter Amelung*, Das Bild des Deutschen in der Literatur der italienischen Renaissance (1400—1559) (= Münchner Romanistische Arbeiten XX), München 1964.

Gasparus und Johannes Danielis

„Descriptio itineris legatorum portusnaonensium Gasparis et Johannis Danielis ad archiducem Austriae, Oeniponti, a die 24 octobris ad 23 novembris a. 1428“, bei *Joseph Valentinelli*, Diplomatarium Portusnaonense (= Fontes rerum austriacarum, Diplomataria et acta XXIV), Wien 1865, S. 194—203.

Oskar von Rodlow, Die Brennerstraße im Altertum und Mittelalter (= Prager Studien aus dem Gebiet der Geschichtswissenschaft VII), Prag 1900; *Heinrich Kretschmayr*, Zwei Alpenwanderungen im Mittelalter, Beilage zur Allgemeinen Zeitung, Jg. 1899, Nr. 195, 28. August, S. 3—7, gibt eine Zusammenfassung des Berichts.

Andrea Gatari

Andrea Gatari, Diario del Concilio di Basilea di Andrea Gatari 1433—1435, ed. Giulio Coggiola, Concilium Basiliense, Studien und Quellen zur Geschichte des Concils von

Basel, V, Tagebücher und Akten, Basel 1904, S. 377–442. Deutsche Übersetzung: Andrea Gattaro von Padua, Tagebuch der venetianischen Gesandten beim Konzil zu Basel (1433–1435), übers. von Heinrich Zehntner, ed. Rudolf Wackernagel, Basler Jahrbuch 1885, S. 1–58; Galeazzo e Bartolomeo Gatari, Cronaca Carrarese confrontata con la redazione di Andrea Gatari (1318–1407) a cura di Antonio Medin e Guido Tolomei (= Rerum italicarum scriptores Tom. XVII, parte 1, vol. 1), Città di Castello 1914.

Berthe Widmer, Enea Silvios Lob der Stadt Basel und seine Vorlagen, Basler Zeitschrift für Geschichte und Altertumskunde, 58/59, Basel 1959, S. 111–138.

Ambrogio Traversari

Ambrosii Traversarii Generalis Camaldulensium ... latinae epistulae a domino Petro Canneto abbate Camaldulensi in libros XXV tributae ... Adcedit eiusdem Ambrosii vita in qua historia litteraria florentina ab anno MCXCII usque ad annum MCCCCXL ex monumentis potissimum nondum editis deducta est a Laurentio Mehus ..., Florentiae 1759; Beati Ambrosii abbatis generalis Camaldulensis Hodoeporicon a Nicolao Bartholini ... publicae luci assertum ..., Florentiae ac Lucae apud Marescandalos fratres, sine anno (1680); Deutsche Reichsakten 12, 2. Aufl., Göttingen 1957.

Alessandro Dini-Traversari, Ambrogio Traversari e i suoi tempi, Firenze 1912; *Georg Voigt*, Die Wiederbelebung des classischen Altertums oder das erste Jahrhundert des Humanismus, 4. Aufl., Berlin 1960; *F. P. Luiso*, Riordinamento dell'epistolario di A. Traversari con lettere inedite e note storico-cronologiche, 3 Hefte, Firenze 1898–1903; *Giovanni Mercati*, Ultimi contributi alla storia degli umanisti, Fascicolo I: Traversariana (= Studi e testi 90, Biblioteca Apostolica Vaticana), Città del Vaticano 1939.

Aeneas Silvius Piccolomini

Aeneae Sylvii Piccolominei Senensis ... opera quae extant omnia, Basileae 1551; Pii secundi pontificis maximi commentarii rerum memorabilium ..., Francofurti 1614 (ältere Ausgabe der „commentarii“: Roma 1584); Aeneae Silvii episcopi Senensis ... historia rerum Friderici III Imperatoris, in: Analalecta monumentorum omnis aevi Vindobonensia. Opera et studio Adami Francisci Kollarii, Tom. II, Vindobonae 1762, col. 1–476 (deutsche Ausgabe: *Th. Ilgen*, Die Geschichte Kaiser Friedrichs III. von Aeneas Silvius (= Die Geschichtsschreiber der deutschen Vorzeit, Fünfzehntes Jahrhundert. 2. Bd., 1. und 2. Hälfte), Leipzig 1889–1890); Aenae Picolominei Senensis cardinalis de his quae Frederico III imperante in Germania et per totam Europam gesta sunt ... („Europa“) bei *Freher – Struve*, Rerum Germanicarum Scriptores II, Straßburg 1717, S. 82–170; Aeneas Silvius, Germania, ed. Adolf Schmidt, Köln 1962 (deutsche Ausgabe: Enea Silvio Piccolomini, Deutschland. Der Brieftraktat an Martin Mayer, ed. Adolf Schmidt (= Die Geschichtsschreiber der deutschen Vorzeit, 3. Gesamtausgabe, Bd. 104), Köln 1962); Aeneae Silvii Piccolomini Senensis ... opera inedita, ed. Josephus Cugnoni (= Reale Accademia dei Lincei, Ser. III, Classe di scienze morali, storiche e filologiche, vol. VIII), Roma 1883; Pii II. P. M. olim Aeneae Sylvii Piccolominei Senensis orationes, ed. Joannes Dominicus Mansi, 2. vol., Lucae 1755–1757; *Rudolf Wolkan*, Der Briefwechsel des Eneas Silvius Piccolomini I–III (= Fontes rerum Austriacarum, Diplomataria et acta, Bd. 61/62, 67, 68), Wien 1909, 1912 und 1918 (eine Auswahl der Briefe in deutscher Übersetzung bei *Max Mell*, Enea Silvio Piccolomini Briefe (= Das Zeitalter der Renaissance. Ausgewählte Quellen zur Geschichte der italienischen Kultur, 1. Ser.,

Bd. III), Jena 1911); *Berthe Widmer*, Enea Silvio Piccolomini Papst Pius II., Ausgewählte Texte aus seinen Schriften (= Festgabe zum fünfhundertjährigen Bestehen der Universität Basel), Basel 1960; die beiden Beschreibungen Basels sind veröffentlicht von *Alfred Hartmann*, Basilea Latina. Lateinische Texte zur Zeit- und Kulturgeschichte der Stadt Basel im 15. und 16. Jahrhundert, Basel 1931, S. 37–62; die erste Beschreibung auch in Concilium Basiliense, Studien und Quellen zur Geschichte des Concils von Basel V, Basel 1904, S. 365–373, und bei *Wolkan* I, 1, ep. 16, S. 28–38; die zweite Beschreibung bei *Eduard Preiswerk*, Basler Zeitschrift für Geschichte und Altertumskunde, IV, 1, 1905, S. 5–17, bei *Wolkan* I, 1, ep. 28, S. 84–95, in Concilium Basiliense VIII, Basel 1936, S. 191–204, und bei *Widmer*, Enea Silvio Piccolomini Papst Pius II., S. 348–370. (Ausgabe beider Beschreibungen in deutscher Sprache: *Alfred Hartmann*, Basel in einigen alten Stadtbildern und in den beiden berühmten Beschreibungen des Aeneas Sylvius Piccolomini, Basel 1951.)

Enea Silvio Piccolomini – Papa Pio II, Atti del convegno per il quinto centenario della morte e altri scritti raccolti da Domenico Maffei, Siena 1968; *Georg Voigt*, Enea Silvio de' Piccolomini als Papst Pius der Zweite und sein Zeitalter, 3 vol., Berlin 1856–1863; *Thea Buyken*, Enea Silvio Piccolomini. Sein Leben und Werden bis zum Episkopat, Bonn 1931; *Gioacchino Paparelli*, Enea Silvio Piccolomini, Pio II (= Biblioteca di cultura moderna 481), Bari 1950; *Anton Weiß*, Aeneas Sylvius Piccolomini als Papst Pius II. Sein Leben und Einfluß auf die literarische Cultur Deutschlands, Graz 1897; *Berthe Widmer*, Enea Silvio Piccolomini in der sittlichen und politischen Entscheidung (= Basler Beiträge zur Geschichtswissenschaft 88), Basel 1963; *Hermann Diener*, Enea Silvio Piccolominis Weg von Basel nach Rom. Aus päpstlichen Registern der Jahre 1442–1447, in: Adel und Kirche, Gerd Tellenbach zum 65. Geburtstag dargebracht von Freunden und Schülern, ed. Josef Fleckenstein und Karl Schmid, Freiburg i. Breisgau 1968, S. 516–533; *Karl Grossmann*, Die Frühzeit des Humanismus in Wien bis zu Celtis Berufung 1497, Jahrbuch für Landeskunde von Niederösterreich, N. F. XXII (1929), S. 150–325; *Alphons Lhotsky*, Aeneas Silvius und Österreich (= Vorträge der Aeneas-Silvius-Stiftung an der Universität Basel 5), Stuttgart 1965; *Gerhart Bürck*, Selbstdarstellung und Personenbildnis bei Enea Silvio Piccolomini (= Basler Beiträge zur Geschichtswissenschaft 56), Basel 1956; *Peter Amelung*, Das Bild des Deutschen in der Literatur der italienischen Renaissance (1400–1559) (= Münchner Romanistische Arbeiten XX), München 1964; *Hans Kramer*, Untersuchungen zur „Österreichischen Geschichte" des Aeneas Silvius, Mitteilungen des Österreichischen Instituts für Geschichtsforschung XLV, 1941, S. 23–69; *Victor Bayer*, Die Historia Friderici III Imperatoris des Enea Silvio de' Piccolomini. Eine kritische Studie zur Geschichte Friedrichs III., Prag 1872; *Berthe Widmer*, Enea Silvios Lob der Stadt Basel und seine Vorlagen, Basler Zeitschrift für Geschichte und Altertumskunde 58/59, Basel 1959, S. 111–138; *Alfred Hartmann*, Zu den zwei Beschreibungen des Aeneas Sylvius Piccolomini, 122. Basler Neujahrsblatt, Basel 1944; *Hermann Josef Hallauer*, Der Pentalogus des Aeneas Silvius Piccolomini, Diss. Köln 1951; *Gerhard Kallen*, Aeneas Silvius Piccolomini als Publizist in der Epistola de ortu et auctoritate Imperii Romani (= Veröffentlichungen des Petrarca-Hauses, 1. Reihe: Abhandlungen, 4), Köln 1939.

Petrus Antonius Finariensis

Petri Anthonii de Clapis legum doctoris oratio in genere demonstrativo in laudem civitatis universitatisque Heydelbergensis inclitissimique et serenissimi principis comitis Rheni, palatini et Bavarie ducis, s. l. et a. (1499). (*Hain*, Repertorium bibliographicum, Nr. 5369.)

Gerhard Ritter, Petrus Antonius Finariensis, der Nachfolger Peter Luders in Heidelberg, Ein Beitrag zur Geschichte des Frühhumanismus am Oberrhein, Archiv für Kulturgeschichte XXVI, 1936, S. 89—103; *Gerhard Ritter*, Die Heidelberger Universität, I, Das Mittelalter (1386—1508), Heidelberg 1936; *Edgar Bonjour*, Die Universität Basel von den Anfängen bis zur Gegenwart 1460—1960, Basel 1960.

Augustinus Patricius

De legatione Germanica, Biblioteca Vaticana, Cod. Vat. lat. 3842, fol. 22 r—85 v. Es liegen im ganzen vier Teilveröffentlichungen vor: 1. Widmungsbrief und einleitender Überblick über die Vorgeschichte und Gründe für die Einberufung des Reichstags bei *Freher — Struve*, Rerum Germanicarum scriptores varii II, Argentorati 1717. S. 288—292 (zu den vorangegangenen Veröffentlichungen dieses Teiles vgl. in dem sogleich zu zitierenden Buch von *Strnad*, S. 230, Anm. 82). Die Edition ist fehlerreich und sollte nicht unabhängig von der Handschrift benutzt werden. 2. Schilderung der Reise durch Tirol. Auszüge mit deutscher Übersetzung bei *Ignaz Philipp Dengel*, Eine Beschreibung Tirols aus dem Jahre 1471, Veröffentlichungen des Museum Ferdinandeum, XII, 1932, S. 207—232. 3. Schilderung der restlichen Reise durch Bayern, Franken und das Oberrheingebiet. Auszüge bei *Hans Kramer*, Agostino Patrizzis Beschreibung der Reise des Kardinallegaten Francesco Piccolomini zum Christentag in Regensburg 1471, Festschrift zur Feier des zweihundertjährigen Bestandes des Haus-, Hof-, und Staatsarchivs (= Mitteilungen des Österreichischen Staatsarchivs, Ergänzungsband II, 1), Wien 1949, S. 549—565. Die Veröffentlichung ist editorisch unzureichend. 4. Die gesamte Rückreise von Regensburg nach Rom vollständig bei *Frank-Rutger Hausmann*, Giovanni Antonio Campano (1429—1477), Erläuterungen und Ergänzungen zu seinen Briefen, Diss. Freiburg im Breisgau 1968, S. 533—575. Als Quelle für den Reichstag vgl. auch Jo. Antonii Campani episcopi Aprutini epistolae et poemata, ed. Jo. Burchardus Menckenius, Lipsiae 1707.

Alfred A. Strnad, Francesco Todeschini-Piccolomini, Politik und Mäzenatentum im Quattrocento, Römische Historische Mitteilungen, 8. und 9. Heft, 1964/65 und 1965/66, S. 101—425; *Rino Avesani*, Per la biblioteca di Agostino Patrizi Piccolomini, vescovo di Pienza, Mélanges Eugène Tisserant, Vol. VI (= Studi e testi 236), Città del Vaticano 1964, S. 1—87; *Joseph Schlecht*, Pius III. und die deutsche Nation, Festschrift Georg von Hertling zum siebzigsten Geburtstage am 31. August 1913, dargebracht von der Görresgesellschaft, Kempten 1913, S. 305—328; *Jakob Reissermayer*, Der große Christentag zu Regensburg 1471, 1. Teil, Programm zum Jahresbericht über das k. neue Gymnasium zu Regensburg für das Studienjahr 1886/87, 1887, 44.

Johannes Antonius Campanus

Jo. Antonii Campani episcopi Aprutini epistolae et poemata, ed. Jo. Burchardus Menckenius, Lipsiae 1707; Jo. Antonii Campani opera, 7 vol. ... Impressum Romae per Eucharium Silber alias Franck ... 1495 (vgl. Gesamtkatalog der Wiegendrucke VI, Nr. 5939).

Frank-Rutger Hausmann, Giovanni Antonio Campano (1429—1477). Ein Beitrag zur Geschichte des italienischen Humanismus im Quattrocento, Römische Historische Mitteilung, 12, 1970, S. 125—178; *Frank-Rutger Hausmann*, Giovanni Antonio Campano (1429 bis 1477), Erläuterungen und Ergänzungen zu seinen Briefen, Diss. Freiburg im Breisgau 1968; *Giuseppe Lesca*, Giovannantonio Campano detto l'Episcopus Aprutinus, Pontedera 1892;

Alfred A. Strnad, Francesco Todeschini-Piccolomini, Politik und Mäzenatentum im Quattrocento, Römische Historische Mitteilungen 8/9, 1964/65 und 1965/66, S. 104–425; *Antonio Altamura*, L'Umanesimo nel mezzogiorno d'Italia (= Biblioteca dell' „Archivum Romanicum", Ser. I, 29), Firenze 1941, S. 44–45 und 49–51; *Joseph Schlecht*, Zur Geschichte des erwachenden deutschen Bewußtseins, Historisches Jahrbuch der Görres-Gesellschaft XIX, 1898, S. 351–358; *Peter Amelung*, Das Bild des Deutschen in der Literatur der italienischen Renaissance (1400–1559) (= Münchner Romanistische Arbeiten XX), München 1964; zu Campanus als Lyriker vgl. *Georg Ellinger*, Italien und der deutsche Humanismus in der neulateinischen Lyrik (= Geschichte der neulateinischen Literatur Deutschlands I), Berlin 1929, S. 83–85. Der Aufenthalt des Campanus in Deutschland wird in fast allen Darstellungen über die Epoche gestreift, vgl. auch das Literaturverzeichnis zu Patricius.

Ambrosio Contarini

Il viaggio del magnifico M. Ambrosio Contarini Ambasciadore della Illustrissima Signoria di Venetia al gran Signore Ussuncassan Re di Persia nell' anno 1473, in: *Giovanni Battista Ramusio*, Navigationi et viaggi II, Venetia 1559, fol. 112 v–125 v.

Niccolò di Lenna, Ambrogio Contarini politico e viaggiatore nel sec. XV. Padova 1921; *Pietro Donazzolo*, I viaggiatori veneti minori. Studio bio-bibliografico. Memorie della Reale Società Geografica Italiana XVI, Roma sine dato (1927), S. 50–52.

Benedetto Dei

Aufzeichnungen über die Reise nach Frankreich, Flandern, den Niederlanden, Deutschland und der Schweiz von 1476 bis 1477 in Florenz, Biblioteca Nazionale, Cod. Magl. II, II, 333, fol. 37 r, veröffentlicht im Anhang S. 253 f.

Maria Pisani, Un avventuriero del Quattrocento. La vita e le opere di Benedetto Dei (= Biblioteca della „Rassegna" V), Genua 1923; auch in: La Rassegna, già Rassegna bibliografica della letteratura italiana III, 6, Firenze 1921, S. 163–202 und S. 331–373; *Franz Babinger*, Lorenzo de' Medici e la corte ottomana, Archivio storico italiano XXXI, 1963, S. 305–361 (zu Dei S. 310–314); *Aloys Schulte*, Geschichte des mittelalterlichen Handels und Verkehrs zwischen Westdeutschland und Italien mit Ausschluß von Venedig, I, Leipzig 1900.

Marinus de Fregeno

Klaus Voigt, Der Kollektor Marinus de Fregeno und seine „Descriptio provinciarum Alamanorum", Quellen und Forschungen aus italienischen Archiven und Bibliotheken 48, 1968, S. 148–206. Der Text nach cod. E 57 sup. der Biblioteca Ambrosiana in Mailand ebd. S. 182–202.

Johs. Lindbaek, Pavernes forhold til Danmark under kongernes Kristiern I og Hans, København 1907, S. 64–83; *Martin Wehrmann*, Bischof Marinus von Kammin, Baltische Studien N. F. XVIII, Stettin 1914, S. 117–161.

Paulus Sanctoninus

Giuseppe Vale, Itinerario di Paolo Santonino in Carintia, Stiria e Carniola negli anni 1485–1487 (Codice vaticano latino 3795) (= Studi e testi 103), Città del Vaticano 1943, Deutsche Übersetzung: Die Reisetagebücher des Paolo Santonino 1485–1487. Aus dem Lateinischen übertragen von Rudolf Egger, Klagenfurt 1947.

Giovanni Mercati, Una visità a Cilli del 1487, Scritti in onore di Bartolomeo Nogara, Città des Vaticano 1937, S. 263–273.

Petrus Ranzanus

Epitome rerum Ungaricarum velut per indices descripta, autore Ranzano, apud Mathiam regem olim triennium legato ... opera Joannis Sambuci Tirnaviensis, Viennae Austriae (Raphael Hofhalter) 1558; erschien erneut bei *Johann Georg Schwandtner*, Scriptores rerum Hungaricarum veteres et genuini ... I, Wien 1746, S. 322–412.

Ferdinando Attilio Termini, Pietro Ransano umanista palermitano del sec, XV., Palermo 1915; *Ferdinando Attilio Termini*, Ricostruzione cronologica della biografia di Petro Ransano, Archivio storico siciliano, N. S. XLI, Palermo 1916, S. 81–104; *Pietro Verrua*, Umanisti ed altri „studiosi viri" italiani e stranieri di qua e di là dalle Alpi e dal mare (= Biblioteca dell' „Archivum Romanicum", Ser. I: Storia-Letteratura-Paleografia 3), Genève 1924, S. 43 und 46; *Richard Müller*, Wiens höfisches und bürgerliches Leben im ausgehenden Mittelalter, Geschichte der Stadt Wien III/2, Wien 1907, S. 696.

Antonius Bonfinis

Antonius de Bonfinis, Rerum Ungaricarum Decades, ed. I. Fógel, B. Iványi, L. Juhász (= Bibliotheca scriptorum medii recentisque aevorum, saeculum XV.), 4 Bde., Leipzig 1936 (Band 4, der die 4. sowie die erste Hälfte der 5. Dekade enthalten sollte, war nicht zu ermitteln und fehlt z. B. im British Museum, in der Biblioteca Nazionale in Florenz und in der Bayrischen Staatsbibliothek, die alle die ersten drei Bände besitzen). Die 4. und 5. Dekade wird deshalb nach folgender leicht zugänglichen älteren Ausgabe zitiert werden: Antonii Bonfini Historia Pannonica seu Hungaricarum Rerum decades IV et dimidia libris XLV comprehensae, ... Coloniae Agrippinae, sumptibus haeredum Joannis Widenfeldt et Godefridi de Berges, Anno MDCLXXXX (vgl. Editionenverzeichnis bei Fógel, Iványi, Juhász, Bd. I, Introductio, S. XLI); Antonii Bonfinii Praefatio, nunc primum vulgata, Philostrati senioris operibus, in Latinum sermonem ab eo conversis praefixa, ad Mathiam Corvinum Hungariae Regem de rebus in Austria contra Imp. Fridericum III. ab eodem gestis, in: Analecta monumentorum omnis aevi Vindobonensia. Opera et studio Adami Francisci Kollarii, Tom. II, Vindobonae 1762, col. 809–828; *Giulio Amadio*, Due orazioni di Antonio Bonfini. I. Elogio di Recanati, II. Panegirico di S. Flaviano. Testo, versione e note, Montalto Marche 1930; *Giulio Amadio*, Un discorso inedito di Antonio Bonfini tenuto alla presenza di Federico da Montefeltro Duca d'Urbino, Montalto Marche 1942.

Giulio Amadio, La vita e l'Opera di Antonio Bonfini primo storico della nazione ungherese in generale e di Mattia Corvino in particolare, Montalto Marche 1930; *Ladislao Tóth*, Analecta Bonfiniana, Corvina, Rivista di scienze, lettere ed arti della società Ungherese-Italiana Mattia Corvino, Anno IX, vol. XVII–XVIII, Budapest 1929, S. 182–204;

Ladislao Tóth, Bonfini in Ungheria, in: Antonio Bonfini MCDXXVII–MCMXXVII, Ascoli Piceno 1928, S. 21–44; *Mario Battistrada*, Il Rinascimento e il regno di Mattia Corvino nell'opera di Antonio Bonfini, in: Antonio Bonfini MCDXXVII–MCMXXVII, Ascoli Piceno 1928, S. 47–139; *Guglielmo Fraknói, Giuseppe Fógel, Paolo Gulyás, Edit Hoffmann*, Bibliotheca Corvina, La biblioteca di Mattia Corvino Re d'Ungheria, Budapest 1927; *Giovanni Mercati*, Ultimi contributi alla storia degli umanisti, Fascicolo II. Note sopra A. Bonfini, M. A. Sabellico, A. Sabino, Pescennio Francesco Negro, Pietro Summonte e altri (= Studi e testi 91), Città del Vaticano 1939; *Giulio Amadio*, La patria di Antonio Bonfini, Montalto Marche 1928; *Giulio Amadio*, Antonio Bonfini e S. Giacomo della Marca, Montalto Marche 1936; *Pietro Verrua*, Umanisti ed altri „studiosi viri" italiani e stranieri di qua e di là dalle Alpi e dal mare (= Biblioteca dell' „Archivum Romanicum", diretta da Giulio Bertoni, Serie I: Storia-Letteratura-Paleografia, vol. 3), Genève 1924; *Richard Müller*, Wiens höfisches und bürgerliches Leben im ausgehenden Mittelalter, Geschichte der Stadt Wien III/2, Wien 1907, S. 626–757.

Andrea de' Franceschi

Itinerario di Germania delli Magnifici Ambasciatori Veneti, M. Giorgio Contarini, Conte del Zaffo, et M. Polo Pisani a li Serenissimo Federico III. Imperator et Maximiliano, suo fiolo, Ré de Romani, facto per Andrea de Franceschi, Coadiutor del Eccellente D. Giorgio de Federicis, secretario Veneto, dell' anno 1492, ed. Henry Simonsfeld in: Miscellanea di Storia Veneta, ed. R. Dep. Veneta di Storia Patria, Ser. II, Tom. IX. Venezia 1903, S. 277–340. Der Text liegt auch in zwei Teilen in deutscher Übersetzung vor: *Henry Simonsfeld*, Ein venetianischer Reisebericht über Süddeutschland, die Ostschweiz und Oberitalien aus dem Jahre 1492, Zeitschrift für Kulturgeschichte N. F. II, 1895, S. 241–283; *Henry Simonsfeld*, Reichenau und Konstanz im Jahre 1492, Zeitschrift für die Geschichte des Oberrheins N. F. XVIII, 1903, S. 158–160. Ein deutscher Auszug des Teils der Reise durch Württemberg auch in Württembergische Vierteljahreshefte für Landesgeschichte, N. F. IV, 1895, S. 411–415. Testament des Andrea de' Franceschi, Archivio di Stato di Venezia, Archivio Notarile/Testamenti, Busta 1210, Nr. 582.

Pietro Gradenigo, Memorie concernenti le vite de' Veneti cancellieri grandi, Cod. Marc. ital. Cl. VII, 166 (7307) (Die wertvolle Arbeit Gradenigos existiert auch in einer Abschrift Emmanuele Cicognas im Museo Civico Correr di Venezia, Cod. Cicogna 1701); I diarii di Marino Sanuto (1496–1533), ed. Rinaldo Fulin, Federico Stefani, Nicolò Barozzi, Guglielmo Berchet, Marco Allegri, 58 vol. und ein Einleitungsband, Venezia 1879–1903; *Emmanuele Cicogna*, Delle iscrizioni veneziane, 6 vol., Venezia 1824–1853; *F. Giovanni degli Agostini*, Notizie istorico – critiche intorno la vita e le opere degli scrittori viniziani, 2. vol., Venezia 1752; *Pietro Donazzolo*, I viaggiatori veneti minori. Studio bio-bibliografico, Memorie della R. società Geografica Italiana XVI, Roma sine anno (1927); *Antonio Medin*, Gli scritti umanistici di Marco Dandolo, Atti del Reale Istituto Veneto di scienze, lettere ed arti 1916/17, LXXVI, 2, S. 335–418; *Aloys Schulte*, Geschichte des mittelalterlichen Handels und Verkehrs zwischen Westdeutschland und Italien mit Ausschluß von Venedig, 2 vol., Leipzig 1900.

Anhang

I. Aeneas Silvius Piccolomini

Zweite Fassung der Beschreibung Wiens *

(Fol. 1 r) Aeneae Silvii Picolominei Senensis sanctae Sabinae Cardinalis australis historiae liber primus incipit.

Austria non, ut plerique arbitrantur, idcirco dicta est, quod Bohemis atque Moravis in austrum protenta videatur, sed ducitur ex verbo Theutonico nomen, id est Estereych, quod regnum orientale significat. Nam cum Franci e Scythia digressi Germaniam subegissent atque aspirante fortuna conterminam illi Galliam occupassent, unum illis et quidem latissimum fuit regnum, quod a montibus Pyreneis in Pannoniam usque protendebatur. Verum aucta Francorum gente, cum alii Galliam, alii Germaniam tenerent, duplicem Franciam a sese dixerunt, alteram orientalem, occidentalem alteram parique modo duo regna constituerunt, quae Rheni flumine disterminabantur [1]. Qui vero in Germania remansere, rursus multiplicati. Alii, quae sunt Germaniae, provincias retinuerunt, alii transmisso Danubio Rhaetiam, Vindelicam Noricumque coluerunt eorumque temporibus locorum nomina aut prorsus innovata sunt aut ex loco in locum translata. Nam qui Rhaeti, prius Vindelici Noricique vocabantur, Suevi demum Baioarii Australesque nominati sunt, atque ideo Austria nomen sortita est. Quoniam (fol. 1 v) Suevis atque Baioariis ad orientem vergere videretur, Austriam autem nonnulli partem Norici fuisse affirmant orientalem, alii Pannoniae portionem occidentalem. Priori sententiae sermo gentis Theutonicus et regionis alludit vocabulum, alteram opinionem mos patruus astruit, qui Pannonibus conformis est. Limes deinde inter Pannones et Australes parum notus, quando nec flumine insigni neque montibus admodum altis neque silvis memorabilibus provinciae dirimuntur. At si Ptholomeo credimus, palam est eam Austriae

* Die zweite Fassung der Beschreibung Wiens in der dritten Redaktion der „Historia Australis" ist in drei Kodices der Biblioteca Vaticana überliefert, und zwar in Cod. J VII 248 (Chigi), Cod. J VIII 283 (Chigi) und Cod. Urb. lat. 405. Es ist nicht mit Sicherheit zu entscheiden, welcher der drei Kodices unmittelbar auf den Autographen zurückgeht. Zu ihrer Beschreibung und der Erörterung ihrer Entstehung vgl. *Hans Kramer*, Untersuchungen zur „Österreichischen Geschichte" des Aeneas Silvius, Mitteilungen des Österreichischen Instituts für Geschichtsforschung, XLV, 1931, S. 23–69. Der vorliegende Text hält sich an Cod. J VII 248 (Chigi). Die Abweichungen in den beiden anderen Kodices sind unerheblich. Gegenüber der Handschrift ist lediglich die Schreibweise von ae und oe, die unregelmäßig als ae, e, ę und oe auftreten, sowie die Groß- und Kleinschreibung vereinheitlicht worden.

[1] Hs: disterminabant. Cod. J VIII 283 (Chigi) hat desterminabantur, Cod. Urb. lat. 405 disterminabantur.

portionem, quae citra Danubium iacet, Norici loco successisse. Norici enim limites, ut illi placet, ab occasu Enus fluvius, a septentrione Danubius claudit, meridiem Pannoniae pars occupat, orientem mons Cetius excipit, atque hic mons est, qui Pannoniae ab occidenti opponitur. Verum inter Enum et Pannoniam, quam Hungariam nunc vocitant, certum est Austriales considere, quamvis eorum magna pars trans Danubium sedes habeant. At, quem Ptholomeus montem Cecium esse velit, nobis non liquet. Verosimile tamen videtur eum esse, in quo nunc silva Viennensis habetur et nobile monasterium Cartusieorum, quod Maurbacense apellant. Nam hic multo altior est atque nemorosior eo, qui nostra (fol. 2 r) aetate Hungariam ab Austria disiungit. Quod si ita sit, constat Wiennam Austriae capitalem urbem atque ipsam Novamcivitatem, quam Federicus Caesar inhabitat, in Pannonico solo sitas esse. Provinciarum tamen difficillima est descriptio, cum fines equidem Ratisponam in Norico sitam apud autores invenimus, et Norimberga usque hodie mons Noricorum vocatur, ex quo fit, ut, quae nunc Baioarica dicitur, olim Norica fuerit regio. Quae res quantum Ptholomei sententiae adversetur, facile est animadvertere. Verum de hac re, ut cuique libitum fuerit, ita sentiat. Austria vero nostro tempore ab orienti sole habet Hungariam, ab occidenti Baioariam. Ad septentrionem Bohemiae Moraviaeque coniungitur. In austro finem ei montes Stiriae faciunt, qui longo tractu ab Alpibus Italiae derivantur. Latitudo eius itinere trium dierum expedito patet, longitudo duplo maior. Terra nobilis, aquis irrigua, consita vitibus, ordei, tritici, leguminum omnis ferme generis ferax, piscationi venationique commodissima, salubri aere, ventis exposita septentrionalibus. Argenti venas aliquot, auri nullas habet. Sale partim proprio, partim utitur importato. Oleum, ficum, amigdalam, passum, (fol. 2 v) aromata ex Venetiis accipit, vinum ipsa Baioariis, Bohemis, Moravis, Slesitisque impartitur, atque hinc magnae Australium opes. Carnes Hungaria sufficit. Danubius regionem mediam perlabitur, fluvius omnium Europae maximus, qui apud Suevos non procul a Rheno et lacu Brigantino ex monte ortus Rauraco Sueviam, Baioariam, Austriam, Hungariam intersecans per Tribalos, qui nunc Rasciani vocantur, inferioremque Moesiam cum sexaginta navigabilibus, ut aiunt, amnibus in Euxinum defertur pelagus multasque et memorabiles ad utranque ripam alluit urbes, inter quas mea quidem sententia nulla ditior, nulla populosior, nulla venustior est quam Wienna Australium metropolis. Haec alio nomine Flavianum appellata est, sicut nos in vetustissimis cyrografis terrae Austriae principum invenimus et Otto Frisingensis episcopus in historia sua huius nominis meminit. Existimo autem aliquem Romanum gentis Flaviae ei quondam regioni praefuisse, qui urbem inchoaverit nomenque loco de suo cognomine indiderit. Sunt, qui aras illic Flavianas fuisse asserunt Romani imperii metas, ex quibus condita demum civitas nomen acceperit Flavianum, quamvis aras huiuscemodi Ptholomeus, cui haud prorsus fuerit in rebus Germanicis adhibenda fides, trans (fol. 3 r) Danubium esse commemoret. Wienna vero citra sit in rupibus ad austrum sita cumque Flavianum Theutonici flavien pronuncient, non est ab re longo temporis intervallo prima nominis sillaba, ut saepe accidit, remota, Wien in usu remansisse indeque dictam Viennam. Nam quod aliqui nostri temporis historici parum pensi habentes Viennam quasi biennam dici volunt, quoniam oppugnanti eam Iulio Caesari biennio restiterit, non falsum modo, sed stultum quoque ei videbitur, que res Iulii Caesaris legerit, quem certum est nunquam hanc terram cum exercitu introisse. At simile hoc ei est, quod Olomuzium civitatem Moraviae ex vicinitate vocabuli Iulii montem appellant, qui eam urbem Iulii Caesaris opus esse affirmant. Lapsa nimis cuique dicendi, quae velit, licentia est. Caeterum parvus quidam fluvius e vicinis emissus montibus inter suburbia civitatis huius excurrit nomine Vienna, a quo dictam aliqui urbem volunt. Mihi vero civitas ex flumine, an flumen ex civitate nomen acceperit, haud compertum est. Sed vana fuerit de nomine quaestio, cum rem ipsam cognoscimus. Vienna igitur supra Danubium sita, Austrialium, ut diximus, caput haud indigna fuerit, de qua pauca referamus. Ambitus murorum eius duo milia (fol. 3 v) passuum complectitur. At suburbia maxima et ambitiosa sunt. Fossa valloque cincta urbs autem fossatis profundioribus latioribusque communita est, inde aggere praealto, mox moenibus spissis atque sublimibus, exin turribus frequentibus ex secto lapide et propugnaculis ad bellum propulsandum idoneis. Aedificia in urbe publica incredibili sumptu extructa. Regia in arcis speciem aedificata, aulas, triclinia, thalamos et, quas vocant stubas, mirae capacitatis atque ornamenti quam plurimas complectitur. Stubas appellant Germani mansiones, in quibus [2] hyemali tempore adversus aquilonis rigorem calor e fornacibus excitatus includitur. Templa sanctis dicata martiribus confessoribusque quadrato lapide multis columnarum ordinibus, fornicibus, amplitudine splendoreque admiranda. Praecipuum vero protomartiri Stephano sacratum et dives et ornatissimum est, in quo turris incredibili altitudine atque artificio exaedificata nulli tota Europa cedere existimatur. Reliquiae sanctorum plurimo in his templis argento atque auro et gemmis nitent. Vestium sacerdotalium excellens ornatus plurimaque et munda suppelex in aedibus quoque privatorum civium ad principalem erectis magnificentiam. Nihil ornamenti, nihil commoditatis requiras, (fol. 4 r) et, quamvis ad secundam terciamque contignationem privata aedificia plerunque elavata sint, non minus tamen operum sub terra quam supra terram Viennenses habent, in quibus [3] vina recondunt. Nobilium praelatorumque domus liberae sunt nullumque magistratibus urbis in his imperium est. Platearum vicorumque solum, ne plaustrorum rotis facile conteratur, per duro lapide stratum. Urbs, quamvis in plano sita, Danubio ad septentrionalem partem alluatur, in eminenti tamen colle iacet, ex quo prospectus amoenissimus et ad Moraviam et ad Hungariam latissimos emetitur campos. Sacerdotes hic praecipuo in honore sunt, divites, bonis omnibus habundantes, universi in parrochia Pataviensi praeter eos, quibus ecclesia sancti Stephani commissa est. His namque praepositus soli Romano pontifici subest. Redditus huius praepositurae aureorum Pannonicorum quattuor milia quotannis excedere feruntur. Huic solum ecclesiae et alteri, quae sancto Michaeli dicata

[2] Hs: in quis.
[3] Hs: in quis.

est, animarum cura commissa. Eucharistiae sacramentum apud sanctum Stephanum plus quinquaginta milibus hominum singulis annis accipere fama est, apud sanctum Michaelem non minus XV milibus. Nec pauci tamen permittentibus curatis apud ecclesias mendicantium Christi corpori communicantur. Minores (fol. 4 v) hic praedicatores, Augustinenses, Carmilitani templa montasteriaque, supra quam referre possimus, et ampla et ornata possident. Scoti quoque monasterium habent insigne ac ditissimum neque impar illi canonicorum regularium sancti Augustini ad sanctam Dorotheam dixerimus, sive structuram, sive divitias utriusque pensitemus. Sacello beatae Mariae virginis miro opere, incredibili artificio apud aedes episcopi Pataviensis constructo haud scio an aliud comparari possit. Monasterium, quod ad caeli portam appellatur, nobilibus ac sanctis deputatum foeminis egregium habet opus multisque opibus abundat. Nec monasterium sancti Hieronymi contemni potest, in quo meretrices conversae recipiuntur, quae die noctuque hymnos lingua patria decantant, quarum si qua redire ad peccatum deprehensa fuerit, inclusa sacco praecipitatur in Danubium. Sed agunt ibi pudicam sanctamque vitam, raro quod de iis rumor malus auditus est. Hospitalia insuper sancti Spiritus, sanctae Mariae Theutonicorum, sancti Johannis Hierosolimitani et alia pleraque structuris atque opibus memoratu digna apud Viennam invenias. Universi fere cives, qui potentes in civitate sunt, intra domos suas proprium sacellum habent propriumque sacerdotem, qui diebus singulis rem sacram facit. Scola quoque hic est libera (fol. 5 r) lium artium ac theologiae et iuris pontificii, nova tamen et post Coloniensem Pragensemque instituta et ab Urbano VI Romano pontifice anno post salvatoris Christi nativitatem MCCC et LXXXIII confirmata. Magnus eo studentium numerus confluit ex Hungaria, Bohemia, Theutonia. Duos hic claruisse compertum habeo praestantes theologos: Henricum de Hassia, qui apud Parisios edoctus primus in hac scola cathedram rexit ac plurima volumina edidit, vir sanctus aevo suo habitus. Alter vero [4] fuit Johannes Dinkelspulius natione Suevus, vita bona et doctrina multa clarus, cuius scripta a doctis hodie avide leguntur. Fuit quoque aetate nostra Thomas Haselpachius non incelebratus theologus, quem vivere adhuc ferunt historiasque non inutiles scribere, cuius et nos doctrinam laudaremus, nisi duos et viginti annos in exponendo commentandoque Ysaiae primo capitulo absumpsisset neque venisset ad calcem. In iure autem pontificio excelluit apud eam scolam Johannes Aych, qui postea ad Estetensem ecclesiam assumptus est. Maximum vero vitium huius gymnasii est, quod nimiam operam in dyaletica nimiumque temporis in re non magni fructus terunt. Qui magisterium in artibus assecuntur, hac una in arte potissimum examen subeunt, quasi, qui eam norit, omnes norit. Neque (fol. 5 v) rhetoricae neque musicae neque aritmetricae curam gerunt. Poeticam vero prorsus oderunt, quamvis metra quaedam et epistolas ab aliis compositas recitare eum compellant, cui magistri nomen tradituri sunt [5]. Omne huius scolae studium in elenchis est vanis-

[4] vero in Cod. J VIII 283 (Chigi).
[5] sic!

que cavillationibus, solidi haudquaquam multum. Libros Aristotelis aliorumque philosophorum [6] apud raros scolares invenias. Commentariis ferme omnes utuntur. Caeterum studentes ipsi voluptati inservientes vini cybique avidi. Pauci emergunt docti. Die noctuque vagantur magnasque civibus molestias inferunt, cum quibus saepe levibus de causis contendentes ad arma prorumpunt ac velut in iusto bello aciem dirigunt, ad quam rem plurimum eos instigat mulierum procacitas, quibus et loquendi, quando velint, et eundi, quo velint, libertas est. Neque adeo pudicae sunt quam formosae. Senatum Viennensem VIII et X virorum in singulos annos dux Austriae legit, tum iudicem, qui iuri reddendo praeest, exin magistrum civium, qui senatum cogat urbique in aedificiis caeterisque rebus consulat, et hi principi iureiurando astringuntur, nequid in civitate agitari sinant, quod imperio eius obesse possit. Iudicia consuetudine, non lege scripta fiunt, ac veluti manu regia, criminale quicquid est ac civile, diffinitur. Furti (fol. 6 r) actio capitalis est. Res furto subtracta apud furem inventa non domino, qui amisit, sed iudici cedit. Latrones durissimo rotarum supplicio interimuntur. Adulteras, si quando puniunt, quod rarissimum est, fluvio demergunt. Incredibile est, ex municipiis villisque circunstantibus quot indies in eam urbem commeatuum quadrigae introeant. Pisti panes, pisces, carnes, ova quoque et cancri curribus innumeris in forum afferuntur. Ubi advesperascit, omnia distracta sunt, nihil venale invenias. Vindemia civibus Viennensibus ad XL dies protenditur. Nullo non die trecenti currus onusti musto bis terque inferuntur ducentis et mille equis in id operis absque intermissione laborantibus. Ex vicis villisque praeterea propinquis ad natalia usque divi Martini libertas omnibus est vinum in urbem redigere. Inaestimabile est neque facile quispiam crediderit, qui non interfuerit, quanta vis inducatur vini, quod vel Viennae bibitur vel ad exteros per Danubium contra cursum fluminis emittitur. Ex vino, quod Viennae minutim venditur, decimus denarius principi cedit. Ea res aureorum XII milia in annum quemvis ad aearium defert. Neque enim Theutones ut Italici principes suis subditis graves sunt. Libera et vere libera Germania est. Apud Italos, si verum (fol. 6 v) excutias, eos potissime servire populos invenias, qui se maxime liberos esse iactitant. Vas vini, quod quadrigae onus est, cum Danubio evehitur, in theolonio medium aureum nummum persolvit. Id vectigal aureorum XL milia in annos singulos principi reddit, quanquam ducibus Baioriae pluribusque pontificibus et abbatibus, qui vineas in Austria possident, vina sua, quae haud pauca sunt, absque theolonio afferantur. Verum in tanta ac tam nobili civitate, quae reformare velis, quam multa reperias. Rixae inter cives atque advenas frequentes agitantur. Rara sanctorum natalia, rari dominici dies absque homicidio peraguntur. Ubi ad arma inter duos pluresque ventum est, non sunt qui pugnam dirimant. Fit corona spectantium, non impedientium, neque magistratus, ut par esset, audacibus viris terrorem incutiunt. Cum mane surgens ad ecclesiam perges, saepe cadavera eorum, qui precedenti nocte necati sunt, in plateis iacentia offendas. Vinum domi vendere nihil existi-

[6] In Cod. J VII 248 (Chigi): philosophorumque.

mationi officit. Id per gyrum ex ordinatione magistri civium fit. Rarum itaque civem videbis, qui, cum ad se ventum est, vinum vendens cauponis artem non exerceat. Calefaciunt enim stubas, coquinam instruunt, lenones, meretrices atque omne bibulorum genus per homines ad id receptos accersunt hisque cibi aliquid cocti gratis praebent, at mensuram vini mino (fol. 7 r) rem. Bibitur, editur [7], luditur, contenditur, donec vinaria cella exhausta est. Plebs ventri dedita, vorax, quicquid ebdomada tota manu quaesivit, id festo die absumit. Lacerum et incompositum vulgus, iners et laboris impatiens. Passim tota urbe vagatur. Scortorum maximus numerus, matronarum non ea pudicitia quae forma. Virgines saepe sibi viros insciis parentibus deligunt. Viduae intra tempora luctus ex arbitrio nubunt. Vetustae familiae admodum paucae. Perrari in urbe cives, quorum avos vicinia norit. Advenae aut inquilini ferme omnes. Negociatores opulenti iam senio confecti puellas in matrimonium ducunt easque non diu postea iuvenes relinquunt viduas. Illae iam aetate maiuscula adolescentulis nubunt, et hi quoque superviventes uxoribus iuvencularum connubia quaerunt eoque pacto re ducta per circulum. Matrimonia divitum magna ex parte sterilia. Testamentis maxima vis, et viri uxoribus et uxores viris pro voluntate fortunas suas relinquunt. Captatores hereditatum multi, qui senibus blandientes scribuntur heredes, nec veneficae mulieres desunt, quae graves uxoribus viros auferant. Constat plebeos saepe viros a nobilibus trucidatos, qui uxores ab illis amatas manu pulsaverint. Iuramenta, quae publica sunt, tenaciter observant, quae negari (fol. 7 v) possunt, parum in his momenti est. Pecuniam ad certum tempus mutuo dantes elapso termino detrimentum se passos aiunt idque iureiurando aestimant gravique damno afficiunt debitores. Ex re pignori oblata, si quam creditor utilitatem excepit, non detrahit sorti. Excommunicationes ecclesiae tanti faciunt, quantum vel pecuniae vel famae irrogant damni. Aurigae per Austriam, ubi coeptum iter est, nullo non die mercimonia vehunt idemque navigantibus mos est. Festis diebus passim venduntur carnes piscesque. In Austria reliqua multa opida et populosa et referta opibus, complura monasteria nominatissima, plurimi barones domi forisque illustres nobilitate praecellunt. Magdeburgenses et Schaumbergenses comites opibus superant barones de Vualse. Post eos de Lucidomonte, de Puthaym, Potendorfii, Sterenbergenses, Eberstorff, Erchescayde, Hohenbergii, Volkhestorfii aliique permulti. Eyczingeri, quamvis novissimum sunt, potentia tamen hodie et auctoritate inter primos habentur. De hinc perquam multi nobiles Austriam exornant, namque apud eos nemo nobilis existimatur nisi vetusta familia natus, arces aliquas opidave possedeat. Quattuor sunt in Austria hominum ordines, quos vocant status, ex quibus vocare aliquos pari numero princeps consuevit, quotiens aliquid terrae gravius im (fol. 8 r) minet. Primi sunt ecclesiarum praelati, secundi barones, quos vocant dominos. Tertium locum habent nobiles, nondum baronis nomen adepti. Quartum magistratus civitatum obtinent. Ecclesia cathedralis in Austria nulla est. Verum Salczburgensis, Frisingensis, Ratisponensis, Pataviensis opida

[7] Hs: aeditur.

quam plurima et arces munitissimas latissimasque possessiones in Austria possident, quarum pontifices egregias aedes in Vienna construxerunt illasque incolunt, cum ad principis curiam vocantur. Sunt enim ducis Austriae consiliarii. Universa paene Austria in parrochia Pataviensi conclusa est. Duces huius terrae, quotiens aut dies celebres habere volunt aut ad bellum proficisci, vocatis praelatis ac baronibus educta pompa maximis regibus nihil inferiores videri queunt.

II. Benedetto Dei

Aufzeichnungen über die Reise nach Frankreich, Flandern, den Niederlanden, Deutschland und der Schweiz von 1476/77 *

(fol. 37 v) El paese che benedetto dei a cierchato in ponente

(fol. 37 r) L'anno 1476 a l'anno 1477 d'ottobre tornato in 'talia salvio

Sono istato dopo la mia partita fe dammilano da messer piero da posterlla e da messer horfeo fiorentino in questi luoghi

Sono istato in piemonte e ala citta di chasale e chol signore ghuglielmo di monferato e chol gianotto

Sono istato a susa e passato le montagnie del dalfinato e passato da granoboli infino a lione 1476

Sono istato a lione cho medici e cho pazi e cho chapponi e cho nasi e cho portinari e cho doni e cho falchonieri

Sono istato apparigi e'o visto la citta ch'e pieno di puzzo e brutte chase e brutte muraglie e 3/4 miseria

Sono istato a san dionigi e nella gran chiesa di nostra donna e'o visto assai goie matte (?) disser iachopo perdio

Sono istato nel borbonese e nell'urliens e per la picharda e i' molte terre e villaggi arssi e disfatti

Sono istato a chonfini della Fiandra e'o visto la gran chiesa di chambrai ella terra che non 'a pari la chiesa

Sono istato a lilla ed entrato in fiandra e giunto a 10 di settenbre 1476 nela terra di bruggia

Sono istato a brugia e a ghuanto e'n anversa a due fiere e cho medici e cho pazi e cho portinari e cho chabi

Sono istato ala mortte del ducha di borghognia e chon giachopo ghaleotto e chon allesandro arcoiolo e liglano

Sono istato al tenpo che bruggia e ghuanto si levarono in arme e chorssono la piaza e presono i lor signori magiori

Sono istato ala mortte del granchancieliere e di monsignore dunbelchortte e d'altri signori e cittadini

Sono istato al tenpo cherre di francia a preso el duchato di borghognia e a preso la pichardia e arazzo

* Der Text ist nur in Cod. Magl. II, II, 333, fol. 37 r, der Biblioteca Nazionale in Florenz erhalten. Zum Kodex vgl. S. 182 f. und Anm. 1.

Sono istato ala mortte di 1500 chonbatenti in su sei navi chon cholonbo chorssale e arsse tutte e gl'uomini

Sono istato al tenpo che monsignore di chlarenza fratello derre d'inghilterra fu messo in prigione per traditore

Sono istato al tenpo che fiaminghi furono rotti darre di francia a tornai: e perdessi ogni chosa ditta giornata

Sono istato a brugia ala novella d'la mortte del ducha di ghelleri e ala seconda rotta ebbono i fiaminghi

Sono istato ala presura della nave gienovese di giuffre ispinolo dagl'olandesi e silandesi ...

Sono istato in detto anno nel brabante e a cholognia e'ottochato e 3 magi chola forchete d'argiento

Sono istato a maghonza e per lo reno nella fiumara chon tanto mila salvi chondotti da traditori di merdda

Sono istato a basilea e per la magnia e per mille istufe di tedeschami ghagloffi e pien d'untume e di chanavacci

Sono istato nel lagho di lusanna di svizeri e in tutte le lor terre da ghagloffi e pieni di sassi e salvatichi pertutto

Sono istato a la montagnia di san ghottardo chon acirito portinari e per pasarlla per la neve chosto 10 ischudi

Sono istato in fiandra al tempo cherre di portogallo che venne apparigi effu dilegiato darre alvisetto (?) ...

Sono istato al tenpo che'l signore rugiero (?) entro in parigi chon 43 chavalli e sutogle fatto primo grandissimo honore

Sono istato in fiandra al tenpo chella nave di negro ando a llevare lo re di portoghallo per condurllo in portoghallo

Sono istato in fiandra al tenpo ch'io visto Massimiano figlio delo 'nperadore tor donna la figlia del ducha borghognia

Sono istato alla sua entrata fe a brugia chon chavalli 300 di suo e non piu che si dicon d'ottomila per tutto

Sono istato in brabante quando el belincione fu preso per franzose dale giente di salva laglio novello

Sono istato in fiandra e'n bruggia e o visto porre le bonbarde alle portte e intorno e 3 volte in arme la terra

Sono istato in detta terra chon piero (?) dacirito portinari e di tomaso e folcho e benedetto e antonio e pigiello portinari

Sono istato con francesco tebaldi e con pierantonio e con giovani chanbi e chon guaspare conciani e chon charllo e francesco chavalchanti e chon bernardo masi e chollorenzo tanini e rinaldo da richasoli e luliviere tuttomio e chon pagholo ruciellai e iachopo ispini el paghanello e chon bonsi el ghuascone ...

Register

Personennamen

Adolf Hzg. v. Geldern 185, 254
Adolf von Nassau, Ebf. v. Mainz 177
Agrippa, Marcus 29, 37/8, 138
Albergati, Niccolò, Kard. 78, 79, 85, 87, 106
Albertus Magnus 96, 98, 147, 204
degli Albizzi, Rinaldo 229
Albrecht Achilles, Mkgf. v. Brandenburg 146, 151, 152, 155, 161, 162, 181, 189, 190, 195
Albrecht II., Röm. Kg. (Albrecht V., Hzg. v. Österreich) 85, 86
Albrecht V. Hzg. v. Mecklenburg 191, 194
Alexander V. (Petrus Filargus de Candia) 21, 42, 43 f.
Altdorfer, Georg, Bf. v. Chiemsee 220
Amadeus Hzg. v. Savoyen s. Felix V.
Ambrosius 86
Ammanati-Piccolomini, Jacopo, Kard. 163
Angelo da Firenze 32
d'Angiolo, Jacopo 21
Apelles 97
Apuleius 31
Arcaiolo, Alessandro 253
von Arco, Graf 95
Aristides, Aelius 18, 19, 20
Aristoteles 48, 117, 204, 250
Arrian 225, 226
d'Arzenta, Bernardino 226
Asulanus, Bladius 9, 137
Atticus 22, 31
Auer, Ernst Bf. v. Gurk 65
Aurispa, Giovanni 77, 100, 101, 185, 230
Ausonius 32
Averulino, Antonio, genannt Filarete 209, 214
Axungia, Publius Vigilantius 156

Balthasar Hzg. v. Mecklenburg 191, 194
Barbara, Röm. Kgn. 53
Barbaro, Francesco 49, 239
Barbaro, Josafa 181
Barbo, Marco, Kard. 196
Bartholini, Riccardo 10
de Beatis, Antonio 10
Beatrice von Aragon, Kgn. v. Ungarn 208 f.
de Becari, Antonio 39
de Becari, Nicolò 39–42, 233, 237 f.
Becchi, Gentile 177
de Belencinis, Bartholomeus 160
Bembo, Giacomo 223
Benzo d'Alessandria 18
Berthold von Henneberg, Ebf. v. Mainz 155, 156
Bessarion von Trapezunt, Kard. 178
Biondo, Flavio 22, 130f. 136, 150, 165/6, 189, 211
da Bisticci, Vespasiano 72, 232
Bogislaw X, Hzg. v. Pommern 188, 189
Bonfinis, Antonius 20, 203, 207–217, 233, 234, 235, 244 f.
Bonfinis, Mathäus 211
Bracciolini, Poggio 48, 49, 53, 55–63, 101, 103 ff., 108, 120, 168, 177, 194, 229, 230, 235, 236, 239
de Brimeu, Gui, Seigneur de Humbercourt 185, 253
de' Broaspini, Gaspare 40, 41, 237
Bruni, Leonardo 19 ff., 48–51, 54, 55, 58, 62, 63, 67, 68, 71, 74, 75 100, 101, 102, 103, 105–109, 127, 131, 132 f., 172, 230, 234, 235, 236, 238

Caesar, Julius 21, 26, 37, 38, 109, 113, 115, 133, 134, 135, 164, 165, 166, 248
de' Cambi, Familie 184, 253, 254
Campanus, Johannes Antonius, Bf. v. Teramo 134 f., 160 f., 166, 171–180, 212, 234, 235, 236, 242 f.
Campisio, Giovanni 95, 113, 122, 125, 204/5
Canale, Hieronymo 226
Capello, Paolo 217
da Capestrano, Giovanni 231 f.
Capodilista, Giovan Francesco 66
Capotius, Priamus 231
de' Capponi, Familie 253
Capranica Domenico, Kard. 77, 78, 102
Capranica, Giovanni Battista, Bf. v. Fermo 188
Carlo, Pietro, Bf. v. Caorle 196
da Carrara, Familie 215
da Carrara, Francesco Novello 39, 229
Carvajal, Juan, Kard. 99, 127

Cavalcanti, Francesco 254
de la Cerda, Antonio, Kard. 128, 149
Cervantes, Juan, Kard. 79
Cesarini, Giuliano, Kard. 68, 72, 73, 79, 102, 104
Christian I., Kg. v. Dänemark 186
Christophorsonus, Johannes 227
Chrysolaros, Emanuel 44
Cicero, Marcus Tullius 22, 26, 28, 31, 45, 56, 158
von Cilli, Graf 146
de Clapis, Petrus Antonius s. Finariensis
de Clapis, Petrus Antonius 156
Coccius Sabellicus, Marcus Antonius 196, 197, 210
de Coetquis, Philippe, Ebf. v. Tours 79, 105
Collenuccio, Pandolfo 9, 137, 148
Colonna, Giacomo, Bf. v. Lombez 24, 27
Colonna, Giovanni, Kard. 26, 27
Colonna, Odo, Kard. s. Martin V.
Conrad von Leonberg 171
Contarini, Ambrosio 180 ff., 243
Contarini, Giorgio 217
Corvinus, Johannes 208
Corvinus, Mathias, Kg. v. Ungarn 203, 207, 208 ff., 211, 212, 213, 214, 216
de' Costabili, Antonio 9, 10, 13, 120, 236
Cwroswanky, Stanislaus 181

Dandolo, Marco 217
Danielis, Gasparus 64 f., 229
Danielis, Johannes, 64 f., 229
Dante, Alighieri 184
Decembrio, Modesto 44
Decembrio, Pier Candido 43, 44, 106
Decembrio, Uberto 42–47, 63, 234, 235, 238
Dei, Benedetto 21, 182–186, 234, 243, 253 f.
Dietrich von Erbach, Ebf. v. Mainz 88
Dietrich von Moers, Ebf. v. Köln 88, 138, 147, 151
Dietrich von Niem, (Nieheim) 96
Dionysios von Halikarnassos (Pseudodionysios) 18
Dominicus, Abt 73
Donato, Andrea 66
de' Doni, Familie 184, 253

Ebendorfer von Hasselbach, Thomas 94, 96/7, 97, 113, 120, 249
Egnazio, Battista 225, 226
Eich, Johannes, Bf. v. Eichstätt 249
Eichmann, Jodokus 159
von Eizinger, Grafen 146, 251
Engelbert von Agmont 96
Enodius 32
Ernst von Pardubicz, Ebf. v. Prag 36
d'Este, Niccolò 42
Enoch d'Ascoli 207
Eugen IV. (Gabriele Condolmieri) 49, 70, 71, 74, 78, 79, 80, 81, 88

de' Falconieri, Familie 184, 253
de Federicis, Giorgio 217
Federico da Montefeltro, Hzg. v. Urbino 207
Felix V. (Amadeus, Hzg. v. Savoyen) 80, 87
Ferdinand, Kg. v. Neapel 203
Filarete s. Averulino
Filelfo, Francesco 77, 100, 101, 203
Finariensis, Petrus Antonius 154–159, 233
Flavianus 207
de' Franceschi, Andrea 217–228, 234, 235, 236, 245
de' Franceschi, Augustino 226, 227
de' Franceschi, Bartholomeo 226
de' Franceschi, Christina 226
de' Franceschi, Hieronymo 226, 227
de' Franceschi, Marco Antonio 226
de' Franceschi, Piero 226
de' Franceschi, Sebastiano 226
de' Franceschi, Zuan Alvise 226
Friedrich I. der Siegreiche, Kurfürst v. d. Pfalz 154, 155, 156, 159, 169
Friedrich II., Hzg. v. Braunschweig 191, 194
Friedrich II. der Sanftmütige, Hzg. v. Sachsen 187
Friedrich III., Röm. Kg. u. Kr. 9, 18, 80, 81, 83, 84, 87, 90, 93, 95, 100, 110, 112, 120, 123, 125, 145, 155, 156, 160, 161, 163, 165, 170, 179, 181, 191, 197, 213, 217, 219, 220
Friedrich IV., Erzhzg. v. Tirol 64, 65
Friedrich IV., Hzg. v. Österreich 229

de Gaii, Albertus 187
Gallicinio, Daniele 226
Gallinarius, Johannes 155
Galtz von Ruffach, Jost 171
Gatari, Andrea 66–70, 71, 102, 219, 222, 239 f.
Gatari, Bartolomeo 66, 229
Gatari, Galeazzo 66, 229
Georg I., Hzg. v. Bayern-Landshut 190

Gregor XII. (Angelo Correr) 49
Grifaloni, Francesco 226
Guarino Veronese 21, 77, 100

Hadrian, Röm. Kr. 134, 226
Han, Ulrich 172
Heimburg, Gregor 94, 96, 97, 98, 132, 166, 177
Heinrich II., Röm. Kg. u. Kr. 162
Heinrich Graf v. Goerz 150, 152, 201
Hermogenes 207, 208
Herodian 208
Herodot 17, 18, 49
Hieronymus da Este 230
Hieronymus von Prag 55, 57 f.
Hinderbach, Johann, Bf. v. Trient 112 f., 149, 177
Homer 225, 226
Horaz 32
Hugonet, Guillaume 185, 253
Hus, Johannes 58

Innocenz VIII. (Johannes Baptista Cybo) 155
Iordanes 135
Iordanus von Osnabrück 96
Isidor von Sevilla 21, 25, 47

Jaschyensky, Paul 181
Johann I., Kg. v. Böhmen 41
Johann I., Hzg. v. Kleve 154
Johann Cicero, Mkgf. v. Brandenburg 195
Johann von Neumarkt 36
Johann von Victring 96
Johannes XXIII. (Balthasar Cossa) 48, 52, 55, 56, 61
Johannes, Bf. v. Großwardein 149
Johannes, Bf. v. Zengg 75
Johannes v. Dinkelsbühl 249
Juvenal 28

Kalixt III. (Alfonso Borgia) 82, 112, 128, 144, 153, 174, 186
Karl der Große 26 ff., 34, 144, 155
Karl der Kühne, Hzg. v. Burgund 154, 165, 253, 254
Karl IV., Röm. Kg. u. Kr. 36 f., 39 ff., 46, 237, 238
Kasimir IV, Kg. v. Polen 181
Kaspar von Schönberg, Bf. v. Meißen 187
Koberger, Anton 110, 205, 213
Kräuwel, Heinrich 159
Kreul, Nikolaus 160

Ladislaus, Kg. v. Neapel 49
Ladislaus Posthumus, Kg. v. Böhmen u. Ungarn 81, 147
Ladislaus II., Kg. v. Ungarn u. Böhmen, s. Wladislaus II.
Laetus, Julius Pomponius 188
Laiming, Leonard, Bf. v. Passau 87, 93, 94, 122 ff., 145
Langenstein von Hessen, Heinrich 120, 249
Laura 24, 27 f., 30
Leo Cassinensis 166
Livius, Titus 211
Lolli, Antonio 160
Loschi, Antonio 43
Ludwig IX. der Reiche, Hzg. v. Bayern-Landshut 90, 161, 190
Ludwig XI., Kg. v. Frankreich 184
Ludwig von Teck, Patriarch v. Aquilea 86, 113
Luigi d'Aragona, Kard. 10
Lukan 25, 32, 46, 53
Lukrez 56
Lysimachos 226
Lysura, Johannes 96, 97

Machiavelli, Niccolò 9, 10, 13, 16, 236
Magnus II., Hzg. v. Mecklenburg 191, 194
Malatesta Unghero 39
Manuzio, Aldo 225, 226
Maramoldus, Landulfus, Kard. 49, 228, 229 f.
Maria von Burgund, Röm. Kgn. 185, 254
Marinus de Fregeno, Bf. v. Kammin 153, 186—195, 222, 233, 235, 243
Mariottus, Mönch 73
Marlianus, Raimundus 134, 165, 166
Marsuppini, Carlo 203
Marzio, Galeotto 208
Martin V. (Odo Colonna) 53
de' Masi, Familie 184, 253, 254
Mauro, Cesare 9, 10, 13, 120
Maximilian I., Röm. Kg. 9, 10, 13, 185, 217, 219, 220, 230, 232, 254
Mayer, Martin 82, 127, 128 f., 130, 132, 144 f., 177
de' Medici, Cosimo 70, 73
de' Medici, Familie 184, 253
de' Medici, Lorenzo 183
Mela, Pomponius 204
Menander Rhetor 18

Montanus 160
Mutian (Mutianus Rufus, Conradus) 40

Namatinus, Rutilius 32
Niccolì, Niccolò 48, 49, 50, 55, 56, 59
Niccolò di maestro Grazia 41
Niklas von Wyle 98
Nikolaus V. (Tomaso Parentucelli) 88, 115, 145, 232
Nikolaus von Kues, Kard. 96
Nikolaus von Riesenburg, Bf. v. Olmütz 40

Olešnicki, Sbigniew, Kard. 95
Orlandi, Cione di Battista 78
Otto (Bf.) von Freising 96, 98, 107, 109, 115, 147, 152, 165, 247
Ovid 28, 32, 53, 95, 177 f.

Palma il Giovane 228
Panormita (Antonio degli Beccadelli) 203
Patricius, Augustinus (Bf. von Siena) 135, 148, 149, 160–171, 193, 219, 234, 235, 242
Paul II. (Pietro Barbo) 160, 161, 187, 194
Pausanias 17, 49, 50, 71, 74
de' Pazzi, Familie 184, 253
Pencino, Raphael 226
Peregallo, Giovanni 93
Pernistofer, Michael 72
Petrarca, Francesco 9, 13, 17, 21, 24–38, 39, 43, 44, 45, 46, 47, 62, 63, 136, 145, 179, 197, 233, 234, 235, 236, 237
Petronius 57
Petrucci, Andreozio 101
Pfullendorf, Michael 94
Phidias 97
Philo 226
Philostrat 208, 209, 212
Piatti, Piattino 162
Piccinino, Niccolò 78
Piccolomini, Aeneas Silvius (Pius II.) 15, 18, 20, 21, 68, 70, 77–153, 154, 156, 160, 162, 163, 164 ff., 166, 167, 168, 170, 172 f., 174, 178, 186, 187, 189, 193, 194, 202, 203, 204 ff., 211, 213–216, 217, 222, 230, 231, 233, 234, 235, 236, 240 f., 246–252
Pighinucius, Fridianus 231
Pilatus, Pontius 184
de Pileo, Benedictus 52–55, 178, 230, 235
de Pileo, Bartholomaeus 52
Pisani, Paolo 217, 220
Pitti, Buonaccorso 229
Pius II., s. Piccolomini
Pius III., s. Todeschini-Piccolomini
Pizzolpasso, Francesco, Ebf. v. Mailand 61, 79, 105
Platon 44, 95, 107, 109
Plautus 82, 94, 120
Plinius 59, 136, 204
Podiebrad, Georg, Kg. v. Böhmen 165 f., 187
de Podio, Auxias, Kard. 188
da Polafrisana, Niccolò 42
Polybios 166
Polyklet 97
de Pommiers, Sagremor 36
Portinari, Accerito 185, 254
Portinari, Familie 184, 253, 254
Praxiteles 97
Prokop von Rabenstein 92
Ptolemäus 21, 37, 46, 114, 115, 122, 135, 137, 152, 166, 204, 205, 246, 247
Publicius, Jacobus 231
da Pusterla, Piero 253

Quintilian 56
Quirini, Pietro 181
Quirini, Vincenzo 9, 13, 16

Ramusio, Paolo 225
Ranzanus, Petrus, Bf. v. Lucera 203–206, 211, 213, 216, 217, 222, 233, 235, 244
Reuchlin, Johannes 40
da Ricasoli, Rinaldo 254
Ricci, Crescenzio 288
Richenthal, Ulrich 67
Ridolfi, Carlo 227
de Rippa, Bonvicinus (Bonvisino della Riva) 18, 19, 21, 47, 68
della Rocca, Pietro 41
della Rocca, Venceslao 41
de Romagnano, Antonio 160
Roverella, Lorenzo, Bf. v. Ferrara 160
Rucellai, Paulo 254
Ruprecht von der Pfalz, Röm. Kg. 229
Ruprecht III., Kurf. v. d. Pfalz 159
de' Rustici, Cencio 57

Sabellicus, s. Coccius Sabellicus
Salutati, Colluccio 43, 44, 49, 55
Sambucus, Johannes 211
Sanctoninus, Paulus 92, 196–202, 219, 235, 236, 244
Sanuto, Marco 218
Sanuto, Marino 21, 218 f.

Sbrulius, Ricardus 231
della Scala, Familie 215
della Scala, Nicodemus, Bf. v. Freising 85
Schlick, Kaspar 87, 92, 93, 122, 124
Schmerlin, Georgius 156
Sebastianus, Prior 73
Seneca 53
Sigismund, Röm. Kg. u. Kr. 53, 67 f., 70, 72, 76
Sigismund, Hzg. v. Tirol 88, 95, 125, 161, 230
Sigismund von Volkerstorf, Ebf. v. Salzburg 90
Sixtus IV. (Francesco della Rovere) 162, 172, 173, 186, 187, 188
Sokrates von Beeringen 24, 25
Solinus 204
de' Spini, Jacopo 253
Spinolo, Gioffredo 254
Stefaneschi, Pietro, Kard. 52
Stefan III., Hzg. v. Bayern 229
Strabo 21, 37, 46, 133, 151, 152, 164, 166
Surigonus, Stefanus 230 f.
Syrlin, Jörg 222

Tacitus 133 ff., 152, 164, 166
Tatz, Wilhelm 92
de' Tebaldi, Francesco 254
Terenz 94, 120
Testa, Stefano 180
Thomas von Villach 199
Ticio, Ludovicus (Lodovico Tizzone) 232
Tintoretto 228
Tiziano Vecelli 226, 227 f.
Todeschini-Piccolomini, Francesco, Kard. (Pius III.) 134 f., 148, 160–164, 165, 171, 174, 177
Traversari, Ambrogio 49, 70–76, 86, 101, 203, 230, 231, 235, 240
Tröster, Johannes 134, 160, 166, 171, 177

Ugguccione da Firenze 41
Usun Hassan, Schah v. Persien 180, 181

Valerius Maximus 53
Valla, Lorenzo 172, 203
Varonus, Guttus (Guglielmo Varrone) 232
Venantius Fortunatus 32
Vergil 25, 28, 29, 32, 51
de' Vergiolesi, Giovanni 228
Vettori, Francesco 9, 13, 236
Visconti, Bartolomeo, Bf. v. Novara 78, 85 f., 111, 113
Visconti, Familie 44, 106
Visconti, Filippo Maria, Hzg. v. Mailand 78, 79, 81, 86
Visconti, Galeazzo, Signore v. Mailand 36
Visconti, Giammaria, Hzg. v. Mailand 44
Visconti, Gian Galeazzo, Hzg. v. Mailand 42, 43, 44, 48
Vittorino da Feltre 71, 73
Volaterranus, Raphael 232

Wenzel, Röm. Kg. (Wenzel IV., Kg. v. Böhmen) 42, 228, 229
Wilhelm von Stein 95, 97
Wimpfeling, Jakob 133, 155
Wimpina, Konrad 156
Wladislaus II., Kg. v. Ungarn u. Böhmen 210, 211, 217

Zeuxis 97
Zotarello, Paulo 226

Ortsnamen

Aachen 24, 26 ff., 34, 85, 138, 230
Ägypten 158
Alexandria 225
Alpen 34, 51, 56, 88, 90, 126, 136, 198, 221, 247
Altmark 153
Anagni 52
Antwerpen 184, 253
Apulien 142
Aquilea 86, 196
Ardennen 29, 30, 36
Arezzo 48
Arlberg 50, 51, 67, 71, 87
Arno, Arnotal 19, 49, 109
Arnoldstein 197
Arras 79, 85, 106, 185, 252
Aschaffenburg 88
Ascoli Piceno 207
Aspach 123
Athen 18

Augsburg 138, 141, 181, 182
Avignon 24, 25, 26, 30

Babylon 18
Baden b. Wien 87
Baden b. Zürich 49, 55–63, 101, 168, 194, 235
Baltische Länder 186
Bamberg 89, 90, 138, 142, 162, 168, 186
Basel 18, 20, 36, 37, 66, 67, 68 ff., 71, 73, 75, 76, 77, 78, 79, 80, 83, 85, 86, 87, 91, 92, 93, 95, 96, 99, 100, 102–110, 111, 113, 115, 117, 118, 121, 122, 124, 137, 138, 145, 154, 162, 167, 184, 185, 222, 230, 233, 235, 241, 254; Konzil: 18, 49, 66, 68, 71 f., 77–80, 84, 86, 100, 102, 105, 109, 129, 238
Batum 181
Bayern 45, 85, 86, 123, 125, 151, 169, 170, 204, 242, 247, 250
Beeringen 25
Belgien 135
Beneschau b. Prag 81, 89, 127
Benevent 142
Berlin 153
Bern 138
Biberach 142
Blau 221
Bodensee 50, 54, 75, 76, 220 f., 247
Böhmen 10, 45, 81, 84, 89, 94, 123, 125, 127, 135 f., 149, 151, 187, 246, 247, 249
Bologna 24, 25, 39, 76, 79, 100, 141
Bourbonnais 184, 253
Bourgogne 185
Boveč 196
Bozen 136
Brabant 26, 37, 230, 254
Braunschweig 191
Bregenz 221
Breisach 162
Brenner 64, 161, 224, 233
Breslau 151
Breusch 167
Brixen 87, 126, 132, 136, 190, 224
Bruck/Mur 88, 90
Brügge 135, 184, 185, 253, 254
Bruneck 64
Buda 72, 74, 76, 210
Burghausen 86, 90
Burgund 10, 56, 158, 184 f., 253 f.

Calais 85
Calw 159
Cambrai 184, 253
Campanien 142, 171
Canale di Ferro 64
Cannstatt 220
Capua 171
Casale di Monferrato 184, 253
Celje 197, 198
Chemnitz 187
Chiemsee 220
Città di Castello 172, 173
Cividale 196
Cluny 56
Conegliano 180
Cortina d'Ampezzo 64
Cotrone 172, 173
Cypern 158

Dänemark 186, 187, 191
Danzig 138
Dauphiné 184, 253
Deggendorf 204
Dillingen 204
Dôle 154
Donau, Donautal 35, 72, 74, 75 f., 85 f., 87, 90, 115, 125, 135, 137, 175, 176, 177, 204, 206, 214, 216, 222, 246, 247, 248, 249, 250
Donaueschingen 220
Donaustauf 204
Donauwörth 86, 204
Douai 85, 184
Drau, Drautal 135, 196, 199, 201

Ebelsberg b. Linz 87, 93, 113, 122 ff.
Eggenburg 208, 211
Eichstätt 170
Elbe 135, 153
Elsaß 151
Engen 220
England 57, 85, 184, 191, 230, 252
Enns 64
Ermland 82
Esslingen 220
Etsch, Etschtal 50, 51, 71, 74, 75, 136, 161
Ettlingen 220

Feldkirch 50, 87
Fergino 186
Ferrara 39, 42, 100, 203, 210, 234, 236
Finale Ligure 154
Finkenstein b. Villach 201

Flandern 26, 35 f., 37, 69, 126, 158, 182, 183, 184, 186, 191, 253 f.
Florenz 19, 20, 21, 44, 48, 49, 50, 55, 70, 71, 72, 73, 76, 77, 78, 100, 101, 105, 106, 107, 109, 127, 139, 140 f., 142, 145, 167, 172, 182, 183, 186, 187, 229, 231, 232, 234
Foligno 172
Forchheim 89, 151
Franche-Comté 30
Franken 88, 89, 125, 151, 167, 242
Frankfurt/Main 85, 86/87, 88, 90, 125, 137, 138, 151;
Reichstage: 81, 88, 89, 90, 99, 138, 229
Frankfurt/Oder 153, 156, 181, 182
Frankreich 182, 183, 186, 203, 253 f.
Freiburg/Breisgau 229
Freising 251
Friuli 88

Gailtal 196, 201
Gallien 21, 37, 135, 158, 246
Gardelegen 153
Geisingen 220
Geislingen 220
Genfer See 185, 253
Gent 24, 26, 135, 184, 185, 253
Genua 24, 100 f., 102, 105, 120, 140 f., 181
Georgien 181
Gitschtal 196
Gnesen 187
Göppingen 220
Graubünden 221
Graz 87, 90, 93, 139
Greifenburg 196
Greifswald 188, 194, 195
Grenoble 184, 253
Gundelfingen 204

Hagenau 162
Halberstadt 142, 152
Hall/Tirol 87, 168, 170, 219, 235
Halle/Saale 191
Hainburg 208, 212
Hamburg 186
Heidelberg 154–159, 162, 167
Hennegau 37
Hermagor 196, 198
Hesbaye 142
Hessen 151, 186, 187, 194
Höchstädt 204
Holland 184
Holstein 186
Hornberg 220

Ill 167
Indien 158
Ingolstadt 204
Inn, Inntal 51, 64, 67, 75, 88, 161, 219, 247
Innsbruck 64, 65, 87, 161, 219, 233

Jena 182
Judenburg 88

Kaffa 181
Kaiserstuhl 59
Kaltern/Tirol 142
Kammin 187, 188 f., 194, 195
Kärnten 87, 93, 135, 151, 160, 196–202, 235
Kaspisches Meer 181
Kelheim 204
Kempten 88
Kiel 186
Kiew 181
Kinzig 220
Klagenfurt 151
Klausen 223
Kleve 125
Klösterle/Arlberg 67
Klosterneuburg 212
Knittelfeld 88
Kobarid 196
Köln 24, 25, 28 ff., 32, 33, 35, 37 f., 38, 45, 46, 56, 57, 69, 75, 82, 85, 88 f., 90, 107, 138, 139, 141, 155, 156, 184, 185, 190, 230, 231, 234, 235, 249, 254
Konstantinopel (Stambul) 82, 183, 225
Konstanz 37, 48 ff., 52 ff., 55, 56, 59, 63, 71, 74, 75, 86, 87, 90, 138, 218, 221, 233, 239;
Konzil: 48, 49, 52, 53, 55, 56, 58, 129, 138, 235
Kornneuburg 127, 212
Krain 87, 93, 135, 160, 196–202, 235
Kranj 196, 198
Krems 212
Kreta 158
Krim 181
Kufstein 219
Kyzikos 18

Laa 208, 211
Landsberg/Lech 86, 222
Landshut 161
Langres 56
Lauingen 204

Lausanne 184, 254
Lavant 142
Leibnitz/Mur 127
Leipheim 204
Leipzig 156
Leisnig 187
Lemberg 186
Lengberg im Drautal 201
Leoben 88
Lessachtal 196, 201
Lienz 196, 198
Liesing, Liesingtal 64, 90
Ligurien 24
Lille 184, 252
Limmat 68
Linz 86, 87, 204, 219 f., 221, 223
Ljubljana (Laibach) 87, 196
Loewen 85, 134, 231
Loiblpaß 196
Lombardei 39, 43
Lombez 24
London 100
Loreto 210
Lothringen 30, 158
Lucca 49, 228
Lucera 203
Lübeck 151, 153, 186, 187, 191
Lüttich 24, 26, 85, 134, 142
Lukanien 142
Luzern 162
Lyon 28, 29, 30, 184, 253

Magdeburg 153, 186, 191
Mähren 246, 247, 248
Mailand 19, 36, 42, 43, 46, 47, 68, 78, 79, 81, 84, 86, 90, 102, 106, 141, 184, 221, 253
Main 89, 90, 137, 148, 152, 168
Mainz 69, 82, 85, 107, 125, 137, 142, 155, 156, 170, 184, 185, 190, 230, 254
Malines 184
Mantua 71, 73, 76, 88, 100, 172, 186
Marche 207
Maribor 197
Mark Brandenburg 153, 170, 186, 194, 195
Marseille 24
Maurbach 247
Mauthen 196, 198
Mecklenburg 191
Memmingen 86, 88, 220
Mengrelien 181
Meran 50, 67, 74, 136
Metz 36
Mittelrhein 94
Modena 71, 73
Moldau 45
Montpellier 24
Moskau 181
Mühlbach 64
München 86, 220, 221
Münsingen 159
Münster/Westfalen 186
Mur 64, 88

Nassereith 88
Neapel 90, 140 f., 172, 173
Neckar 158
Neuburg 204
Neuchâtel 52, 53
Neuenmarkt 87
Neumark 153
Niederaltaich 74, 76
Niederlande 182, 183, 184, 253 f.
Niederrhein 94
Nordsee 137
Noricum 136, 246 f.
Norwegen 186, 191
Novara 44, 78, 85, 86, 111
Nürnberg 87, 89, 99, 100, 110, 126 f., 138, 139, 141, 151, 162, 167, 176, 181, 182, 205, 206, 213, 233, 247;
Reichstag 1444: 87, 89, 99, 122

Oberdrauburg 196, 198
Oder 135, 137, 153
Österreich 45, 81, 82, 85, 86, 87, 88, 91 f., 93, 94 f., 106, 110, 111, 114 f., 119, 121, 123, 135, 144, 145, 149, 151, 160, 184, 198, 203, 204 ff., 207, 209, 211, 215 ff., 246 ff., 251
Ötting 219
Olmütz 248
Orléans 184, 253
Ostsee 135, 137, 186, 191, 194
Oxford 231

Paderborn 142
Padua 39, 42, 66, 232
Palermo 203
Pannonien 246
Paris 24, 26, 31, 33, 184, 249, 253, 254
Parma 88
Passau 86, 87, 100, 116, 122, 123 f., 137, 145, 204, 219, 233, 251, 252

Patrignone 207
Pavia 43, 79, 100, 105
Pegnitz 167, 168
Persien 180, 181
Perugia 172, 173
Pfalz 154
Pforzheim 220
Piacenza 44
Picardie 184, 185, 253
Pienza 100, 145
Piglio 52
Piombino 84, 85
Pisa 24, 49, 229, 230
Pistoia 71
Plöckenpaß 196
Polen 180, 181, 186
Pommern 188, 194, 195
Pordenone 64, 199, 229
Portovenere 84, 85
Portugal 81, 254
Posen 181
Pozzuoli 62
Prag 36, 37, 38, 39 f., 42 ff., 44, 45 ff., 89, 100, 127, 138, 238, 249
Predilpaß 196
Pruck/Leyta 212
Pustertal 196
Pyrenäen 24, 246

Radkersburg 90
Radolfszell 220
Rattenberg 64, 65, 219
Recanati 207, 208, 210
Regensburg 75, 76, 86, 90, 100, 125, 137, 138, 161, 166, 167, 168 f., 176, 177, 204, 233, 247, 251;
Reichstage: 82, 90, 125, 135, 144, 160, 161, 163, 164, 166, 169, 171, 174 f., 176, 179, 180, 242
Reichenau 75, 218, 220, 222
Reschenpaß 50, 51, 67, 71, 75
Retz 208, 211
Rhätien 136, 246
Rhein, Rheintal 24, 25, 28 ff., 36, 50, 51, 57, 59, 68, 69, 75, 84, 85, 89, 90, 102, 106 f., 109, 124, 135, 137, 148, 152, 159, 167, 184, 185, 189, 220, 233, 246, 247, 254
Rheineck 50
Rheinland 190
Rhodos 158
Rhône 30, 184
Rom 18, 29, 44, 45, 76, 81, 83, 88, 90, 95, 100, 113, 122, 125, 141, 145, 153, 156, 161, 172, 173, 174, 178, 187, 188, 189, 195, 211, 225
Rosental 196
Rostock 181
Rottenmann 64
Rußland 180, 181, 191

Sachsen 117, 150, 151, 153, 186, 193, 194
Säckingen 68
Salzach 64
Salzburg 87, 90, 142, 151, 196, 220, 222, 223, 251
Salzwedel 153
San Gimignano 160
Saône 30
Sarentino 136
Sarntal 125 f.
Save, Savetal 135, 196, 199
Savoyen 78, 86, 87
Schaffhausen 59, 73
Schlesien 247
Schleswig 186
Schlettstadt 162, 229
Schottland 79, 84, 85, 100, 106, 139
Schwaben 38, 45, 85, 151, 204, 247
Schwarzes Meer 95, 188, 247
Schwarzwald 220
Schwaz 219
Schweden 186, 191
Schweiz 10, 87, 151, 182, 184, 185, 224, 253 f.
Seeland 184
Semmering 88
Septimer 221
Siena 44, 49, 77, 78, 81, 90, 93, 100, 141, 142, 145, 162, 163
Sizilien 203
Škofia Loka 196, 198
Smyrna 18
Soest 89, 125, 138, 151
Speyer 107, 138, 155, 162, 167, 170
Spoleto 186
Spree 153
St. Denis 253
St. Gallen 56, 57, 87, 97
St. Gotthard 162, 185, 254
St. Michael/Tirol 64
St. Veit/Glan 64, 87, 88, 127
Steiermark 87, 90, 92, f., 123, 135, 160, 196—202, 235, 247

Stendal 153
Sterzing 64
Stralsund 186
Straßburg 37, 69, 86, 107, 138, 140, 141, 156, 162, 167, 219, 220, 221, 222, 223, 229, 230, 233
Straubing 86, 137, 204
Studenice/Savetal 199
Stuhlweißenburg 72
Subiaco 52
Susa 184, 253

Tabor 89, 100, 127
Tabris 181
Tangermünde 39, 40, 41 f.
Tarvisio (Tarveis) 88, 196, 198
Teramo 172, 173
Thüringen 151, 153, 190, 193, 194
Tiber 45, 153, 175
Tirol 136, 242
Tivoli 172, 173
Toblach 196
Todi 172
Tomis 177
Totis 74
Tournai 85, 184, 185, 254
Tramin 50, 51
Trasimenischer See 172
Traun 123
Trave 191
Treviglio 44
Trient 50, 67, 73, 74, 87, 88, 126, 182, 219, 223
Trier 30, 82, 96, 138, 170, 230
Triest 81, 87, 90
Tržič 196
Tulln 212
Türkei 158

Udine 196, 197
Ulm 72, 75, 85, 88, 90, 137, 204, 220, 221, 222, 223, 224
Ungarn 72, 81, 95, 115, 160, 197, 203, 207, 208, 209 ff., 216 f., 225, 229, 246 f., 248, 249
Urbino 207
Utrecht 142, 151

Val Bregaglia 221
Velesovo im Savetal 199
Venedig 21, 39, 64, 66, 67, 76, 100, 126, 140 f., 142, 145, 180, 181, 182, 196, 197, 201, 210, 217 ff., 220, 221, 224 ff., 228, 234, 247
Venzone 88
Vercelli 232
Verona 31, 40, 50, 71, 73, 76, 88, 173, 174
Vicenza 44
Vienne 184
Vierwaldstätter See 162
Vigevano 43
Villach 64, 88, 196, 197, 198, 199, 201
Villingen 220
Vilshofen 204
Vindelicien 246
Viterbo 49
Vohburg 204

Waging/Obb. 221
Wasserburg/Inn 219
Weichsel 135
Weißensee/Kärnten 196
Westfalen 151, 190
Wien 18, 20, 45, 72, 73, 74, 76, 82, 85 f., 87, 88, 90, 91, 93, 94, 100, 106, 110–122, 127, 137, 138, 139, 142, 145, 146, 147, 151, 156, 168, 184, 201, 203, 204 ff., 207, 209, 212, 213 ff., 216, 229, 231, 233, 235, 236, 246–252
Wiener Neustadt 81, 87, 88, 90, 91, 93, 111, 112, 122, 124, 125, 191, 204 f., 207, 209, 212 f., 214, 233, 247
Wiener Wald 140, 247,
Wolga 181
Worms 107, 138, 155
Württemberg 220
Würzburg 89, 142, 151, 162, 166, 167, 170

Ziller 64
Zürich 68